会计专业研究生精品教材

公司财务理论与政策研究

Research on the Theory and Policy of Corporate Finance

汪平 著

首都经济贸易大学出版社
Capital University of Economics and Business Press
·北京·

图书在版编目（CIP）数据

公司财务理论与政策研究／汪平著．－－北京：首都经济贸易大学出版社，2023.4
ISBN 978-7-5638-3489-1

Ⅰ．①公… Ⅱ．①汪… Ⅲ．①公司-财务管理 Ⅳ．①F276.6

中国国家版本馆 CIP 数据核字（2023）第 049734 号

公司财务理论与政策研究
GONGSI CAIWU LILUN YU ZHENGCE YANJIU
汪平 著

责任编辑	王 猛
封面设计	风得信·阿东 FondesyDesign
出版发行	首都经济贸易大学出版社
地　　址	北京市朝阳区红庙（邮编 100026）
电　　话	（010）65976483　65065761　65071505（传真）
网　　址	http://www.sjmcb.com
E-mail	publish@cueb.edu.cn
经　　销	全国新华书店
照　　排	北京砚祥志远激光照排技术有限公司
印　　刷	北京九州迅驰传媒文化有限公司
成品尺寸	185 毫米×260 毫米　1/16
字　　数	439 千字
印　　张	19.5
版　　次	2023 年 4 月第 1 版　2024 年 3 月第 2 次印刷
书　　号	ISBN 978-7-5638-3489-1
定　　价	58.00 元

图书印装若有质量问题，本社负责调换
版权所有　侵权必究

目 录

第一章 公司财务基本理论/1
 第一节 公司财务的学科性质/1
 第二节 公司财务研究领域中的学说或者模型/6
 第三节 公司财务理论的双路径发展/16
 第四节 公司财务理论与公司财务政策/19
 第五节 公司财务的实证研究/23

第二章 公司治理与公司财务/29
 第一节 公司财务与公司治理/29
 第二节 公司治理：股东财富及其最大化/32
 第三节 大股东（控股股东）问题/35
 第四节 股权结构政策/41
 第五节 公司治理的其他问题/44

第三章 资本成本及其相关研究/53
 第一节 资本成本的性质/53
 第二节 资本成本估算技术的研究/57
 第三节 隐含资本成本估算技术/63
 第四节 资本成本与公司财务/73
 第五节 资本成本与政府规制/78

第四章 投资政策——资本预算/92
 第一节 资本预算与价值创造/92
 第二节 资本投资项目的绩效评价/95
 第三节 净现值法则与非效率投资/102
 第四节 资本预算的风险分析与基准利率/104

第五章 融资政策/115
 第一节 资本结构理论与融资政策/115
 第二节 债务融资与股权融资/125
 第三节 公开化政策与IPO政策/130
 第四节 国家杠杆政策与公司资本结构政策/132

第六章 股利政策与股东财富/141
 第一节 股利支付、公司发展与股东财富/141
 第二节 股利理论/143
 第三节 股利政策的制定/149
 第四节 股份回购/157

第七章 营运资本政策/168
 第一节 流动资产与流动负债/168
 第二节 营运资本政策的制定/172

第三节 现金持有与现金流量控制/179

第八章 公司的风险管理/190
第一节 风险与公司风险/190
第二节 公司风险管理/195
第三节 战略风险管理/197
第四节 财务风险与经营风险/200
第五节 流动性管理与财务灵活性管理/207

第九章 公司估值、基于价值的管理与绩效评价/216
第一节 公司估值/216
第二节 基于价值的管理（VBM）/226
第三节 公司绩效评价方法的演变/231

附录 /237
附录一：中国上市公司财务管理指引/237
附录二：中国上市公司资本成本估算规范指引/245

参考文献 /287

后记 /303

第一章

公司财务基本理论

公司财务理论是对财务实践——财务政策和财务行为的解释和预测。通过创建学说或者架构学说体系，人们提升了对财务实践的认知能力，为财务实践质量的提高奠定了学识基础。没有理论支持的财务实践往往是非理性的、低效的甚至是和预期目标相反。公司财务理论发展演变的历史反映了公司财务实践的发展，各种财务概念、学说或者模型不断出现，并趋于完善。

第一节 公司财务的学科性质

一、公司财务的学科性质

从学科属性上看，公司财务（Corporate Finance，或称公司金融）与投资（Investment）、金融市场（Financial Market）共同构成了现代金融学（Finance）。在20世纪以前，金融学一直被认为是微观经济理论的应用学科，是经济学的一个分支，其主要研究内容是利息（Interest）。到19世纪末期，大公司的融资问题（Financing）成为金融学研究的核心问题[1]。20世纪40年代以后，融资问题逐渐演变为资本结构（Capital Structure）问题，并成为现代公司财务领域中的基本理论[2]。金融市场（Financial Market）研究领域最为核心的问题是市场效率，因而形成了有效市场假说（Efficient Capital Markets），奠基性研究起源于法国学者路易斯·巴舍利耶（Louis

---

[1] MICHAEL C JENSEN, CLIFFORD W SMITH. The Theory of Corporate Finance: A History Overview [J]. The Modern Theory of Corporate Finance (New York: McGraw-Hill Inc.), 1984: 2-20.

[2] 事实上，公司财务（Corporate Finance）作为一门学科，其发展的主要地区是美国，大量的公司财务著述出现在美国的20世纪初，直到20世纪的七八十年代，聚焦于欧洲的公司财务方面的著述还很少，尽管欧洲的经济发展已经达到了一个很高的水平。参见 PIERRE VERNIMMEN. Corporate Finance—Theory and Practice [M]. John Wiley & Sons Ltd, 2005.

Bachelier，The Theory of Speculation，1900)①。20世纪50年代到70年代，金融学发展研究的核心领域是资产定价（Assets Pricing），重要成果如资本资产定价模型（CAPM）、套利定价模型（APM）、期权定价模型（OPM）等的研究，一直延续至今，发展出Fama-French多因素模型等。投资者通过资本市场，将资本投入公司，并据此获得理性的报酬。关注投资者理性的预期报酬率是现代金融学的核心问题之一。

公司财务的研究对象是公司的财务政策和财务行为，目标函数是股东财富及其最大化。财务理论与财务政策（行为）是公司财务研究领域中的两大部分。通过财务理论研究，界定了财务政策与股东财富之间的紧密相关性；通过财务政策研究，在明晰财务理论对财务行为（实践）的指引的基础上，分析论证财务政策的合理性与科学性，从而达到优化公司财务状况、实现股东财富最大化的目标。对财务理论与财务行为之间的差异（Gap）进行研究也成为现代公司财务研究领域的重要内容。

公司的财务政策与财务行为共同构成财务实践。公司财务的主要内容是由董事会制定财务政策，并以此引导和约束管理层的财务行为，比如投资行为、融资行为等。在财务政策的制定过程中，是否合理地考量了股东财富因素是财务政策质量的决定性因素。由财务政策引导和约束的财务管理行为可以确保其科学性与稳定性，进而优化公司的财务状况，增加股东财富。

现金流以及现金流的交换构成了现代金融，流动性因而成为整个金融体系的灵魂。公司从投资者那里获得生产经营所需的资金，通过高效的投资创造出足够的价值，实现向投资者的合理回报。在这个过程中，资金运作与生产经营的有机结合成为公司财务（金融）区别于资本市场金融的根本。

二、公司财务实践的历史发展特征与财务理论的演进

公司财务实践包括公司的财务政策以及由财务政策约束和引导的财务行为。对于一个管理科学、发展成熟的公司来讲，通常会有一整套稳定的、明确的财务政策。但是，一些中小型企业，或者一些处于创建初期的企业，其财务行为如投资行为、融资行为等，可能并没有财务政策的引导，处于一种随性、粗放、非理性的管理状态中。

公司财务行为是伴随着公司的产生而发生的。公司一旦创建，首先要解决的必然是两个重要的财务问题，即如何投资以及如何融资。这一阶段的投融资行为更多地是从发展战略的角度考虑，从财务视角的考虑较少。

从历史演进的角度看，公司财务大致经历了如下几个重要的发展时期：

（一）传统研究阶段

第一阶段是19世纪大公司的发展到20世纪50年代，为投融资行为的传统研究阶段。

---

① 1900年3月29日是Louis Bachelier博士论文答辩的日子，他的博士论文就是后来被尊为金融数学奠基之作的《投机理论》。这一天也被一些学者追认为金融数学诞生的日子。Louis Bachelier的理论是20世纪期权定价理论的先声。金融数学的不断发展成熟是金融学趋于科学化的主要标志，对于资产定价理论的发展具有尤其重大的意义。

严格地说，投资机会的把握不属于公司财务的范畴。企业家的创新精神主要体现在对于新的投资机会的把握之上。一旦明确了投资的方向和规模，融资问题就成为公司发展的重要约束因素。19世纪中后期，在英美等国家，伴随着工业科技的不断进步，大型公司尤其是大型的汽车公司、钢铁公司、电力公司、铁路公司等获得了极大的发展空间，成为那个时代最为显著的特征。没有发达的资本市场，没有科学理性的融资管理，这些公司的发展将失去基本的资本保障。这种环境成为公司财务前期发展的基础，同时，融资问题也就成为早期公司财务最为关注的一个领域。在这一历史时期，普通股融资、优先股融资、公司债融资呈现出强大的生命力。融资方式、融资渠道等的研究成为这一阶段的主要内容。

在19世纪末20世纪初的美国，出现了大量有关公司财务的著述。比如，洛（William Henry Lough）于1917年出版的 Business Finance：A Practical Study of Financial Management in Private Business Concerns 一书，沃克（William H. Walker）于1919年出版的 Corporation Finance 一书等。这些论著重点分析研讨了公司在创建、发展、购并以及破产等所有的环节中可能面临的一些重要的融资问题、盈利分配问题以及投资者关系处理等。从研究方法上看，当时的人们所关注的更多的是政策性建议，也就是站在专家的视角，指导公司应当如何去解决问题。这也就成为后来所谓的"规范性研究"。

尽管有人不认可早期的公司财务学说在现代学术性质上的地位，但是那些政策性研究对于后来公司财务理论的发展产生了根本性的影响，这一点是毋庸置疑的。多年以后很多的学说或者模型，往往受惠于公司财务早期的发展。

（二）现代研究阶段

第二阶段是20世纪50年代，公司财务的学科地位得以确认，进入现代研究阶段。

20世纪50年代对于现代公司财务理论来讲，具有重大的意义。首先，公司财务开始由传统的关注融资转向公司内部的投资行为的研究。与融资行为比较，投资行为尤其是长期的、资本性的投资是企业价值的决定性因素，从根本上决定了公司发展的态势。只有将投资行为纳入公司财务研究领域之中，财务理论才完整。其次，1958年莫迪利亚尼和米勒（Modigliani & Miller）发表了著名的MM无关理论，标志着现代公司财务理论的诞生。这一理论将"套利证明"引进了公司财务理论研究之中，并从此成为金融学的基本研究方法。

20世纪50年代以后，实证研究方法成为公司财务重要的研究方法。与规范性研究比较，实证研究更加看重现实的公司财务实践。这种实践或者体现为具体的行为，或者体现为基于财务行为的各种数据，也就是所谓的数字化的财务行为。伴随着金融市场的不断发展以及会计技术的不断完善，能够反映公司各方面、各领域特征的数据越来越丰富，为公司财务的实证研究提供了充分的数据支持。"让数据说话""让事实说话"成为人们研究管理问题的一个重要方向。

资本结构理论、股利理论等有关财务政策的研究成为这一时期公司财务理论研究的核心。

（三）公司财务与公司治理并行发展阶段

第三阶段是20世纪90年代至今，为公司财务与公司治理并行发展阶段。

20世纪90年代以后，与金融危机同步，出现了世界范围内的公司治理危机。其中人们最为关注的就是公司大股东利用信息优势和管理权威侵占中小股东利益的问题，在投融资等财务活动中将大股东的利益置于核心位置，严重影响中小股东的利益，也损害公司的长远发展。这些问题既是公司治理研究，也是公司财务研究领域的重要内容。在研究股东问题、公司内部治理问题、公司绩效问题等的过程中，治理问题与财务问题几乎是交叉在一起的。

从研究方法上看，公司财务研究不再拘泥于单一的研究方法与技术，研究视角更加开阔，触及的范围也越来越广。人们将博弈论、信息论、心理学等内容嫁接到公司财务问题的研究当中，得出了很多重要的结论，丰富了公司财务理论的内容，提升了理论的解释力和预测力。

三、公司财务学术史：文献研究视角

任何一门学科，其学术演进过程及其结果都是学术内涵不断趋于丰富的过程。了解学术史，有助于加深对学科的认识。

学术史的出现是一门学科的发展趋于成熟的标志，而学术史的成熟则是一门学科趋于完善的标志。马克·鲁宾斯坦（Mark Rubinstein）认为："思想很少着衣而诞，而是在艰苦的累积过程中逐渐穿上华美的衣物。在人文艺术的许多领域，为了能更深入地获取知识，有必要知道这个领域的思想是如何演进的：这些思想是如何产生的？如何走向成熟的？一个思想是如何催生另一个思想的？知识环境是如何滋养思想成长的？为什么现在看起来十分明显的思想曾让人感到十分困惑？"[①]

为什么要研究学术史？第一，通过学术史研究，探索学科发展的基本脉络，这对深化学术见解、促进学术的系统化演进等具有重要的意义。第二，更加细致的学术史研究，会涉及学者的经历以及学术发展的历史背景、客观环境等内容，这些问题的研究可能引发人们对于学术的另类思考，提高学术研究的应用价值。最初的学术问题几乎总是与现实情况紧密结合的。第三，从文献考据的角度看，学术史研究可纠正某些学术偏颇或者差错，尤其是在学术发展脉络方面会产生重要的修正作用。比如，学说的最初状态、初创者、早期重要文献的研究，有助于发现那些在学术发展史上非常重要又遭到忽视的学者和文献，无疑具有极为重要的价值。

概要而论，学术史研究有如下三种方法或者路径：①依据重要学者进行研究，如经济学说史上的斯密、李嘉图、马歇尔、凯恩斯等人；②按照学术流派进行研究，如重农学说、重商学说、自由市场（奥地利学派）学说、经济制度学说等；③按照重要

[①] MARK RUBINSTEI. A History of the Theory of Investment: My Annotated Bibliography [M]. John Wiley & Sons, Inc., 2006.

文献问世的时间顺序（编年体）进行研究，比如马克·鲁宾斯坦的《投资思想史》。以上三个路径在很多情况下可能是交叉的。比如哈里·兰德雷斯的《经济思想史》（A History of the Theory of Investments: My Annotated Bibliography）。从传统上看，按照重要学者和学术流派进行分析阐述的学术史研究是较为常见的，如唐庆增的《中国经济思想史》（上卷）、胡寄窗的《中国经济思想史》等。

但是必须强调的是，学术史研究可以做非常细致的考据，但是这种考据一定是基于学术演进和学术进步的基础之上。学术史应聚焦于核心的文献，聚焦于文献中的学术信息，以及这种信息对于学科后续发展的影响。在学术的发展历史进程中，总是闪耀着一些不平凡的名字，但是，这些名字一定是依附于学术的进步的。

学术史不是实务演进史，公司财务学术史也不是公司财务实践史。巴斯金（Jonathan Barron Baskin）与小米兰蒂（Paul J. Miranti, Jr）编著的 A History of Corporate Finance（Cambridge University Press，1997）[1]，对19世纪末到20世纪80年代美国公司的财务实践，尤其是融资问题、股利支付问题进行了阐述与分析。书中对与实务发展相关的财务理论开展了一定程度的梳理，但是整部书并不是学术史的概念。

19世纪末期，美国大学里已经开设了 Corporation Finance 课程，同时也出现了一些公司财务方面的著述和教材，到20世纪的二三十年代，公司财务方面的著述已经相当的丰富[2]。哈佛大学等也已开设公司财务方面的课程[3]。当时的公司财务，除了对公司融资问题极为关注，予以大量讨论分析之外，其他很多问题的讨论往往没有学科上的意义。人们根据自己对公司财务的理解来界定所要研究的对象和内容。同时，公司财务（Corporate Finance）与其他领域到底有哪些显著的差异，也并没有一个严谨的界定。

必须说明的是，按照学术文献发表的时间来进行编年体式的学术史研究，存在着一个重大困难，那就是文献的发表与学术的发展未必一致。一些学术进展最初的脉络往往在更早期的文献当中。典型的情形之一就是法国数学家 Louis Bachelier 在金融学尤其是有效市场理论和资产定价理论中的贡献。通过后续的文献发掘，人们才注意到 Bachelier 的学术贡献。

---

[1] JONATHAN BARRON BASKIN, PAUL J MIRANTI, Jr. 公司财政史[M]. 薛伯英，译. 北京：中国经济出版社，2002年.

[2] 参阅 WILLIAM HENRY LOUGH. Business Finance: Apractical Study of Financial Management in Private Business Concerns [M]. The Ronald Press Company, 1917. WILLIAM H WALKER. Corporation Finance [M]. Alexander Hamilton Institute, 1919.

[3] 南开大学在20世纪的20年代已经开设了 Corporate Finance 课程。见何廉. 何廉回忆录[M]. 北京：中国文史出版社，1988：39。何廉先生是留美博士，曾与金融学家费雪（Irving Fisher）共事，国民党时期知名的经济学家，参与制定《（战后）第一个复兴期间经济事业总原则草案》（1944年），其中有"在混合经济中的有计划的发展"的提法。

第二节　公司财务研究领域中的学说或者模型

一、公司财务领域的基本理论

学者们为了解释和分析某一现象，可能会提出一种学说或者模型。这种学说的解释力越强，说明其生命力越强，学术价值越大。人们通常采用经验检验（Empirical Test）等实证研究方法来检验各种学说、模型的科学性。人们分析、研究公司的财务政策，或者公司制定财务政策，都需要必要的理论支持。由于研究角度和研究方法的不同，对同一个财务现象的研究可能会产生几个甚至几十个结论迥异的学说或者模型。这在公司财务理论中是极为常见的现象。我们不能简单地判断哪一个学说或者模型的对错，因为正是这些结论不同的学说或者模型给人们提供了一个认识现实、解决问题的整体框架。

对于公司财务实践者来讲，各种财务学说或模型构成的公司财务理论不是提供可以直接用于操作的技术手段，而是提供一份分析问题和解决问题的指示图①。通过这张指示图，实践者可以了解解决问题的主要路径以及各条路径可能实现的目标。任何理论都不能替代实践者自身的决策，优秀的财务决策是财务管理者综合实力的体现，而理论的作用将随着公司治理的优化以及管理行为的理性化不断提高。

詹森（Michael C. Jensen）和史密斯（Clifford W. Smith）（1984）较早讨论了金融学中的基础理论问题。他们将以下学说和模型列为现代金融学研究的基石（Building Blocks）②：

有效市场理论（Efficient Market Theory）研究了价格与内在价值的关系以及信息质量的评价问题。在有效的资本市场上，投资者将资本的使用权委托给了公司管理者，而把对管理者的监督交给了市场。

证券组合理论（Portfolio Theory）研究了组合投资问题，并为20世纪50—70年代的资产定价理论的研究奠定了扎实的基础。投资者通过证券组合，可以最大限度地分散掉非系统性风险，从而降低投资者所需要承担的风险水平。

资本资产定价模型（Capital Asset Pricing Theory）。这是一个单因素的、线性的资产定价模型，界定了资本市场上风险与收益之间的关系。该模型为资本成本估算技术的进步做出了巨大的贡献。

期权定价理论（Option Pricing Theory）可处理多重选择下的风险与收益的关系问

---

① 也可以将学说或模型理解为指引或者约束实践者行为的地图。当然，实践者可能提出如下的问题："这是新的地图还是旧的地图？它会把我引导到哪里去？那里是我想去的地方吗？"对于研究者来讲，了解实践者的问题极为重要。

② MICHAEL C JENSEN, CLIFFORD W SMITH. The Theory of Corporate Finance: A History Overview [J]. The Modern Theory of Corporate Finance (New York: McGraw-Hill Inc.), 1984: 2-20.

题，从新的视角重新认识风险，将期权定价理论引入财务分析。

代理理论（Agency Theory）分析了公司治理中投资者与管理者之间以及各类投资者之间的利益冲突问题。

二、公司财务领域的重要学说或模型

具体到公司财务政策与财务行为的研究中，运用较多的基本理论、学说或者模型有：①资本结构假说（Capital Structure Hypothesis）；②有效市场假说（Efficient Market Hypothesis）；③价值与折现现金流量模型［Value，Valuation and Discounted Cash Flow Model（DCFM）］；④资产定价理论与CAPM（Assets Pricing Theory and CAPM）；⑤代理冲突-自由现金流量假说（Agency Conflict-Free Cash Flow Hypothesis）；⑥信息不对称-信号传递假说（Information Asymmetry – Signaling Hypothesis）；⑦生命周期假说（Life – Cycle Theory）；⑧纳税假说（Tax Hypothesis）；⑨行业惯例假说（Industry Convention Hypothesis）；⑩行为假说（Behavioral Hypothesis）；⑪市场择时假说（Market Timing Hypothesis），等等。

有些学说或者模型主要是给学者们提供继续进行研究的工具，比如1958年的MM理论、Fama的有效市场假说等；有些学说或者模型则可以作为解释或者优化财务实践的指引，比如关于融资行为的优序融资模型、股利支付的修匀模型等。前者对于学者来讲极为重要，是学术研究规范的核心内容，但对于实践者来讲几乎没有意义，很难将其直接用于实务。而后者对财务实践的解释力和预测力往往很强，可以广泛地应用于实践，但其学术的严谨性会有所不足。

大体可以将以上理论划分为如下几类：

（一）公司财务领域

所谓公司财务领域的学说是指这些学说的形成、发展直接与财务政策、财务行为的研究相关。重要的理论包括：资本结构理论、股利理论、资本成本理论、净现值理论、估值与折现现金流量模型（DCFM）等。

主要的资本[1]结构理论有：①MM理论（Modigliani and Miller Theory, MM Models）；②静态权衡模型（Static Trade-Off Models）；③优序融资模型或不对称信息模型（Pecking-Order Models, or asymmetric information models）；④信号模型（Signaling Models）；⑤代理成本模型（Agency Cost Models）；⑥中性突变模型或经验模型

---

[1] 资本（Capital）是一个非常重要的财务概念，由此衍生出的"资本成本""资本结构""资本预算"等都是核心的财务概念，成为现代公司财务理论的基本构件（Building Blocks）。"资本"概念隐含的财务性质是获取理性报酬的资源。换言之，投资者通过资本投资所获取的报酬水平一定是理性的、合理的。这是理解资本概念的基础。依据分离定理，资本的功能与投资者的性质无关。无论是国有资本还是民营资本，一旦投入企业，只作为资本发挥作用。有效市场与理性行为是形成理想金融的必备条件。至于那些"贪得无厌"的所谓资本，在公司财务领域的研究中是没有意义的。因为一旦脱离了理性的报酬率要求，资本的性质已经不复存在，或者只是单纯的流通工具，或者构成投机甚至诈骗的要件。

(Neutral Mutation Models, or rule-of-thumb)[①]。

1958 年的 Modigliani 与 Miller 的无关理论以无套利（No Arbitrage, or absence of arbitrage）证明[②]的方法论证了企业价值与资本成本、资本结构之间的科学关系，为财务政策研究奠定了学术基础，引发了大量的后续研究，促进了公司财务理论的现代化。[③]

MM 无关理论通过三个命题，对资本成本、资本结构、企业价值、投资选择基准等核心的财务问题进行了科学的界定与论证。

命题 1：公司估值（Corporate Valuation）命题

$$V_j \equiv (S_j + D_j) = \overline{X_j}/\rho_k \tag{1-1}$$

企业价值（V_j）是股权资本市场价值（S_j）与债务资本市场价值（D_j）之和，是未来现金流（$\overline{X_j}$）的折现值。

命题 2：资本成本（Cost of Capital）命题

$$i_j = \rho_k + (\rho_k - r)D_j/S_j \tag{1-2}$$

股权资本成本（i_j）是无负债情况下的资本成本（ρ_k）与债务资本风险补偿之和，后者是资本结构系数（D_j/S_j）与无负债情况下的股权资本成本和债务资本成本（ρ_k-r）之差的乘积。

命题 3：资本投资（Capital Budget）命题

$$\rho^* \geq \rho_k \tag{1-3}$$

资本投资的基本原则是投资项目的报酬率（ρ^*）水平大于等于项目的资本成本（ρ_k），亦即净现值法则[④]。

1958 年的 MM 理论的发表标志着公司财务领域实证研究的起步[⑤]，这一理论解决

[①] MERTON MILLER. Debt and Taxes [J]. Journal of Finance, 1977: 32-2, 261-75. "Given the complexities of the real-world setting, actual decision procedures are inevitably heuristic, judgmental, imitative and groping even where, as with so much of what passes for capital budgeting, they wear the superficial trapping of hard-nosed maximization."

[②] EUGENE F BRIGHAM, PHILLIP R DAVES. Intermediate Financial Management [M]. 11 edition. South-Western, 2013: 617-620. "By arbitrage we mean the simultaneous buying and selling of essentially identical assets that sell at different prices. The buying increases the price of the undervalued asset, and the selling decreases the price of the overvalued asset. Arbitrage operations will continue until prices have adjusted to the point where the arbitrageur can no longer earn a profit, at which point the market is in equilibrium. In the absence of transaction costs, equilibrium requires that the prices of the two assets be equal."

[③] FRANCO MODIGLIANI, MERTON H MILLER. The Cost of Capital, Corporation Finance and the Theory of Investment [J]. American Economic Review, 1958, 48 (3): 261-297.

[④] 净现值法则（NPV Rule）亦被称为公司财务的第一法则（The First Law），因为这一法则充分地体现了"股东利益至上"的基本原则。净现值为正的投资是能够给股东带来价值增值的投资。

[⑤] 人们将 1958 年的 MM 理论看作现代公司财务理论的起始，之前只有公司财务政策和财务行为的规范分析，但没有系统、深入的理论分析；1958 年之后，人们可以运用财务理论对财务行为进行分析与评判。借用 Fama 教授的一句话，MM 理论的提出对于公司财务理论研究领域来讲，就像雷雨之后的空气的澄明（the air clearing after a thunderstorm），透彻而纯粹。

了实证研究的两个基本前提：①目标问题①。几乎所有的实证研究都是分析不同的因素对于目标的影响，没有一个科学合理的目标设定或者假说，实证研究将无从开展。就像厂商理论中的"利润最大化"目标假设一样，"价值最大化"或者"股东财富最大化"的目标假设同样奠定了公司财务理论研究的逻辑起点。②公司财务的基本概念问题，也就是实证研究所需要的基本要素或者基本单位，比如资本成本、资本结构、企业价值等。科学的基本要素的明晰是实证研究得以进行的基础，因为实证研究就是要研究这些基本要素之间的关系及其对目标的影响。

股利理论包括：①MM 股利无关论或剩余股利模型（Modigliani-Miller Dividend Irrelevance Theory, or Residual Dividend Model）；②"手中之鸟"理论（Bird-in-the-Hand Theory）；③信号理论（Signaling Theory）；④税差理论（Taxes-Effect Theory）；⑤当事人效应理论或者迎合假说（Clientele-Effect Theory, or the Catering Theory of Dividends）；⑥代理解释（The Agency Explanation）；⑦行为解释（Behavioral Explanations）；⑧企业生命周期解释（The Firm Life-Cycle Theory of Dividends），等等。

资本结构理论与股利理论是现代公司财务研究中最被人关注的两大领域，长期以来产生了大量的文献，形成了财务理论的主体架构②。与之相对应，资本结构政策与股利政策也成为公司的两大财务政策。

价值理论是传统经济学中的重要概念之一，一项资产的价值是其未来时期创造收益折现后的现值之和③。William H. Walker 认为，资产的价值取决于其生产效率（Productive Efficiency）和获利能力（Earning Ability）。股东购买股权是为了获取股利④。H. Kent. Baker 于 2009 年出版了 *Dividends and Dividend Policy* 一书，其中有这样一段话，概述了股利与估值之间的紧密关系："在现代投资估值理论中，John Burr Williams（1938）是首批将股票价格视为由其内在价值决定的经济学家之一，并阐明了基于股利的估值理论⑤。普通股的内在价值或长期价值是其未来净现金流以股利和价格表现的现值。Graham 和 Dodd（1951）继承了由股利和未来股票价格决定股票内在价值的思想。在 Graham 和 Doss 理念的基础上，Gordon（1959）建立了一个股利增长估值模型，其中决定股票价值的基本因素就是股利和贴现率。"⑥

与估值相关的另外一个领域就是折现现金流量模型。按照这一模型，资产的价值取决于未来时期的现金流量。现金流量越多，价值越大，给资产所有者创造的财富也

---

① Modigliani 在谈到 MM 无关理论时曾经指出，MM 理论的主要贡献在于论证了在财务决策中，利润最大化是没有意义的，公司最为科学的目标追求是价值最大化。经济学消息报．诺贝尔经济学奖得主专访录——评说中国经济与经济学发展［M］．北京：中国计划出版社，1994．

② 资本结构理论与股利理论之所以成为现代公司财务理论中的主体内容，一个重要的原因就是这两个问题横贯公司治理领域与公司财务领域，是两个领域都极为关注的问题。资本结构问题和股利支付问题，从公司财务的角度看，是融资问题和收益分配问题，从公司治理的角度看，是投资者及其关系的问题。

③ WILLIAM H WALKER：Corporation Finance. 1919：23.

④ CARL MERGER：Principles of Economics. 1971：161.

⑤ JOHN BURR WILLIAMS. The Theory of Investment Value［M］．BN Publishing，1938.

⑥ H KENT BAKER. Dividends and Dividend Policy［M］．John Wiley & Sons, Inc., 2009：4.

就越多。这一模型将"价值"的经济学定义与估值方法有机地结合在了一起,成为公司财务领域最基础的分析技术。

(二) 资本市场与投资学领域

属于资本市场与投资学领域的重要学说有:有效市场假说、资产定价理论与CAPM、套利定价模型、期权定价模型、Fama-French多因素模型、信息不对称与信号假说、市场择时假说、纳税假说。

有效市场假说与信号假说是一体的(Eugene Fama)。影响有效市场的因素很多,主要有税收、不对称信息、代理成本、交易成本、证券发行费用以及投资者行为等[1]。对这些因素与市场有效性的关系的研究成了金融学研究的主要领域之一。很多财务学说或模型往往在从不考虑这些因素的基础上展开研究,松弛掉严格假设的过程,既是财务理论不断演进、不断丰富的前提,也是财务理论在解释现实、预测未来的过程中必然发生的结果。

在公司财务理论中,有效市场[2]是一个非常重要的假说。这一假说需要从以下两个方面理解:一方面,所谓有效市场是指一个纯粹的、效率达到极致的市场,在这个市场上,所有影响效率的因素都消失不见,比如税、交易成本等;另一方面,在这个市场上,证券价格可以准确地反映其内在价值,同时,投资者的预期报酬率与实际报酬率没有差异。公司的市场价值反映了公司未来的价值创造能力。

对于管理者来讲,有效市场理论还隐含着一个结论——股票价格反映的是公司内在的、真实的价格,不要企图去干扰、影响价格。任何对股票价格的人为的干扰都会对股东财富造成不利的影响。

市场择时假说(Market Timing Hypothesis)认为,任何财务行为的发生都必须考虑时机,也就是在合适的时机做合适的事情。这里的所谓"合适的时机",主要是指市场环境以及其他的外在因素都有利于公司的发展以及股东财富的增加。比如在股票融资领域和股份回购领域,公司会在股市被高估时发行股票,在股市被低估时回购股票。严格来讲,任何财务政策的实施都有时效性。脱离开合适的时机,好的财务政策可能会转变为坏的。比如,在现金流充裕,经营风险较小的情况下,可以提高负债率,加速发展,提升绩效水平;而一旦现金流减少,这种高的负债率政策极有可能导致公司的财务危机。

大数据、数字技术等现代信息技术的发展对于提升资本市场效率、消解信息不对称产生了重大的影响。实证研究显示,近几十年以来,财务政策、财务行为中的信息

---

[1] LEASE RONALD C, KOSE JOHN, AVNER KALAY, URI LOEWENSTEIN, ODED H SARIG. Dividend Policy: Its Impacton Firm Value [M]. Boston: Harvard Business School Press, 2000.

[2] EUGENE F. FAMA. "I coined the terms 'market efficiency' and 'efficient markets,' but they do not appear in my thesis. They first appear in 'Random Walks in Stock Market Prices', paper 16 in the series of Selected Papers of the Graduate School of Business, University of Chicago, reprinted in the Financial Analysts Journal (Fama 1965a). " Eugene F. Fama. My Life in Finance. First published online as a Review in Advance on August 8, 2011. The Annual Review of Financial Economics is online at financial. annualreviews. org.

含量呈现不断下降的趋势。比如，有证据显示，数十年以前的股利波动要比如今同样的股利波动能够引起更大的股票价格的波动。这种趋势之所以产生是因为信息传播的速度与广度出现了重大的变化。多年以前，公司与投资者之间的信息沟通工具可能主要是年度财务报表；今天的沟通途径显然更加多样化，比如官网、微博、脸书等也被大量地用于和投资者之间的沟通与交流中。信息的充分流动为投资者利益的保护奠定了扎实的知情基础。

消解信息不对称现象的根本手段就是充分、及时地向投资者传递足够的信息，包括强制披露的信息，也包括自愿披露的信息。但人们在公司发布信息的时候，发现了一个有趣的现象，那就是投资者会过度反应（Overreact）坏的信息，而对好的信息则反应不足[1]。

资产定价模型的发展，从 CAPM[2] 到套利定价模型、期权定价模型，再到 FF 多因素模型，扩展了影响投资者报酬率的因素。资产定价理论与模型对公司财务的重大影响主要体现在投资者理性报酬率的估算方面。在这些理论与模型的支撑之下，投资者可以借助大量的市场数据，极大地提升理性报酬率估算的科学性和合理性。20 世纪 50 年代到 70 年代是资产定价理论发展的黄金时期。

（三）公司治理领域

Jean Tirole 将公司治理定义为关于"公司的出资者会采取何种方式来保证他们自己从投资中获得回报"的问题[3]。从早期文献看，公司治理中的很多问题比如股权结构问题、管理层问题、小股东利益问题等与融资问题、股利问题等一起构成了公司财务（金融）的主要内容。

代理理论、自由现金流量假说、激励理论（Incentive Theory）、契约理论（Contract Theory）、交易成本理论等是一些重要的公司治理学说，在财务政策的制定过程中发挥着不可或缺的作用。

代理理论是关于利益冲突与权力配置问题的研究以及如何化解冲突的理论，同时，也是围绕着"股东至上"观念的理论。代理理论为很多的财务问题研究提供了一个很好的视角，具有极强的解释力。

Jensen（1986）界定了自由现金流量（Free Cash Flow，FCF）概念，自由现金流量是指企业净利（现金流）在满足了所有净现值为正值的投资项目的资金需求之后所剩余的部分。经理层倾向于保留较多的自由现金流量投资于那些并不盈利的项目以实现"帝国构建"，从而导致企业过度投资[4]。自由现金流越多，管理者和所有者的冲突愈加

---

[1] PHILIPP KRÜGER. Corporate goodness and shareholder wealth [J]. Journal of Financial Economics, 2015, 115: 304-329.

[2] EUGENE F. FAMA. "The arrival of the CAPM was like the air clearing after a thunderstorm". EUGENE F FAMA. My Life in Finance. First published online as a Review in Advance on August 8, 2011.

[3] JEAN TIROLE. The Theory of Corporate Finance [M]. Princeton University Press, 2006.

[4] 厂商理论（Firm Theory）认为，企业家所倾向的可能是企业规模、经营规模或者技术研发。这些活动可以增强企业家在公司治理中的权威性，甚至造成对管理层的依赖。而这些行为与股东财富最大化目标却未必一致。

明显，过度投资问题也越发严重。自由现金流量理论还意味着并购和接管行为更易于破坏而不是创造企业价值。并购是经理人员使用现金（不将其作为股利支付给股东）的一种方式。经理人员倾向于将未使用的借入资金及自由现金流量进行低利润的甚至降低企业价值的合并行为。[①]

（四）管理学领域

下面介绍生命周期假说（Life Cycle of the Firm）与行业惯例假说。

对于财务政策来讲，不同的发展周期有着重大的影响。主要原因是在不同的发展周期，企业的现金流以及投资对资金的需求有着极大的差异，这种差异无疑将影响财务政策的制定。实证研究发现，处于不同发展周期的公司在股利政策方面也有着显著差异。

公司年龄（Firm Age），尤其是首次公开募股（IPO）以后的公司年龄对于公司治理、公司战略、公司政策会产生比较大的影响，这可能不仅仅与一些重要的财务特征有关，与董事会、管理层长期形成的某些惯性思维和政策滞后等也有一定的关联。[②]

企业发展初期的主要财务特征包括：投资机会多但现金流少，外部融资需求大，可能销售额增长率较高但波动性大。企业发展成熟期的主要财务特征包括：投资机会少但现金流充沛，内部资源丰富，销售额增长速度以及盈利水平下降。

在公司发展初期，董事会和管理层最为关注的问题往往是人力资源问题、技术问题、营销问题等，除了融资问题之外，财务问题通常不会受到很大的重视。在企业机能尚没有完善的情况下，相对较为审慎的财务政策可能会对激进的发展战略有所约束，从而引起管理层的抵触甚至反感。当公司发展到较为成熟的阶段之后，财务问题将成为公司运作过程中的核心问题。[③]

如何划分企业的发展周期是一个比较棘手的问题。较为常用的代理指标有销售额、资产规模、现金流量等。迪金森（Dickinson，2011）对不同发展周期的现金流的特征进行了分析，为发展周期的划分界定提供了一个重要的依据[④]。

财务政策往往具有较强的行业特征，即不同的行业在财务政策方面体现出鲜明的特征。数据显示，公用事业行业的股利支付率要远远地高于其他行业。形成这种行业特色的主要原因是不同行业在投资方面具有显著的差异性。比如，公用事业行业的投资往往具有网络化特征，这会导致初始的投资额巨大且回收期很长，但是后续的追加投资则相对较少。同时，由于自然垄断和政府规制的影响，这一行业的经营风险相对也较小，盈利水平较为稳定。这些经营特征会对财务政策的制定产生重大的影响。

---

① MICHAEL C JENSEN. Agency Costs of Free Cash Flow, Corporate Finance, and Takeovers [J]. The American Economic Review, 1986, 76 (2): 323-329.

② ROBERT KIESCHNICK, RABIH MOUSSAWI. Firm Age, Corporate Governance, and Capital Structure Choices [J]. Journal of Corporate Finance, 2018, 48: 597-614.

③ Aswath Damodaran 较为关注企业发展周期对公司财务的影响，可以参阅他的 *Applied Corporate Finance* 一书。

④ VICTORIA DICKINSON. Cash Flow Patterns as a Proxy for Firm Life Cycle [J]. The Accounting Review 2011, 86 (6): 1969-1994.

（五）心理学领域或者行为公司财务（Behavioral Corporate Finance）

投资者与管理者的非理性，资本市场的无效率，以及时刻都在产生的各种重大波动，都会导致公司财务的无理性状态。这种无理性状态反映在具体的财务政策和财务行为上，将产生很多现有学说和模型难以解释的情形，形成所谓的行为异象。这些异象没有经济理论的支持，却可能有心理学的解释。行为公司财务理论（Behavioral Corporate Finance）以及含义更加广泛的行为金融理论（Behavioral Finance），从20世纪90年代中期到2000年间互联网股票的大幅涨跌中得到了很快的发展。[①]

任何理论与模型也不能直接照搬到管理实践当中。这一方面是因为现实情形是多维、多变的，非理论研究所能涵盖；另一方面，行为人在运用学说作为指引的时候，不可避免会掺杂许多个人的考虑，行为有别于理论推演的范式。

当一种财务行为难以用现有的经济理论加以解释的时候，心理学可能会提供一个较为合理的说明。尤其重要的是，这种解释对于财务政策和财务行为的优化也有一些新的启示。行为公司财务理论的基础是认可人们在制定财务政策、实施财务行为的时候不会严格地遵循学术逻辑，会出现各种各样的行为偏差（Behavioral Biases），进而导致政策和行为的非理性。这种情形的出现，一方面与管理者的非理性人的性质有关，另一方面与学术内容的纯粹性也有着紧密的关系。

以心理学知识解释财务行为形成了行为假说（Behavioral Hypotheses），又称为经验假说（Rule-of thumb Explanations）或者财务规划原则（Financial Planning Principle），是公司制定财务政策时的重要考虑。其中的决策因素并没有严格的理论依据，往往是基于管理者的经验而形成的各种习惯或者行业惯例，但在公司制定财务政策时不容忽视。比如，在资本结构政策中必须考虑的财务灵活性（Financial Flexibility）、长远发展（Long-Term Survivability）、财务独立性（Financial Independence）等。再如，股利支付的Lintner的部分修匀模型（Partial-adjustment Modle）、资本结构理论中的"优序融资模型"等也属此类。

Hersh Shefrin认为，行为公司财务理论研究的目的在于认识和了解人们潜在的心理缺陷[②]，能够在财务管理层面临各种各样决策任务的时候觉察到决策者和行为者的心理活动变化，并知晓这些变化可能对管理结果所造成的影响。由心理因素引发的错误往往会造成代价高昂的后果，因此研究行为公司财务就极为必要。[③]

Scharfstein与Stein的研究发现，羊群效应是心理学分析中的重要行为现象之一。与股票市场上的投资行为类似，公司内的投资行为同样存在着羊群行为（Herd

---

① MALCOLM BAKER, JEFFREY WURGLER. Behavioral Corporate Finance: An Updated Survey [J]. Handbook of the Economics of Finance, 2013（2）: 357-424.

② 成功的企业家往往自负和偏执，他们甚至就是依靠这些心理特质度过了创业的困难期，最终获得了成功。公司发展进入到相对成熟期以后，或者随着竞争环境的逐渐稳定，这些心理特质可能会导致错误决策，误导公司的财务政策，从而造成严重的后果。财务政策多变的公司，其管理者往往具备这样的心理特征。

③ 赫什·舍夫林. 行为公司金融：创造价值的决策 [M]. 北京：中国人民大学出版社，2007. SHEFRIN H. Behavioral Corporate Finance [J]. Journal of Applied Corporate Finance, 2001, 14（3）: 113-126.

Behavior)。这种羊群行为的重要表现就是众多公司的投资会与那些成功公司趋同,一来可以减轻自己收集、处理信息的成本,二来有助于新技术、新观念的采用与发展。但是,投资行为的羊群效应会造成"过度投资"等不良行为。① 成功的企业自有成功的基因,其他企业假如只是照搬所谓成功模式,但自身并不具备成功的基因,只会形成拙劣的模仿,未必取得理想的效果。

公司的财务政策在很大程度上反映同行企业的财务政策,并在较小程度上反映同行企业的特征。对于资本结构的决策,羊群效应要比先前确定的影响因素更加重要。而且,小规模的、不知名的企业对同行业大型知名企业的财务政策高度敏感,但是大企业却不是这样。不可否认的是,同行企业的习惯做法在形成一系列公司政策中起着重要作用,现有证据表明同行企业行为可能在资本结构中起着重要作用。②

从某种角度看,财务管理普遍存在的行业惯例可能与管理者的羊群行为有关,其利弊应该予以具体分析和评价。

在财务理论与财务实践之间的是投资者与管理者,且投资者与管理者的心理因素会直接影响对财务理论的理解以及实际财务问题的处置偏好。比如,有的管理层热衷于使用超量的负债,有的管理层偏好稳定股利的支付等。管理者在制定或实施财务政策的时候,极易出现以下几点心理学特征:①目标偏差,比如管理层的自私行为、规模偏好、多元化偏好等;②乐观与过度自信(Optimism, Overconfidence, and Hubris),比如预算编制中对现金流、销售额等的预测,基于现金流乐观估计的过度投资;③经验管理,比如资本结构决策、资本成本估算、内含报酬率决策;④过度的安全储备,比如过于稳定的股利支付、过量的现金存量、资本限额、财务灵活性等。

过度自信(Overconfidence)可能是管理层在政策制定和实施过程中最为常见的一种心理特征,这往往会导致现金流的高估、各种成本费用的低估以及对潜在风险的漠视。尤其要特别关注的是,过度自信可能还会使得董事会和管理层轻视管理过程中的理性和科学因素,主观、轻率地做出决策。这种对治理和管理范式的破坏将对公司的可持续发展造成毁灭性的影响。

管理层的短期压力(Short-term Pressure)可能扭曲财务政策,导致可持续发展能力受损。管理层通常会遭遇较大的压力,对于长期压力,企业家们一般有自我消化并转化为合理行为的能力,这是必备的特质之一。但是,由于某些突发事件以及短期环境、临时政策的变化对管理层造成的短期压力却可能带来非常不利的后果。政策的不稳定性、环境的多变性以及控股股东的非理性态度,都会给管理层带来显著的短期压力。

管理者的自身特征如何影响财务政策和财务行为成为近年学术界研究的一个热点。比如,管理者的性别和年龄,管理者的受教育情况(尤其是否接受过MBA的专业训

---

① SCHARFSTEIN D S, STEIN J C. Herd Behavior and Investment [J]. American Economic Review, 1990, 80 (3): 465-79.

② MARK T LEARY, MICHAEL R ROBERTS. Do Peer Firms Affect Corporate Financial Policy? [J]. The Journal of Finance, 2014, 69 (1): 139-178.

练),管理者的从业经历,管理者的宗教信仰,甚至管理者的方言、语调等,都成为研究中关注的影响管理行为的要素。

公司财务的心理学解释充分考虑了实践者的经验和应对能力,有助于灵活、全面地运用各种现代财务理论。同时,这也为公司财务理论的研究提出了更大的挑战。

下面是几个重要的公司财务领域的行为学说或模型:①John Lintner(1956):股利的部分调整模型(Partial-adjustment Model);②Shefrin and Statman(1984):股利的行为学解释(Behavioral Explanation of Dividends),比如股利的迎合理论(Catering Theory);③Stewart C. Myers(1984):资本结构的优序融资模型(Pecking-Order Models of Capital Structure);④Miller(1977):中性突变模型(Neutral Mutation Models);⑤财务政策的羊群效应理论(Herd Behavior Theory of Corporate Financial Policy)。

运用心理学理论解释公司财务行为虽可以化解财务实践中存在的很多困惑,但这种解释未必能够成为现代公司财务理论的一部分。心理学分析面对的大多是管理者的非理性行为,是对相关财务学说的反动。对于管理者不运用严谨的财务理论或者模型来指导现实的管理行为,其中的原因分析是不容忽视的重大课题。

三、公司财务理论与财务实践(财务政策与财务行为)

财务理论与财务实践之间应该是一个什么样的关系?存不存在一个财务理论架构?

公司财务实践的多样性和复杂性决定了财务理论的纷繁复杂,同时,了解财务实践是进行财务理论研究的基础和前提。为了深入地研究财务实践,学者们运用甚至发明了很多的研究工具(学说或者模型),这首先意味着学术的进步,同时也给财务实践的进步优化提供了支持。换言之,财务理论不会拘泥于财务实践进行研究,在必要的情况下,学者们会跳出现有实践的禁锢,给未来的发展插上理想的翅膀。但是,无论理论研究如何超前,其最终的目的依然是解释财务实践并做出科学的预见。

与直观、主观、没有系统方法论的政策研究比较,理论研究的优势是以科学的概念为基础展开分析,思路明晰,解剖深入,且具备必要的客观性。"资本成本""资本结构""企业价值"等正是公司财务领域中最为基本的概念,为财务理论研究奠定了扎实的学理基础。作为一门学科,公司财务理论研究还有一个天然的优势,那就是基础概念以及由此引出的研究行为一般都有大量的资本市场数据和财务会计数据作为技术分析的支撑。并非所有学科研究都能具备如此优异的数量研究的基础。实证研究成为财务理论研究领域的主要研究方法与这一基础有着密切的关系。

财务实践(财务政策与财务行为)构成了财务理论的骨架,财务理论的价值是对财务实践的科学性进行分析和判断,进而为财务实践的优化提供理论支持。财务概念,既是进行理论推演的最为基础的思维单位,也是进行理论研究的最为基本的工具。创新概念是财务理论研究进步的重要体现。

公司财务理论有没有一个完整的科学架构?应不应该有这么一个架构?无论中外,学者们在学术研究方面大都有一个情结,那就是自成系统、框架,无论是概念,还是技术,都可以各居其位。但是,考察公司财务理论一个多世纪以来的演进不难发现,这种情结并不现实。即使研究对象是明确的，研究的思路和方法也千差万别，直接决定研究结论的千差万别。针对同一个问题或者现象，会产生很多的学说或者模型。这些结论迥异的学说和模型构成了现代公司财务理论，提升了财务理论对财务实践的解释力和预测力。

第三节　公司财务理论的双路径发展

20世纪50年代以后的公司财务理论的两大发展路径时而交叉、时而分离，同时又有着同一目的地：

一条路径，称为"Lintner-MM路径"，也可以称为"财务政策路径"。这一路径的奠基性文献有林特纳（Lintner）的关于股利政策的研究（1956）[①]，以及莫迪里亚尼和米勒关于资本成本、资本结构的研究（1958）[②]。

另一条路径，称为"BM-Jensen路径"，也可以称为"公司治理路径"。这一路径的奠基性文献有伯利和米恩斯关于两权分离的研究（1932），以及詹森关于代理冲突、自由现金流量的研究（1986）[③]。当今，这一领域的研究一般被认为是公司治理问题，是现代经济学研究的前沿领域之一。

一、Lintner-MM路径（财务政策路径）

1958年，莫迪里亚尼和米勒发表了他们著名的关于资本成本、资本结构的研究论文，这被认为是现代公司财务理论诞生的一个标志，同时也意味着财务理论研究领域中规范研究与实证研究的分界。在学术上，MM具有无可置疑的权威性。但是，从财务理论历史发展的视角看，另外一篇重要文献同样起到了奠基作用，那就是Lintner的关于股利政策问题的研究。

资本成本（Cost of Capital）是MM路径下的公司财务理论的核心概念，是公司财务政策的锚定因素。资本成本的估算质量直接决定了公司财务管理的质量。基于资本成本的财务政策研究已成为现代公司财务理论的基本内容。尤其是20世纪50年代以后，投资学（Investment）领域的研究取得了重大进展，主要表现就是以CAPM为代表的资产定价理论与模型的出现与完善。这些理论与模型为财务政策的科学化提供了扎实的技术支撑。

从学术的角度看，MM路径下研究财务政策、财务行为的基本逻辑是探讨这些财务

[①] LINTNER J. Distribution of Incomes of Corporations Among Dividends, Retained Earnings, and Taxes [J]. American Economic Review, 1956, 46 (2): 97-113.

[②] FRANCO MODIGLIANI, MERTON H Miller. The Cost of Capital, Corporation Finance and the Theory of Investment [J]. American Economic Review, 1958, 48 (3): 261-297.

[③] JENSEN M C, MECKLING W H. Theory of the Firm: Managerial Behavior, Agency Costs, and Ownership Structure [J]. Journal of Financial Economics, 1976, 3 (4): 305-360. MICHAEL C JENSEN. Agency Costs of Free Cash Flow, Corporate Finance, and Takeovers [J]. The American Economic Review, 1986, 76 (2): 323-329.

政策和行为对资本成本的影响,或者对企业价值的影响。能够降低资本成本的是正向效应,反之,提升资本成本的就是负向效应。这一学术逻辑至今依然是公司财务理论研究领域的主流范式。

股利政策是公司重大财务政策之一,也是投资者最为关注的政策。与其他财务政策相比较,股利政策是最早被规范化、最早向投资者定期报告的财务政策。林特纳运用实地调研(Survey Research)的方法,在对企业界人士进行充分调研的基础上,得出了有关股利政策的几个重要特征,如目标股利支付、股利支付的黏性等,并在此基础上提出了股利支付的"部分调整模型"(Partial-adjustment Model)。

林特纳股利政策研究的学术史意义有以下几点:①从管理层权威以及股东意愿的角度对公司的财务行为(如股利支付)进行研究。②强调了股利支付在客观上的稳定性,进而以理论推演和模型的方式将这种特征固化下来。③这一研究拥有强大的生命力。在这一研究之后的数十年时间里,学者一直在延续着林特纳的方法进行股利政策领域的研究。令人欣慰的是,尽管客观的内外环境发生了巨大的变化,但是林特纳研究的基本结论一直受到尊重和支持。

20世纪80年代以后尤其是2000年以来,由林特纳所开创的基于实地分析方法的财务政策研究出现了一轮新的发展,推动了公司财务理论在新形势下的进步,比如贝克(Baker)等人对股利政策的研究(1985)[1],格雷厄姆(Graham)等人对资本成本、资本预算、资本结构以及股利政策等政策的研究(2001)[2]。

从研究方法的角度讲,林特纳、贝克、格雷厄姆等人所采用的主要以问卷、访谈等方法进行的调研式研究一样属于实证研究的范畴。实证研究的意义主要体现在两个方面:①告诉人们现实情形是什么样?这是进行实证研究的一个极为重要的目标。②学者们按照学术逻辑所提出的假说或者模型的科学性应由实践进行检验,能够分析现实、预测现实的即为好的理论,否则即为不好的理论。

如果非要指出所谓正统的公司财务理论,那么,Lintner-MM路径的财务理论应该具有正统的性质。基于MM理论进行研究,事实上是基于一些基本的财务概念,比如资本成本、资本结构、企业价值等,探讨较为深入,可以获得一些精准的研究结果。基于林特纳的范式所进行的研究,基本上是对财务政策所进行的调研和分析。由于没有一个精美的概念架构,其研究范式的规范性有所欠缺。我们也必须看到,这类研究对于财务理论的发展一直发挥着不可或缺的作用。从财务实践的角度看,如何制定科学合理的财务政策,实施高效、先进的财务行为,是公司财务最为关注的事情。

---

[1] BAKER H KENT, GAIL E FARRELLY, RICHARD B EDELMAN. A Survey of Management Views on Dividend Policy [J]. Financial Management, 1985, 14:3, 78-84.

[2] GRAHAM JOHN R, CAMPBELL R HARVEY. The Theory and Practice of Corporate Finance: Evidence from the Field [J]. Journal of Financial Economics, 2001, 60:2-3, 187-243.

二、BM-Jensen 路径（公司治理路径）

从学术演进的角度看，公司治理（Corporate Governance）[①] 与公司财务（Corporate Finance）几乎是同根同源。公司治理着眼于股权结构、代理冲突、权责配置等机制的设计与优化，致力于股东利益的保护与股东报酬的最大化，公司财务则着眼于资本成本、企业价值、财务政策、财务行为等理念和技术手段，谋求价值的创造与股东财富的最大化。路径虽有一定的差异，但是殊途同归，在股东财富问题上实现了归一。从研究方法上讲，基于公司行为的实证研究，在公司治理领域与公司财务领域都是重要的研究方法。

公司治理、公司财务与法律以及法律制度有着直接的关联。从早期的 Berle-Means（BM）对股权结构、两权分离的研究到近几十年来施莱费尔、拉·波特等人对大股东的研究，都将法律因素作为一个核心因素。法律制度对投资者利益（收益权和知情权）的保护程度是影响甚至决定治理质量的基本保障；在此基础上，对公司投融资行为、股利支付行为等的约束也成为公司法律环境的重要内容。从公司财务的角度看，制定并实施财务政策属于公司董事会的职权，这种权力也受到法律的保护。但在董事会、管理层行使这些权力的时候，法律的约束一直存在。不同的国家和地区，由于历史条件、政治制度的不同，法律以及制度会存在重大差异，这也成为公司治理、公司财务的一个重要研究领域。比如，通过计算"反董事权利"（Anti-director Rights）指数可知，普通法系国家（英美等国）为投资者和债权人提供的法律保护程度最高，法国法系最低，德国和斯堪的纳维亚法系国家一般情况下居于二者之间[②]。法律制度的差异，对投资者保护的方式和程度不同，往往会直接影响企业的融资行为，进而影响其他的财务管理活动。

从学术渊源上看，公司治理问题的研究是包含在公司财务（Corporate Finance）研究之中的。伯利和米恩斯在考察所有者与管理者之间的关系的时候，一直认为这种关系的处置基本属于公司财务（Corporation Finance），其致力于解决公司的管理层与其所有者、投资者之间的关系，包括股东、债权人以及其他的投资者。[③] 事实上，对公司财务（金融）学科的这一认识一直延续到现在，并没有发生根本的改变。自从詹森等人

[①] ANDERI SHLEIFER, "Corporate governance deals with the ways in which suppliers of finance to corporations assure themselves of getting a return on their investment. How do the suppliers of finance get managers to return some of the profits to them? How do they make sure that managers do not steal the capital they supply or invest it in bad projects? How do suppliers of finance control managers?" Andrei Shleifer, Robert W Vishny. A Survey of Corporate Governance [J]. The Journal of Finance, 1997, 52 (2): 737-783.

[②] PORTA R L, LOPEZ-DE-SILANE F, SHLEIFER A, et al. Law and finance [J]. National Bureau of Economic Research, 1996.

[③] BERLE & MEANS: The Modern Corporation & Private Property. 1932.

的代理冲突理论之后[1]，人们开始更多地从权力配置与利益冲突的角度展开对公司治理问题的研究，尤其是20世纪80年代以后关于大股东问题（实则是大股东之间的利益冲突）的研究以后，这种趋势愈加明显。由此，致力于"权力配置""利益冲突"研究的公司治理与致力于"价值创造"研究的公司财务之间开始有所分别。

法国经济学家梯若尔（Tirole）是一个理论非常全面的经济学家，在博弈论、产业经济学、政府规制、公司财务等领域都发表了很多重要的论著。梯若尔非常看重专著，而这些著作也为他带来了极高的学术影响力。梯若尔的公司财务（金融）理论（The Theory of Corporate Finance）属于公司治理视角下的财务理论[2]，延续了伯利和詹森等的研究思路，基于激励理论（Incentive Theory）、契约理论（Contract Theory）、信息经济学（Information Economics）等学说对公司财务理论进行了新的组织与分析。梯若尔理论研究的主要特色是建立起了他所独有的一套分析工具，对现有文献和学说进行了梳理和整理。[3]

融资问题是从公司治理视角进行公司财务研究的主要切入点。如何理解融资问题？如何分析不同的融资方式对公司的影响？不同的研究视角对这些问题会得出不同的答案。从公司财务的角度讲，不同的融资方式会有不同的资本成本，进而对企业价值的创造产生不同的影响。从公司治理的视角看，不同的融资方式意味着不同的契约关系，同时对投资者、管理者之间的信息占有产生不同的影响。

第四节 公司财务理论与公司财务政策

公司财务实践（政策）的基本架构如图1-1：

公司财务政策或财务行为是财务理论研究的对象，而研究的目的则是通过严谨的科学分析和预测，为财务政策的优化提供支持。

财务政策是企业董事会、管理当局根据基本的财务理论、财务规则以及企业的发展战略、经营环境等所确定的进行财务管理工作必须遵循的原则、程序、方法等内容的总称。对于一个迅速发展的公司来讲，制定并向外宣布自己的重大财务政策，标志着在财务管理方面的自信和成熟，同时也是对企业投资者负责任的一种表现。

制定财务政策的重要意义有二：一是可以此规范、引导、约束、激励企业的财务行为，提高财务管理质量；二是可以据此构架企业与投资者之间沟通的桥梁，向投资

---

[1] MICHAEL C JENSEN. Agency Costs of Free Cash Flow, Corporate Finance, and Takeovers [J]. The American Economic Review, 1986, 76 (2): 323-329. 1973年，Jensen教授与Eugene Fama、Robert Merton等共同创办了Journal of Financial Economics。

[2] 关于Tirole的公司财务与公司治理观点，建议阅读：JEAN TIROLE. Corporate Governance [J]. Econometrica, 2001, 69 (1): 1-35. "THE STANDARD DEFINITION of corporate governance among economists and legal scholars refers to the defense of shareholders' interests."

[3] JEAN TIROLE. The Theory of Corporate Finance [M]. Princeton University Press, 2006.

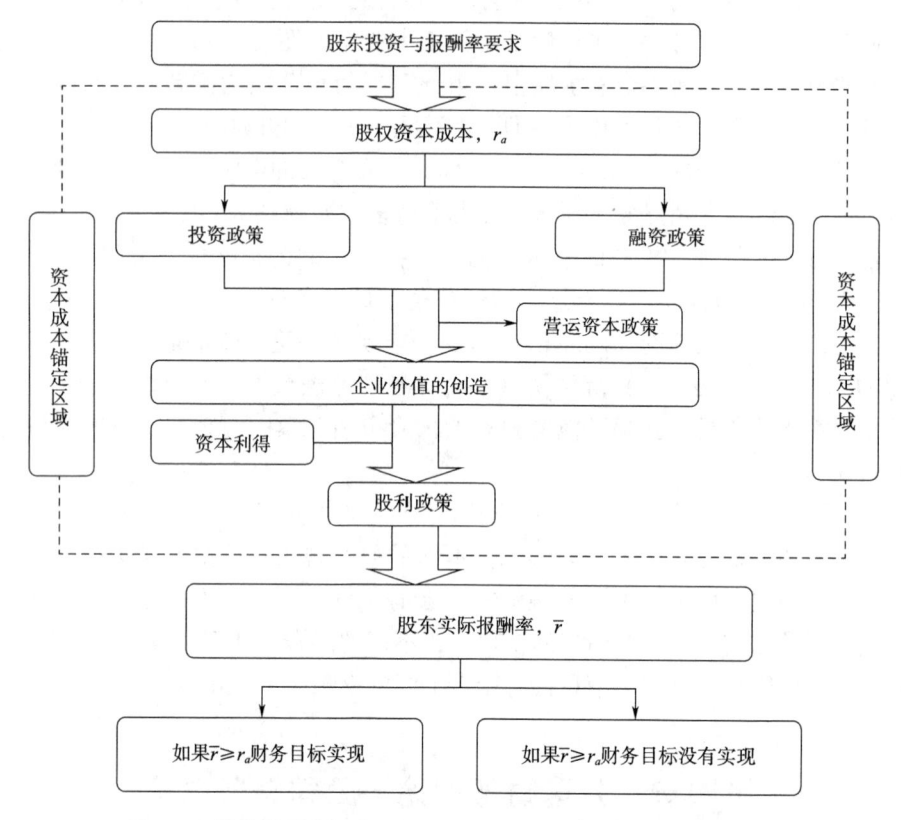

图 1-1　股东报酬率要求、股权资本成本、财务政策与财务目标

者传递董事会、管理层有关公司财务的意志和规划，减少信息不对称，更好地保护投资者利益。

投资政策、融资政策、股利政策与营运资本政策是公司的四大财务政策。关于公司财务政策，还有以下的划分方法：将投资政策与融资政策合称为投融资政策，并将其作为最为重要的财务政策。这在学术论文中体现得最多。再有，将投资政策、融资政策与股利政策合称为公司的三大财务政策，这可能是最为常见的一种说法。投资政策、融资政策与股利政策直接受到资本成本的锚定，换言之，这三种财务政策的制定将受到资本成本的直接约束，对股东财富的变化产生直接的影响。投资政策的基本法则是净现值法则，即只有净现值为正值的备选项目才能够被采纳，因为净现值反映了股东财富的增减变化。融资政策的核心在于找到并维持公司的目标资本结构。在这个资本结构下，资本成本最低，或者代理成本最低，企业价值最大。股利政策要在综合考量股利报酬率与资本利得报酬率的情况下，确定合理的股利支付，力争实现股东的实际报酬率超过其要求的报酬率亦即股权资本成本。

在学术研究上，一般不讨论营运资本政策问题，原因有二：第一，营运资本政策不受资本成本的锚定，换言之，营运资本管理与企业价值、股东财富没有直接的关联；

第二，营运资本政策不是纯粹意义上的财务政策，其涉及公司运营的全过程——供应过程、生产过程和营销过程，是一个具有协调性质的管理政策。自20世纪七八十年代以后，营运资本问题受到了学界和企业界的关注，尤其是在现金存量、现金流量、风险管控、运营效率等方面都获得了较以往更多的研究。不容忽视的是，营运资本管理虽然不能直接创造价值，但是对于企业价值的创造却起着极为重要的作用。直观而言，营运资本管理的水平决定了现金流管控的质量，而现金流管控质量对于公司绩效、风险水平都将产生重大的影响。

如何制定合理的财务政策？如何判断财务政策的优劣？如何依据既定的财务政策实施高质量的财务行为？这些是公司财务必须要解决的问题，也是公司财务理论研究的重大课题。

最佳的财务管理实践是实现股东财富最大化的目标的实践，而要达到这一结果，必须在严格的资本成本锚定之下制定并优化企业的财务政策，确保财务行为的理性化和科学化。从这个意义上说，资本成本的估算是公司财务管理的技术起点。只有合理、科学地确定了资本成本的估算值，各种财务政策的制定才有了基本的依据，才能保障财务政策的科学性与稳定性。这就是资本成本的锚定效应。

很多实地调研文献显示，从管理者的角度讲，他们往往更加关注财务政策的稳定性。具体言之，在管理者看来，稳定的财务政策可能要比理论上所谓的最优财务政策更重要。这是一个很重要的结论。所谓财务政策，政策一词其实就隐含着一个重要的特征，那就是明晰和稳定。稳定是财务政策的基本特征，这在资本结构政策和股利政策上体现得更加明显。

财务政策，尤其是那些具有明确代表性指标（比如负债率、股利支付率等）的财务政策，公司通常会考虑这些指标的行业特征，并尽量贴近行业的平均水平。管理层清楚这些显性的财务指标会对投资者产生较大的影响，除非有特别的考虑，一般会避免这类指标出现异常。

尽管在财务政策的研究上尚存在很多未解之谜，业界往往也是根据经验主观地制定财务政策。但在实地调研中，却发现一个很有意思的现象，即：董事会和管理层一般会乐意承认在发展过程中有一套财务政策目标，比如目标资本结构、目标股利支付率、目标折现率，甚至目标营运资本政策等。换言之，从财务实践的角度看，财务政策领域中的目标设定有着重要的意义。实际的财务行为是将各种财务要素朝着设定目标进行动态调整的过程。从现有的证据看，设定这些目标的原则和方法依然是多样的，甚至可以说是混乱的。随着财务理论、财务实践的不断发展、提高，业界关于目标财务政策的认识也将趋于一致。

根据格雷厄姆（John R. Graham）的研究，公司在制定财务政策的过程中所遵循的原则与理论研究有着重大的差异。他认为如下几个原则（Common Themes）在制定财务政策过程中发挥着很大的作用：①关注近期原则（focus on the near term）；②修正管理预期原则（managerial forecasts are miscalibrated or overprecise）；③保守原则（adopt what appear to be conservative policies）；④黏性原则或称稳定性原则（corporate decision-making is sticky)；⑤简单原则（companies use simple decision rules）；⑥股东与利益相关者权衡原则（companies have shifted toward a more balanced shareholder - stakeholder focus）。① 这些原则的实施使得公司财务实践与理论研究的结果出现了很多重大的背离。从实际情形看，20世纪50年代到90年代是财务实践逐渐趋向理论预测的过程，这种趋势提升了美国公司财务管理的水平。但从20世纪90年代到现在，这种趋势出现了逆转的现象，很多财务实践出现了越来越多的非理性情形，其中的缘由值得关注。

国家宏观政策可能对公司财务政策的制定产生影响。与公司财务政策相关的一些政府管控文件，比如国务院《关于进一步提高上市公司质量的意见》，证监会发布的《上市公司监管指引第3号——上市公司现金分红》，中共中央办公厅、国务院办公厅发布的《关于加强国有企业资产负债约束的指导意见》，国资委发布的《中央企业负责人经营业绩考核办法》等。如何在国家宏观政策的约束下制定合理的公司财务政策是一个非常重要的问题。

为了减轻公司与投资者之间的信息不对称，公司需要按照《公司法》和《证券法》的要求，定期向资本市场披露各种财务信息。除此之外，公司还要与投资者在强制信息和自愿信息等方面进行良好的沟通，这些成为投资者关系管理（Investor Ralations Management，IRM）的重要内容。比如我国相关部门会要求上市公司编制投资者关系管理计划。在投资者关系管理中，一个关键的内容就是向投资者详尽地解释公司的财务政策以及实施结果。巴菲特多年以来写给股东的50多封信件（Warren Buffett's Letters to Berkshire Shareholders）是这方面的一个典范②。在巴菲特的信中，对哈撒韦公司的财务政策做了极为详尽的阐释，这对于增强股东对公司的信任感和忠诚度起到了极大的作用。同时，在每年的股东大会上，巴菲特和芒格都会向股东传递非常多的信息。这些信息足以让投资者对哈撒韦公司的现状以及未来的发展有一个清晰的了解。

财务政策、财务行为可能具有国家特色甚至地区特色，这与不同国家、地区的经济发展水平、法律环境及文化都有一定的关联③。但是，财务理论却未必会产生类似的国家特色和地区特色。财务理论是以基本概念为基础展开的符合学术演进规律的研究活动的结果，这一理论成果的基本特征往往具有抽象性、一般性、规律性、稳定性等特征。所谓国家特色、地区特色等内容可能正是理论分析中要消除的内容。从这个意义上讲，我们只能产生一般意义上的资本结构理论、股利理论等，而不是什么美国的资本结构理论、中国的资本结构理论等。一旦强调了地域特色，理论研究的价值就需要重新评价了。当然，就像财务政策的行业特征成为财务理论研究的重要内容一样，对财务政策、财务行为的地域特征进行研究同样具有重大的价值，但这与最后形成的

---

① JOHN R. GRAHAM (The President of the American Finance Association 2021). Presidential Address: Corporate Finance and Reality [J]. The Journal of Finance, 2022, 27 (4).

② www.berkshirehathaway.com。

③ SWEE-SUM LAM, WEINA ZHANG, REGINALD REAGAN CHUA LEE. The Norm Theory of Capital Structure: International Evidence [J]. International Review of Finance, 2013, 13 (1): 111-135.

纯粹的财务学说具有完全不同的性质。

一个公司的投资政策可以通过所公开披露的年度报表进行初步的分析,不仅如此,融资政策、股利政策、营运资本政策都可以在财务报表中获得相关的必要信息。财务会计（Financial Accounting）是为投资者和资本市场服务的一个信息生产、披露系统。

资产负债表（Balance Sheet）、利润表或者收益表（Income Statement）与现金流量表（Cash Flow Statement）是三张基本的财务报表。从公司财务政策的角度讲,资产负债表传递的信息最为全面,比如,通过计算资产方各个项目的结构,可以初步地判断公司的营运资本政策和投资政策;通过计算负债方各个项目的结构,可以初步判断公司的融资政策（资本结构政策）和内部融资情况等。通过资产负债表项目的年度变动可以反映公司财务政策的变动情况。同时,将资产负债表的账面价值与其市场价值比较,可以进一步地了解公司的持续发展状况以及投资者财富的相关变化。利润表反映了财务会计系统下的企业生产经营绩效,完整地反映公司在特定时期内的生产经营效率,对于了解管理层的工作质量和结果极为重要。现金流量表则提供了公司有关现金流量的信息。现金流量表将企业的全部现金流量划分为三个部分：经营活动现金流量、投资活动现金流量和融资活动现金流量。从根本上讲,投资活动现金流量和融资活动现金流量是实施财务政策的结果。换言之,投资活动现金流量是由资本预算决策决定的,融资活动现金流量是由融资政策决定的。财务政策的改变直接决定了公司实际的财务活动（投资活动、融资活动等）现金流量的改变。人们常说的所谓的"现金流量至高无上"（Cash Flow is King!）,所指的是经营活动现金流量。经营活动创造的现金流量越多,企业价值越大,股东财富的持续增长也就有了保障。

第五节　公司财务的实证研究

在对一些因素或者现象之间的关系存在疑问的情况下,通常会使用实证的方法对这种关系进行研究,这也是学术进步的一个途径,比如对于股权结构与资本成本关系的研究、财务信息与资本成本关系的研究、股权结构与公司绩效关系的研究,等等。实证研究方法的应用和完善,不仅推动了公司财务领域研究的深化,也有助于以一些重要的财务概念为基础展开必要的跨学科研究。需要特别注意的是,这种研究如果没有基本的学术机理支撑,只是通过单纯的相关关系分析获得一些正相关或者负相关的结论,其学术价值往往大打折扣,在没有扎实的理论基础的情况下,即使检验出所谓的相关关系,也难以确认其学术价值。

弗里德曼（Milton Friedman）认为,"实证经济学是独立于任何特别的伦理观念或规范判断的。正如 Keynes 所说,它要解决的是'是什么',而不是'应该是什么'一类的问题。它的任务是提供一套一般化体系,这个一般化体系可以被用来对因环境发生变化所产生的影响作正确的预测。这一体系的运行状况可以通过它所取得的预测与实际情况相比的精确度、覆盖率及一致性等指标来加以考察。简言之,实证经济学是,或者说可以是一门'客观的'科学,这里'客观的'一词的含义完全等同于任何自然科学上的定义。"①

数学不是实证的科学,它是一门哲学,运用数学并不意味着学科的科学性,这已经是学术界的共识。数学是最讲逻辑的学科,而经济学家却在运用数学工具的时候违反了逻辑,这就是弗里德曼的"实证理论"。按照他的说法,判断一个学说或者模型是不是科学或者是不是合理,不能基于该学说或者模型之所以能够导出的假设前提,而是基于该学说或者模型能否有效地解释现实和预测现实。历史已经证明,这是一个成功的"狡辩",为数学在经济学领域中的大量应用打开了大门。

实证研究可以划分为两大类:

一、现实情况的研究

这是对公司现实存在的财务政策、财务行为等的具体情形进行分析,比如了解公司股利支付的情况、投融资的情况等。这里应用的主要研究方法就是所谓的"实地研究"方法。这类研究的重要文献②有很多。

这一类研究在公司财务领域有着极其重要的意义。学术研究的目的就是要解释和预测现实,了解现实,对客观现实的基本特征进行分析,是进行进一步学术研究的基础。

二、解释和预测现实的研究

一般情况下,为了很好地解释和预测现实,学者们首先会提出某种学说或者模型,然后运用实际数据进行检验。这一研究又可以大致划分为两个阶段:

第一阶段,提出学说或者模型,也可统称为假说。比如 MM 模型、CAPM 模型、FM 三因素模型等。这些模型的提出往往建立在严格假设的基础之上,一般是对市场环境的假定,比如无税假设、零交易成本假设、充分信息假设等。这类研究通常会用到一些高深的数学,具有很强的猜想性质,一般被认为具有革新意义,获得诺贝尔经济学奖的大多是此类研究。这类研究的重要文献③也有很多。

---

① MILTON FRIEDMAN. The Methodology of Positive Economics. Essays in Positive Economics [J]. University of Chicago Press (1953), pp. 3-43.

② LINTNER J. Distribution of Incomes of Corporations Among Dividends, Retained Earnings, and Taxes [J]. American Economic Review, 1956, 46 (2): 97-113.

MYERS S C. The Capital Structure Puzzle [J]. Journal of Finance (Wiley-Blackwell), 1984, 39 (3): 575-592.

BAKER H K. A Survey of Management Views on Dividend Policy [J]. Financial Management, 1985 (3): 36-48.

JOHN R GRAHAM, CAMPBELL R HARVEY. The Theory and Practice of Corporate Finance: Evidence from the Field [J]. Journal of Financial Economics, 2001, 60: 187-243.

③ FRANCO MODIGLIANI, MERTON H MILLER. The Cost of Capital, Corporation Finance and the Theory of Investment [J]. American Economic Review, 1958, 48 (3): 261-297.

EDWARD I ALTMAN. Financial Ratios, Discriminant Analysis and the Prediction of Corporate Bankruptcy [J]. The Journal of Finance, 1968, 23, (4): 589-609.

EUGENE F FAMA, KENNETH R FRENCH. Size and Book-to-Market Factors in Earnings and Returns [J]. The Journal of Finance, 1995 (1): 131-155.

第二阶段，对以上学说或者模型进行经验检验，在此基础上对它们进行修正或者完善。这类研究可谓汗牛充栋，成为学界的主要研究方向。

第二大类的研究一般聚焦于某一问题，致力于问题的分析和解决。

经验检验（Empirical Test）与实地研究（Field Studies）是公司财务理论研究领域应用较多的方法。经验检验主要基于客观的事实和数据对于一些学说、模型的适用性、有效性进行检验，其中适用性、有效性较强的学说和模型逐渐成为现代公司财务理论的一部分。CAPM、有效资本市场等都是经过数十年的经验检验才获得学术界的广泛认可，尽管如此，依然存在诸多的质疑与修正。实地研究则是对公司财务实践进行具体的考察与分析，最为常用的分析方法比如问卷调查、面对面访谈等[①]。这种研究方法的目的有二：一是发现理论与实践之间的差异（Gap），对理论的解释力与预测力进行评判；二是总结公司财务实践的经验，提出基于事实的财务学说，比如资本结构理论中的"优序融资模型"，股利理论中的"部分股利调整模型"等都是这样产生的。

学者们一般都有一种愿望，想建立一个完整、统一、科学的理论，可以解决学科领域内几乎所有的问题，并引领学科的进一步发展。对于公司财务领域，这一梦想实现的可能性不大。任何一个财务现象、财务问题，人们都会站在不同的角度、使用不同的方法来进行研究，其得出的结论往往也有着极大的差异，甚至是完全相反，因而形成了众多的学说和模型。简单地判断这些结论迥异的学说或者模型的正确与否是武断的，也是不科学的。事实上，不同的学说或者模型在公司财务实践中往往都发挥着重要的作用。"非正确即是错误"或者"正确的只能是唯一的"，这些判断不仅仅逻辑是错误的，在很多情况下，可能还是有害的。这也是管理科学乃至于整个社会科学的一大特征。

本章小结

为了解释现实和预测未来，必须进行理论研究，包括创建学说或者构建模型。财务政策与财务行为构成了公司财务实践，成为公司财务理论研究的对象。正确的财务理论应该有助于正确的财务政策的制定，同时引导出好的财务行为。

公司财务（金融）、投资与资本市场构成了现代金融学。公司财务属于微观层面的金融学。在公司财务、投资与资本市场三个研究领域中，很多学说或者模型都会交叉使用，在各自的领域中发挥重大的作用。比如，资本资产定价模型（CAPM）在公司财务上起着极其重要的作用。没有CAPM等资产定价模型，资本成本的估算将很难像现在这样规范。

在1958年MM理论诞生之前，公司财务领域的研究属于规范性研究。规范性研究基于人们的经验和先验的价值观，对公司财务问题提出政策性的建议。这一研究模式，

---

① 这类研究方法所分析的主要领域包括股利政策、资本成本、资本预算、资本结构等。这些领域都是现代公司财务理论中的核心内容，是学者们和实践者们共同关注的问题。

没有统一的概念体系，缺乏达成科学共识的学科框架，很难获得学术上的进步。MM 理论的诞生，为财务学科创建了一套科学的概念——资本成本、企业价值、资本结构、净现值等，奠定了公司财务实证研究的基础。

早在 19 世纪末 20 世纪初，公司财务一个非常重要的内容就是有关投资者关系的处理问题。如何协调投资者与管理者的关系？如何预防大股东侵占中小股东的利益？如何实现投资者对公司的合理治理诉求？这些内容都在公司财务的研究中进行了系统、深入的阐述。20 世纪 30 年代以后，随着"两权分离""代理冲突"等学说的出现，公司治理领域的研究逐步进入一个较为规范的阶段。考察公司财务和公司治理数十年的演进历史不难发现，这两个学科一直在相互交叉中发展。许多公司财务问题运用公司治理学说获得了更加深入的分析，而很多公司治理问题一直没有脱离公司财务的投融资问题。双路径发展促进了公司财务理论的不断完善。

股东视角既是公司治理研究的视角，也是公司财务研究的视角。其中的主要差异在于，公司治理是从机制、制度上研究股东利益的保护，公司财务则是从资本运作和价值创造上研究如何满足股东对报酬率的要求。二者在股东问题上可谓殊途同归。

股东财富最大化是公司财务的基本目标，也是制定和实施财务政策时最为重要的考量因素。好的财务政策、好的财务行为，是能够实现股东财富最大化目标的财务政策和财务行为。在股东财富最大化这一目标中，资本成本是一个核心的概念。

投资政策、融资政策、股利政策与营运资本政策是公司重要的财务政策。拥有一整套合理、明确、稳定的财务政策是公司趋于成熟的表现，也是一家公司治理、管理水平较高的重要标志。

重要术语

公司财务、资本结构、股利、学术史、规范研究、实证研究、有效市场假说、证券组合理论、CAPM、期权定价理论、代理理论、折现现金流量模型、MM 理论、生命周期假说、行业惯例

复习思考题

1. 如何认识公司财务的学科性质问题？
2. 公司财务理论发展的双路径是如何体现在财务理论中的？试分析公司治理与公司财务之间的学科差异与联系。
3. 资本结构理论与股利理论是现代公司财务理论的主要组成部分。在资本结构和股利的研究中产生了很多的学说，试述为什么会有如此多的观点产生？
4. 财务政策与财务行为共同组成了公司的财务实践，二者之间是何关系？
5. 董事会是制定公司财务政策的权威机构。对于上市公司来讲，很多财务政策（比如融资政策、股利政策）都有非常明确的政府指引，如证监会的"上市公司监管指

引第 3 号——上市公司现金分红"。董事会应该如何对待这类指引？

案例与分析

Mead 与他的《公司财务》

从米德（Mead）的《公司财务》（Corporation Finance，1920）一书中，我们可以对早期的公司财务理论与实践进行一些考察。这是公司财务发展史上一本非常重要的著作。作者主要从方法的角度来定义公司财务。

米德认为，所谓公司财务（Corporation Finance）是对公司中如下活动所使用的方法进行分析和研究，这些活动包括公司建立（Promotion）、资本化（Capitalization）、财务管理（Financial Management）、联合重组（Consolidation And Reorganization）。

与米德几乎同时的杜因（Dewing）的《公司财务政策》（The Financial Policy of Corporations，1921）一书的主要内容如下：

第一章，会计理论在财务中的显著性；

第二章，损耗资产的补偿理论；

第三章，借贷资本的成本（The Cost of Borrowed Capital）；

第四章，盈余管理；

第五章，商业或有事项的特殊准备金；

第六章，向股东分配利润的准则；

第七章，股利支付费用的实证研究；

第八章，偿债基金准备金的处理；

第九章，代理权。

该书以较大的篇幅讨论了股利政策问题。认为股利政策的基本问题是要确定支付给股东的盈余的比重以及留存盈利的比重；其次就是以什么方式支付股利。在股利确定的过程中，需要考量生产经营中再投资所需要的资金。而留存多少资金，既与公司的经营性质有关，也与公司的融资环境有关，即公司外部融资的难易程度。人们发现，董事会愿意以留存盈利的方式来防范可能出现的意外情况，并认为这样做要比建立某种专项的储备资金更有利。股利政策中还有一个重要的因素，那就是必须维持股利支付的稳定性和定期性（the requirement that dividends shall be constant and regular）。这种稳定的股利政策（Regularity of Dividends）有助于培育忠诚的股东，使得他们着眼于投资而非投机；同时，也有助于公司未来的融资。特定情况下，可能会有额外股利（Extra Dividend）。当时的一些矿业公司时常会发放额外股利，将那些由于价格提高而获得的不寻常的现金发放给股东。很多情况下，额外股利会以单独的支票寄出，以免和正常的股利混淆。另外，还有公司债股利（Bond Dividend）、期票股利（Scrip Dividend）、股票股利（Stock Dividend）等。

（资料来源：EDWARD SHERWOOD MEAD. Corporation Finance [M]. Revised Edition. D. Appleton and Company，1920. ARTHUR STONE DEWING. The Financial Policy of Corporations [M]. The Ronald Press Company, 1921.)

思考的问题：

1. 从米德书中不难看出，融资问题是早期公司财务最为关注的问题。试述早期对融资问题的分析与 20 世纪 50 年代以后对融资问题分析的异同。

2. 股利问题一直是公司财务中的核心问题之一，也是公司最重要的财务政策之一。通过杜因的著述分析股利问题研究的演进。

3. 早期公司财务与现代公司财务内容上的最大差异是什么？

延伸阅读

[1] IRVING FISHER. The Theory of Interest [M]. The Macmillan Company, 1930.

[2] DURAND D. Cost of Debt and Equity Funds for Business: Trends and Problems of Measurement. In NBER, Conference on Research in Business Finance, New York, 1952: 215-247.

[3] LINTNER J. Distribution of Incomes of Corporations Among Dividends, Retained Earnings, and Taxes [J]. the American Economic Review, 1956: 97-118.

[4] FRANCO MODIGLIANI, MERTON H MILLER. The Cost of Capital, Corporation Finance and the Theory of Investment [J]. American Economic Review, 1958, 48 (3): 261-297.

[5] MERTON H. MILLER, FRANCO MODIGLIANI. Dividend Policy, Growth, and the Valuation of Shares, 1961, 34 (4): 411-433.

[6] FRANCO MODIGLIANI, MERTON H MILLER. Corporate Income Taxes and the Cost of Capital: A Correction [J]. American Economic Review, 1963, 53 (3): 433-443.

[7] JOHN LINTNER. The Cost of Capital and Optimal Financing of Corporate Growth [J]. The Journal of Finance, 1963, 18 (2): 292-310.

[8] THOMAS E COPELAND J FRED WESTON. Financial Theory and Corporate Policy (Third Edition) [M]. Addison-Wesley Publishing Company, 1988.

[9] GRAHAM JOHN R, CAMPBELL R HARVEY. The Theory and Practice of Corporate Finance: Evidence from the Field [J]. Journal of Financial Economics, 2001, 60 (2-3): 187-243.

第二章

公司治理与公司财务

保护投资者利益,力争实现投资者的报酬率要求,既是公司治理的宗旨,也是公司财务的基本目标。投资者与公司的主要关系就是公司是否能满足投资人的报酬率诉求,而处理好这一关系的关键有二:一是公司治理机制,二是公司财务管理。公司治理代表着公司运营的最高权威,公司财务则运营着公司最为重要的资本。没有一流的公司治理,高水平的财务管理无从谈起;而没有高水平的财务管理,公司治理将无从实现。

第一节 公司财务与公司治理

公司治理的基本宗旨是顺应投资者尤其是股东的诉求,在此基础上,保护股东财富的安全,实现股东财富最大化。政治环境、经济环境、法律环境等构成了公司发展的外部条件,在公司发展的过程中,必须与其外部环境实现良好的沟通与协调。治理(Governance)与管理(Management)则构成了公司的内部运作环境。从某种意义上讲,治理主要处理的是不同利益者之间的关系,比如股东与管理者之间的关系,不同性质的股东之间的关系,甚至股东与雇员之间的关系等;管理主要处理的是企业资源的高效运用问题,比如资本的高效运营,生产经营过程的高效运作等。

公司治理的主要内容包括:①董事会机制;②控股股东、股权结构与"现金流权-控制权"两权分离情况;③股东、债权人与资本结构问题;④股东与管理层关系治理:高管薪酬制度[①];⑤信息披露问题等。

公司财务的研究已经延续了一个多世纪。公司财务问题之所以高度繁杂,根本原因是公司财务本身的复杂与多变,但也与学者众多的研究视角、研究方法紧密相关。公司财务与公司使用的资本直接相关,要研究资本的筹措、资本的使用以及资本使用的绩效,同时还要研究资本收益以及收益的分配。这些问题既是资本问题,也是资本投资者问题。脱离投资者投资诉求的研究,即使不能说寸步难行,至少也背离了财务

---

① 高管薪酬制度的设计,既要有助于股东利益的保护以及股东财富最大化目标的实现,也要保护管理层的管理决策权亦即所谓的管理者自由裁量权(Managerial Discretion)。

研究的初衷。投资者财富及其持续的增加一直是公司财务的起点和落脚点，也是公司治理的起点和落脚点。不了解这一点，就不可能真正理解现代公司财务理论。

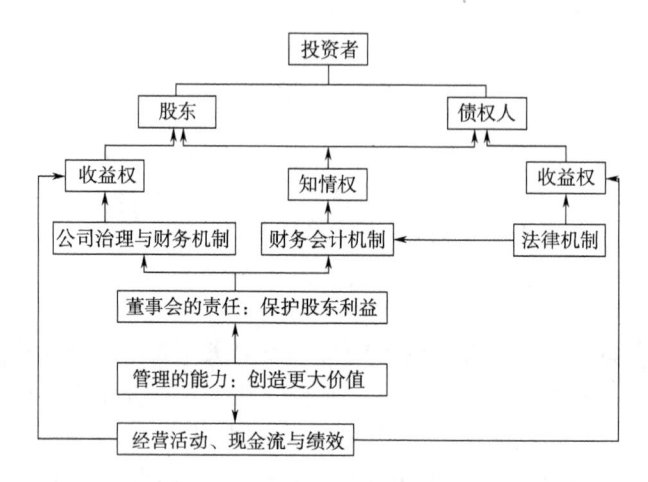

图 2-1　投资者、收益权与知情权

如果只是涉及资本的运作，比如资本的使用、资本的筹措等，就是公司财务问题；如果涉及资本的提供者（比如债权人和股东），就是公司治理问题。在实际的公司运作中，这两类问题往往交叉在一起，很难完全分开。尤为重要的是，一旦未能对投资者关系进行高质量处置，公司财务问题也将会出现严重的隐患。

公司治理问题的核心就是解决投资者报酬率的要求及其如何满足的问题[①]。对于投资者来讲，报酬率要求即所谓的收益权是对公司治理的基本诉求。为了实现这一诉求，投资者会要求必要的知情权。从国际上看，这一知情权得到了法律系统的保护，比如会计准则的制定与遵守，会计从业人员资质的认证，会计报表的发布前审计等，都是在法制的层面上确保投资者尤其是股东对公司真实信息的知情权。依照国际惯例，债权人的收益权一般会受到法律系统的保护。按照法律、金融理论的相关研究，不同的国家或者地区，对于债权人的利益保护有着明显的差异，而这种差异对于公司治理与公司财务将产生重大的影响。股东是公司法律意义上的所有者，法律层面对于股东的保护主要体现在股东的权利，比如投票权、知情权等方面。公司治理的宗旨是对股东的收益权予以保护，并通过董事会、管理层、风险管理等机制来确保股东的财富不受损失，最终实现股东财富最大化的目标。

从历史上看，早期的公司财务方面的著述中含有投资者关系的处理以及股东利益保护的内容。换言之，如今公司治理的诸多内容在百年之前就已经出现在公司财务的专著之中。

洛（William Henry Lough）于 1917 年出版了 Business Finance：A Practical Study of

---

① SHLEIFER A, R W VISHNY. A Survey of Corporate Governance [J]. Journal of Finance, 1997, 52 (2)：737-783.

Financial Management in Private Business Concerns 一书，其中一章专门讨论了公司治理最为关注的大股东侵占问题（Exploitation by Directors and Majority Shareholders，pp274）。比如操纵会计数据（Juggling Accounts）、压榨小股东（Squeezing the Minority Stockholders）、积累大量的未分配盈余（Piling Up Huge Undistributed Surplus）、与下属公司签订合约以使其获得超额利润、支付过多工资等①。因此，需要建立董事的道德标准（Ethical Standards for Directors）。

在这本书中，洛提出了公司财务的七条原则：①整理和使用所有的可能资金，包括留存盈利和借贷；②如果到期能挣到足够多的利润偿还本息，不要害怕合法的借款；③不要把资金浪费在一些报酬率不高的投资上；④系统地累积资产，包括有形和无形资产；⑤保留足够的流动资金来应对突发事件或抓住机会；⑥对取得的利润要少用于花费和娱乐，多用于公司的运营和发展；⑦做好财务预算工作。仔细分析这七条原则，即使现在也具有极其重要的价值。现代财务理论的很多研究事实上是对这些原则进行的理性分析，将某些经验性、规范性的原则转化为科学的财务学说或者模型，从而提升公司财务运作的稳定性和合理性。

沃克（William H. Walker）于1919年出版了 Corporation Finance 一书，对公司财务给出了如下的定义："公司财务将处置通过出售公司证券（股票、债券和票据等）筹集资金，以及影响在这些证券持有人之间分配控制权、风险和收益的财务政策问题。"②这个定义涉及三个极为重要的财务领域，即融资问题、公司治理问题与财务政策问题。本书第一章讨论了股东获取股利的权利以及获取信息的权利，还讨论了董事会和管理层不同的权力配置。人们已经清晰地意识到，投融资问题既是公司财务的核心，也是公司治理的关键。

从公司财务的早期发展来看，主要是围绕着证券融资——普通股、优先股、公司债等进行研究，为公司的建立、发展以及可能遇到的危机、倒闭等提供政策建议③。与这一主题相关的一些问题比如股利支付问题、股东与管理者的关系（公司治理）问题、相关的会计处理问题等也被纳入公司财务的范畴之内。不同的融资方法对应着不同的来源，而不同的来源意味着不同的投资者。这些投资者对其投资所具有权利的不同产生了不同性质的融资工具，也决定了这些投资者在公司治理中的不同地位。对这些问题的研究成了20世纪初期公司财务研究的主要内容。

与20世纪50年代以后公司财务理论发展的基本差异在于，早期的公司财务研究基本上停留在对财务实践的描述和总结，虽然也认识到了股东财富的重要意义，但是对于财务行为与股东财富之间的内在关联并没有实质性的研究。学界把早期的公司财务

---

① WILLIAM HENRY LOUGH. Business Finance. 1917.
② WILLIAM H WALKER. Corporation Finance. 1919.
③ 正是基于这一事实，Williamson 认为，早期的公司财务（金融）实则是与大公司融资有关的投资银行中的一些人士所关心的领域。参阅 OLIVER E WILLIAMSON. Corporate Finance and Corporate Governance [J]. The Journal of Finance, 1988, 43 (3): 567-591.

研究界定为规范性（Normative）研究[①]，旨在指导企业界人士如何高效率地解决融资问题以及与融资问题相关的法律问题。同时，在早期的研究中，人们也没有关注到公司内部的投资问题。业界对资本预算进行系统的研究，已经是20世纪50年代以后的事情了。

第二节 公司治理：股东财富及其最大化

了解投资者诉求，并从机制上确保这些合理诉求的实现是公司治理的宗旨。债权人和股东是公司的两大类投资者，债权人的诉求受到法律的保护，这已经是一个国际性的惯例。因此，在公司治理最为关注的投资者是股东。一般情况下，如果不做特别说明，公司治理所涉及的问题基本上都与股东利益密切相关。

股东至上是公司治理的基本逻辑，也是公司财务的基本追求。从公司治理的角度讲，实现股东利益保护的宗旨是通过各种治理机制来实现的，比如董事会机制、薪酬计划机制、股权结构机制、信息披露机制等；从公司财务的角度讲，则要通过科学合理的财务政策和财务行为实现价值创造的最大化，在此基础上实现股东财富最大化的目标。

除了股东利益，良好的公司治理应当具备更加广泛的价值。更好的公司治理意味着更多的融资渠道、更低的资本成本、更好的绩效以及对利益相关者更合理的待遇[②]。

自20世纪90年代以来，全球公司治理问题层出不穷，管理层腐败、信息造假、大股东侵占中小股东利益等现象严重破坏了公司治理。公司治理失当甚至导致严重的经济衰退和金融危机。不对公司治理进行全面的改革，公司发展将面临越来越严重的治理隐患。如何进行公司治理改革（Board Reforms）？按照福韦（Fauver）等人的建议，董事会改革应该由三大部分组成：①独立的董事会；②独立的审计委员会和独立审计师；③CEO职位和董事会主席的分离[③]。

研究公司财务，必须弄清楚两个方面之间的区别和联系：一个是"股东至上"，在财务政策、财务行为的规划与实施中，都将充分体现股东利益原则。在财务政策的制定过程中，这一原则尤显重要。在这一方面，公司财务问题与公司治理问题有机地联系在一起，共同影响股东及其财富的变化。另一个是"价值创造"，这是由公司财务的宗旨所决定的，就是要通过最大化地价值创造来实现股东财富最大化。同时，价值创造及其管理是一项技术性、科学性很强的工作，需要建立起一套复杂的运营系统。财

[①] MICHAEL C JENSEN, CLIFFORD W SMITH. The Theory of Corporate Finance: A History Overview [J]. The Modern Theory of Corporate Finance (New York: McGraw-Hill Inc.), 1984: 2-20.

[②] STIJN CLAESSENS, BURCIN YURTOGLU. Corporate Governance in Emerging Markets: A Survey [J]. Emerging markets review, 2013, 15: 1-33.

[③] FAUVER L, M HUNG, X LI, A G TABOADA. Board Reforms and Firm Value: Worldwide Evidence [J]. Journal of Financial Economics, 2017, 125: 120-142.

务目标的实现是公司治理宗旨实现的基础。

　　股东财富最大化这一财务目标是企业本质属性的体现，它是一个客观的存在。发现并贯彻这一目标，是实现科学、高效财务的前提。对于公司财务来讲，股东财富最大化是唯一正确的方向。迷失了这个方向，就意味着丧失了一切。詹森认为，目标的单一性是任何组织的目标或理性行为的先决条件。管理者必须有一个衡量绩效和决定行动方式的基准，并且该基准应该是企业的长期市场价值——股权资本价值与债务资本价值——的最大化。为了价值最大化，企业管理者不仅必须满足股东的收益性和安全性要求，还要争取所有企业利益相关者的支持——客户、员工、经理、供应商、当地社区等。但利益相关者理论不应被视为价值最大化的竞争者，因为它不能提供公司目标的完整表述及支持。① 尤为关键的是，大多数所谓的利益相关者问题，比如员工报酬问题、产品安全问题、环境保护问题，甚至债权人的利息本金支付等都受到法律的规范。股东是公司剩余收益的所有者和索取者，换言之，只有当公司履行了其法律义务之后，股东才有获取收益的权利。不履行对各类利益相关者的义务，股东不仅难以获得收益，甚至还会涉及违法。因此，将这些原受到法律约束的事项纳入公司治理的范围没有必要，还会混淆对于公司治理的正确认识，损害公司治理的权威性和有效性。在公司治理中，"股东至上"是唯一的原则。

　　在公司治理与公司财务中，维护股东利益，追求股东财富最大化是基本目标。所谓的"股东财富最大化"，绝非股利越多越好，股票价格越高越好。在公司管理实践中，人们往往会将股票价格视为股东财富的一个替代，将股票价格的提高视为股东财富的增加。这在某种程度上具有合理性，尤其是在一个较长的时期内，维持甚至追求一个较高的股票价格，无论是对于管理层还是股东，都具有重要的意义。除此之外，还要清楚的是，股票价格所代表的仅仅是股东财富的一部分，而且这一部分又在很大程度上依赖于股票市场的整体环境。当市场效率较高的时候，股票价格确实能够反映公司的真实、内在的价值，进而也可以较为准确地反映股东财富的增加或者减少。但是，一旦市场失效，比如出现严重的泡沫或者股市暴跌，股票价格的定价机制将遭受严重扭曲。在这种情况下，股票价格既不能反映公司治理与公司管理的质量和水平，也不能反映股东财富的增减变化。即使是在股票市场正常时期，股票价格的涨跌也受到诸多不确定因素的影响。

　　股东财富最大化这一财务目标一般通过满足股东的最低报酬率要求来实现，即：

$$股东财富最大化 \equiv 股东最低报酬率要求的满足 \tag{2-1}$$

同时：

$$股东报酬率 = 股利报酬率 + 资本利得报酬率 \tag{2-2}$$

　　股东的实际报酬率由股利报酬率与资本利得报酬率两部分构成，前者由公司的股利政策决定，后者由股票市场决定。这就意味着在股东报酬率的决定因素中，董事会决策与股票市场是两个必须同时予以关注的领域。换言之，董事会如果试图实现其股

---

① MICHAEL C JENSEN. Value Maximization, Stakeholder Theory, and the Corporate Objective Function [J]. Journal of Applied Corporate Finance, 2001 Fall.

东财富最大化的目标,必须在关注股票市场的基础上,通过合理的股利政策,确保股东的实际报酬率在一个合理的范围之内。

追求股东财富最大化目标,首先必须关注股东的报酬率要求。这是一个困扰金融学界很久的问题。尽管目前的资产定价理论已经为此提供了强大的支持,但是,如何合理、准确地确定投资者尤其是股东的要求报酬率依然存在很多的疑问。同时,从公司管理者的角度讲,在确定股东的要求报酬率的时候,如何科学地处理市场与企业之间的关系也是一个不容忽视的问题。

既关注投资者的要求(预期)报酬率,又关注其实际的报酬率,这是优秀的公司治理所必需的,也是公司财务目标顺利实现的基础。

为了评估公司股东财富最大化目标的实现情况,可以计算"股东财富最大化实现指数"(Realization Index,RI)[①],即股东实际报酬率与股东要求报酬率之比,以这一量化方式作为衡量企业股东财富实现状况的评判标准。股东财富最大化实现指数(RI)的计算公式为:

$$RI = \frac{R'}{Re} \tag{2-3}$$

式中,R'为股东的实际报酬率水平,包括股利所得与资本利得;Re是股票投资者的要求报酬率水平,即股权资本成本。

一家公司,如果实现了股东所要求的报酬率,意味着公司治理是合格的,满足了股东对于财富增加的诉求;反之,如果股东的实际报酬率没有达到期望值,公司为股东所创造的财富没有满足股东的要求,甚至还减损股东的现有财富,那么,股东可能会撤出投资,退出公司的股权结构。

根据股东财富最大化实现指数(RI),可以对公司治理质量做如下的评判:

(1)$RI>1$ 的企业,实际报酬率大于要求报酬率即股权资本成本,为已实现股东财富最大化目标的企业,股东财富实现了保值增值;

(2)$0<RI<1$ 的企业,实际支付给股东的财富小于股东要求的报酬,但是股东的实际报酬率为正,股东原始投资得到保护,但是财富增值的目标没有实现;

(3)$RI<0$ 的企业,不但实际支付给股东的财富小于其要求的报酬,且股东的实际报酬率为负,股东的原始投资受损。

股东财富最大化实现指数 $RI=1$,也就是当股东的实际报酬率等于其所要求的报酬率即股权资本成本的时候,公司治理达到合格的底线。这是对公司治理质量进行评判的一个分界线[②]。

在不同的历史时期、国家或者地区,由于历史文化、政治经济制度的差异,人们

[①] 汪平,邹颖,黄丽凤. 异质股东的资本成本差异研究:兼论混合所有制改革之财务基础[J]. 中国工业经济,2015(9):129-144.

[②] Jensen 曾经提出 Jensen 指数(Jensen Ratio),又被称为 Jensen 绩效指数(Jensen's Performance Index),是指股东实际报酬率减去期望(要求)报酬率的余额。数值越大,表明股东的投资绩效越好,其中的期望报酬率基于资本资产定价模型(CAPM)计算而得。

对于公司绩效的评价原则和方法往往有很大的差异。什么样的公司是好公司？什么样的公司是坏公司？这个问题并未得到彻底的解决。

从历史上看，很多指标都曾被认为是反映公司绩效的主要指标，比如生产量、销售量（以及与此紧密相关的市场势力）、利润以及各种利润率等。基于会计报表计算的各种财务指标在绩效评价中也一直扮演着重要的角色。20世纪八九十年代以后，频繁出现的损害股东利益的公司治理丑闻使得如何从股东财富的角度评价公司发展的质量成为一个被广泛关注的问题。

在有效的资本市场上，股东财富可以通过股票市值或者公司市值来表示，股票价格越高，股东财富就越大，公司就越成功。Tobin'Q值与市账率是反映公司市值的两个重要指标。需要注意的是，在通过这些指标评价股东财富及其变动的时候，必须对导致股票价格波动的具体因素有深入的分析和判断。另外，经济附加值（EVA）也是对股东财富变化进行评价的一个重要指标。

不与股东财富和企业价值相互关联的投资、融资就是单纯的投融资活动，只有从股东财富和企业价值的角度来进行分析的时候，投融资问题才成为公司的财务问题。而财务问题的基本逻辑就是所有的财务行为都将影响股东财富的变化，而判断财务行为优劣的标准只有股东财富及其变化。

从公司财务理论发展的脉络看，公司治理研究是公司财务理论发展的一个重要方面。在这个研究路径中，人们通过对董事会、股东性质、股权结构、代理冲突、信息不对称等治理因素与公司投融资行为关系的深入研究，不仅发展完善了公司治理理论，同时也丰富了财务问题的研究视角。

第三节 大股东（控股股东）问题

一、股东异质性

股东异质性问题是一个非常重要的研究领域。所谓股东的异质性（Shareholder Heterogeneity）主要是指股东由于自身性质、投入资本的差异而导致的在以下方面的不同：①有不同的公司治理诉求；②有不同的报酬率要求；③有不同的未来预期。其中不同的报酬率诉求直接关系公司资本成本水平，进而影响财务政策和财务行为。

从理论上讲，在公司治理框架之内，所有的股东在责权利方面应该是完全相同的，这也是现代公司治理的基本特征之一，至今依然是基本的治理原则。但从实际情形来看，不同的股东在所有权和控制权方面确实存在着重大的差异。对于这种差异，如果不给予足够的关注，将对公司发展乃至于资本市场产生极大的冲击。

这是因为，股东投入的资本越多，在董事会中的话语权越大，意味着掌握了更大的控制权和管理权，将实际操控公司的发展。这是产生股东异质性的根本原因。传统上，人们一般按照持股比例来界定股东在董事会中的地位，比如第一大股东、第二大股东等，持股比例越高的大股东在公司治理架构中的作用也就越强大。

进入20世纪80年代以后，知识、才能等人力资源（资本）对于公司的创建与发展开始发挥越来越大的作用。尤其是在高科技和以现代科学知识为基础的公司当中，创建者的科学知识以及个人才华对于公司的长远发展有不可或缺的作用。这类人的权益维护成为公司治理在近几十年间出现的最大变化之一。比如，双层股权制度便充分地考虑到了公司创建人在智力资本方面的权益。对于高科技公司来讲，基于"资本-人力智慧"架构的公司治理模式极为重要。当然，这种股权架构的形成与资本市场的进一步完善也有着紧密的关系。与实体产业的发展一样，近几十年以来，资本市场尤其是股票市场同样经历了巨大的变革。对于高科技公司来讲，越来越多的投资者愿意向创建者让渡治理权和管理权，以此确保公司的可持续发展。

大股东的存在对于公司价值、公司绩效到底会产生什么样的影响，这是学界和业界一直关注的问题。实证研究显示，现代公司大股东的存在，大体上是利大于弊——大股东会有效地监管管理层；大股东可影响公司政策，比如购并政策、股利政策等；大股东比中小股东更加关注公司的长远发展，等等。可见，大股东的存在对于保持公司战略的稳定，维持长期的竞争力具有很强的作用。对于很多的高科技、高成长公司来讲，正是那些极具创造性的大股东对公司的强力掌控，才使得这些公司创造出理想的价值。当然，大股东出于自身利益考虑而损害中小股东利益的现象也需要引起高度的关注，尤其是在当前中小股东对于公司治理的态度越来越淡漠的背景之下。

中小股东一般持股比例较低，通过证券组合投资可以将公司的风险分散掉。在这样的情况下，他们只会关注股票价格的涨跌，对于公司层面的很多问题无暇顾及也没有兴趣。这种趋势将使得中小股东在公司治理框架中的作用越来越小，甚至只是停留在理念上，毫无现实意义。长期来看，当一个市场上的大部分投资者都只关注价格及其波动上的时候，股票市场的性质就会发生根本性的改变。比如，人们不再将买卖股票作为对公司的股权投资，而只是一种为了短期收益而做的交易。在这样的市场里，备受推崇的往往是那些利用各种机巧获取超高报酬的投机者。

股东异质性的存在是公司治理不完善的表现之一，也是影响公司财务质量的一个重要因素。最佳的公司治理，必然要消除股东异质性，所有的股东都是一样的，即所谓的股东同质性（Shareholder Homogeneity）。具体而言，就是不同性质的股东之间，不同控股权的股东之间在实现的平均收益方面没有差异。对于公司财务问题，公司的股权结构应与资本成本、企业价值无关，无论是何种性质的股东，也无论其控制多少股权，价值最大化都是投资选择的最优解，股东的任何其他诉求都是对这一最优解的偏离。这就是公司财务中的"分离定理"（Separation Theorem）。将这一问题进一步深化，从宏观层面上讲，中国正在实施的混合股权改革的关键在于对国家股东有一个明晰的界定与约束。在国有资本占统御地位的背景之下，淡化国家股东的政府色彩，消除国家股东对被投资公司的非财务诉求，将是混合所有制改革能否取得成功的关键。

二、股东的分类

股东可以从两个层面分类，一是公众股东与控股股东（大股东）；二是不同性质的股东，比如国家股东、家族股东、机构股东等。股权结构是股权资本投资者基于报酬率要求进行利益博弈的结果，满足投资者的报酬率要求是公司股权结构得以形成并实现均衡稳定的基础。关于控股股东的研究无疑是股权结构研究领域中最受人关注的。

公众股东一般又被称为外部股东或者是中小股东，在股票市场中，一般又被称为散户（Retail Trader）。这类股东通常在二级市场里购入公司的股份，谋求获得预期的资本利得和现金股利。为了分散风险，公众股东会进行组合投资。组合投资的目的是要将非系统性风险最大限度地化解，而非系统性风险恰恰由公司的具体特征所决定。这就是说，在实施组合投资的情况下，公众股东不会特别关注个体公司的具体特征，他们关注的是股票价格的走势。这种化解风险的投资行为客观上松懈了公众股东对于公司治理的关注，为控股股东的作用发挥创造了条件。具体到一家公司来讲，其股权结构中公众股东所占的比重越大，说明拥有实际控制权的股权资本的比重越小，而其控制权所发挥的作用却可能越大。

由于公众股东可以进行理性的组合投资，最大限度地消解非系统性风险，与控股股东相比，其承担的风险要更小一些。在其他因素大致相同的情况下，按照资产定价理论，公众股东的要求报酬率会低于控股股东。这是公司实施 IPO，公开上市交易股票的一个重要原因。具体言之，公司实施 IPO，可以在股权结构中纳入公众股东，而这些股东所投入的股权资本是成本较低的资本。公众股东在股权结构中的持股比率越高，股权资本的成本越低，有助于企业价值的创造。

与公众股东相对的是控股股东（Controlling Shareholder），又被称为大股东（Large Shareholder）。这类股东人数较少，每一个股东投入的资本较多，占有的股份较高。与公众股东比较，控股股东的资本投资较为集中，组合投资很难成为其投资策略。通过董事会，控股股东可以掌控公司政策的制定，决定公司未来的发展方向。从某种意义上讲，控股股东的素质决定了一家公司的未来。

控股股东通常可以划分为如下几类：①家族与个人股东（a family or an individual）；②国家股东（the state）；③机构股东（a widely held financial institution such as a bank or an insurance company）；④公众持有公司（a widely held corporation）；⑤其他（miscellaneous, such as a cooperative, a voting trust, or a group with no single controlling investor）。[1] 其中，最受学界关注的大股东是家族股东、国家股东和机构股东。

文献显示，无论是在亚洲，还是欧洲或者美洲，家族公司都是一类重要的企业形式。家族公司的财务问题已经成为现代公司财务理论的重要组成部分。

与公众股东持有的资本比较，家族资本的规模一般更大；与机构投资者持有的资本比较，家族资本一般有着显著的家族文化烙印；与国家股东比较，家族股东的公司治理诉求更加地单纯和直接。基于此，家族公司往往有着鲜明的特色，其能够获得长远、可持续的发展，与其家族文化的延续性有着紧密的关系。

---

[1] RAFAEL LA PORTA, etc. Corporate Ownership around the World [J]. The Journal of Finance, 1999 (4)：471-517. RAFAEL LA PORTA 等学者普遍认为，对控股股东、股权结构甚至管理层代理等问题进行研究，是由来已久的 Corporate Finance 研究的重要内容。Rafael La Porta 教授在大学里主讲的课程就是 Corporate Finance。

为了以有限的家族资本掌控更多的资源，家族公司通常会采用金字塔式或者交叉持股式的股权结构。通过金字塔式的控股架构，可以较少的家族资本控制较多的外来资本，实现现金流权与控制权的分离。不仅如此，通过复杂的股权结构设计，家族资本可以在规模扩张、资金运作、多元化经营、风险化解、税务筹划等诸多方面实现战略部署，达成理想的治理效果。

为了保障家族资本的安全以及家族公司的控制权不被恶意侵占，家族公司常采用双层股权的结构设计。这种股权结构设计，在实现资本实力增强之外，也有助于公司按照既定的规划实现可持续发展。

在传统的家族公司中，公司治理具有明显的非正式、关系式治理的特征。在公司发展初期，这种治理模式有助于创建人创新才能的发挥，为家族公司的发展奠定一个很好的基础。随着公司规模的扩大，经营范围的拓展以及市场竞争的加剧，这种传统的治理模式将面临越来越大的压力。公司治理的规范化以及管理活动的现代化是一家公司实现高水平绩效的保障，家族公司也不例外。同时，管理者的职业化和专业化也使得从家族外部聘请管理人员成为可能。在内部需求以及外部压力下，家族公司的公司治理将不断地趋于正式和规范。

长期以来，代际传承都是家族公司领域的一个研究热点。中国家族公司的发展主要始于20世纪80年代，截止到目前，很多家族公司依然控制在其创始人手中。换言之，家族公司的第一代人还控制着公司，大范围的代际传承尚没有出现。但是，随着创始人的逐渐年老，代际传承问题势必会对家族公司的持续发展产生显著的影响。从已有的相关案例不难看出，处理不好代际传承问题将是制约家族公司生存的一个主要因素。

无论是家族成员内部的代际传承，还是从家族外部聘请职业经理人，在家族公司的代际传承过程中，财务政策都是一个核心问题。

从世界范围看，19世纪中叶以后一直到20世纪的三四十年代，是家族公司发展壮大的黄金时期。在那段时期之内，很多的家族公司从弱小走向强大，在世界经济格局中发挥着越来越大的作用。很多家族公司直至今天依然是实力极为强大的企业。20世纪90年代以后，以微软、脸书等为代表的高科技公司的诞生与发展，对家族公司的这种企业形式产生了一定程度的影响。很多高科技公司采取了更加现代化、规范化的公司治理模式，不再过多地强调家族资本的影响力。这种变化既与企业家的思想观念有关，也与税收制度、金融制度的变化有关。

机构投资者是成熟资本市场上最为重要的一类投资者。机构投资者在投资理性、科学性以及稳定性等诸多方面都存在显著的优势，这些特征对于股票市场效率与提升不可或缺。与英美等国股票市场比较，机构投资者在中国股票市场上的作用尚有待加强。

从公司治理的角度讲，机构股东同样可以发挥很强的正向作用。大量的实证研究结果表明，机构股东持有必要数量的股权，有助于提升公司治理的质量。与公众股东比较，机构股东一般具有较强的治理理性，可以对其他控股股东产生理想的约束。从某种意义上讲，机构股东可以视为最理想的股权资本投资者。与国家股东比较，机构股东没有政治性诉求，不会导致公司治理的偏向，从而引发严重的治理危机。当然，机构投资者自身素质对于其作用的发挥有着根本性的影响。

鉴于机构投资者自身的性质，在进行股权投资，尤其是长期的股权投资之前，机构投资者会对被投资公司的战略目标、长期政策、经营绩效等进行系统而科学的分析。与公众投资者比较，机构投资者一般更加关注公司的长远目标和长期绩效，这与股东利益的追求是相互吻合的。

在很多情况下，机构股东会把控制权完全转移给公司的管理层，只在收益权方面有明确的要求。这种治理模式可以充分地发挥管理层的创新作用以及维持公司政策的稳定，对于高科技公司的发展具有重要的意义。

从有关数据看，中国的机构投资者大多与商业银行尤其是国有商业银行有着紧密的关系。在这种情况下，机构股东持有较多的股份，可能意味着银行成为公司的终极控股人。如果银行可以左右这类机构投资者的投资行为以及其他的相关政策，公司治理必将受到银行及其政策的重大制约。较高的负债率以及较高的机构股东持股如果同时存在，人们必须对这种现象予以高度关注。

三、国家股东

国家股东又被称为政府股东，是极具特色的一类大股东，其主要特色有：①控制资本量巨大；②投资者与政府角色混合；③公司治理诉求政治化与复杂化；④与宏观政策波动的关联较密切。

国有资本投资产生了国有企业。在市场经济条件下，为什么还要有国有企业存在？一般认为有两个重要原因：第一，国有企业存在是由于市场失灵（Market Imperfections），市场不愿做或者不能做的某些行业由政府出面建立企业。比如一些自然矿山的开采、公用事业行业的运行、涉及国家安全的某些行业等，设立国有企业有助于对这些行业的规制或者扶持。市场经济体制下的国有企业基本上都是基于这种理由成立的。自20世纪80年代开始，以英国为代表的国家开始对国有企业进行私有化改造，西方市场经济体制下的国有企业数量大大减少。第二，国有企业的存在与社会政治制度紧密关联，比如社会主义国家的国有企业一般比较多、规模较大，国有企业成为整个国民经济的支柱。比较而言，自由市场经济国家的国有企业数量较少，影响力也不大。

这两类国有资本投资的逻辑不同，国家股东对国有企业治理的参与度和影响力也有重大差异。

国家股东掌控的资本即为国有资本。国有资本投资的主要领域一般有：①自然资源，比如森林、矿山、石油、天然气等；②公用事业，比如电力、自来水、通信、交通、医院、学校、公共卫生等行业；③金融业，比如商业银行、保险公司等；④核电、军工行业等。这些领域与一般意义上的竞争性产业有着明显的差异。目前，中国无疑是世界上国有资本最为雄厚的国家。在国际经济中，来自于不同国家的国有跨国公司一样有着重要的地位。截止到2010年，世界100个最大的跨国公司中有19个是国有跨国企业[①]。

从现实情况看，无论是在中国还是西方国家，国家股东投资都会涉及政治诉求问题，这是由国家股东的特质所决定的。问题是，这种政治诉求应该以一种适度的、同时较为合理的方式参与到公司治理之中，否则将导致国家股东控股公司的治理低劣、绩效水平低等一系列的问题[②]。官僚体制与现代公司的运作规律是不兼容的，官员逻辑与企业家思维更是南辕北辙，政府的行政权力不可能替代企业的运营管理。国家控股公司的目标往往被政客左右，而与股东财富最大化的目标相悖[③]。股东异质性的消失是公司治理优化的标志之一，这同样适合于国家股东。"国家应该作为一个知情的和积极的所有者行事，并应制定出一项清楚和一致的所有权政策，确保国有企业的治理具有必要的专业化程度和有效性，并以透明和问责方式贯彻实施。"[④]

大量文献显示，国有股权将扭曲公司治理，无助于公司绩效的提高。在中国，国家股权依然是最为强势的，国有资本在全部社会资源中占有统御性地位。在改革开放初期，出于改善绩效的强烈冲动，中国的国有企业进行了一些改革，但是政府对国有企业的强力约束一直没有发生根本的改变，尤其是20世纪90年代以来，国有资本与国有企业在国民经济中的地位不降反升，甚至开始影响国际经济领域。在这样的背景之下，不少人开始重新思考国有资本与国有企业问题。必须认识到，超大规模的国有资本、政府强大的经济调控能力以及对企业的全方位控制是中国国有经济的重要基础，这与公司治理的改善、管理水平的提高以及由此带来公司绩效提升是两套完全不同的逻辑。

经过数十年的改革开放，中国经济在国有资本的强力支撑之下实现了飞跃，中国经济的体量已是一股不容忽视的经济力量，这种经济力量必然带来某种程度的政治影响。需要关注的是，经济规模的扩大固然是国家实力提升的重要基础，但当规模达到了一定的程度之后，经济进一步发展所造成的损失可能会成倍数地增加，以至于给整个国民经济的可持续发展带来巨大的压力。实现规模发展向绩效提升的转变是大规模经济体实现可持续发展的关键，核心要素在于国家股东向普通投资者的身份转换，优化国有企业管理行为，提升国有企业的经营绩效，进而促进国有资本投资效率。

国有企业私有化（Privatization[⑤]）在经济学文献中是一个重要的课题。一般认为，

---

① ALVARO CUERVO - CAZURRA, ANDREW INKPEN, ALDO MUSACCHIO, KANNAN RAMASWAMY. Governments as Owners: State-owned Multinational Companies [J]. Journal of International Business Studies, 2014, 45: 919-942.

② 在中国，一方面国有上市公司存在着治理缺陷、绩效低下等问题，同时可能也存在着市场价值被低估的情况，尤其是一些大型的国有上市公司。研究这种国有公司市值低估现象，对于完善股票市场、提高国有资本投资绩效、完善国有公司治理等均具有重大意义。

③ RUIYUAN CHEN, SADOK EL GHOUL, OMRANE GUEDHAMI, HE WANG. Do state and foreign ownership affect investment efficiency? Evidence from privatizations [J]. Journal of Corporate Finance, 2017, 42: 408-421.

④ 经合组织国有企业公司治理指引（OECD Guidelines on The Corporate Governance of State-owned Enterprises），2005年版。

⑤ 这类似于中国的"混合所有制改革"。在中国国有经济占主体地位的背景之下，所谓的"混合所有制改革"大多是指国有公司接纳民营资本。当然，民营公司接纳国有资本同样也属于"混改"的范畴。

在积极竞争、技术创新和优化治理等方面，私营企业要比国有企业更具优势①，这是因为私营企业的治理宗旨清晰、管理目标明确，有着稳定且可持续的发展战略以及高质量的财务政策。在私有化过程中，政府所有权逐步转移给新的私营所有者。伴随着国有资本持股比例的下降甚至消失，私有化企业的诸多方面都会发生很大的变化，比如股权结构、社会责任②、资本成本、财务政策甚至绩效水平等。

报酬率诉求是所有股东进行投资时对公司治理的基本诉求。与公众股东（所谓的散户投资者）比较，大股东除了报酬率诉求之外，可能还会附带某些其他的诉求，比如较高的控制权。这些非报酬率诉求将会对其报酬率诉求产生挤压效应。具体言之，大股东如果有较高的非报酬率诉求，必须以放弃一定的报酬率为代价，也就是以收益权换取控制权（管理权）。对于国家股东而言，则是以放弃收益权为代价换取某种政治诉求。换言之，在同样的情况下，由于国家股东具有某种政治性诉求，使得国有资本的资本成本低于其他性质的股权资本。这种与国家股东相关的资本成本特征在混合所有制改革中是一个极为重要的问题，必须引起高度关注。

一般认为，国家股东不应投资于竞争性行业。在国家股东投资的主要行业比如公用事业中，最好的方式应该是以明确的报酬率要求（即国有资本成本）进行投资，将政治考量对公司治理的影响降到最小。中国的政府规制改革应考虑这一因素。

研究显示，不同性质的大股东往往会对财务政策产生不同的影响，这与大股东的投资诉求差异直接相关。比如，家族股东可能对股利支付有抑制作用，不会要求公司支付过多的现金股利；而机构股东则对现金股利的需求较高，希望持续地增加股利。在股权分置改革之前的很长一段时期之内，中国的国家股东对于国有公司实施的就是"零股利支付"政策，国有公司不向国家股东支付股利，以至持有大量现金，导致过度投资，影响经营绩效的提高。这种现象的形成与国家股东的"政府职能"性质无疑有着紧密的关系。

第四节　股权结构政策

一、现金流权与控制（管理）权

根据拉·波特等人的研究，大多数大公司都有控股股东——要么是国家控股，要么是家族控股。通过金字塔式（Pyramid）的股权结构或者是交叉持股（Cross-shareholdings），这些大股东对公司的控制权（Control Rights）超过了他们的现金流权（Cash Flow Rights），形成所谓的"两权分离"，并积极地参与公司治理和管理。需要特

---

① SHLEIFER A. State versus Private Ownership [J]. The Journal of Economic Perspectives, 1998, 12 (4): 133-150.

② NARJESS BOUBAKRI, OMRANE GUEDHAMI, CHUCK C Y KWOK, HE WANG. Is Privatization a Socially Responsible Reform? [J]. Journal of Corporate Finance, 2018 (56): 129-151.

别关注的是，这些控股股东的权力显然没有受到其他大股东的制约。他们还发现，股权的集中程度与经济发展程度有着紧密的关系，比如在很多发展中国家，公司的股权集中度往往较高。① 这些发现与人们对大股东以及股权结构的传统认知有着显著差异。

在亚洲，不良的投资者保护法律环境以及家族资本控股和国家控股成为公司治理的基本特征②。"法律与金融"（Law and Finance）已经成为一个发展迅猛的新学科。在中国，政治考量、国家治理与公司治理往往非常紧密地联系在一起。很多研究显示，政府作为投资者的政治目标往往与低效率甚至巨大的浪费相关联。

在高科技公司中，双层股权结构（Dual-Class Share Structure）成为一种通过现金流权和控制权的分离而对公司实行股权控制的治理手段。双层股权结构的主要意图是保护创始股东的利益，防范大资本对于公司的兼并威胁，维护公司的稳定发展。对于高科技、高人力资本的创新型公司来讲，公司创始人的智慧与影响对于公司未来的发展尤为重要。同时，这类公司的创始股东往往没有足够的资本投入，因此，作为对创始企业家（股东）保护的一种股权结构设计，双层股权结构基本上被运用在家族公司、高科技公司或者高人力资本的公司中。在双层股权结构下，公司董事会、外部投资者以及管理层之间的责权利关系呈现什么特征？双层股权结构公司如何制定股利政策？双层股权结构对公司的资本成本、价值创造以及经营绩效会产生什么样的影响？③ 这一系列问题均有待于进一步的研究。

从谷歌、Facebook、京东等国内外公司的发展历史看，双层股权结构对于发挥一流企业家的创造力、稳定公司治理、鼓励改革创新等确实发挥了独特的作用，是公司治理、股票市场领域有价值的重大改革。在双层股权结构下，资本家与企业家有了更加明确的区分。社会的发展会越来越突出独特的能力，让聪明的人去做最擅长的事情，这是社会文明的表现。通常情况下，能够实施双层股权结构的公司均是那些已经被市场检验、取得一定成功的公司。但是，双层股权结构对于公司治理、公司绩效的影响尚有待时间的检验。现有文献对于双层股权结构与公司绩效关系的看法呈现两极状态，有的研究认为这种股权结构设计有助于公司绩效的提高，有的则认为这种设计会加重代理冲突，长期看会降低公司绩效，减损股东财富。但无论何种看法都有待证据的进一步检验。

从现有的情况看，双层股权结构更加适合那些以人力资源为主、发展速度较快且更多地依赖外部融资的公司。

---

① RAFAEL LA PORTA, FLORENCIO LOPEZ-DE-SILANES, ANDREI SHLEIFER. Corporate Ownership around the World [J]. The Journal of Finance, 1999, 54 (2): 471-517.

② CLAESSENS S, S DJANKOV, L H P LANG. The Separation of Ownership and Control in East Asian Corporations [J]. Journal of Financial Economics, 2000, 58: 81-112. STIJN CLAESSENS, JOSEPH P H FAN. Corporate Governance in Asia: A Survey [J]. International Review of Finance, 2002, 3 (2).

③ STEPHAN NUESCH. Dual-class Shares, External Financing Needs, and Firm Performance [J]. Springer Science + Business Media, New York, 2015.

二、资本成本与最优股权结构

企业有没有最优的股权结构？股权结构是股权资本投资者基于报酬率要求进行利益博弈的结果，满足投资者的报酬率要求是公司股权结构得以形成并实现均衡稳定的前提、基础。什么样的股权结构能够被界定为最优的、能够有效支撑企业未来的最好发展状态？学术界至今尚未形成一致意见。理论上讲，与现代资本结构理论一样，公司存在能够实现股东财富最大化的最优股权结构，这一股权结构的理想状态是经营活动创造的现金流量最多，且公司的资本成本水平最低。

股权结构形成的过程，是股东之间尤其是大股东之间进行利益博弈的过程。这一过程在公司初创时期尤为引人关注，但股权结构的变化会伴随公司发展的全过程。

下面分两种情况来分析股权结构与资本成本之间的关系：一是公司 IPO 与资本成本；二是股权结构的调整。

（一）公司 IPO、公众股东与股权资本成本

公司 IPO 的过程就是在股权结构中纳入公众股东的过程。前已论及，由于公众股东可以通过组合投资的方式来分散非系统化风险，但控股股东难以像公众股东一样分散投资，其持有股份的流动性较差。按照资本资产定价理论，公众股东的要求报酬率要低于控股股东。换言之，公司通过 IPO，可以吸收大规模的、低成本的股权资本，极大地提升其财务竞争力，为公司的长远发展奠定扎实的资本基础和投资者基础。

在 IPO 之前，公司的资本基本上都来自大股东，或是机构股东，或是家族股东，抑或是国家股东。这些大股东奠定了公司治理的基础。如果股票不公开上市，公司的发展将面临以下几个方面的限制：第一，公司的股权没有市场定价，严重约束其流动性，这对于股权资本投资者来讲是一个巨大的障碍；第二，由于没有市场的约束，公司的信息质量将难以保障，进而影响股东的利益；第三，没有低成本的股权资本注入，必然导致融资约束现象的发生。

对于 IPO 决策，管理者必须高度关注股权资本成本的变化。从技术上讲，资本资产定价模型（CAPM）更加契合对公众股东要求报酬率的估算，至于 IPO 前后大股东投入的股权资本的成本变化则需要考量更多的因素加以确定。

（二）股权结构的调整

股权结构可能是一个较为稳定的结构，但在必要的情况下，通过调整股权结构可以实现一些重要的公司治理目标，其中包括对于资本成本水平的调控。

必须清楚一点，股权结构调整是一个重大的公司治理政策和财务政策。为什么调整？如何调整？调整的目标是什么？必须由董事会以及管理层做出明确的决策。一般而言，在不考虑其他因素的情况下，现有控股股东之所以允许接受新的投资者或纳入新的股权资本，最为重要的一个因素就是新的股权资本具有更低的成本。接受新的资本，可以降低公司的资本成本水平，从而提高竞争力。这是股权结构调整的基本缘由。

但企业也可能不是以资本成本下降为目标来调整股权结构,比如在考虑风险资本注入的时候,此时资本成本因素有可能退居二线。

在混合股权结构的形成过程中,不同性质股东的要求报酬率水平存在差异,更需要对股权混合的资本成本效应进行科学的分析。通常情况下,民营资本进入国有企业与国有资本进入民营企业,在资本成本效应方面存在着重大的差异。民营资本谋求进入国有企业的目的往往非常单纯,报酬率在决策因素中的排序极为靠前。在国家控股的公司中,除非有重大的政策考量,民营资本的进入不会对其治理以及发展战略产生根本性的影响。对于混改的国有公司,纳入民营资本的一个不利因素可能就是将面临资本成本升高。资本成本是影响混改进行的一个重要因素,科学合理的混改应该有助于资本成本的下降。而民营资本进入国有企业与这一目标是相悖的,这就意味着其他的因素可能更为重要,比如对国有公司治理和管理的影响,对国家产业布局的影响,对民营资本的倾斜政策等。

概括而论,股权结构动态调整的目标应该是明确的,那就是资本成本的下降。在某一个特定的时期之内,根据资本成本的变动规律,股权结构应该有一个目标水平,这一水平可能是较为宽泛的。制定股权结构的目标水平,并通过合理的手段实现这一目标,是董事会和管理层重要的工作内容之一。

第五节 公司治理的其他问题

一、董事会与财务政策的制定

公司治理研究的几个重要领域——股权结构、董事会、管理层以及薪酬制度、管理层腐败、风险管理、信息质量等是近20年来公司财务领域研究的热点。

巴西公司治理研究所(IBGC)认为董事会成员的最佳规模是有5~9名董事,外部董事最好在半数以上,且董事会必须独立于高管行事[①]。当董事会的规模超过九名成员时,董事会的治理效力就会下降,因为它变得不那么专注,且代理冲突会加剧;而少于五名成员的董事会则可能没有能力制定合理的公司政策,同时也无法充分有效地监督管理层。[②]

与董事会相关的问题:董事会构成(人员分析、教育背景、年龄、性别、籍贯等)、独立董事、董事会绩效(会议、决策力、勤勉度等)、董事联结、政治关联等。

董事会是公司财务政策的最终决策者。在制定财务政策的过程中,必须综合考虑

---

① 关于董事会与管理层之间的关系,简单地认为董事会监督管理层是有失偏颇的。公司重大的战略、政策都是由董事会做出,其中最为重要的就是制定财务政策,然后由管理层实施。在一些重大问题上,董事会与管理层必须有高效的沟通协调机制。

② BRUNO FAUSTINO LIMA, ANTONIO ZORATTO SANVICENTE. Quality of Corporate Governance and Cost of Equity in Brazil [J]. Journal of Applied Corporate Finance, 2013, 25 (1): 72-80.

如下因素：

（一）公司财务理论

财务理论产生于对财务政策与财务行为的研究过程中，反过来会对财务政策的制定有重要的指引作用。需要注意的是，鉴于公司运营环境的复杂性，具体的财务政策的制定不可能完全地依据某一个财务学说或者模型，往往是在综合多因素之后做出的决策。片面地理解"理论指导实践"的提法是不利于财务政策决策水平的提高的。

（二）政府对于公司财务政策的指引或者约束

在与投资者利益有关的财务政策领域，政府往往会制定一些指引性的规定甚至是法律来约束公司的财务政策，比如在股利政策方面就有很多相关的规定。对于中国的国家控股公司来讲，这种来自政府的约束将更加严格而明确。在这种情况下，公司的财务政策事实上体现的是公司董事会以及政府等多方面的意志。如何在公司董事会意志与政府约束之间取得某种均衡，从而更加有利于公司的可持续发展以及股东利益的最大化，这对于董事会和管理层可能是一项挑战。

（三）行业惯例

实证显示，财务政策一般具有较为明显的行业特征，这与行业所共有的资产结构、风险水平等有着紧密的关系。比如，公用事业公司的股利支付率往往较高，而高科技公司一般执行的是零股利支付政策。公司在制定财务政策的时候，通常会考虑行业特征，或者模仿行业内标杆企业的财务政策，这被称作财务政策制定的"羊群效应"。这样做可以模仿先进，增强投资者信心；并避免透过特别的财务政策向市场传递一些不必要的信息。

（四）借鉴国际上先进的财务理念和财务方法

在一些发达国家，大型公司的发展已经有数百年的历史，公司财务实践较为规范。公司在财务管理工作中所积累的经验甚至已经成为公司财务理论的组成部分。在财务政策的制定方面应当积极地借鉴国际先进的理念和技术，发挥后来者优势，以实现财务管理工作的全方位提升。

制定并实施一套完整、明确且稳定的财务政策，是一家公司趋于成熟的重要标志，也是公司治理水平高的重要表现。从资本市场和投资者的角度看，稳定的财务政策会受到推崇和欢迎。在通常情况下，董事会将尽量维持财务政策的稳定。但在外部环境及内部条件发生变化的情况下，为了更好地应对，公司应该对财务政策的实施效果进行评估，并做出适当的调整。尤其是投资政策和融资政策，外部环境的改变对于这些政策的影响是不容忽视的，股利政策的稳定性要超过投融资政策。

调整财务政策的目标当然是为了让财务政策更加合理和科学，从根本上讲，调整后的财务政策将更有助于股东财富的增加。财务政策的调整往往是一个缓慢的过程，在这个过程中，应给财务政策纠错以足够的空间和时间。

公司的财务政策及其重大调整要及时地向投资者尤其是股东进行披露。披露的主要途径包括财务报告、公司官网、证券交易所信息系统、新闻报道、网络媒体等。与会计政策的披露较为规范不同，除了股利政策之外，其他财务政策的披露可能更为灵活。在董事会与投资者进行沟通的过程中，详细地阐述公司的财务政策是重要的内容之一，比如在巴菲特每年写给股东的信件中，投融资政策、股利政策构成了信件的核心内容。

公司财务政策的明晰化、稳定性以及公开化，有助于降低投资者所承担的风险，进而降低公司的资本成本。

董事会以及管理层成员必须对财务政策有一个清晰的了解，同时，也必须树立起一个科学的财务政策理念，这是做好公司财务政策工作的基本保障。制定出好的财务政策绝非仅是公司财务部门的职责，更是公司董事会的义务。

二、管理层薪酬计划与股东财富

制定科学的管理层薪酬计划是高效解决股东与管理层之间代理冲突的重要举措之一。管理层薪酬计划的科学性主要体现在两个方面：第一，能够激发管理层的创新意识，提高管理层的工作效率，优化管理行为；第二，将管理层的利益与股东财富有机地结合在一起，最大限度地保障股东财富的持续增加，尤其是避免管理层行为对股东财富可能造成的减损。

与管理层以及薪酬制度相关的问题包括：管理层构成（人员特征分析，与董事会的联系，教育背景等）、薪酬制度设计［股权激励（Equity Compensation）、薪酬构成］、管理层绩效（EVA）评价等。管理者治理存在两个极端：一是对公司管理层实施严格的管制。这样可以最大限度地在管理中体现股东的意志，但治理成本太高，忽略了管理层的价值。二是完全以股权价值的变化来衡量管理层的绩效，最常见的是股票期权（Stock Option）制度：股票价格越高，表明管理层的工作绩效越高，对管理层的激励也应当越多。这时的代理成本较低。但合理的公司治理应当介于以上两个极端之间。

管理层的薪酬制度设计既关系到代理关系的处理，也会对财务政策产生直接的影响。比如，在现金股利支付与高管薪酬之间就存在着显著的负相关关系。换言之，公司留存的税后利润越多，可能支付给高管的薪酬也就越多。现金持有的多少，不仅与流动性相关，在对管理层的制度设计中同样发挥着重大的作用。[①] 至于管理层的股权激励问题，更是直接关系资本成本的高低波动。

下面以股票期权制度为例，说明管理层薪酬计划与资本成本、股东财富之间的关系。

首先，董事会在设计股票期权制度的时候，需要划分不同的岗位设定不同的期权

---

① WARWICK ANDERSON, NALINAKSHA BHATTACHARYYA, CAMERON MORRILL, HELEN ROBERTS. Dividend Payout and Executive Compensation: Theory and Evidence from New Zealand [J]. Accounting & Finance, 2020, 60.

激励数量，而这一数量的设计主要是基于董事会的决策。不同的公司，在设计期权激励数量的时候，其实很难找到一个基准进行参考，对期权激励高或者低，难以取得共识，这就要求董事会必须做出有说服力的阐述，以获得投资者的认可。

其次，关于股权激励的调整，这是管理层薪酬计划的核心所在，甚至将直接决定薪酬计划实施的效果。一个科学合理的股权激励计划，必须将股权激励的实施与股东财富紧密关联起来。具体言之，当管理者的行为提升了股东财富的时候，则应增加股权激励；当其行为降低了甚至减损了股东财富的时候，则应减少甚至取消股权激励。具体做法可以将资本成本的升降作为调整股权激励的基准，按照资本成本提高的幅度，降低股权激励；按照资本成本降低的幅度，提高股权激励。

将资本成本作为股权激励调整的重要基准，有助于提高股权激励计划的科学性与有效性。

三、股东与其他利益相关者的冲突

从实践看，公司治理政策的主要方面，在不同国家、不同地区可能会有一些重大的差别。印度公司治理所关注的问题大致有股东问题、管理者问题、董事会问题、政府规制问题、社区问题、雇员问题、消费者问题、供应商问题、信贷者问题等[1]。从国外的调研来看，公司治理政策应当是一个积极的政策，公司以一种积极的态度来对待治理问题，并就可能出现的各种治理问题事前提出应对的预案。

（一）股东与债权人的冲突

特定情况下，一些财务政策在有助于股东财富增加的同时，对债权人利益的保护可能会出现相反的效果。比如，股利的发放会减少公司的现金存量，对偿债能力可能会造成不利的影响。再如，当管理层决定进行风险更大的投资时，这就有可能把潜在的风险转移到债权人身上。股东与债权人之间的这类冲突只能通过完善的契约加以约束和消除。从财务实践的角度看，债权人利益的保护以及债权人要求报酬率的满足要优先于股东。换言之，没有债权人利益的实现，股东的财富将无从增加。

（二）股东与公司社会责任履行的冲突

数十年以来，公司社会责任的履行越来越受到社会的关注，尤其是在环境治理领域。需要明确的是，公司对社会责任履行所产生的所有支付最终都要由股东来承担。或者说，社会责任的履行是通过股东财富的转移来实现的。从这个意义上讲，除了政府强制要求的社会责任之外，董事会和管理层没有必要也没有权力去为更多的社会责任进行支付。同时，社会责任的履行在执行政府的有关要求之外，必须将对股东利益的影响纳入分析框架之中。

---

[1] P K JAIN, SHVETA SINGH, SURENDRA SINGH YADAV. Financial Management Practices: An Empirical Study of Indian Corporates [M]. Springer India, 2013.

前已论及，很多利益相关者问题实际上属于法律规范的范畴。雇员问题、消费者问题、社区问题等，都是通过法律或者法规的形式来规范的。法律问题不应和公司治理问题混为一谈，这无助于问题的解决，还将削弱公司治理的规范性，影响公司治理的权威价值。

本章小结

在早期的公司财务著述中，公司治理问题与公司的融资问题、股利支付问题等一起构成了公司财务（金融）（Corporation Finance）的核心内容。科学地解决投资者问题尤其是股东问题是解决一切财务问题的基础和前提。2000年以后的公司治理研究领域，对于公司融资问题的探讨是一个非常重要的课题。公司治理与公司财务在股东财富及其最大化这一点上存在交集，这是公司治理研究与公司财务研究必须明晰的一个基本点。

公司治理的宗旨是保护投资者尤其是股东的利益；公司财务的目标是通过价值创造实现股东财富的最大化。董事会、管理层、薪酬计划、内部控制等是实施公司治理的主要机制，制定并实施财务政策、创造更多价值是公司实现财务目标的主要手段。

投资者将资本投入企业，必然会提出自己的诉求，而实现这一诉求便成为公司治理的基本使命——从投资者那里筹集资金，然后将资金投放到能够带来净现值的投资项目，实现价值之后将投资者所要求的部分收益分派给投资者。债权人定期获得利息、收回本金，股东则获得股利，由此实现投资者投资在公司内部的财务循环。

从公司财务理论演进的历史进程看，资本结构理论、股权结构理论、股利理论既为现代公司财务理论的核心部分，也是公司治理理论的重要内容。事实上，很多财务政策兼具公司治理与公司财务性质。从治理的角度对公司投融资问题进行研究的文献可谓汗牛充栋。

资本结构问题的实质是股东与债权人之间的关系，股权结构问题的实质则是股东之间，尤其是不同性质的股东之间的关系。对于一家发展成熟、管理科学的公司来讲，对股权结构进行优化管理具有重大意义。最优的股权结构可以在维持股权结构稳定性的同时，实现资本成本最低，为股东财富的持续增加奠定基础。同时，最优的股权结构应当使不同性质的股东之间的利益冲突最小，提升公司治理的质量。

董事会是公司财务政策的最终决策机构。好的财务政策能够实现股东财富最大化目标，坏的财务政策则会减损股东财富。董事会必须基于股东财富的视角，以实现股东财富最大化为基本原则。

重要术语

公司治理、董事会、股东财富最大化、控股股东、家族股东、国家股东、代理冲突、代理成本、利益相关者、管理层薪酬计划、股权激励

复习思考题

1. 如何理解公司治理的宗旨与公司财务的目标之间的关系？在股东财富追求方面，机制的保障与管理的保障之间有何差异与联系？
2. 家族股东、机构股东与国家股东是主要的三类控股股东，试分析三者之间的主要差异。
3. 股权结构与资本结构的内容各是什么？二者之间的关联是什么？
4. 如何理解最优的股权结构？最优股权结构与资本成本、股东财富之间的关系如何？
5. 设计管理层薪酬计划的基本原则是什么？最佳的管理层薪酬计划应该具备什么特征？
6. 董事会是公司财务政策的决策机构，管理层是财务政策的实施者。试分析董事会与管理层之间的关系。
7. 针对中国的实际情况，分析国家控股公司与民营资本控股公司在公司治理、公司财务方面的主要差异。

案例与分析

京东公司的双层股权结构与公司治理

自1998年京东公司在北京中关村成立以来，能够逐渐发展到今日的规模、成为在美国上市的大型综合电商平台，位居全世界知名互联网公司之列，离不开巨额资本的背后支持。从融资手段来看，京东在发展过程中的不同阶段，采用了不同的融资方式。在公司发展早期，其主要采用优先股来进行融资，从2007年到2010年先后发行了三轮的可赎可转优先股。随着公司的不断发展壮大，优先股融资的额度有限，已经无法满足公司扩大规模的需求，公司开始转向普通股融资方式。经历几轮大规模融资之后，京东做出了上市融资（IPO）的决策。

在上市过程中，出于几个方面的考虑，刘强东决定采取双重股权结构来将集团的控制权掌握在手中。首先，京东于2011年至2014年通过普通股方式获得巨额的资金投入，在这个过程中，刘强东通过与其他投资方签署排他性投票权委托协议的方式保留了55.9%的投票权，但这并不能保障其对集团的绝对控制地位。随着上市前的多轮大规模融资，刘强东所持有的京东股份已降至不到20%。为了在充分吸引外部投资者、增加企业现金流的同时，保障创始人掌控公司，保障企业按预定规划长久发展，双层股权结构非常有效地化解了股权融资与创始人及其团队控制权稀释之间的矛盾。其次，双层股权结构能够保障创始人对企业的经营管理和战略发展更加投入和专注，从而在避免产生围绕控制权的纷争并出现股价动荡、经营风险加剧状况的同时，稳定企业的经营管理和发展走向。这样外部投资者所接收到的关于企业的信息就是积极的、稳定的，从而增加外部投资者投资企业的信心、增强他们投入资本的意愿和动力。最后，通过双层股权结构将公司的绝对控制权掌控在创始人及其团队手中，避免公司上市后出现恶意并购的状况，可以更好地巩固企业在行业中的地位，降低经营风险和财务风险。

京东设置双重股权结构的措施主要包括：特定投票权委托协议、AB 股计划、管理层设计等。

首先，公司通过签署特定投票权委托事项协议，使创始人刘强东及其团队能够拥有一致行动人的投票权委托，增加其投票权权重，在采用普通股融资后仍然通过享有过半表决权的方式掌控公司。其次，公司通过 AB 股计划，将公司的股票设置为不同的投票权，具体内容为：向公众公开发行 A 类股票，每股股票享有的所有权、分红权和投票权均为一股，而 B 类股票不予公开发行，由创始人刘强东及其旗下两家海外公司专门拥有，每股股票享有的所有权和分红权依然为一股，然而每股享有的投票权却是 20 股。另外，在一定的期限和条件下，B 类股票可以按照一定的比例转换为 A 类股票，但是 A 类股票不可转换为 B 类股票，并且 B 类股票一旦转换为 A 类，不可转回。最后，在管理层设计方面，刘强东任集团主席，控制着公司 80% 左右的投票权，可以保障其话语权。另外，还规定若刘强东不再担任京东董事兼 CEO，或出现其他一些特定的情况时，其持有的全部 B 类股票将会自动、立即转换为等量的 A 类股票，而这"一股二十权"的 B 类股票仅在刘强东持有时才是有效的。刘强东在上市融资前就为自己争取了不少于六名董事的提名权，这六人中就包括了董事会主席，从而巩固了自己的多数董事席位。

京东实施双层股权制度后，对公司治理的影响主要体现在以下方面：

第一，实施双层股权结构对投票权与控制权产生影响。京东实施双层股权结构上市之前，由于老虎基金、腾讯、高瓴资本等的大量投入，在"一股一权"的模式下，公司股权不断被分散，刘强东所持京东股权虽然依旧位居榜首，但对公司的实际控制权已受到影响。实施双层股权结构后，根据京东的招股说明书，创始人刘强东所持有的股份全部转换为 B 类股，原本的"一股一权"变为"一股二十权"，各大股东享有的投票权和表决权之比也因此产生了很大的变化。刘强东凭借其持有的 20% 左右的股权，获得了 80% 左右的投票权，可以按自己团队的预期来规划公司未来的发展、制定战略决策，而无需担忧恶意收购的风险。

表 2-1　京东设置双层股权后各大股东的股权与投票权

股东名称	双层股权结构上市后股权比例（单位:%）	双层股权结构上市后投票权比例（单位:%）
刘强东	23.10	83.70
老虎基金	18.10	3.20
腾讯（黄河投资）	14.30	3.70

续表

股东名称	双层股权结构上市后股权比例（单位:%）	双层股权结构上市后投票权比例（单位:%）
高瓴资本	13.00	2.30
俄罗斯DST	9.20	1.60
今日资本	7.80	1.40

资料来源：根据京东招股说明书及相关材料整理。

第二，实施双层股权结构对董事会治理产生影响。

双重股权结构下，创始股东对于整个董事会拥有绝对控制地位。这一设计能够将公司的决策权高度集中，使得公司管理层决策与创始人初衷和公司发展规划保持高度一致。在充分保障创始股东的权益的同时，对公司管理效率、决策效率和执行效率具有极大的促进作用，避免了对一些重要事项，由于董事会成员意见难以达成一致，而引发利益冲突和内部矛盾。管理权与控制权的高度统一，带来的是代理成本一定程度上的降低，以及整体管理水平和决策效率的提高。

双层股权结构之下的隐患同样不容忽视。如果公司董事会的相关制度不完善，缺乏有效的内部审计制度，可能会导致创始人的管理行为和决策制定缺乏足够、有效的监督和监管，很容易因创始人个人的偏好而产生偏误。一旦创始人做出的决定和选择有误，也难以及时发现和纠正，这对公司的发展所造成的影响将是巨大的。如何在充分发挥创始人股东创新精神的同时，保证公司管理层决策的科学性与先进性，维护中小股东的利益，这是双层股权结构框架下必须思考的问题。

（资料来源：牛牛财经时. 双重股权结构，刘强东的京东模式，效果如何？百度网，2021-12-01/京东集团双层股权的介绍和说明根据京东集团招股说明书及各年年报相关内容整理/网易科技报道. 看，刘强东如何玩转京东董事会！网易科技，2014-03-28/股市全资讯. 京东股权迷雾：刘强东持股15.8%，却拥有80%投票权. 搜狐网，2018-09-08/根据京东集团2021年年报中关于董事和高级管理人员相关内容整理。）

思考的问题：

1. 公司采纳双层股权结构的主要意图是什么？与"一股一权，同股同权"的股权结构比较，这种股权结构更适合什么样的公司？
2. 在双层股权结构框架下，如何处理管理层与股东之间的代理冲突？
3. 双层股权结构对公司的资本成本水平会产生什么样的影响？
4. 在双层股权结构下，财务政策的制定有什么特点？

延伸阅读

[1] BERLE A JR, MEANS G C. The Modern Corporation and Private Property [M].

New York: Harcourt, Brace and World, 1932.

［2］JENSEN M C, MECKLING W H. Theory of the Firm: Managerial Behavior, Agency Costs, and Ownership Structure ［J］. Journal of Financial Economics, 1976, 3 (4): 305-360.

［3］MICHAEL C JENSEN. Agency Costs of Free Cash Flow, Corporate Finance, and Takeovers ［J］. The American Economic Review, 1986, 76 (2): 323-329.

［4］ANDREI SHLEIFER, ROBERT W VISHNY. Large Shareholders and Corporate Control ［J］. The Journal of Political Economy, Volume 1986, 94 (3): 461-488.

［5］OLIVER E WILLIAMSON. Corporate Finance and Corporate Governance ［J］. The Journal of Finance, 1988, 43 (3): 567-591.

［6］RAFAEL LA PORTA, FLORENCIO LOPEZ - DE - SILANES, ANDREI SHLEIFER, ROBERT W VISHNY. Law and Finance ［J］. NBER Working Paper Series, Paper 5661. National Bureau of Economic Research, 1996 (7).

［7］ANDREI SHLEIFER. State versus Private Ownership ［J］. The Journal of Economic Perspectives, 1998, 12 (4): 133-150.

第三章

资本成本及其相关研究

资本成本是公司财务理论的主要概念，这一概念涉及投资者、投融资、风险与报酬、绩效评价等重要内容。投资者对于被投资企业的报酬率诉求在公司财务中就体现在资本成本上。投资者向企业投入的资本是企业运营的基础资源，比较而言，资本成本概念的内涵要大大地超过各类运营成本比如人工成本、材料成本等。资本成本作为一个基准性、标志性的指标，无论是在微观研究还是在宏观分析上，都发挥着越来越重要的作用。

第一节 资本成本的性质

资本成本理论是现代公司财务理论的核心组成部分，1958 年的 MM 无关理论是现代资本成本理论研究的基础。杜兰德（Durand）于 1952 年对资本成本问题的研究显然对 MM 的研究产生了直接的影响，他认为资本成本——要求的报酬（Required Return）——不是一种实际的成本付出，而是一种机会成本，它是新投资项目必须赚取、股东所放弃的最低报酬率，这一资本成本的概念不仅适用于债券融资，对于股票融资与留存盈利均可适用。他在 MM 之前就提出了"无关理论"，即企业的资本结构与其资本成本、企业价值无关。Durand 研究了利润最大化的弊端，他认为最科学、合理的厂商目标应该是价值最大化以及投资者的财富最大化。[1] 这些理念将资本成本概念与一般意义上的利息费用、融资成本等严格地区分开来，为后续的资本成本研究奠定了基础。

资本成本是投资者根据其对企业投资所承担的风险水平而提出的理性的报酬率[2]要

---

[1] DURAND D. Cost of Debt and Equity Funds for Business: Trends and Problems of Measurement. In BER, Conference on Research in Business Finance, New York, 1952: 215-247.

[2] 所谓"理性的报酬率"是指与其风险程度相称的报酬率，这是资本成本的本质属性。与投资者对报酬率的理性诉求不同，投机者的最大特征就是对于投资报酬的没有边界的欲求。当一种证券具有提供没有边界的报酬的能力时候，这种证券已经不属于投资工具的范畴，而是属于投机工具。站在公司财务的角度看，债务资本成本低于股权资本成本，短期资本成本低于长期资本成本等，均属于理性报酬率的外在表现。

求,是投资者对公司治理的基本诉求①。这一要求报酬率决定了公司在投资活动、经营活动中所必须获得的报酬率水平,资本成本的本质是报酬率。投资者一般分为债务资本投资者和股权资本投资者,资本成本因而也被划分为债务资本成本和股权资本成本。一般情况下,股权资本投资者比债务资本投资者承担更多的风险,股权资本成本通常会高于债务资本成本。

从历史上看,人们对资本成本概念以及估算技术有一个逐步认识的过程。有的学者认为,资本成本(Cost of Capital)一词最早出现于学术文献中的时间是1850年②。20世纪初,人们从与经营成本相区别的角度来看待资本成本,尤其是债务资本成本③。在政府规制方法——公正报酬率(Fair Rate of Return Regulation)的研究过程中,人们开始关注股权资本成本④。到了20世纪四五十年代,学界和企业界对企业内部的投资行为——资本预算开始了系统的研究,加权平均资本成本(WACC)概念开始进入人们的视野。1958年的MM理论将资本成本确立为财务决策中的核心因素,并以企业风险为基础确定资本成本(经营风险决定公司的总资本成本,经营风险和财务风险共同决定股权资本成本)。20世纪50—70年代,资产定价理论和模型的研究成为现代金融学发展的中心,其成果为"到资本市场上寻找资本成本"奠定了扎实的技术基础,拉开了资本成本科学估算的大幕。按照CAPM,决定资本成本的因素只是市场风险,为了弥补CAPM单因素估算的缺陷,经过法马和弗伦奇(Fama-French)多年的努力,基于实证分析的FF三因素模型获得了广泛的支持。分析各类证券的报酬率水平以及风险补偿是现代金融学始终关注的一个核心领域(如Siegel系数),在此基础上,人们开始探究对报酬率期望水平的科学预测。这些研究都在一定程度上改进了资本成本的估算技

---

① 必须明晰,资本成本与所谓的融资成本(Financing Cost)是性质迥异的两个概念,后者更准确的称谓应该是融资费用,是指融资过程中所发生的各种费用,包括审计师费用、律师费用、公证费用等,一般也包括债务融资中的利息费用。但是资本成本主要是指投资者的要求报酬率,具有机会成本的性质,也是指公司投资所必须获得的最低报酬率水平。因此,资本成本估算与融资过程中发生的费用无关。资本成本(Cost of Capital)既是一个重要的财务概念,也是一个重要的公司治理概念。而融资成本或者融资费用只是对融资过程中发生费用的一种核算,属于会计核算的范畴。在美国公司中,融资过程中所发生的费用通常会作为资本投资项目"现金流出"的组成部分,也就是提高了资本投资项目在初始期的成本。

② ERITH A HELFERT. Financial Analysis: Tools and Techniques—A Guide for Managers, 2001: 397-398.

③ ARTHUR STONE DEWING. The Financial Policy of Corporations [M]. The Ronald Press Company, 1921。该书第三章专门讨论了"债务资本成本"(The Cost of Borrowed Capital)问题(29-41页)。作者对资本成本(Cost of Capital)进行了精细分析,认为公司只要使用其他投资者的资本,就需要支付成本,而这不同于生产经营活动的成本(37页)。债务资本成本的表现形式各不相同,比如直接支付利息、折扣、租赁费用等。虽然没有直接讨论股权资本成本问题,但是对向股东支付的股利也结合债务资本成本做了对照说明。

④ JOHN BAUER. Bases of Valuation in the Control of Return on Public Utility Investments [J]. The American Economic Review, 1916, 6 (3): 568-588. BARCLAY J SICKLER. The Federal Communications Commission's Rate-of-Return Studies [J]. The Journal of Land & Public Utility Economics, 1939, 15 (2): 137-149. 这些文章显示出,早在20世纪二三十年代,对投资报酬率的研究已经开始成为学者们研究的主题之一,人们越来越重视投资报酬率,而不是像以前一样只是顺带提及。人们已经认识到,报酬率应考虑投资者的合理预期,并不能完全由企业自己决定。这些理念对于后续的期望报酬率研究和资本成本研究产生了重要影响。

术。伴随着股票市场交易数据的不断增加和完善,同时因应公司估值对折现率的客观需求,以预测会计数据为基础的隐含估算方法不断出现(如 HVZ 模型、RI 模型等),并被广泛应用于 21 世纪初期的学术研究中。

事实上,当人们开始关注投资者——债权人和股东的索偿权尤其是收益权问题的时候,重视资本成本就水到渠成了。必须指出的是,从公司治理的角度看,降低资本成本并非董事会的义务或者说重要追求。作为股东要求报酬率的体现形式,在董事会的决策框架中,资本成本是一个必须考虑的核心因素,并以此为基准确保股东财富的持续增加。在鲍莫尔(William J. Baumol)的销售额最大化假说(Sales Maximization Hypothesis)中,企业最佳的生产量应该是受到股东要求的最低报酬率,亦即股权资本成本约束的销售额最大化下的生产量[1]。

威廉姆森(Oliver E. Williamson)认为,公司资本成本(包括股权资本成本、债务资本成本)都是资产专用性(Asset Specificity)的函数。资产专用性越强,公司资本成本就越高。这与营业风险决定企业的资本成本的原理基本上是一致的。不同的项目具有不同的投资属性。与其把债券和股权看作融资工具,还不如视其为不同的治理结构。投资风险较小时,采用公司债,反之,则采用股权融资。股票融资直接涉及管理者激励,而债务融资则与风险程度紧密相关,当激励削弱与风险提高所产生的边际效应相等时,将实现公司债务融资与股权融资的最优组合。与债务融资相联系的治理结构更具市场属性,与股权相联系的治理结构则更具强制性,接近于行政结构。从公司治理的角度看,公司债可以被用于一些特殊的目的:①发出信号显示更好的发展机会;②避免股权融资导致的激励削弱;③使管理者的行为方式与股东的利益更为一致。对于资产专用性程度低的项目,应该使用公司债融资;对于资产专用性程度高的项目,股权融资则是适宜的融资工具。[2]

无论是在微观还是在宏观领域,资本成本都是一个极为重要的概念和参数。与托宾 Q 值、市账率、EVA 等指标一样,资本成本也是一个重要的标志性指标,其象征意义也得到了越来越多的认可和应用。比如,人们一般认为,资本成本的提升意味着公司治理质量、公司竞争力以及管理水平的下降,而资本成本的下降从长期的角度预示着公司整体质量的提高。在这里,资本成本已经成为一个进行综合判断的重要参数。从国际上看,以资本成本作为对公司治理质量、管理水平、竞争实力甚至绩效水平等

---

[1] WILLIAM J BAUMOL. Business Behavior, Value and Growth. 1959.
[2] OLIVER EWILLIAMSON. Corporate Finance and Corporate Governance [J]. The Journal of Finance, 1988, 43 (3): 567-591.

进行评判基准的文献越来越多。[1]

完善的法律制度有助于投资者利益的保护，降低投资者承担的风险补偿水平，进而降低公司的资本成本。

科学而合理的资本成本估算值是解决众多公司财务、金融乃至宏观经济问题的定位之锚。资本成本不能够真实计量，所得结论必然存在局限性。比如，我国国有企业的利润分红政策、经济附加值（EVA）考核、电力行业的价格规制等的有效实施都有赖于对资本成本数据的精准估算。

能够以科学的方法估算合理的资本成本数值，是一家公司管理水平的综合体现。合理估算资本成本要求管理层具备较高的财务素养，掌握足够的相关信息，同时对于资本成本估算的影响程度也有充分的认识。即使是在管理水平普遍较高的欧美等国家，也有为数不少的企业没有能力估算其资本成本。北欧的一项调研显示，43.1%的企业表示，他们自己不估算WACC，能够自行计算WACC的公司比例仅为56.9%[2]。在美国的大公司中，自行估算WACC的公司比例也不过71.8%。[3]

资本成本是董事会、管理层有义务、有责任通过公司治理与管理活动使企业必须具备的价值创造能力的决定性因素，以此阻止股票价格的下跌，保护股东利益。

不了解资本成本的基本性质，就不可能了解现代公司财务理论；不能科学合理地估算资本成本，就不可能制定出合理的财务政策，实施高效的财务管理活动。

从大量的国际研究文献不难看出，资本成本不仅仅是公司制定财务政策、规划财务活动的核心基准，其水平的高低变化将直接决定公司价值的创造以及分配，而且已经成为一个进行微观经济分析和宏观经济分析的重要参数。中国企业大多没有建立起资本成本的科学观念，这主要体现在以下方面：①在财务政策的制定过程中，没有将资本成本作为重要的锚定因素，财务政策的非理性、随机性非常严重。在投资活动中，若忽略了资本成本因素，将难以科学地运用净现值法则，造成严重的投资不当（如过度投资）。②在公司绩效评价中，没有关注资本成本因素会导致对股东财富变化的忽视。即使按照国家规定计算经济附加值（EVA），其中的资本成本数值通常是按照政府

---

[1] 在学术研究中，当把资本成本当作一个对比分析指标的时候，资本成本的估算关注的一般是相对水平。比如，分析国有资本与民营资本的资本成本高低时，可以运用一些估算方法计算出各自的资本成本数值，并对此进行比较分析。再比如，根据资本成本的波动，判断公司治理水平的变化等。而把资本成本当作真实的投资者要求报酬率的时候，资本成本估算就应当关注其绝对水平，也就是真实的资本成本水平。这时候的资本成本的估算值反映的是投资者对于投资行为的基本诉求，将直接决定和影响企业价值的创造与分配，就是说直接决定企业"蛋糕"的大小与分割。比如，在以净现值方法选择资本投资项目的时候，在计算经济附加值（EVA）的时候，在评价股东财富最大化目标是否实现的时候，甚至在政府规制系统中确定公正报酬率或者最高限价的时候，都需要有一个精准的资本成本估算值。资本成本估算的些许差错，可能会导致公司决策或者宏观政策的重大失误。比如，过高地估算了资本成本，可能会导致一些有利的投资机会被放弃。如何判断资本成本估算的精准度也是一个非常重要且敏感的研究课题。

[2] TOR BRUNZELL, EVA LILJEBLOM, MIKA VAIHEKOSKI. Determinants of Capital Budgeting Methods and Hurdle Rates in Nordic Firms [J]. Accounting & Finance, 2014, 53 (1): 85-110.

[3] MEIER I, TARHAN V. Corporate Investment Decision Practices and the Hurdle Rate Premium Puzzle [J]. Unpublished working paper, 2007. http://ssrn.com/abstract=960161.

设定的数额计算，不能反映公司真实的资本成本，也就不能反映股东财富的真实的变化。③董事会及管理层没有资本成本观念，不能以科学的方法估算资本成本，更不能基于资本成本及其变化来优化改善治理质量和管理水平。比如，对管理层的股权激励应当建立在资本成本合理估算的基础之上，同时基于资本成本的变化调整股权激励的比例和数量，这样才能切实地发挥股权激励的效用。此外，保护投资者利益应以资本成本理念的贯彻为基础。

在通常情况下，资本成本的估算值不属于企业的商务秘密。企业内部管理层或者外部人士（如投资者、分析师甚至新闻工作者）都可以运用合理的数据、在必要假设的基础上对企业的资本成本予以估算。作为对投资者未来报酬率的一种预期，一家公司的资本成本水平可以向市场传递出信息，但在某些特定情况下，公司或者投资者可能不想向外界透露有关资本成本的特定信息。比如，在项目融资中，真实的资本成本可能较为敏感；再如，管理层在资本预算决策中使用的基准利率可能没有必要向外部披露。

第二节 资本成本估算技术的研究

一、资本成本估算技术的历史演进

与股权资本成本的估算比较，债务资本成本的估算相对较为简单、直接。作为债权人的要求报酬率，通常会以利率的形式体现在债权债务的契约之中，成为其中的核心内容。即使考虑到资本成本的预期特征，债务资本成本的波动也相对较为平稳，有着更强的规律性。从资本成本估算实务来看，债务资本成本估算的技术长期以来并没有显著的变化。基于此，本节将主要阐明有关股权资本成本的估算技术问题[1]。

股权资本成本估算领域的研究难度相对较大，有很多问题没有解决，比如：以CAPM方法估算股权资本成本在中国资本市场上的适用性，中国股票市场预测数据（分析师行为）与资本成本的估算，中国股票市场收益水平与公司资本成本，等等。

资本成本估算技术水平直接决定了资本成本估算的质量，具有极其重要的作用。Fama-French 之所以多年以来致力于期望报酬（率）（Expected Return）与多因素（Multiple Factor）模型的研究，正是基于美国股票市场所做的基础性研究[2]。如何确定期望报酬率一直是现代金融学研究的一个核心问题。传统的一个处理方式较为简单直

---

[1] 关于资本成本估算更详尽的内容可参阅汪平．资本成本：理论与估算技术［M］．北京：经济管理出版社，2018．《中国上市公司资本成本估算规范指引》和《中国上市公司资本成本估算分析报告 2000—2021》。

[2] EUGENE F FAMA, KENNETH R FRENCH. Dividend Yields and Expected Stock Returns［J］. Journal of Financial Economics, 1988, 22（1）: 3-25. FAMA E F, FRENCH K R. Size and book-to-market factors in earnings and returns［J］. Finance 1995, 50: 131-155. EUGENE F FAMA, KENNETH R FRENCH. Afive-factor asset pricing model［J］. Journal of Financial Economics, 2015, 116（1）: 1-22.

接,将实际报酬率(Realized Return)作为期望报酬率的一个代理变量,但这一方法受到了很多学者的批评和质疑[1]。与投资学中关于期望报酬率研究略有差异,在公司财务领域中,期望报酬率变为公司的资本成本,成为公司治理和财务政策中的一个不可或缺的基准因素。

在资本成本估算中,股东与公司由于在投资报酬率方面没有明确形式的契约,使得股权资本成本的确定变得较为困难。从技术上看,股权资本成本估算大致经历了如下阶段:第一阶段为20世纪70年代以前,主要的估算方法是盈利/价格比率法(Earnings-price Ratio)和股利报酬率法(Dividend Yield)。到了20世纪七八十年代,股利折现法得到了普遍的应用。这一时期的估算方法计算简单,参数取值方便,同时与证券估值紧密关联。第二阶段为20世纪80年代尤其是90年代以后,资本资产定价模型(CAPM)在估算当中扮演越来越重要的角色。进入到21世纪以后,CAPM在股权资本成本估算中的应用越来越普遍。随着这一模型的大量应用,企业界的估算方法开始出现一种变通,那就是给CAPM中的有关参数直接赋值,从而简化估算,比如市场风险补偿直接赋值为5%~6%。这种变通方法的使用在简化参数确定的同时,也增强了估算结果的可比性,具有一定的意义。第三阶段,在应用过程中,CAPM出现了很多困难,模型自身的欠缺也逐渐显现出来。针对CAPM的不足,同时也是为了提升资本成本估算的准确性,许多学者提出了修正性的模型,其中最为重要的就是Fama-French的三因素模型[2]。近年来,FF三因素模型在业界的应用有增多的趋势。第四阶段,公司估值(Corporate Valuation)在现代经济中越来越重要,而折现率的估计在很大程度上决定了公司估值的质量。为了提升折现率估算的精准性,学者们开始尝试运用大量的分析预测数据来估算股权资本成本。这样做的好处有二:一是考量了公司未来的发展趋势和特征,与资本成本的本质相吻合;二是运用了公司的海量会计数据,增强了资本成本估算的可信度。这就是所谓的隐含资本成本估算(Implied Cost of Capital)。从目前的文献看,这类估算方法主要还是在学术界应用,企业界运用的情况极少[3]。尽管如此,这种方法为公司科学估算股权资本成本提供了一种新的技术路线。

需要注意的是,以已经实现的实际报酬率(Average Historical Return on the Stock)作为资本成本的估算值至今依然是业界经常采用的一种方法[4]。其合理性在于具有较强的可信度,实务中可操作。但按照这种方法估算确定股权资本成本也存在问题,因为实际报酬率中含有大量的"噪音"。这些因素将严重地影响对预期报酬率的合理估算。事实上,平均的历史报酬率与预期报酬率之间往往存在显著的差异。为了弥补这一缺

---

[1] EDWIN J ELTON. Presidential Address: Expected Return, Realized Return, and Asset Pricing Tests [J]. Journal of Finance, 1999, 54 (4): 1199-1220.

[2] EUGENE F FAMA, KENNETH R FRENCH. Size and Book-to-Market Factors in Earnings and Returns [J]. The Journal of Finance, 1995.

[3] STEPHANNIE LAROCQUE, ALASTAIR LAWRENCE, KEVIN VEENSTRA. Managers' Cost of Equity Capital Estimates: Empirical Evidence [J]. Journal of Accounting, Auditing & Finance, 2018 (33): 382-401.

[4] MYERS, STEWART C. Finance Theory and Financial Strategy [J]. The Institute of Management Science. Finance Theory, 1984 (January-February): 126-137.

陷，分析师的预测数据逐渐受到关注，并被越来越多地应用到资本成本的估算当中。

二、盈利/价格比率法与股利折现模型

盈利/价格比率方法是资本成本估算实务中应用最早的方法之一，该方法的估算原理是以实际的报酬率水平作为未来报酬率水平的代理。这一方法在 20 世纪的六七十年代以前是英美业界广泛采用的估算方法，到了 21 世纪，仍有不少企业采用这种方法来估算资本成本，尤其是在公用事业行业。

盈利/价格比率一般是指税后的每股盈利除以当前的股票价格（EPS_1/P_0），考虑到资本成本的预期性质，有时候会对每股盈利进行必要的预测修正。在有效的资本市场里，股票价格代表着投资者的成本，盈利则是投资所带来的价值。这种方法以会计数据为估算依据，具备一定的客观性，容易为管理者或者投资者所接受。但也正是财务会计数据本身所拥有的一些特质，使得这种估算方法的结果与资本成本的性质之间出现了重大差异。同时，以每股盈利作为投资者获取报酬的替代，其结果极易受到会计政策的影响，进而影响到资本成本的估算结果。这种方法的应用有其自身的局限，比如假设公司规模没有增长等。[①]

股利报酬率法一般被称为股利折现模型（Dividend Discount Model），或者称为折现现金流量模型。由于戈登（Gordon）在发展这一模型的过程中发挥了很大的作用，又被称为戈登增长模型（Gordon Growth Model）[②]：

$$r_e = \frac{Div_1}{P_o} + g \tag{3-1}$$

这一模型将股票投资者的报酬率划分为两大部分，即股利报酬率（Div_1/P_0）与资本利得报酬率（g），具有极强的实用性。尤其是其中的股利报酬率部分，一直以来备受金融学界及投资者的关注。

戈登模型是折现现金流量模型在报酬率估计中的典型代表。在国际股票市场上，戈登模型至今依然是一个被普遍采用的预期报酬率估算工具。

三、资本资产定价模型（CAPM）

期望报酬率由无风险报酬率与风险补偿报酬率组成。对于投资者来讲，更为重要的可能不是无风险报酬率而是风险补偿报酬率。如何确定风险补偿报酬率却不是一件易事。在不同的环境、不同的证券组合中，风险补偿的内涵有着重大差异。

英美企业界广泛运用 CAPM 估算股权资本成本，提高了资本成本估算的科学性和规范性。

---

① SETH ARMITAGE. The Cost of Capital: Intermediate Theory [M]. Cambridge University Press, 2005: 269-270.
② MYRON J GORDON, ELI SHAPIRO. Capital Equipment Analysis: The Required Rate of Profit [J]. Management Science, 1956, 3: 1, 102-110.

资本资产定价模型（CAPM）[①]：

$$r_e = r_f + \beta \times (r_m - r_f) \tag{3-2}$$

式中，r_e：股东要求报酬率或股权资本成本；r_f：无风险报酬率；r_m：市场平均报酬率；$(r_m - r_f)$ 一般称为市场风险补偿；β：公司系统风险系数。

运用这一模型面临着许多实际的困难，尤其是各个参数的具体取值存在着很大的选择空间。这一问题既涉及公司财务实践能否合理地运用 CAPM，还关系到人们对资本成本估算技术的进一步研究。实务上运用 CAPM 时，采取一种变通、简洁的方法，就是对相关参数采取相对固化的确定方法，比如将市场风险补偿设定为某一个常数[②]。

英美业界针对较为复杂的股权资本成本的估算，长期以来形成了一些惯例：①无风险报酬率的选择。金融学中无风险报酬率（利率）是一个非常重要的概念，其代表的现金流是未来的确定数量的现金流。严格意义上的无风险报酬率很难确定，人们通常以国债的利率水平作为无风险报酬率的替代。常用的无风险报酬率通常是 10 年期国债利率或者 10~30 年国债利率，其他还有 3~7 年国债利率、20 年国债利率甚至短期国债利率（如 90 天国债利率）。以短期国债利率作为无风险报酬率是因为其是即期利率水平的最好代表，能够很好地反映未来利率的变动趋势。比较而言，长期利率水平在反映利率波动规律方面相对较差，同时，短期国债利率更具无风险特质。②贝塔值。一家公司有一家公司的贝塔值，反映该公司股票价格波动与股票市场整体价格波动之间的相关性。贝塔值计算是否精准，对于资本成本的估算至关重要。调研显示，仅有 1/3 左右的公司能够自行计算贝塔值，超过一半的公司利用外部证券分析机构所提供的数据。③市场风险补偿（Market-risk Premium），也就是市场平均报酬率与无风险报酬率的差额。在美国，市场平均报酬率一般采用标准-普尔股票价格指数［如 S&P 500 (mean) annual returns］来计算。很多公司采用常数，常用的常数是 5%~6%，有的定为 4%~5%。鉴于股票市场以及股票投资报酬率的稳定性，这种常数型的估算参数在企业界很受欢迎，这也是 CAPM 能够获得广泛运用的原因之一。不采用常数的公司大多根据历史报酬率的算术平均值或者几何平均值加以确定，或者直接采用分析机构的数据。[③]

以 CAPM 估算股权资本成本在公司财务及政府规制领域都已经获得了广泛的应用，但是围绕这一模型的争议一直没有停息。Fama-French 甚至认为 CAPM 在企业的大多数应用是失败的[④]。因为对无风险报酬率、市场风险补偿以及贝塔值的不同选择会导致

[①] WILLIAM F SHARPE. Capital Asset Prices: A Theory of Market Equilibrium under Conditions of Risk [J]. The Journal of Finance, 1964, 19 (3): 425-442.

[②] 调研显示，美国企业界选用的市场风险补偿一般在 5%~6%之间，而学界所提倡的市场风险补偿通常会低于这个数字，比如在 3%~5%之间。参见 E FAMA, K FRENCH. The Equity Premium [J]. Journal of Finance, 2002, 57: 637-659.

[③] H KENT BAKER, J CLAY SINGLETON, E THEODORE VEIT. Survey Research in Corporate Finance: Bridging the Gap Between Theory and Practice [M]. Oxford University Press, 2011: 185.

[④] E FAMA, K FRENCH. The Capital Asset Pricing Model: Theory and Evidence [J]. Journal of Economic Perspectives, 2004, 18 (4): 25-46.

重大的估算差异。人们也尝试使用其他的一些模型或者是 CAPM 的改进模型来估计资本成本，试图找到更加科学合理的方法。① 人们发现，在各种替代模型增加了很多工作量的同时，估算的精度和合理性比 CAPM 却没有显著的提升。在可预见的时期之内，CAPM 还是股权资本成本最为重要的估算方法。②

尽管 CAPM 在股权资本成本估算中的应用已经相当普遍，但不同国家和地区的 CAPM 运用情况也有重大差异。在加拿大公司中，以 CAPM 估算股权资本成本的公司仅占 36.8%，运用最多的工具是管理层的主观判断（60.3%），第二位的是公司债报酬率加风险补偿。其他估算工具还有盈利/价格比率法（21.8%），投资者明示法（20.0%），基于风险调整的普通股平均历史报酬率法（14.1%），股利增长模型（12.9%），等等。③

中国公司运用 CAPM 估算资本成本面临一个基本问题——CAPM 模型在中国股票市场中的有效性。CAPM 是对股票市场中的预期报酬率进行估计，从而科学地处置风险与收益之间的关系，构建合理的证券组合，实现理性的报酬率。该模型在美国经受了长时期、大量的经验检验，成为经济学体系中接受经验检验最多的领域之一（另一个是对有效资本市场的检验）。这些检验为 CAPM 在美国业界的广泛运用奠定了基础。但这种检验在中国却没有得到足够的重视。对模型进行检验的过程，不仅为了验证模型的有效性，一个更为重要的作用是寻求适合于这一模型的各种参数的合理边界。中国股票市场未进行检验，这些参数就很难合理确定。比如，美国业界常用的市场风险补偿常数 5%，这个数据正是通过海量的市场数据分析加以确定的。

关注股权资本成本的估算，一方面是因为其估算的复杂性，更加重要的是股权资本成本的估算结果将直接形成对财务政策的约束，影响公司财富在不同的投资者之间的分配。除了大量的估算模型可供使用之外，在一些情况下，尤其是在私募中，投资者甚至可以直接向公司明示其对报酬率的要求。④

四、Fama-French 多因素模型

自从 CAPM 诞生以来，其风险因素单一的特征就受到了人们的广泛质疑。有理由确信，在对公司股票进行投资的时候，人们不会只是单纯地考虑市场风险而置公司的特有风险于不顾。

从 20 世纪 90 年代开始，法马和弗伦奇针对影响投资者预期报酬率的因素进行了长期的研究，先后提出了三因素模型、四因素模型和五因素模型，极大地丰富了人们对于资本市场风险因素的认识，为资本成本的估算提供了技术支持。

---

① LEON ZOLOTOY, ANDREW JOHN. What Cost of Capital Should You Use? The Market Has an Answer [J]. Journal of Applied Corporate Finance, 2016, 28 (3): 95-102.
② 参阅米勒沙龙：《中国上市公司资本成本估算规范指引》。
③ H KENT BAKER, SHANTANU DUTTA, SAMIR SAADI. Corporate Finance Practices in Canada: Where Do We Stand? [J]. Multinational Finance Journal, 2011, 15 (3/4): 157-192.
④ DIRK BROUNEN, ABE DE JONG, KEES KOEDIJK. Corporate Finance in Europe: Confronting Theory with Practice [J]. Financial Management, 2004, 33 (4): 71-101.

Fama-French 三因素模型（Three-Factor Model）①：

$$R_{it} - R_{Ft} = a_i + b_i(R_{Mt} - R_{Ft}) + s_i SMB_t + h_i HML_t + e_{it} \qquad (3-3)$$

FF 认为，预期报酬率除了受到系统性风险（b_i）以外，还会受到公司规模（s_i）以及股票价格（h_i）的影响，分别称为规模效应（Size Effect）和账面市价比效应（B/M Effect，或 BE/ME Effect）。规模效应是指规模较小的公司要比规模较大的公司具有更高的报酬率水平，一般认为，规模较小公司比规模较大公司经营风险更大，又被称为"小公司效应"②。账面市价比效应也叫价值效应（Value Effect），是指账面市价比高（价格较低）的公司要比账面市价比低的公司（价格较高）具有更高的报酬率水平③。该比值与股票报酬率成正比。市场价格低有两个方面的含义：一个是投资成本低，可以带来更高的报酬率；二是价格低表明投资者对该公司的预期较差，风险较大，因而会提出更高的要求报酬率。

Fama-French 四因素模型（Four-Factor Model）④：

$$R_{it} - R_{Ft} = a_i + b_i(R_{Mt} - R_{Ft}) + s_i SMB_t + h_i HML_t + r_i RMW_t + e_{it} \qquad (3-4)$$

四因素模型增加了股票投资组合的盈利能力因素（Profitability Factors），RMW_t（Robust And Weak Profitability）代表盈利能力强弱股票组合的报酬率的差。盈利能力效应（Profitability Effect）是指盈利能力较高股票的平均报酬率较高。

Fama-French 五因素模型（Five-Factor Model）⑤：

$$R_{it} - R_{Ft} = a_i + b_i(R_{Mt} - R_{Ft}) + s_i SMB_t + h_i HML_t + r_i RMW_t + c_i CMA_t + e_{it} \qquad (3-5)$$

五因素模型又增加了一个投资因素（Investment Factors）。CMA_t（Low and High Investment 即 Conservative Minus Aggressive）是具有低的（保守策略）和高的（积极策略）投资的公司不同投资组合的报酬率的差。投资效应（Investment Effect）是指具有较高投资的股票其平均报酬率较低，亦即投资保守公司的股票平均报酬率高于投资激进公司的股票。FF 还发现，在账面市价比一定的情况下，小规模企业的盈利因素和投资因素对资产定价会产生更大的影响。⑥

明确了影响预期报酬率（R_{it}）的因素，可以为股权资本成本的估算提供重要的理论支撑。法马和弗伦奇的工作在得到赞誉的同时，也受到了一些质疑。比如，更多风

---

① EUGENE F FAMA, KENNETH R FRENCH. Common Risk Factors in the Returns on Stocks and Bonds [J]. Journal of Financial Economics, 1993, 33: 3-56.

② BANZ R W. The relationship between return and market value of common stocks [J]. Journal of Financial Economics, 1981, 9 (1): 3-18.

③ BASU S. The relationship between earnings' yield, market value and return for NYSE common stocks: Further evidence [J]. Journal of Financial Economics, 1983, 12 (1): 129-156.

④ EUGENE F FAMA, KENNETH R FRENCH: A Four-Factor Model for the Size, Value, and Profitability Patterns in Stock Returns. 2013.

⑤ EUGENE F FAMA, KENNETH R FRENCH. A five-factor asset pricing model [J]. Journal of Financial Economics, 2015, 116: 1-22.

⑥ 指标计算上，盈利能力是未来净利润的现值/当期的所有者权益，所以五因素模型里面选取了权益净利率作为盈利能力的代理变量；投资能力是"未来所有者权益变动的现值/当期所有者权益"，直观上看似乎应当选取"所有者权益同比增长率"，但五因素模型最终的参数是"总资产同比增长率"。

险影响参数的加入是否存在数据的过度拟合（Overfitting）和数据挖掘（Data Mining）问题？这些问题一旦存在，必将严重削弱 FF 多因素模型的适用性。事实上，已经有大量的证据显示，风险因素对报酬率的影响可能不是单向的。比如，按照 FF 模型，企业规模与报酬率之间是负相关关系，随着企业规模的扩大，报酬率水平趋于下降。但是，有的数据却显示出相反的关系，即大公司股票的报酬率水平高于小公司股票的报酬率。

无论什么资产定价模型，都是学者按照自己的逻辑和方法设想出来的一种分析期望收益水平的工具。既然是工具，其效用必然受到环境的约束和影响，甚至受到使用者运用水平的影响。人们发现，资本成本估算的具体质量与管理者（尤其是 CFO）的知识素养、企业的规模以及公司治理的整体质量有着密切的关系。

鉴于股权资本成本自身性质以及估算技术的复杂多样，调研显示，能够较为准确地估算其自身的股权资本成本的公司，在美国为 64.2%，英国为 57.4%，荷兰为 59.6%，法国为 59%，德国为 53%。[1]

第三节　隐含资本成本估算技术

20 世纪 80 年代以来，所谓隐含资本成本（Implied Cost of Capital，ICC）的估计与应用受到关注[2]。所谓隐含资本成本，是指通过市场价格与会计数据（会计收益、盈余与股利的预测数据）来倒推市场所隐含的预期报酬率，即资本成本。隐含的资本成本估算技术将期望报酬率（即资本成本）的估算建立在预测数据的基础之上，而非根据历史数据进行推算。就技术层面而言，解读市场价格所蕴含的、投资者所要求获得的预期报酬水平，更加符合资本成本的预期特性。隐含资本成本方法在证券分析师对上市公司未来财务数据（尤其是盈利数据等）的预测基础上，运用逆向工程方法倒推估算股权资本成本。无论是 CAPM 方法还是股利增长模型，基本上都是在历史数据的基础上估算资本成本，这与资本成本的性质并不吻合，而隐含求解很好地解决了这一问题。隐含估算方法的发展，一方面与分析师的工作有直接关系，也与公司估值技术的日益进步紧密相关。证券市场的高效运行离不开大量分析师对海量证券数据科学的整合与分析，分析师起到了很好的预测作用，其中的重要内容就是对会计数据的预测。一旦市场开始关注这些预测数据，分析师预测的质量就会成为影响资本市场质量的一个重要因素。公司估值在购并市场活跃的情况下尤为引人关注。在公司估值技术中，如何确定折现现金流量模型的折现率直接影响估值的结果，进而决定估值的质量。运用分析师数据在一定程度上可以保证公司估值的客观性和可信度。不仅如此，由于 ICC 也是基于股票价格及预测盈余的内含报酬率水平，因此，通过 ICC 的变化可以对股票

---

[1] DIRK BROUNEN, ABE DE JONG, KEES KOEDIJK. Corporate Finance in Europe: Confronting Theory with Practice [J]. Financial Management, 2004, 33 (4): 71-101.
[2] 汪平. 资本成本：理论与估算技术 [M]. 北京：经济管理出版社, 2018.

的市场表现予以评价。分析数据发现,高 ICC 股票的报酬率水平要高于低 ICC 的股票[①]。

基于各自的性质,资本成本的估算值与无风险报酬率、市场平均报酬率等均有一定的关联。这种关联有助于正确选择资本成本的估算方法以及合理运用资本成本的估算值。

20 世纪 90 年代以后,以奥尔森(Ohlson,1995)[②]、博托森(Botosan,1997)[③]、格布哈特(Gebhardt 等,2001)[④]、克劳斯和托马斯(Claus & Thomas,2001)[⑤] 等的研究为代表,隐含资本成本估算技术迅速发展,并广泛应用于资本成本研究领域。

下面介绍股权资本成本估算技术中隐含估算技术的理论基础与模型构建,分类汇总并推演各种隐含资本成本估算方法。

一、理论基础与模型构建

隐含资本成本估算技术建立在有效资本市场这一严格假设前提下。也就是说,市场价格 P_0 是对真实价值 V 的最佳理性估计,即 $P_0 = V$。在市场均衡状态下,隐含在市场价格中的对未来现金流予以资本化的折现率就是资本成本。这从资本化模型中可以看出来:

$$V = \sum_{t=1}^{\infty} \frac{x_t}{(1+r)^t} \tag{3-6}$$

如果式(3-6)中的 x_t 是公司的自由现金流 FCF_t,那么就转化为公司估价模型,即折现现金流模型(DCFM):

$$V^F = \sum_{t=1}^{\infty} \frac{FCF_t}{(1+r)^t} \tag{3-7}$$

式(3-7)中,V^F 表示公司价值。在有效市场中,公司未来各期自由现金流 FCF_t 以投资者(股权投资者和债权投资者)期望的报酬率进行折现后的现值应当等于公司目前的市场价格 P_0。也就是说,用 P_0 对 V^F 进行理性替代,反向应用公司估价模型,就可以得到市场价格中所隐含的投资者预期报酬率(即隐含资本成本 r),且是包含公司股权与债权在内的加权平均资本成本(WACC)。伊斯顿(Easton,2007)将这种倒用估值模型推算隐含资本成本的估算技术称为逆向工程(Reverse Engineering)。[⑥]

式(3-6)中的 x_t 如果是股权现金流,比如预期未来各期股利 dps_t,则该式可以转

---

① ESTERER F, SCHRÖDER D. Implied Cost of Capital Investment Strategies: Evidence from International Stock Markets [J]. Annals of Finance, 2014, 10 (2): 171-195.

② OHLSON J A. Earnings, Book Values, and Dividends in Equity Valuation [J]. Contemporary Accounting Research, 1995, 11 (2): 661-687.

③ BOTOSAN C A. Disclosure Level and the Cost of Equity Capital [J]. Accounting Review, 1997: 323-349.

④ GEBHARDT W R, LEE C, SWAMINATHAN B. Toward an Implied Cost of Capital [J]. Journal of Accounting Research, 2001, 39 (1): 135-176.

⑤ CLAUS J, THOMAS J. Equity Premia as Low as Three Percent? Evidence from Analysts' Earnings Forecasts for Domestic and International Stock Markets [J]. The Journal of Finance, 2001, 56 (5): 1629-1666.

⑥ EASTON P. Estimating the Cost of Capital Implied by Market Prices and Accounting Data [J]. Foundations and Trends in Accounting, 2007, 2 (4): 241-364.

化成为股权估价模型,即股利资本化模型(Dividends Capitalization Model,DCM),又称股利折现模型(Dividends Discount Model,DDM):

$$V^E = \sum_{t=1}^{\infty} \frac{dps_t}{(1+r_e)^t} \tag{3-8}$$

式(3-8)是威廉姆斯(Williams,1938)首次提出的使用股利进行现金流折现的估值模型。[1] 将其中的 V^E 用公司在 $t=0$ 时刻的股价 P_0 进行替代,从而倒轧出的股权投资者的要求报酬率,使未来股利折现为当前股价的风险折现率,也就是股权资本成本 r_e。

式(3-8)是一个建立在永续假设基础上的无限期模型,该模型在现实中很难应用。因此,在隐含股权资本成本的估算中,通常需要将未来划分为短期预测期与短期预测期之后的稳定增长期两部分。短期预测期(T)是一个明确的有限预测期,是能够较为准确地提供预测数据、误差可以控制在可允许范围之内的时间区间。分析师要对这一预测期的收益与盈利数据进行详细的逐期预测。在短期预测期之后,一般假设用于股权资本成本估算的收益与盈利数据按照某一固定增长率(g)稳定增长,这是采用简化方式来确定的后续预测期。由此可以推导出有限期的股利折现模型:

$$P_0 = \sum_{t=1}^{T} \frac{dps_t}{(1+r_e)^t} + \frac{dps_T(1+g_d)}{(r_e-g_d)(1+r_e)^T} \tag{3-9}$$

式(3-9)是基于预测数据(预期未来股利)估算隐含股权资本成本的理论基础,其中的 g_d 是短期预测期后股利的稳定增长率。著名的戈登模型,又称股利增长模型(Dividends Growth Model,DGM),实际上就是式(3-9)中 $T=0$ 的结果。但是,不容否认的是,未来股利的预测具有很大的主观性与不确定性。大量的实证研究发现,公司公布的会计盈余等数据对股票价格具有很强的解释力(Fama & French,1992[2];Kim,1997[3])。因此,更多的会计数据补充甚至替代了股利在股票估值中的作用,将估价技术推向了一个新的阶段。就技术层面而言,隐含资本成本估算必须对未来的盈余水平(剩余收益或非正常盈余的增长额)进行科学而合理的估计,这些估算技术应用的成功与否直接取决于未来预测的准确性,预测的不当会严重影响估算结果的可靠性、有用性。

基于估价模型的隐含资本成本估算技术,主要应用以下两个重要变量:盈余的预测、盈余增长的预测,从而相应地发展成为剩余收益估价模型(RIVM)与非正常盈余增长估价模型(AEGVM)。

二、基于剩余收益估价模型的隐含资本成本估算技术

如何以会计数据准确地估算普通股票以及公司的价值,始终是金融、财务学者所

---

[1] JOHN BURR WILLIAMS. The Theory of Investment Value [M]. Cambridge: Harvard University Press, 1938.

[2] FAMA E F, FRENCH K R. The Cross-section of Expected Stock Returns [J]. The Journal of Finance, 1992, 47 (2): 427-465.

[3] DONGCHEOL KIM. A Reexamination of Firm Size, Book-To-Market, and Earnings Price in the Cross-Section of Expected Stock Returns [J]. Journal of Financial and Quantitative Analysis, 1997, 32 (4): 463-489.

面临的一个难题。从历史上看，以股利折现的方式确定价值是较为普遍的一种估值技术，但是也存在着诸多问题和困难。

基于股利折现模型，Preinreich（1937）最早提出了剩余收益估价模型。[1] 尽管经历了爱德华兹和贝尔（Edwards & Bell, 1961）[2] 的进一步深入研究，但这一模型在此后沉寂了30余年，并未引起理论界的足够重视，更未得到业界的普遍应用。直到奥尔森（Ohlson, 1995）再次系统阐述了公司股权价值与会计变量之间的关系[3]，菲尔珊和奥尔森（Feltham & Ohlson, 1995）[4] 进一步提出干净盈余（Clean Surplus）理论，剩余收益估价模型才重新受到学界的关注并广泛采用。

剩余收益估价模型是建立在干净盈余假设的基础之上的。所谓干净盈余，是指所有影响账面价值的收益或损失均包含在当期盈利中，即净资产的变动等于当期盈余减去股利：

$$CS_t = \Delta bps_t = bps_t - bps_{t-1} = eps_t - dps_t \quad (3-10)$$

式（3-10）中，CS_t 表示干净盈余，bps_t 表示每股账面价值。按照干净盈余假设，会计收益（eps）与股利（dps）之间满足干净盈余关系：引起股权变化的净利润等于公司利润表中的净利润。在干净盈余假设成立的条件下，式（3-9）中未来股利的预测即可转换成股权账面价值（bps）与未来盈余（eps）的预测。

所谓剩余收益[5]是指公司的净利润与股东所要求获得的报酬之间的差额。

$$RIPS_t = eps_t - r_e bps_{t-1} \quad (3-11)$$

式（3-11）中，$RIPS_t$ 表示每股剩余收益，$r_e bps_{t-1}$ 是相当于股东要求的报酬的利润，这是一种机会成本。公司只有赚取了超过正常收益的净利润，即获得了正的剩余收益，才是真正实现了盈利。

将干净盈余与剩余收益的概念应用于股利折现模型，就可以得到剩余收益估价模型。这一模型实际上是迈尔斯（Myers, 1977）公司估价理论[6]的进一步延伸与深化[7]。与传统的折现现金流模型和股利折现模型不同，剩余收益估价模型直接着眼于公司价

---

[1] GABRIEL A D PREINREICH. Valuation and Amortization [J]. The Accounting Review, 1937, 12 (3): 209-226.

[2] EDGAR O EDWARDS, PHILIP W BELL. The Theory and Measurement of Business Income [M]. University of California Press, Berkeley, 1961.

[3] OHLSON J A. Earnings, Book Values, and Dividends in Equity Valuation [J]. Contemporary Accounting Research, 1995, 11 (2): 661-687.

[4] FELTHAM G A, OHLSON J A. Valuation and Clean Surplus Accounting for Operating and Financial Activities [J]. Contemporary Accounting Research, 1995, 11 (2): 689-731.

[5] 关于剩余收益的概念，理论上可以追溯至马歇尔（Marshall, 1890）的经济利润（Economic Earnings）概念。从经济学的视角来看，经济利润是投入资本所产出的利润超过资本成本的差额。马歇尔（1890）认为，一家公司要真正实现盈利，除补偿该公司的经营成本之外，还必须补偿其资本成本。但从严格意义上讲，剩余收益并不等同于经济利润，二者差异主要体现在计算过程中收益与价值的确认方法上。Canning（1929）将经济利润概念引入会计学，提出超额收益（Excess Income）概念，又称非正常盈余（Abnormal Earnings）、剩余收益（Residual Income）。

[6] Myers（1977）指出，公司的市场价值由现有资产的价值和未来增长机会的现值两部分构成。

[7] STEWART C MYERS. Determinants of Corporate Borrowing [J]. Journal of Financial Economics, 1977, 5 (2): 147-175.

值创造的过程,它将公司股票的内在价值表述为当前股权账面价值与预期剩余收益的现值之和。

以式（3-9）为基础,逆向应用剩余收益估价模型,可得:

$$P_0 = bps_0 + \sum_{t=1}^{T} \frac{RIPS_t}{(1+r_e)^t} + \frac{RIPS_T(1+g_{ri})}{(r_e-g_{ri})(1+r_e)^T} \tag{3-12}$$

式（3-12）中,g_{ri} 表示短期预测期之后剩余收益的固定增长率。该式是利用剩余收益估价模型估算隐含股权资本成本的基本公式。在奥尔森（Ohlson,1995）之后,众多学者纷纷利用这种方法估算资本成本,其中比较重要的研究是 GLS 模型（Gebhardt 等,2001）[1]、CT 模型（Claus & Thomas,2001）[2]、OS 模型（O'Hanlon & Steele,2000）[3]、ETSS 模型（Easton 等,2002）[4],等等。这些研究的基本区别在于对短期预测期后剩余收益的期望增长率的处理不同。

（一）GLS 模型

GLS 模型运用期望股权资本报酬率（roe_t）的概念,并基于如下假设:

1. 短期预测期 $T = 12$。

短期预测期分为两部分:一是短期明确预测期（前3期）,盈余建立在分析师预测的基础上,股利支付率是一定的;二是中期衰减期（第4至12期）,以行业历史 roe 的中值或均值为第12期 roe_{12},从第4期至第11期的 roe 采用第3期和第12期的 roe 进行等差衰减（Fading）。

2. 短期预测期12期之后,剩余收益保持一定,即 $g_{ri} = 0$。

基于如上假设,由 $roe_t = \dfrac{eps_t}{bps_{t-1}}$,代入式（3-13）可得:

$$RIPS_t = bps_{t-1}(roe_t - r_e) \tag{3-13}$$

将式（3-13）带入式（3-12）中:

$$P_0 = bps_0 + \sum_{t=1}^{11} \frac{(roe_t - r_e)bps_{t-1}}{(1+r_e)^t} + \frac{(roe_{12} - r_e)bps_{11}}{r_e(1+r_e)^{11}} \tag{3-14}$$

式（3-14）是 GLS 模型的基本公式。

格布哈特（Gebhardt 等,2001）认为,剩余收益体现了经济租金（Economic Rents）的概念。从长期看,个别公司的非正常股权资本报酬率会逐渐消失,整个行业

---

[1] GEBHARDT W R, LEE C M C, SWAMINATHAN B. Toward an Implied Cost of Capital [J]. Journal of Accounting Research, 2001, 39 (1): 135–176.

[2] CLAUS J, THOMAS J. Equity Premia as Low as Three Percent? Evidence from Analysts' Earnings Forecasts for Domestic and International Stock Markets [J]. Journal of Finance, 2001, 56 (5): 1629–1666.

[3] O'HANLON J, STEELE A. Estimating the Equity Risk Premium Using Accounting Fundamentals [J]. Journal of Business Finance and Accounting, 2000, 27 (9–10): 1051–1083.

[4] EASTON P, GARY TAYLOR, PERVIN SHROFF, THEODORE SOUGIANNIS. Using Forecasts of Earnings to Simultaneously Estimate Growth and the Rate of Return on Equity Investment [J]. Journal of Accounting Research, 2002, 40 (3): 657–676.

的股权资本报酬率会趋于平均化。换言之,个别公司的股权资本报酬率会在较长时间内趋向于行业平均值。因此他们将第 12 期的期望股权资本报酬率定义为行业历史股权资本报酬率的中值,第 4 期至第 11 期没有预测数据的时间段内,股权资本报酬率按照 $\frac{roe_{12} - roe_3}{9}$ 的公差递减,例如 $roe_4 = roe_3 - \frac{roe_{12} - roe_3}{9}$,以此类推。

(二) CT 模型

CT 模型使用非正常盈余概念,其实质与剩余收益完全一致。

假设短期预测期 $T=5$,CT 模型的基本公式是:

$$P_0 = bps_0 + \sum_{t=1}^{5} \frac{RIPS_t}{(1+r_e)^t} + \frac{RIPS_5(1+g_{ri})}{(r_e - g_{ri})(1+r_e)^5} \tag{3-15}$$

克劳斯和托马斯(Claus & Thomas, 2001)认为,以往的研究将非正常盈余增长率假设为零可能过于悲观了,毕竟稳健原则在财务会计中有着广泛的应用,因此非正常盈余应当为正数。非正常盈余的增长率会受到经济因素的影响,可以根据对未来经济的趋势判断进行简单估计。他们指出,期望的名义通货膨胀率高于非正常盈余增长率,是非正常盈余增长率的上限,因而使用期望的通货膨胀率①对非正常盈余增长率进行替代②。相对于传统的股利增长模型(比如戈登模型),他们模型中的非正常盈余增长率对于当期市场价值的影响较小,因而对风险溢价的估计相对稳健(Relatively Robust)。

在 GLS 模型和 CT 模型中,均要应用研究者主观假设的 g_{ri},即:短期预测期之后,假设剩余收益以某一固定增长率长期稳定增长。这就不可避免地产生如下的问题:研究者做出这些假设的依据是否真实可靠?有无人为的随意性与臆断性?如果这一假设的剩余收益增长率与利用市场上会计数据信息所计算出来的隐含剩余收益增长率存在差异,那么必然导致隐含资本成本的估算失去可信性。因此一些学者探求通过构造投资组合(Portfolio),利用线性回归(Linear Regression)技术同时估算市场所隐含的期望报酬率(资本成本)和剩余收益增长率。OS 模型和 ETSS 模型是其中的典型代表。

(三) OS 模型

OS 模型假设剩余收益从当期开始按照固定的增长率永续增长。根据式(3-11)和式(3-12),对于单一公司(股票),可以得到:

$$P_t = bps_t + \frac{(eps_t - r_e bps_{t-1})(1+g_{ri})}{r_e - g_{ri}} \tag{3-16}$$

式(3-16)等号左右两边同时乘以 $\frac{r_e - g_{ri}}{bps_{t-1}}$,整理可得:

$$\frac{eps_t}{bps_{t-1}} = r_e + \frac{r_e - g_{ri}}{1 + g_{ri}} \cdot \frac{p_t - bps_t}{bps_{t-1}} \tag{3-17}$$

---

① 在 CT 模型中,期望的通货膨胀率根据无风险报酬率推导出来,假设实际无风险报酬率是 3%。

② CLAUS J, THOMAS J. Equity Premia as Low as Three Percent? Evidence from Analysts' Earnings Forecasts for Domestic and International Stock Markets [J]. Journal of Finance, 2001, 56 (5): 1629-1666.

对式（3-17），运用回归方程可以得到两个回归系数：截距是 r_e，斜率是 $\dfrac{r_e - g_{ri}}{1 + g_{ri}}$。

（四）ETSS 模型

伊斯顿（Easton 等，2002）假设剩余收益从下一期开始按照固定的增长率永续增长[①]。根据式（3-11）和式（3-12），对于单一公司（股票），可以得到：

$$P_t = bps_t + \frac{(eps_{t+1} - r_e bps_t)}{r_e - g_{ri}} \tag{3-18}$$

式（3-18）等号左右两边同时乘以 $\dfrac{r_e - g_{ri}}{bps_t}$，整理可得：

$$\frac{eps_{t+1}}{bps_t} = g_{ri} + (r_e - g_{ri}) \frac{p_t}{bps_t} \tag{3-19}$$

对式（3-19），运用回归方程可以得到两个回归系数：截距是 g_{ri}，斜率是 $r_e - g_{ri}$。

OS 模型和 ETSS 模型都是采用股权资本报酬率（roe）作为独立变量，应用股票市场价格、股权账面价值与会计盈余数据，选取一组公司（股票）数据的观测值形成组合，通过建立回归方程得到两个回归系数，从而同时得到隐含资本成本与隐含剩余收益增长率。不同的是，OS 模型假设剩余收益从当期开始稳定永续增长，ETSS 模型假设剩余收益从下一期开始稳定永续增长。因此，在数据处理上，OS 模型应用当期已实现的盈余数据，而 ETSS 模型则应用预测的盈余数据。比较而言，OS 模型的典型优势在于适用于任意股票投资组合——即使是对于那些没有分析师跟随进行预测的股票（Easton，2007）[②]。伊斯顿（Easton，2006）[③]、伊斯顿和索莫斯（Easton & Sommers，2007）[④] 也采用了与 OS 模型相同的估算思想。

三、基于非正常盈余增长估价模型的隐含资本成本估算技术

剩余收益估价模型建立在每股基础之上。奥尔森和尤特纳-瑙罗斯（Ohlson & Juettner-Nauroth，2005）指出，未来股权交易会改变流通股份的数量，比如对外发行股票，这就意味着干净盈余假设在每股基础上不成立[⑤]。这是剩余收益估值模型的一大局限性。他们提出并发展了非正常盈余增长估价模型，也称盈余的非正常增长估价模

[①] EASTON P, GARY TAYLOR, PERVIN SHROFF, THEODORE SOUGIANNIS. Using Forecasts of Earnings to Simultaneously Estimate Growth and the Rate of Return on Equity Investment [J]. Journal of Accounting Research, 2002, 40 (3): 657-676.

[②] EASTON P. Estimating the Cost of Capital Implied by Market Prices and Accounting Data [J]. Foundations and Trends in Accounting, 2007, 2 (4): 241-364.

[③] EASTON P. Use of Forecasts of Earnings to Estimate and Compare Cost of Capital across Regimes [J]. Journal of Business, Finance, and Accounting, 2006, 33 (3-4): 374-394.

[④] EASTON P, G SOMMERS. Effects of Analysts' Optimism on Estimates of the Expected Rate of Return Implied by Earnings Forecasts [J]. Journal of Accounting Research, 2007, 45 (5): 983-1015.

[⑤] OHLSON J A, JUETTNER-NAUROTH B E. Expected EPS and EPS Growth as Determinants of Value [J]. Review of Accounting Studies, 2005, 10 (2-3): 349-365.

型（Abnormal Growth in Earnings Valuation Model，AGEVM）。这一模型的推导不需要干净盈余假设，从而回避了剩余收益估值模型存在的问题。

非正常盈余的增长额或称盈余的非正常增长额 agr_t，是指含股利的盈余与正常盈余（Normal Earnings）之间的差额。所谓正常盈余，是指前一期盈余以资本成本 r_e 为再投资报酬率所得到的投资本金与收益之和①。非正常盈余增长额的表达式为：

$$agr_t = eps_t + r_e dps_{t-1} - (1 + r_e) eps_{t-1} \tag{3-20}$$

以式（3-9）为基础，逆向应用非正常盈余增长估价模型，可以得到基于非正常盈余增长估价模型的隐含资本成本估算模型：

$$P_0 = \frac{eps_1}{r_e} + \sum_{t=2}^{T} \frac{agr_t}{r_e (1 + r_e)^{t-1}} + \frac{agr_T (1 + g_{agr})}{(r_e - g_{agr}) r_e (1 + r_e)^{T-1}} \tag{3-21}$$

式（3-21）中，g_{agr} 表示短期预测期之后非正常盈余增长额的增长率。该式是利用非正常盈余增长估价模型估算隐含的股权资本成本的基本公式。

如果短期预测期为 2 期（T=2），则非正常盈余增长估价模型为：

$$P_0 = \frac{eps_1}{r_e} + \frac{agr_2}{(r_e - g_{agr}) r_e} \tag{3-22}$$

OJ 模型（Ohlson & Juettner-Nauroth，2005）② 和伊斯顿模型（Easton，2004）③ 都是在式（3-22）基础上进行必要假设后推导得出的非正常盈余增长估价模型的简化形式。

（一）OJ 模型

奥尔森和尤特纳-瑙罗斯（Ohlson & Juettner-Nauroth，2005）首先提出假设：

$$Z_t = \frac{1}{r_e}(eps_{t+1} - R \times eps_t + r_e dps_t) \tag{3-23}$$

式（3-23）中：

$$R = 1 + r_e$$

然后，他们构造序列 $\{Z_t\}_{t=1}^{\infty}$，满足 $Z_{t+1} = \gamma Z_t$，其中，$1 \leq \gamma \leq R$④，$Z_1 > 0$，推导出了隐含股权资本成本估算模型：

$$r_e = A + \sqrt{A^2 + \frac{eps_1}{P_0} \left[\frac{eps_2 - eps_1}{eps_1} - (\gamma - 1) \right]} \tag{3-24}$$

式（3-24）中：

$$A = \frac{\gamma - 1 + dps_1 / P_0}{2}$$

---

① 正常盈余这一概念符合 Miller 和 Modigliani（1961）的股利无关论，即未来股利以期望报酬率进行再投资。
② OHLSON J A, JUETTNER-NAUROTH B E. Expected EPS and EPS Growth as Determinants of Value [J]. Review of Accounting Studies, 2005, 10 (2-3)：349-365.
③ EASTON P. PE Ratios, PEG Ratios, and Estimating the Implied Expected Rate of Return on Equity Capital [J]. The Accounting Review, 2004, 79 (1)：73-95.
④ 由式（3-22）可以得到 $Z_t = \frac{agr_{t+1}}{r_e}$，$\gamma - 1$ 实际上是非正常盈余的增长额的增长率 g_{agr}。

OJ 模型直接通过 eps_1, eps_2, dps_1, γ 和 P_0 求出股权资本成本。与剩余收益估价模型相比，它直接运用分析师预测未来两年的盈余，而不需要对未来账面价值、股权报酬率进行预测。

OJ 模型的关键在于理解 γ。γ 的估算相对简单，可以理解为国民经济的长期增长率。高布和莫汉拉姆（Gode & Mohanram, 2003）[①] 指出，OJ 模型[②]是一个简化模型，它将增长率分解为短期增长率 g_2，$\dfrac{eps_2 - eps_1}{eps_1}$[③]，和长期增长率 $\gamma - 1$。而短期增长率 g_2 可以超过 r_e，这便从理论上拓展了传统的戈登模型。

（二）Easton 模型

与 OS 模型和 ETSS 模型类似，伊斯顿（Easton，2004）通过回归技术推导出同时估算隐含资本成本与隐含非正常盈余增长额的增长率估算模型[④]。PE 比率、PEG 比率以及修正的 PEG 比率都是两期非正常盈余增长模型的特例，在设定一些假设的前提下，由 Easton 模型和 OJ 模型同样也可以得出这三个估算指标，因此也可将它们视为 Easton 模型与 OJ 模型的特例[⑤]。

由式（3-20）可得：

$$agr_2 = eps_2 + r_e dps_1 - (1 + r_e)eps_1 \tag{3-25}$$

将式（3-25）代入式（3-24），可得：

$$\dfrac{eps_2 + r_e dps_1}{P_0} = r_e(r_e - g_{agr}) + (1 + g_{agr})\dfrac{eps_1}{P_0} \tag{3-26}$$

式（3-26）中，Easton（2004）[⑥] 设定 $\gamma_0 = r_e(r_e - g_{agr})$，$\gamma_1 = 1 + g_{agr}$，$ceps_2 = eps_2 + r_e dps_1$，$ceps_2$ 表示预期第二期含股利的每股盈余（Forecast of Two-Period-Ahead Cum-Dividend Earnings），式（3-26）可以重写作：

$$\dfrac{ceps_2}{P_0} = \gamma_0 + \gamma_1 \dfrac{eps_1}{P_0} \tag{3-27}$$

式（3-27）中，$\dfrac{ceps_2}{P_0}$ 和 $\dfrac{eps_1}{P_0}$ 的线性关系表明，可以构建一组公司（股票）数据的

[①] GODE D, MOHANRAM P. Inferring the Cost of Capital Using the Ohlson-Juettner Model [J]. Review of Accounting Studies, 2003, 8 (4): 399-431.

[②] OJ 模型实际上早在 2000 年就已经提出，只是直至 2005 年才发表。因此，会有 Gode 和 Mohanram（2003）的评述。

[③] OJ 模型 [式（3-25）] 中的一项。

[④] EASTON P. PE RATIOs, PEG Ratios, and Estimating the Implied Expected Rate of Return on Equity Capital [J]. The Accounting Review, 2004, 79 (1): 73-95.

[⑤] 下文解释了 PE 比率、PEG 比率与修正的 PEG 比率如何在 Easton 模型的基础上，通过必要假设后推导得出。在 OJ 模型中，如果设定 $\gamma = 1$，可以推导出修正的 PEG 比率，如果在此基础上再设定 $V_j \equiv (S_j + D_j) = \overline{X_j}/\rho_k$，可以推导出 PEG 比率。

[⑥] EASTON P. PE Ratios, PEG Ratios, and Estimating the Implied Expected Rate of Return on Equity Capital [J]. The Accounting Review, 2004, 79 (1): 73-95.

观测值形成投资组合的方法进行线性回归，通过回归的截距和斜率即可同时估算出隐含资本成本 r_e 与隐含剩余非正常盈余增长额的增长率 g_{agr}。

假设 $agr_2 = 0$，由式（3-24）可得 $P_0 = \dfrac{eps_1}{r_e}$，$r_e = \dfrac{eps_1}{P_0}$，也就是说，资本成本就是预期第一期的 PE 比率。

假设 $g_{agr} = 0$，即从第 2 期起，未来各期的非正常盈余增长额相等，且 $dps_1 = 0$，则由式（3-22）和式（3-25）均可得 $r_e = \sqrt{\dfrac{eps_2 - eps_1}{P_0}}$，定义 PEG 比率为 PE 比率与短期盈余增长率之比，即 $PEG\ 比率 = \dfrac{P_0/eps_1}{(eps_2 - eps_1)/eps_1}$，则股权资本成本是 PEG 比率倒数的平方根。

伊斯顿（Easton，2004）放松了 PEG 比率估算资本成本中 $dps_1 = 0$ 这一假设，提出修正的 PEG 比率[①]，修正的 PEG 比率 $= \dfrac{P_0/eps_1}{(eps_2 + r_e dps_1 - eps_1)/eps_1}$。假设 $g_{agr} = 0$，则由式（3-22）和式（3-26）均可得 $P_0 = \dfrac{eps_2 + r_e dps_1 - eps_1}{r_e^2}$，$r_e = \sqrt{\dfrac{eps_2 + r_e dps_1 - eps_1}{P_0}}$，即股权资本成本是修正的 PEG 比率倒数的平方根[②]。

概括而言，非正常盈余增长估价模型是对剩余收益估价模型的进一步深入与扩展。奥尔森和尤特纳-瑙罗斯（Ohlson & Juettner-Nauroth，2005）指出，剩余收益估价模型包含了非正常盈余增长估价模型，但反之不然[③]。因此，理论上讲，运用非正常盈余增长估价模型估算隐含资本成本似应更加稳健（More Robust）。然而，"现有的实证研究表明，利用剩余收益估价模型比利用非正常盈余增长估价模型倒轧出隐含报酬率更加稳健。我们有充分的理由支持在现实中，利用剩余收益估价模型估算隐含的期望报酬率（资本成本）比利用非正常盈余增长估价模型估算隐含的期望报酬率（资本成本）应用更为广泛"（Easton，2007）[④]。

在公司财务研究领域，大量关于资本成本（或者说期望报酬率、折现率、要求报酬率）的文献不断地在股权资本成本估算技术方面开展着探讨。近 20 年来，一方面，隐含资本成本估算技术方面的研究文献大量涌现[⑤]，另一方面，隐含资本成本估算技术

[①] EASTON P. PE Ratios, PEG Ratios, and Estimating the Implied Expected Rate of Return on Equity Capital [J]. The Accounting Review, 2004, 79 (1): 73-95.

[②] 实际计算过程中，要通过 $r_e^2 - r_e \dfrac{dps_2}{P_0} - \dfrac{eps_2 - eps_1}{P_0} = 0$ 求解 r_e。

[③] OHLSON J A, JUETTNER-NAUROTH B E. Expected EPS and EPS Growth as Determinants of Value [J]. Review of Accounting Studies, 2005, 10 (2-3): 349-365.

[④] EASTON P. Estimating the Cost of Capital Implied by Market Prices and Accounting Data [J]. Foundations and Trends in Accounting, 2007, 2 (4): 241-364.

[⑤] 这方面的综述性文章，详见 Easton 和 Mohanran（2005，2006）、Botosan 和 Plumlee（2005）、Easton（2007）、Botosan 等（2011），以及 Echterling 等（2015）。

的估算思路也开始受到学界的质疑。比如，隐含资本成本的估算过度依赖分析师预测的精确性，估算中假设所有公司具有相同的增长率，估算思路没有体现资本成本与增长之间的相互影响，等等。这就对于基于会计信息数据的估算技术与方法提出了更高的要求。一些学者开始尝试应用纯粹的会计数据探索股权资本成本的估算方法与模型（Lyle 等，2013[①]；Lyle & Wang，2015[②]；Penman & Yehuda，2015[③]）。

第四节 资本成本与公司财务

资本成本是公司财务领域的第一概念。资本成本是判断公司是否实现股东财富最大化目标的基准；同时，资本成本也是公司制定重大财务政策的基准。没有科学合理的资本成本估算，公司的财务管理将变得无据可依，理性化和科学化无从谈起。如何估算并确定资本成本是公司一个极为重要的财务政策，其内容包括：①资本成本估算技术的使用。比如采用何种模型或者方法估算资本成本？如何确定资本成本估算中的各项参数？②在集团公司中，集团、各下属企业、各企业的具体资本投资项目资本成本估算的基本原则和程序。③资本成本调整的原则和程序，尤其是在资本预算决策中如何确定基准利率的水平。④资本成本估算的频率。

一、中国公司资本成本水平

无论是制定公司的财务政策，还是进行公司的竞争力评价，抑或分析宏观政策对企业的影响，都需要回答如下问题：中国公司的资本成本水平是多少？资本成本水平是处于上升通道还是下降通道？以国际视野观察，中国公司的资本成本水平处于高位还是低位？等等。

自 20 世纪 70 年代末改革开放以来，中国经济经历了长期、高速的发展，如何分析总结这一历史发展阶段的经验教训是经济学界的重大课题。从公司的层面上看，近 40 余年中国企业资本成本及其波动规律是一个重要的研究领域。近十余年来，国际资本的跨国流动又成为影响中国经济发展的重要因素。

基于中国上市公司的实际数据，我们估算了中国 A 股上市公司 2000—2020 年间的资本成本水平及其变动趋势。

图 3-1 展示了 2000—2020 年中国上市公司债务资本成本的年度波动趋势情况。2000—2008 年，中国上市公司的债务资本成本先减后增，经历了较大幅度的波动——

[①] LYLE M R, CALLEN J L, Elliott R J. Dynamic Risk, Accounting-based Valuation and Firm Fundamentals [J]. Review of Accounting Studies, 2013, 18 (4): 899-929.

[②] LYLE M R, WANG C C Y. The Cross Section of Expected Holding Period Returns and Their Dynamics: A Present Value Approach [J]. Journal of Financial Economics, 2015, 116 (3): 505-525.

[③] PENMAN S H, YEHUDA N. A Matter of Principle: Accounting Reports Convey both Cash-Flow News and Discount-Rate News [J]. Columbia Business School Research Paper, 2015 (14-16).

于 2003 年达到极小值（均值 2.66%、中位数 2.69%），2008 年达到极大值（均值 5.42%、中位数 5.34%）。在此期间，中国上市公司的债务资本成本多呈左偏态势（均值小于中位数），即债务资本成本偏高的上市公司占样本多数。自 2008 年全球金融危机后，中国上市公司债务资本成本相对平稳，均值和中位数介于 3.74% 和 4.84% 之间。同时，这一期间的样本也呈现出右偏态势（均值大于中位数）。这或与 2007 年我国会计准则与国际趋同有关——会计准则的国际趋同改善了资本市场的信息环境，降低了上市公司的债务资本成本。中国公司债务资本成本较低且相对稳定的特征与公司债务大多来自中国国有银行的现实紧密相关，显示了国有银行在金融危机期间的重要支撑作用。

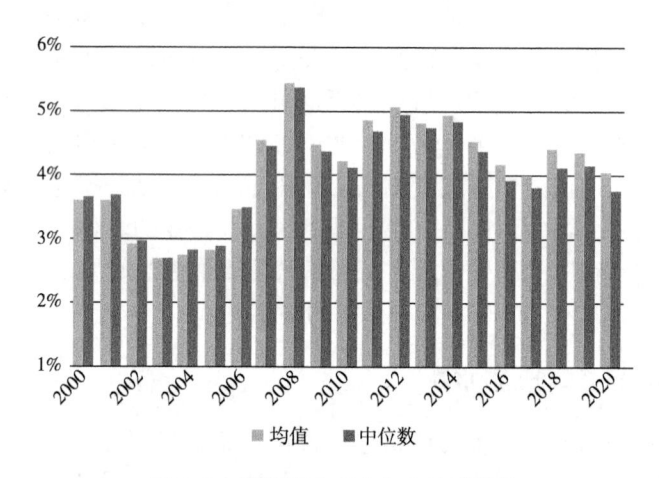

图 3-1 债务资本成本年度波动趋势

图 3-2 展示了 2000—2020 年中国上市公司股权资本成本的年度波动趋势情况。在 2000—2003 年间，中国上市公司的股权资本成本相对平稳。2004—2009 年，中国上市公司的股权资本成本经历了较大幅度的波动。尤其在 2008 年，受全球金融危机影响，中国上市公司股权资本成本的均值和中位数由上一年的 8.48% 和 7.89% 陡降至 6.25% 和 6.11%。而在全球金融危机后的 2009 年，中国上市公司的股权资本成本又发生了剧烈反弹，均值和中位数分别升至 10.30% 和 10.20%。这也是样本期间内中国上市公司股权资本成本的年度极大值。上市公司股权资本成本在 2007—2009 年间的异动也是全球金融危机对中国经济影响的微观缩影。在 2010—2020 年间，公司股权资本成本保持高位平稳，均值和中位数基本维持在 7.50% 以上。此外，样本期间内中国上市公司股权资本成本的均值均高于中位数，呈现较为一致的右偏态势，意味着各年度股权资本成本较低的上市公司占样本多数。

图 3-3 展示了 2000—2020 年中国上市公司加权平均资本成本的波动情况。对比图 3-1、图 3-2 看，样本期间内中国上市公司加权平均资本成本与股权资本成本的波动趋势较为接近。例如，在 2008 年全球金融危机前后，中国上市公司的加权平均资本成本同样发生了异动——均值和中位数由 2007 年的 7.71%、7.16% 陡降至 2008 年的

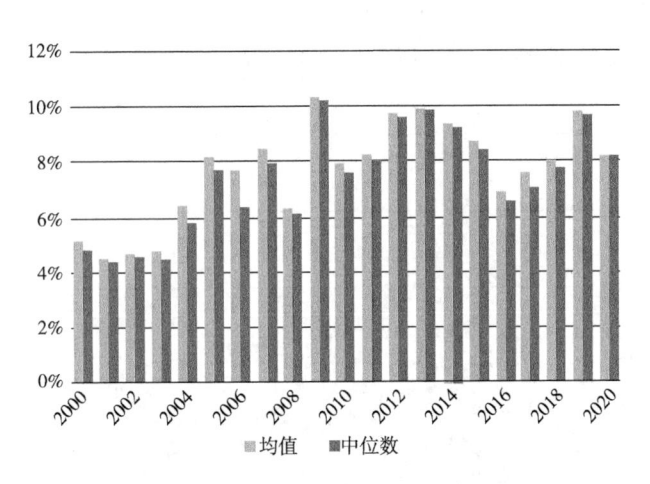

图 3-2 股权资本成本年度波动趋势

5.89%、5.76%，并在 2009 年又快速上升至 8.88%和 8.71%。在 2010—2020 年间，加权平均资本成本稳居高位，均值和中位数基本介于 6%和 8%之间。同时，样本期间内加权平均资本成本也一致右偏，说明多数上市公司的加权平均资本成本较低。

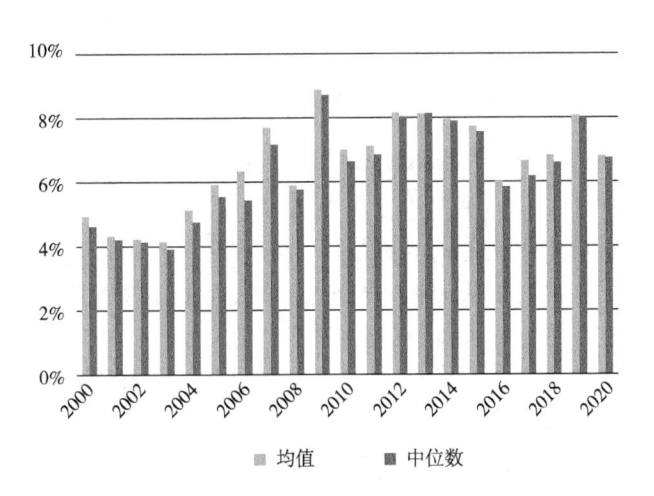

图 3-3 加权平均资本成本年度波动趋势

图 3-4 展示了 2000—2020 年中国上市公司债务权重与上证指数的波动情况。2000—2005 年，中国上市公司整体的债务权重一直在上升，中位数跟均值的差异也在缩小，说明在此期间上市公司对债务资本的偏好整体提升。2006—2007 年，债务权重大幅下降，这与这一时期较为繁荣的 A 股市场有关。类似地，由于 2015 年上半年 A 股处于"牛市"，当年的债务资本权重也处于局部低点。与之相悖，在 2008 年金融危机下，当年末上证指数最低降至 1 664.93 点，远低于 2007 年的最高点（6 124.04），债务资本权重也同比大幅上升。整体而言，样本期间内的债务资本权重与上证指数也呈

现出较为一致的反向变动关系。这说明股票市场景气度会在很大程度上影响中国上市公司的融资方式，继而使得上市公司整体的资本成本发生变化。

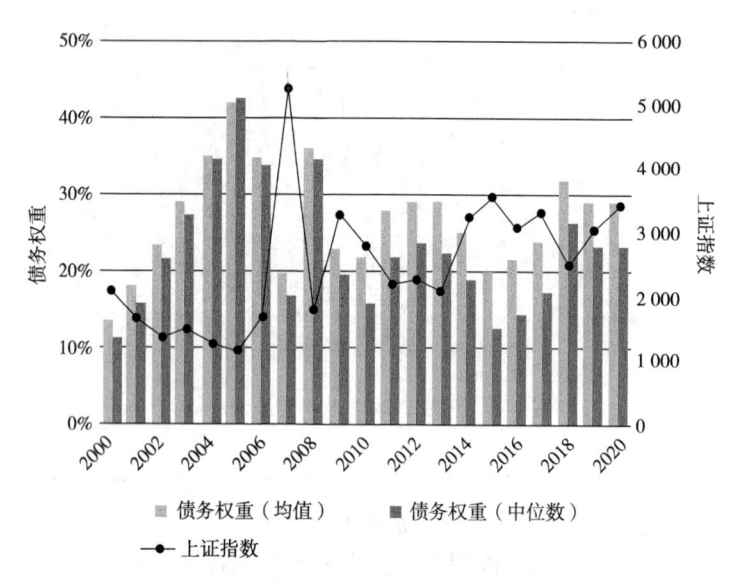

图 3-4 债务权重与上证指数年度波动趋势对比

二、基于资本成本的中国公司国际竞争力评价

资本成本水平的持续提高，意味着国家产业的国际竞争力在下降。伴随着资本成本的提高，将导致资本外流、产业外流的后果。在资本不能自由流动的背景之下，中国公司的资本成本水平对于竞争力的影响将尤其显著。在资本成本处于上升通道的时期，公司只有采取较为保守的投资政策以规避未来可能出现的金融风险。其中，与科技研发相关的高科技投资、环境投资等受到的影响更大。

近年以来，制造业外迁的现象一直备受关注。在这个过程中，人们注意到人力成本、原材料成本的上升给中国制造业带来的压力，但是对于资本成本水平的变化却没有给以足够的重视。在其他因素不变的情况下，资本成本水平的提高意味着公司竞争力的下降。在资本成本提高的情况下，同样的投资项目由于折现率的上升可能会失去投资的意义；而投资选择的长期低迷，无论是对于公司的发展还是国家的整体经济实力都是重大的打击。

由于资本成本上升而导致的公司竞争力下降，其后果将是长期的，很难轻易改变。一方面，公司的资本成本的上升或者下降是各种因素综合作用的结果，比如国家的货币政策、产业政策、国际贸易政策等，以及企业内部的治理、管理等因素都会对资本成本产生影响；另一方面，资本成本的变化将对公司的投融资等重大政策产生直接的影响，这种影响是长期的。

三、中国公司资本成本与财务政策

投资政策、融资政策和股利政策都受资本成本的直接锚定。净现值法则显示，只有当投资项目的报酬率水平超过其资本成本的时候，采纳项目才会增加股东财富，才是好的投资项目。无论是过度投资还是投资不足，都与资本成本水平紧密相关。在确定最佳资本结构的过程中，资本成本是一个核心的基准参数。股利支付的多少同样受到资本成本的约束。没有资本成本理念的公司通常不会有明确、稳定的财务政策，即使政府强制披露股利政策，其政策也往往是非理性的，或者简单模仿。

资本成本是重大财务政策的锚定因素，必须予以高度关注。投资政策、融资政策与股利政策被称为公司的三大财务政策，主要原因就是这些财务政策的做出、实施与资本成本紧密相关，进而关系股东财富的增减变化。

在资本预算决策中，正值的净现值就是股东财富的增加值，因而净现值方法被习惯地称为公司财务的第一法则。按照这一法则选择的投资项目可以最大限度地增加股东财富，实现财务目标。

营运资本政策则不同，其制定与实施并非与资本成本直接相关，很多财务理论未将营运资本问题纳入其中进行深入的研究。

四、财务风险与资本成本

财务风险越大，资本成本越高是公司财务的基本原理。但是在具体的财务实践中，财务风险的情形可能有很多的变化，评价这些风险变化与资本成本之间的关系对于财务政策的制定将产生很大的影响。比如，僵尸企业的资本成本特征是什么？跨国公司的财务风险及其对资本成本的影响如何评价？与传统行业比较，网络类高科技公司的财务风险及其对资本成本的影响如何？

按照 MM 理论（1958），公司的总资本成本水平是由其营业风险所决定的。营业风险越大，总的资本成本（WACC）水平也就越高。而这一总的资本成本与资本结构及财务风险无关，完全取决于公司的投资风险及经营资产的结构。不同的行业显然在投资风险和资产结构方面具有不同的特征，因而资本成本也会呈现出一定的行业特征。

作为企业剩余收益的所有者以及企业最终风险的承担者，股东承担着更多的风险。在使用负债融资的情况下，债权人对企业未来的现金流具有特定数额的索偿权，这一索偿权受到法律的保护，属于企业必须履行的义务。而这种不能履行债权债务契约的风险最终将由股东承担，这就是所谓的财务风险。具体言之，股东在承担营业风险的基础上，还要承担由于负债融资所产生的财务风险。财务风险越大，股东的要求报酬率也就越高，提升股权资本成本的水平。

从技术上讲，风险分析是资本成本估算的基础，这与证券组合理论和资产定价理论是相吻合的。

五、公司估值中的资本成本问题

估值（Valuation）是现代经济尤其是金融系统的基础性工作，折现现金流量模型是估值技术中的重要方法。折现率（Discount Rate）是公司估值中的一个核心参数，直接决定公司估值的质量。中国资产评估协会曾经制定颁布《资产评估专家指引第12号——收益法评估企业价值中折现率的测算》[①]。在实际的公司估值中，折现率的确定更加复杂，是一个需要系统研究的重要领域。

六、新型投资项目的资本成本问题

如今针对传统产业投资的资本成本的研究已经相当成熟，尽管依然存在很多的问题，但是对问题的讨论处于一个较为合理的框架之内。随着现代科技的不断发展以及人们对生态环境的要求不断提高，很多产业面临着投资项目的更新迭代，给投资项目的绩效分析带来了新的挑战。近年来，以改善环境为主要目标的新投资项目越来越多，比如以太阳能光伏发电技术、风力发电技术取代传统的污染严重的火煤发电技术。如何估算这些新技术投资项目的资本成本？与火煤发电技术比较，新项目的资本成本会出现什么样的变化？现有的研究显示，太阳能光伏技术的资本成本高于风力发电技术，同时，发展可再生能源项目，发展中国家的资本成本要高于经济发达国家。[②] 这些问题既关系新能源项目的投资绩效评价，可能也涉及政府规制中重要参数的确定。

第五节　资本成本与政府规制

资本成本在宏观经济领域有着重要的、不可替代的作用。在政府规制体系中，估算被规制企业的资本成本是在规制者与被规制者之间进行公正报酬率（Fair Rate-of-Return）以及最高限价（Price Cap）博弈的前提和基础。再如，在混合所有制改革中，基于股东异质性的不同性质股东所提出的不同水平的股权资本成本是考量最优股权结构问题的核心因素。另外，基于国家层面的资本成本水平分析是判断国家综合竞争力的一个重要方面。

宏观政策及其波动对于资本成本的影响同样不容忽视。经济政策的不确定性（Economic Policy Uncertainty）会导致资本成本的提高，比如利率政策、汇率政策等的改变都会影响公司的资本成本。

一、公正报酬率规制与最高限价规制的比较

对政府规制问题的研究形成了规制经济学（Economics of Regulation）。该领域的研究对于宏观经济与微观经济都产生了重大而深远的影响。同时，规制过程中涉及的主

---

① 中国资产评估协会颁布，《资产评估专家指引第12号——收益法评估企业价值中折现率的测算》："本专家指引仅针对收益法中运用资本资产定价模型（CAPM）、加权平均资本成本（WACC）计算折现率所涉及的无风险利率、市场风险溢价、贝塔系数、特定风险报酬率、债权期望报酬率等参数的确定。"

② BJARNE STEFFEN. Estimating the Cost of Capital for Renewable Energy Projects [J]. Energy Economics, 2020, 88: 104783.

要参数尤其是资本成本,成为了政府规制研究领域的核心内容之一,从而形成了金融学的一个重要分支(Regulatory Finance)。

政府规制的宗旨是保护社会福利和消费者利益,而这一宗旨的实现必须建立在保护被规制企业投资者利益的基础之上。没有投资者投资利益的保护,社会福利就失去了供应侧的保障。基于投资者要求报酬率的政府规制方法因而成为重要的规制机制之一,其中,被规制企业的股权资本成本的合理估算成为决定政府规制质量的一个重要方面。对于中国而言,政府规制的主要领域——公用事业行业的主要投资者仍然是国家股东。在这种背景之下,政府规制系统中的资本成本估算工作不仅涉及规制者与被规制者之间的博弈,同时还会影响国有资本的投资及管控。

经济规制的主要手段是价格规制,通过价格规制,实现消费者利益与投资者利益之间关系的平衡。在政府规制中,通过何种方式实现对价格的规制,并非一个简单明了的问题。

布雷耶(Stephen Breyer)认为适用于规制者的三个基本公式为(1982)[①]

$$Profit = Pr_t = r_t \left(\sum_0^t I - \sum_0^{t-1} D \right) \tag{3-28}$$

$$RevenueRequirement = RR = OC_t + T_t + D_t + Pr_t \tag{3-29}$$

$$P_{x1}Q_{x1} + P_{x2}Q_{x2} + \cdots + P_{xn}Q_{xn} = RR \tag{3-30}$$

式中,$Profit = Pr_t =$ 利润;t 代表基准年;$r =$ 合理报酬率;$\sum_0^t I =$ 历史投资;$\sum_0^{t-1} D =$ 先前折旧;$Revenue\ Requirement =$ 要求的合理收益;$OC_t =$ 生产经营成本;$T_t =$ 税金;$D_t =$ 折旧;xn 代表被规制企业的产品或服务;$P =$ 价格;$Q =$ 产量。

式(3-28)的含义其实就是"资本成本规制"。此处所谓的利润是股东要求的补偿,r_t 就是股东要求的报酬率,即股权资本成本。如果债权人的报酬没有包含在会计费用的系统当中,这里的 r 也应当包括债务资本成本。

在这一框架中,政府规制通过两个途径来实施:其一,通过价格(P)规制,消费者对于被规制商品或劳务的支付直接受限,以达到政府规制目的,例如价格上限规制;其二,通过报酬率或资本成本(r)规制,即通过对投资者实现报酬率的约束,严格限制超额利润的产生,达到间接控制消费者支付的目的。对非规制企业而言,产品或服务价格与其生产经营成本、资本成本之间的关系为:

$$价格 = 生产经营成本 + 资本成本 + 超额利润 \tag{3-31}$$

式(3-31)中,超额利润是指价格弥补生产经营成本与资本成本后的利润。在规制状态下,为了以较低的价格保障社会福利,政府规制会严格限制超额利润的形成,同时合理确定资本成本以保障公用事业企业投资者尤其是股东要求报酬率的实现,最终使价格仅可弥补生产经营成本与资本成本,而超额利润为0。资本成本的精准估算因而成为一个核心问题。确定的资本成本过高,将导致较高的产品定价,损害消费者利益,丧失政府规制的意义;反之,如果资本成本过低则会影响被规制企业资本的筹措,

---

[①] 史蒂芬·布雷耶. 规制及其改革[M]. 北京:北京大学出版社,2008:55-56.

从而降低被规制企业的资本吸引力,影响投资者尤其是股东利益的保护。

政府规制方法大致分为两类:基于成本的规制(Cost-based Regulation)或称报酬率规制(Rate of Return Regulation)与激励性规制(Incentive Regulation),其中最为重要的是最高限价规制(Price-Cap Regulation)。

报酬率规制最典型、应用历史最为悠久的一种方式就是公正报酬率规制(Fair Rate of Return Regulation),通过对投资者报酬率的规制实现价格约束,实现政府规制的目标。

公正报酬率规制的基本公式为:

$$R(P, Q) = C+SK \tag{3-32}$$

其中,$R(P, Q)$是被规制企业的收入函数,取决于产品价格P和销售数量Q,C为被规制企业生产经营成本,S为公正报酬率,K是被规制企业的资本投资总额。

通常认为,公正报酬率规制不属于激励性规制方法。换言之,在公正报酬率框架之下,被规制者没有降低成本、改善绩效的动力,因为所有的超过公正报酬率的盈余都要通过降价让利于消费者。对于投资者(比如股东)而言,获取规制的报酬率水平是其投资的基本诉求。投资者,尤其是股东,可以获得相对稳定的报酬率是该种规制方法的主要优势之一。

A-J效应(Averch and Johnson, 1962)被认为是公正报酬率规制的一大弊端。通过规制公式不难看出,在SK中,投资者投入的资本(K)越多,投资者获取的报酬也就越多,这就意味着对投资者投资的激励,容易导致过度投资现象[1]。实证数据对于该效应的检验存在重大的分歧,但是基于资本投资获取报酬的基本途径确是这种规制方法的基本特征之一。

实施公正报酬率规制,重点或者说最为困难的环节是报酬率(S)的确定。从性质上讲,这一公正报酬率应当与被规制企业的资本成本水平相一致。在确定规制报酬率的过程中,既要满足消费者的福利要求,也要满足投资者的报酬率要求。对于规制者来讲,确定这一报酬率水平面临着诸多的困难,与被规制的企业比较,规制者持有的信息显然处于劣势一方。信息的不对称必将导致公正报酬率的确定十分困难。

在政府规制方面,公正报酬率是一种应用历史悠久的规制方法,至今仍在许多国家和地区使用。事实上,报酬率问题与政府规制问题几乎是同时在20世纪初期受到美国法律界和学术界的关注,并展开了系统研究,其成果对20世纪政府规制的改革完善产生了根本性的影响。从早期文献看,人们在如下两个重大问题上获得了共识:第一,关于政府规制的宗旨。政府规制的宗旨是为了保护消费者利益,而实现这一目标的前提是首先要保护投资者的基本利益。第二,关于资本成本。公正报酬率的基础是被规制企业的资本成本,如何估算并确定资本成本的水平自然就成为政府规制系统中的核心内容。这一领域的研究对于资本成本理论的发展起到了奠基性作用。

---

[1] HARVEY AVERCH, LELAND L JOHNSON. Behavior of the Firm Under Regulatory Constraint [J]. The American Economic Review, 1962, 52 (5): 1052-1069.

美国法律制度源自英国的普通法系,高院的法律判决在整个法律系统中起着标杆性、示范性的作用。20世纪40年代以前,美国在政府规制领域的案件判决最为重要、影响深远的是蓝田(Blue field)案和霍普(Hope)案。

1923年的蓝田水务工程有限公司诉公共服务委员会[Bluefield Water Works & Improvement Co. v. Public Service Commission, 262 U.S. 679 (1923)]一案,法院裁定:

"公用事业单位有权享有使其能够赚取财产价值回报的费率……相当于国家同一时间、同一地区对其他有相应风险和不确定性的企业进行投资的一般做法;但宪法没有规定它有权获得在高利润企业或投机企业中实现或预期的利润。报酬率应足够合理,以确保对公用事业的财务健全的信心,并应在有效和节约的管理下,足以维持和支持其信用,并使其能够筹集适当履行其公共职责所需的资金。报酬率在某一时刻可能是合理的,但由于投资机会、货币市场和一般商业条件的变化,报酬率可能会有过高或过低的可能。"[1]

1944年的美国联邦电力委员会诉霍普天然气公司案(320 U.S.591)一案,最高法院裁定:

"该法下的报酬率制定过程,也就是'公正,合理'的固定报酬率,涉及投资者和消费者利益的平衡……从整个投资者或公司的角度来看,足够的收入不仅是为了弥补经营开支,也为了弥补企业的资本成本。这些措施包括对债务和股票股利的服务……根据这个标准,净资产收益率应与拥有相应风险的企业的投资报酬率相同。更重要的是,这一回报应该足以确保企业对其财务健全的信心,以维持公司信用并吸引资本……"[2]

这些早期的法院裁定明确了确定规制报酬率的基本原则。其中,霍普案的法院裁决对于政府规制相关问题的影响尤其深远。

报酬率规制的优势在于能够有机地将政府规制与被规制企业的公司治理结合起来。资本成本的水平既能体现投资者对于报酬率的诉求,同时也体现着公司的治理能力与管理水平。较高的公司治理质量,较高的经营管理水平,有助于降低企业资本成本。在报酬率规制中,投资者将以规制的报酬率为基准开展管理活动,这将有利于治理的改善和绩效水平的提高。报酬率规制隐含着一个极为重要的原则,那就是实现投资者与消费者的共赢。报酬率既是对被规制企业的约束,也是对被规制企业的良性引导。

所谓的报酬率规制的非激励性质,只是单纯从绩效的角度而言。有助于绩效水平提高的政府规制自然是好的政府规制应该具备的特质之一,但是如果只是着眼于经营绩效,反而不利于评判政府规制方法的质量。尤其是在中国,国有资本投资在被规制行业中居于统御性地位,政府规制应当在国有资本投资和公用事业行业的发展中发挥独到的作用。

---

[1] 转引自 JOSEPH R ROSE. "Cost of Capital" in Public Utility Rate Regulatio [J]. Virginia Law Review, 1957, 43 (7): 1079-1102.

[2] FEDERAL POWER COMMISSION. v. Hope Natural Gas Co., 320 U.S. 591 (1944) at 603.

梯若尔认为，历史上，规制部门一直依靠简单的经验法则来行动。根据报酬率规则，受规制企业可以把价格定在边际成本之上，但报酬率不能超过给定水平。但这种规制手段有若干缺陷，它使企业没有切实的压缩生产成本的动力。成本的提高会得到政府的补偿（允许价格上浮），并鼓励企业（相对于其他投入）过度投资于资本（Averch & Johnson，1962）。实际上，报酬率规制办法缺乏理论上的合理性，例如，应该依靠什么标准来决定恰当的报酬率？因此，我们需要规范的理论框架来严格评估不同的规制办法，找到最优规制的特征。[①]

人们对报酬率规制的主要非议，一是没有激励效应，二是报酬率（资本成本）的确定存在很大争议。从激励效应的角度看，报酬率规制对于投资者的超额收益给出了严格的约束，因此提高技术水平、改善生产经营质量的动力确实会受到一定程度的压制。但从公正报酬率规制的实际情况来看，在规制过程中，投资者对于投资规模、经营效率通常会有非常理性的考虑。在政策允许的范围之内，被规制企业的运营状况甚至比竞争市场环境中的企业更为优良。这种规制方法在保障投资者的合理报酬率水平的同时，以极其稳定、可靠地保障了被规制行业的正常运营，最大限度地维护了社会福利的实现，满足了消费者对于公用事业的需求。对这种层面的激励效应必须予以高度重视。至于报酬率确定的困难是由资本成本的性质所决定的，与报酬率规制无关。即使是在最高限价规制下，资本成本的估算依然是不可回避的一个重大问题，是确定最高限价的极为重要的参数。

最高限价规制（Price-Cap Regulation）被认为是激励性规制的典型方法。早在1972年，迈尔斯（Myers）就著文讨论了这种规制方法[②]，认为可以通过确定价格的方式来修正报酬率规制中存在滞后等导致的各种问题。20世纪80年代以后，英国政府在撒切尔夫人的领导下，开始了大规模的国有企业私有化，其中公用事业行业受到的影响无疑是最大的。如何对私有化的公用事业企业进行规制因而受到了特别的关注。这里有几个因素可能对于最高限价规制方法在英国的采用发挥了很大的作用：第一，基于报酬率的规制方法对于公司治理甚至公司的管理行为可能有较多的干涉，比如对于资本结构政策，这引起了被规制企业的不满。如何在规制中减少甚至消除对公司治理和管理的干扰成为新规制方法的设计中一个重要考量因素。第二，在报酬率规制下，被规制企业提高效率、提高技术水平所获得的收益极有可能被消费者获得，投资者（比如股东）从中获利的机会较少。第三，高科技尤其是信息技术的发展对于一些行业的影响越来越大，因此必须将科技进步给企业带来的影响充分地考虑到规制过程当中。第四，在报酬率规制中，资本成本的估算作为一个世纪难题，虽然获得了一些进展，但是其存在的很多问题依然困扰着规制者和被规制者。找到一种能够合理规避这种困难的规制方法当然是一种理想的结果。

---

① The Economic Sciences Prize Committee of the Royal Swedish Academy of Sciences, Jean Tirole: Market Power and Regulation, October 13, 2014.

② STEWART C MYERS. The Application of Finance Theory to Public Utility Rate Rate Cases [J]. Bell Journal of Economics and Management Science 1972, 3: 1-25.

在这样的背景之下,利特柴尔德(Littlechild)提出了他的价格规制模型(1983)[①]

$$P_t = P_{t-1}[1+(RPI-X)/100] \tag{3-33}$$

式中,P 是价格,RPI 是零售物价指数,X 是生产率增长率(the Grows Rate of Productivity)。X 是政府规制的指标。$(RPI-X)/100$ 是政府规制允许的价格增长率,$(RPI-X)$ 为正值,提价;为负值,降价。所谓激励性规制是指如果公司想获得规制下的超额利润,必须使生产率的增长率大于政府规制合约里确定的 X。所谓生产率增长率包括提高技术投资、降低成本等。

从模型上看,好像最高限价规制规避掉了资本成本问题。实际上,无论是确定上期价格(P_{t-1})还是确定效率指数(X),都涉及资本成本的合理估算。在最高限价规制中,上期价格无疑是一个极为重要的数据。在政府规制中,隐含着一个非常重要的假设,即上期价格是不符合政府规制的要求的,必须在规制的框架内予以重新核定。核定上期价格最为重要的两个部分就是经营费用和资本成本,同时,资本成本在其中的比重伴随着科技水平的提高将有一个逐步提高的态势。效率指数不仅与生产经营的质量有关,也与公司治理、管理的水平有关,其中隐含着非常重要的资本成本因素。因此,最高限价规制同样回避不掉资本成本问题。其实这个结论完全是在意料之中,与政府规制的基本理念完全相符。高水平、高效率的政府规制必然会在投资者与消费者之间实现良好的均衡,这一均衡的核心因素就是资本成本。无论采用什么样的规制方法,从根本上讲,都不可能无视资本成本的存在。

无论是公正报酬率规制还是最高限价规制,资本成本都是其中的一个核心参数,其数额的确定甚至会直接决定政府规制的质量。在公正报酬率规制中,所谓的报酬率就是资本成本;在最高限价规制中,无论是上一期的价格(P_{t-1})还是生产率增长率(X)的确定都会涉及资本成本。资本成本的确定关系到投资者与消费者之间的财富的转移。事实上,如何合理地确定 X 的数值,其困难程度绝不亚于资本成本的估算。经过多年的实践,人们对于最高限价规制方法的评价也趋于合理化。

总的来看,报酬率规制在美国的应用历史悠久,已经有一个多世纪,积累的文献较多,理论探讨相对成熟。价格上限规制(Price-cap Regulation)20 世纪 80 年代初应用于英国的电信行业,取得成功后迅速推广到很多行业。美国的电信业、电力行业也采用了这种规制方法。最关键的是,梯若尔等人将这种规制方法界定为所谓的激励性规制方法,更是突出了这种规制方法的优越性。这也是梯若尔获得经济学诺贝尔奖的主要学说。

至于价格规制,是在政府规制相当成熟、科学以及被规制企业的公司治理、管理水平都达到较高水平以后适用的规制方法。

自 20 世纪 80 年代以来,英美等国一直在做放松甚至完全取消政府规制的努力,比如完全放开民航市场等。而中国的政府规制很久以来一直与行政管制交叉在一起,规

[①] LITTLECHILD S C. Economic Regulation of British Telecomminications Profitability. Report to The Secretary of State. London: HMSO, 1983.

制效果不理想，也急需进行改革。在政府规制改革进程中，资本成本问题将是一个关键的改革领域。

二、政府规制中的资本成本

与企业内部估算资本成本不同，政府规制中估算的资本成本作为规制的重要参数之一，对消费者利益以及投资者财富都将产生直接、重大的影响。资本成本估算不仅涉及估算技术，同时还会面临规制者与被规制者之间的博弈。在政府规制中资本成本的估算是一个极具社会效应的内容。

根据哪些因素确定规制的报酬率？规制报酬率能不能以被规制企业的资本成本为基础确定？这是政府规制研究中必须解决的一个问题。

根据政府规制的宗旨，确定规制报酬率应当满足两个条件：①投资者在承担相同或者相似风险程度的情况下，获得与其他投资者相同的报酬率水平；②满足被规制企业吸引新的投资、维持必要财务信誉的需求。对这两个条件进行分析，必然会涉及被规制企业的风险特征及经营特征。比如，在其他因素相同的情况下，实施报酬率规制的企业在客观上降低了投资者所承担的风险。

被规制企业的资本成本是规制报酬率理想的代理指标，因而成为规制者与被规制者进行报酬率博弈的基础。过高或者过低的资本成本估算都会影响报酬率的确定——要么有损消费者利益，造成政府规制的失败；要么减损投资者财富，导致被规制企业的失败，进而伤及整个社会的利益。

没有资本成本的科学估算，就无法实现政府规制技术的科学化。无论是报酬率规制还是价格规制，资本成本都是其中的关键参数，直接决定着规制的质量。在报酬率规制中，一般认为，规制的报酬率就是被规制企业的资本成本。出于政府规制的某些考虑，规制报酬率可能等于资本成本，也可能大于资本成本。比如，所谓的 A-J 效应就是在规制报酬率大于资本成本的情况下出现的一种状况。在最高限价规制中，虽然模型中没有直接显现资本成本因素，但是在上一期价格和生产率增长率的确定过程中，资本成本均是核心要素，不容忽视。

由于债务资本成本的法律契约性质，在政府规制体系中，有关资本成本的研究通常不包含债务资本成本。道理很明显，债务资本成本属于法律规范的内容，不是政府规制的内容。

在美国政府规制的早期研究中，围绕报酬率问题的资本成本研究无疑是最引人关注的一个领域。

CAPM 在企业界和政府规制中都获得了广泛的认可和运用，但同时也受到了很多的质疑，其中一个最大的质疑就是影响预期报酬率的风险因素。按照 CAPM，影响报酬率的因素只有系统性风险的代理变量（即 β）。对于实现完美证券组合的投资者来讲，这一模型具有合理性。但是，如果考虑到政府规制中需要对某一具体企业实施规制约束，单一的风险因素显然不符合客观实际。比如，人们发现，小企业的报酬率会高于 CAPM 估计的水平，等等。

近 20 多年来，Fama-French 多因素模型备受关注。但是人们也发现，尽管一些新的模型容纳了更多的变量，但是从实际的估算结果看，同样存在着很多的问题。在估算结果同样存疑且估算过程极其复杂的情况下，CAPM 所具备的简洁易用的特性就弥足珍贵。

借鉴企业界估算资本成本的经验，政府规制中可以采用除 CAPM 以外的两种或者两种以上的方法估算资本成本，作为确定规制参数的综合依据。在实践中，人们发现，CAPM、股利增长模型以及 FF 三因素模型都是可以采用的，估算结果可以相互参照对应，并在综合考量的基础上确定最后的估算值。

资本成本估算应该分别由规制企业进行，也就是所谓的"一户一核"，而不是概略地确定一个行业数值。公司的治理水平、管理能力、发展战略，甚至资本结构和股利支付的不同，都会导致其资本成本的差异。每家公司有各自的资本成本，这是政府规制中必须明确的一个基本原则，如此才能够切实发挥出政府规制的作用。

无论是 CAPM，还是其他备选的资本成本估算模型（比如 FF 多因素模型等）都涉及一些非常重要的主观选择，这无疑加大了资本成本估算的弹性，影响到该参数在政府规制中的权威性。弥补这一缺陷的主要途径和方法就是在每一次调整最高限价或者规制报酬率的时候，都要提供齐备的资本成本估算报告，将资本成本估算的全过程、所有参数的选择以及估算原则、估算结果分析等问题都予以详尽的阐述和解析，为相关质疑和争议提供足够的信息。

从公司内部来讲，资本结构政策是决定资本成本的主要因素。从英美等国政府规制的实务来看，资本结构一直是规制框架中的一个重要内容。政府规制要不要约束被规制企业的资本结构？如何约束资本结构？在规制资本结构及其政策的时候，如何对待资本结构与资本成本之间的关系？这些问题都是需要做进一步探讨的。

从规制者的角度看，既然资本成本是政府规制中的一个核心参数，那么直接决定这一参数的资本结构自然应该处于规制之下。被规制企业资本结构的任何变化都应当纳入必要的监管当中。在资本成本估算过程中，如何处置资本结构也是一个非常重要的问题——在历史成本资本结构、市场价值资本结构和目标资本结构之中，应该选择哪一个资本结构作为资本成本估算的基础？

三、政府规制方法的选择以及对中国的启示

政府规制方法设计与实施的影响因素并非单一的，政府规制方面的考量与经济制度、政治制度、国家治理、被规制企业的管理等均有着直接的关系。

公正报酬率规制的研究始于 19 世纪末、20 世纪初的美国，在 20 世纪的三四十年代趋于成熟并获得广泛运用。人们关注政府规制中的报酬率问题与当时金融理论的兴起紧密相关。与传统的经济学研究特别关注性质问题不同，金融学研究的一大特征就是对风险-报酬率关系的研究，其中报酬率的研究尤为受人关注。人们不再满足于对利润来源、利息来源等问题的探讨，而是将更多的精力放在了具体、可操作的报酬率的计量方面。被规制行业投资所能获得的报酬率水平不仅会影响投资者的报酬，同时也

关系到被规制行业的发展，乃至社会福利和消费者利益。20世纪20年代末、30年代初爆发的世界性的金融危机极大地改变了国家对整个经济系统的调控和管控方式，其中一个最大的改变就是政府规制的改变。与以往脆弱的政府规制比，30年代以后的政府规制加强了对被规制行业的宏观调控力度，同时规制的触角开始进入企业内部。比如，政府规制在与被规制企业约定了报酬率之后，还对企业的资本结构等财务政策给予很大的关注。报酬率规制模式的实施加强了政府规制力度，对于当时美国经济的恢复及可持续发展发挥了重大的作用。从某种意义上讲，这是凯恩斯主义在政府规制领域的应用。这种强势的政府规制一直延续到20世纪70年代，随着政府规制缺陷的不断暴露，人们开始反思其对于经济发展的负面效应，因而开启了规制放松的大幕。但是，放松并没有延续太长时间，90年代到21世纪初屡屡出现的金融危机以及国际贸易争端，又将政府规制推向了前台。至此，世界范围内的政府规制改革进入了一个新的历史时期。

最高限价规制出现在20世纪80年代的英国，在撒切尔夫人执政时期，国有企业大力推行私有化。在英美等国的主流经济理论中，国有企业问题一直是一个很敏感、但又研究不够深入的问题。人们将国有企业与政治制度挂钩，意味着研究已经踏入了歧途，不可能产生很高质量的学术成果。国有企业治理水平低、绩效差已经成为国企的重要标签。同时，对于信奉自由市场主义的英国政府来讲，脱离开国有企业有助于其政治政策的纯粹化。伴随着英国国有企业的私有化，政府在经济系统中的作用也进一步的弱化，为市场经济的发展留出更大的空间。在这样的历史背景下，英国政府规制改革从技术层面上必然趋向直接、简洁和高效，比如追求规制方法的简洁明了，尽量淡化规制者与被规制者之间的关系，放松政府规制对于企业的约束，等等。最高限价方法恰好满足了这些需求，成为英国政府规制改革中的一大特点。

同时，最高限价规制方法的应用与英美等国公司治理和管理趋于成熟、规范和科学化也有着关联。在这样的背景下，政府规制只需单纯地考量消费者方面的因素。

而中国采用报酬率规制的主要原因有以下几个：①中国的国有资本是公用事业投资的主体，国有企业因此成为政府规制的主要受体；②中国的公用事业仍处于高速发展期，报酬率规制有助于促进投资行为；③报酬率规制中资本成本是一个核心参数，关注资本成本有利于被规制公司改善公司治理，关注股东利益；④报酬率规制需要规制者与被规制之间进行充分沟通与博弈，这在中国政府规制改革的进程中是非常必要的。

在公用设施投资中，政府投资部分的报酬率要求需要兼顾财务与社会福利等多方面的因素加以确定。按照中国住房和城乡建设部的有关规定，"市政项目评价中政府投资的资金成本应视政府投资类型而定：直接投资的项目，由财政拨款，不计算投资回报，资金成本为零；资本金注入的项目，资金成本的下限为长期国债利率；国外贷款转贷项目，资金成本为国外贷款利率加其他融资费用率；投资补助的项目，资金成本为零"[①]。这一有关国家股东要求报酬率的原则规定将直接影响国有资本成本的确定，

---

① 中华人民共和国住房和城乡建设部. 市政公用设施建设项目经济评价方法与参数[M]. 北京：中国计划出版社，2008：21.

进而成为政府规制中的重要制约因素。

<h2 style="text-align:center">本章小结</h2>

资本成本是最为重要的财务概念之一,其数值是制定重大财务政策的锚定因素。资本成本的本质是投资者基于投资风险所提出的报酬率要求,是对公司治理的基本诉求。为了满足投资者对于报酬率的诉求,实现股东财富最大化,公司必须按照净现值法则来选择投资项目。换言之,只有那些报酬率能够超过资本成本的投资项目才能被采纳,其净现值为正值。这是资本成本在公司财务中的基本应用场景。但是,作为一个重要的财务概念,资本成本的应用早已突破了公司财务的范围,在众多领域中都发挥着不可或缺的作用。比如,在政府规制中,无论是规制报酬率还是最高限价规制,合理地估算被规制企业的资本成本都是一个关键环节,直接决定了政府规制的质量。不合理的资本成本估算值,要么导致规制价格较高,侵害消费者利益;要么导致投资绩效太低,难以吸引足够的资金投入公用事业,最终也会影响社会福利的保障。

债务资本成本的估算与股权资本成本的估算是资本成本研究领域的两大核心,其中最为困难的是股权资本成本的估算。由于没有契约的外在约束,股权资本成本难以直接观察得到。在资本市场波动的环境中,股权资本成本时刻处于变动之中。调研显示,资本资产定价模型(CAPM)已经成为最为重要、普遍运用的股权资本成本估算方法。在具体的估算过程中,人们对这一模型采用了一些变通的运用方式,比如将市场风险补偿确定为某一常数等。同时,CAPM已成为政府规制中估算资本成本的主要方法。中国公司如果采用CAPM估算股权资本成本,首先需要对该模型在中国资本市场上的解释和预测能力予以检验,在此基础上,对各项参数做出合理的界定。除了CAPM以外,其他较为常用的估算方法还有股利增长模型(戈登模型)或者盈利/价格比率法。在很多情况下,投资者投入资本时,也可以和公司董事会进行沟通,以明示的方式确定资本成本。换言之,就是直接将对报酬率的要求告知董事会,并要求董事会实现。

资本成本是公司重大财务政策的锚定因素。具体言之,财务政策的制定与实施均与资本成本紧密相关。好的财务政策应当有助于资本成本的下降、企业价值的提升。

由于历史的原因,中国的公司普遍缺乏资本成本理念,更少有资本成本的合理估算。这种情形的存在,是中国公司治理水平低下、管理水平不高的一个重要表现。

国家股东是中国最具统御性质的控股股东。在国家控股的公司里,股权资本成本的确定还涉及国有资本投资问题。与一般的民营资本比较,国有资本投资诉求要复杂得多,而且财务诉求(也就是报酬率诉求)未必是其主要的投资诉求。对国有资本成本进行合理的估算,在中国可能具有更大的现实意义。目前,这个领域的相关研究尚待开展。

作为一个基本的财务概念,资本成本在公司财务理论、金融理论、宏观经济研究等诸多方面都有重要的应用。资本成本及其相关的研究领域大致可以划分为如下几个:

1. 构建基于资本成本的公司财务理论体系，包括资本成本理论、资本成本与财务理论、资本成本学术史等。

2. 股权资本成本估算问题，包括估算技术的未来发展、估算模型、估算参数的选择、估算值的应用等。

3. 资本成本在微观财务与宏观经济中的应用，包括财务政策与决策；公司绩效评价；公司估值；宏观经济分析与政策，比如资本成本与政府规制、资本成本与货币政策、资本成本与混合所有制改革、资本成本与国有资本投资改革等。

4. 基于不同视角研究资本成本效应（相关性），包括优先股融资、股份回购、信息披露、分析师预测、会计准则及其变更、高管薪酬、代理冲突等。

重要术语

资本成本、要求报酬率、股权资本成本、债务资本成本、加权平均资本成本（WACC）、资本资产定价模型（CAPM）、Fama-French 多因素模型、折现率、政府规制、公正报酬率、最高限价

复习思考题

1. 如何从投资者的角度和企业的角度，全面、深入地理解要求报酬率与资本成本概念？

2. 在估算债务资本成本的时候，需要注意的问题有哪些？根据公司债现有的利率水平来估算债务资本成本的做法合适吗？

3. 根据企业内部的相关数据（如盈利、股利等）估算股权资本成本，和根据资本市场数据（如市场平均报酬率、贝塔值等）估算股权资本成本，二者之间的区别是什么？哪一种更合适？

4. CAPM 是当今世界被广泛采用的估算股权资本成本的主要方法。在中国公司中应用这一模型面临的最大的障碍是什么？有没有应对的措施？

5. 如何理解资本成本在财务政策制定过程中的锚定效应？很多中国公司目前缺乏资本成本理念，如何看待这些公司财务政策的优劣？

6. 如果采用 Fama-French 多因素模型估算资本成本，会面临哪些困难？

案例与分析

欧美国家公司如何估算资本成本

2004 年，Dirk Brounen 借鉴 Graham 和 Harvey（2001）对美国公司财务政策研究的方法，对欧洲一些国家的公司财务政策进行了调研分析，得出一些重要结论。这里仅对有关股权资本成本估算的部分做一个介绍。

关于股权资本成本的估算问题，Dirk Brounen 等人主要提出了两个问题：一是公司是不是能够准确、合理地估算出股权资本成本的水平？二是使用什么方法来估算股权资本成本？

股权资本成本的估算涉及很多方法选择及参数确定的问题，这些工作对于公司管理层有着很高的专业技能要求。调研显示，半数以上的公司能够较为准确地估算股权资本成本，而且各个国家之间的差距并不大。很多中小型企业没有能力估算资本成本，这将直接影响其财务政策的科学制定，制约其管理水平的提高。

股权资本成本估算的主要方法有资本资产定价模型（CAPM）、多贝塔（multi-beta）CAPM、股利折现模型、历史平均报酬率等。事实上，很多公司会以多种方法来估算股权资本成本，其中应用最多的是 CAPM。这与美国公司的情况基本相同。

调研显示，CAPM 是欧洲公司估算股权资本成本最常用的方法：在英国、荷兰、德国、法国，分别为 47.1%、55.6%、34%和 45.2%。研究结果还表明，尽管资本资产定价模型是欧洲流行的一种方法，但其受欢迎程度却低于美国。根据 Graham 和 Harvey（2001）的调研，几乎 73.5%的 CFO 在一定程度上依赖 CAPM 估计股权资本成本。但在欧洲，这个比例仅为 45%。

在欧洲国家公司中，排在第二位和第三位的方法分别是历史平均报酬率和多贝塔CAPM。欧洲国家使用这些方法的比例远远地低于美国公司。同时，上市公司与非上市公司在具体做法上存在很大的差异。上市公司一般管理较为规范，管理者接受 MBA 教育的较多，运用 CAPM 估算股权资本成本的比例较高。相反，小型、非上市公司可能更喜欢使用一些简易、直接的方法来确定股权资本成本，比如要求投资者直接明示其要求报酬率。

根据 Brotherson 等人 2013 年的研究，美国公司在股权资本成本估算方面的最佳做法如下：

（1）权重的确定应当基于债务及股权的市场价值进行。

（2）债务的税后成本应根据边际税前成本以及边际税率进行计算。

（3）CAPM 模型是目前用于估算股权资本成本的首选。

（4）β 的确定基本来自公开的数据资源，在数据供应商不提供数据来源时，最佳实践公司通常通过判断来估计 β 值。此外，从业者经常借鉴可比公司的数据作为 β 的评估基准。

（5）无风险报酬率应当与所评估现金流量的期限相匹配。对于大多数资本项目及企业并购，以美国政府 10 年期或以上的利率作为无风险报酬率更合适。

（6）对于股票市场风险溢价的选择在其价值和估算方法上都存在着较大争议。虽然"最佳实践"公司和财务顾问所提供的市场风险溢价平均为 6.5%左右，但其区间约在 4%到 9%。

（7）WACC 的变化应当考虑主要投资机会或金融市场利率的重大变化，至少每年应当重新测量一次。对于公司项目评估体系以及目标报酬的改变应当保持谨慎，仅在发生重要变化时才考虑变革。

（8）WACC 应当进行风险调整以反映公司内部不同业务之间的实质性差异。例如，财务顾问通常认为公司的 WACC 并不适于对公司不同部门进行估值。考虑到上市公司涉及不同的业务领域，这种对于 WACC 的风险调整只适于对使用 CAPM 模型进行股权资本成本估算的企业对加权平均资本成本进行适度的调整。同时，还需对跨国投资项目的资本成本进行调整。

（资料来源：DIRK BROUNEN, ABE DE JONG, KEES KOEDIJK. Corporate Finance in Europe: Confronting Theory with Practice [J]. Financial Management, 2004, 33 (4): 71-101. W TODD BROTHERSON, KENNETH M EADES, ROBERT S HARRIS, ROBERT C HIGGINS. Best Practices in Estimating the Cost of Capital - An Update [J]. Journal of Applied Finance, 2013 (23): 15-33.）

思考的问题：

1. 与国际上普遍进行股权资本成本估算形成鲜明对照，中国公司对资本成本的估算未给予足够关注。分析其中的缘由。

2. CAPM 是目前被普遍采用的估算股权资本成本的方法，分析该模型原理与资本成本性质之间的契合点。

3. 分析 CAPM 方法与股利折现模型在估算股权资本成本时的差异，并对各自的适用性予以说明。

4. 你认为中国公司估算股权资本成本时，最合适的方法是什么？

延伸阅读

[1] 汪平. 资本成本：理论与估算技术 [M]. 北京：经济管理出版社，2018.

[2] DURAND D. Cost of Debt and Equity Funds for Business: Trends and Problems of Measurement. In NBER, Conference on Research in Business Finance, New York, 1952: 215-247.

[3] WILLIAM F SHARPE. Capital Asset Prices: A Theory of Market Equilibrium under Conditions of Risk [J]. The Journal of Finance, 1964, 19 (3): 425-442.

[4] WILLIAM R GEBHARDT, CHARLES M C LEE, BHASKRAN SWAMINATHAN. Toward an Implied Cost of Capital. [J]. Journal of Accounting Research, 2001, 39 (1): 135-176.

[5] JAMES A OHLSON, BEATE E JUETTNER-NAUROTH. Expected EPS and EPS Growth as Determinants of Value [J]. Review of Accounting Studies, 2005, 10 (2-3): 349-365.

[6] RICHARD LAMBERT, CHRISTIAN LEUZ, ROBERT E VERRECCHIA. Accounting Information, Disclosure, and the Cost of Capital [J]. Journal of Accounting Research, 2007, 45 (2): 385-420.

[7] DENNIS SCHLEGEL. Cost-of Capital in Managerial Finance: An Examination of Practices in the German Real Economy Sector [M]. Springer, 2015.

[8] RAVI JAGANNATHAN, DAVID A MATSA, IWAN MEIER, VEFA TARHAN. Why do Firms use High Discount Rate? [J]. Journal of Financial Economics, 2016, 120: 445-463.

第四章

投资政策——资本预算

公司内部的长期、资本性的投资项目分析一般称为资本预算分析。通过资本预算，对那些大型资本投资项目的现金流进行规划，并在此基础上确定投资项目的绩效水平。净现值法则是评价投资项目的基本原则。按照这一法则，只有能够为股东创造更多价值的投资项目才可以采纳。伴随着现代技术的不断进步，在传统的行业（如汽车、钢铁、纺织等）之外，高科技、以人力资源为主的新兴产业大量出现，这些产业的出现为资本预算技术带来新的挑战。

第一节 资本预算与价值创造

一、资本性投资与资本预算

投资问题研究大致可以划分为三个组成部分：①证券投资，比如股票投资、公司债投资。对这个领域的研究及其成果成为经济学在 20 世纪所取得的重大进展，比如有效市场理论、CAPM 模型、期权定价理论与模型等。证券投资研究因而成为现代金融学重要的一部分。②社会大型项目投资，比如公路、铁路、水库等社会大型投资项目。这类投资很多属于公用类项目，与营利性的证券投资等不同。这类投资项目的投资规模巨大，社会影响力大，因而同样需要对其风险和收益进行科学的度量与分析[1]。③公司内部的长期资本投资。

长期的资本投资在公司财务中被称为资本预算（Capital Budget）问题。一般认为，投资政策是最为重要的财务政策，被称为公司的"第一财务政策"，决定公司未来的发展方向和质量。如何优化投资决策，提高投资项目的绩效，是一个非常重要的财务问题。从 19 世纪末、20 世纪初公司财务的早期文献看，企业内部的投资问题并没有被列入当时的研究。较早对公司投资问题进行深入分析的是费雪（Irving Fisher）。在《利息

---

[1] 中华人民共和国住房和城乡建设部. 市政公用设施建设项目经济评价方法与参数 [M]. 北京：中国计划出版社，2008.

理论》一书中，他用最大现值原理、比较利益原理、收获超过成本的原理等提法对净现值理论进行了深入分析。"一般的原理是，资本家在可能的各种选择中要选取最有利的一个，或更详细地讲，他要选取与任何其他选择比较时其所提供的利益，依特定利率计算的现值大于损失的那一个。但这显然只是原来的原理之另一种说法而已，原来的原理是说，该资本家所选定的用法是依特定利率计算具有最大现值的一个。"费雪（Fisher）将资本定义为随时间而产生收入流的任何资产。他认为收入的流动不同于产生它的资本存量。资本和收入是由利率联系在一起的。具体来说，资本的价值是资产产生的（净）收入流的现值。① 杜兰德（Durand）对资本成本、资本结构的分析也涉及了投资绩效的评价问题②。所罗门（Ezra Solomon）认为，为资本投资项目确定一个合理的要求报酬率是整个资本预算决策中的关键③。1958 年的 MM 理论更是明确地给出了资本投资的基本标准，即投资项目的报酬率要超过其资本成本。经过 20 世纪 50 年代的发展，资本预算领域基本确立了折现现金流量方法、净现值法则在投资绩效评价中的核心地位，这意味着公司现代长期资本投资理论的形成。

资本投资是公司内部的长期投资，一般是指运用长期资本进行的投资寿期较长且具有明确报酬率要求的投资行为。传统上，资本投资一般是指对固定资产的投资。但是，在新经济环境下，资本投资的范围有所扩大，一些非实物性的长期投资也纳入了资本投资当中，比如无形资产投资、研发投资、购并投资等。从工作实践来看，发现新的投资机会是董事会、管理高层的任务，财务人员要做的是在长期资本有限（Capital Rationing）的情况下，将资本用在那些好的投资项目上，这些项目能够增加现金流量，提高股票价格，最终增加股东财富。

对于轻资产、重智力（人力）资源的企业来讲，其在资本投资方面存在很多新的特点，最重要的一点就是这类企业很少甚至几乎没有实体的固定资产投资，它们不需要建厂房，不需要购置大型的机器设备。在资本预算方面，这类企业除了特别关注研发投资、购并重组决策之外，还有一类资本投资项目，那就是承办项目性质的资本投资。每承办一个项目，都应该以资本预算的方式对该项目的所有现金流进行预测、规划、分析，确定其折现率水平，并在此基础上计算净现值，确定项目的取舍。同时，这类公司还需要进行创新能力（Innovative Capacity，IC）投资，以创建或者巩固其竞争力。

从公司财务理论的角度看，自 20 世纪 50 年代以来，融资理论、股利理论都备受关注，取得了很多的研究成果，对于公司财务实践起到了很好的引领作用。但是，资本预算理论的发展却相对较为迟缓，数十年来并没有取得令人满意的成果。无论是投资项目的绩效评价，还是投资项目的风险分析，在基本理念和技术方法上并没有重大进展。深入分析其中的原因，其实也不难理解：资本投资的成功与否，从根本上讲不是

---

① IRVING FISHER. The Theory of Interest [M]. The Macmillan Company, 1930.
② DURAND D. Cost of Debt and Equity Funds for Business: Trends and Problems of Measurement [J]. In NBER, Conference on Research in Business Finance, New York, 1952: 215-247.
③ EZRA SOLOMON. Measuring a Company's Cost of Capital [J]. The Journal of Business, 1955, 28 (4): 240-252.

一个财务问题或者金融问题，更多的是公司战略管理问题，取决于管理者的创新能力和执行力。在财务问题上面临很多困难的投资项目，很有可能是极具发展前景的投资项目；而财务绩效上表现优异的投资项目，其战略价值却可能大打折扣。解决这种困局的关键依然在于管理层，这直接导致了资本预算理论发展迟缓的局面。

二、资本预算：战略与规划

资本预算是以预算的形式所进行的资本投资决策，主要特征就是基于投资项目所涉及的全部现金流——现金流出和现金流入——对投资项目绩效进行评价，从而决定备选项目的取舍。

资本投资项目现金流量不是数字预测，而是基于公司战略规划。现金流量的规划要与公司的发展战略紧密结合，充分体现董事会与管理当局的意志。换言之，不能将资本预算中的现金流量看作单纯的预测数据。资本预算是未来资本投资管控的依据，甚至是唯一的依据。董事会和管理层对于未来的生产经营战略必须通过资本预算和资本投资方可落实。

资本预算管理中最为重要的工作有：①投资项目现金流的规划；②基于投资项目的现金流的风险程度，预测并确定投资项目的折现率；③评价投资项目绩效所使用的评价方法；④投资项目的风险管控。

没有资本预算基础的资本投资是盲目的。诸如国内企业界普遍存在的所谓"拍脑袋"决策，极有可能产生不良的后果。管理高层提出投资建议以后，资本预算的编制可以对拟议中的投资项目进行详尽的现金流分析，并将未来可能出现的各种风险状态纳入其中。通过资本预算，既可以对投资项目的绩效水平予以评价，同时也可以对可能出现的风险预设好化解方案，从而保障公司的稳定发展。因为资本投资项目一旦失败往往是不可逆的，甚至导致公司陷入绝境。

好的投资项目必须满足如下几个条件：①投资项目符合公司的长远发展战略，有助于公司综合竞争力的提升。任何短视、跟风的投资项目都不会产生长期的绩效，甚至会严重减损公司价值。而做到这一点的关键在于公司的董事会和管理层，需要他们具备长远的眼光和敏锐的投资预见。一流的企业家必然是投资方面的行家，敢于冒风险，同时又善于处置风险，甚至能将风险转化为机遇。②投资项目符合股东财富最大化目标，有助于股东财富的持续增加。在财务实践中，一些投资项目的选择往往站在管理层的角度来决策，比如盲目扩大经营规模，无节制地进行购并，不计成本地投入研发，等等。这些项目虽然看似极具吸引力，但唯独缺少了一个核心的特征，即有助于股东财富的增加。在投资项目选择的过程中，需要特别关注股东与管理层之间的代理冲突，确保股东利益。③投资项目的决策与实施有完整、详尽的预算支持。资本预算不仅是对投资项目所做的科学规划，更是项目实施之后进行控制的依据，是资本投资项目依照目标运行的重要保障。没有资本预算支撑的投资项目很难在复杂多变的环境中取得理想的绩效。同时，在资本预算中要对投资项目在实施期间的各种风险进行科学的分析与评价，并预设高效的应对方案。

第二节 资本投资项目的绩效评价

一、资本投资项目的现金流量及其风险

由于在资本预算中所运用的是净现值法则,因此资本项目的现金流量与企业价值估价中的现金流量并不完全相同。资本投资项目现金流量的预测和计算关注的是项目投产后对企业现金流量的影响,一般计算方法是在项目所带来的净营业收入的基础上加上非现金费用(如折旧)之后,得出投资项目所带来的现金流量。将各年项目现金流量折现之和与项目投资净支出的现值进行比较,可得净现值(NPV)。前者大于后者,净现值为正;前者小于后者,净现值为负。在企业价值估价中计算现金流量,关注的则是可向企业所有者(如普通股东)支付的现金流量,即所谓的自由现金流量。自由现金流量可以保证管理当局在不影响企业资本投资以及正常经营的状态下,自由地向企业所有者派出现金,以保证其财富的持续增加。毫无疑问,投资项目所带来的现金流量是自由现金流量不断增加的基础。换言之,所有的自由现金流量都源自投资项目所带来的现金流量,因而,资本投资决策是决定企业价值的根本因素。

项目现金流量按发生的时间大致可以分为初始投资支出、项目实施期间经营活动现金流量以及项目终点现金流量三部分。项目初始投资包括固定资产购置成本以及新增营运资本,以及为项目融资而发生的相关费用等。经营活动现金流量是指在项目经济年限中获得的增量现金流入,其每年经营活动现金流量等于年税后经营利润加折旧。项目结束时通常会有一些额外的现金流入,包括固定资产残值收入、固定资产减值税额减免以及营运资本的收回。这些都统称为项目终点现金流量。

(一)初始投资支出,即所谓初始现金流量

初始现金流量,通常是指资本投资项目开始实施时所发生的现金流量,主要是现金流出,主要包括:长期资产的购置成本、运输费用、安装费用与调试费用;项目运行所需要的新增营运资本投入比如存货投资、应收账款投资等;在以旧换新项目中,处置原有设备所产生的现金流量等。初始现金流量的预测相对难度要小一些,因为它们涉及的时间较短;同时,作为投资成本一般也有足够的市场信息可供参考。

在资本预算中,研发支出占据比重较大的项目需要特别关注初始阶段投资支出的合理性。现代生产经营中的科技含量越来越高,研发支出的规模也越来越大。与一般的生产设备购置不一样,这类研发支出通常需要较长的时间,且其中所涉及的购置项目名目繁多,极大地加大了资本预算编制的难度。

资本投资项目所需资金量巨大,在融资过程中可能会发生大量的融资费用(Flotation Costs)。这种融资费用虽然发生在融资过程中,但与资本成本没有关系。资本成本的本质是投资者的要求报酬率,不会涉及融资费用问题。在国外,企业融资费

用的处置办法一般是作为初始投资支出的一个加项,也就是增加了资本投资项目的初始支出①。

(二) 投资后的增量现金流量,即投资后经营活动净现金流量

经营活动现金流量是指投资项目投产以后所产生的经营活动现金流量增量,主要是现金流入,主要包括:在扣除费用之后所增加的经营收入;因投资项目而增加的各种间接费用(如水电费用);因投资项目的采纳而节约的有关费用(如人工费用、材料费用);因投资项目的采纳所产生的所得税调整(如由于增加设备投资增加的折旧而减少的所得税支付);新增营运资本等。

投资后经营活动净现金流量可按下式计算②:

$$\begin{aligned}经营活动净现金流量 &= 经营活动现金流量 - 新增净营运资本 \\ &= 销售额 - 变动成本 - 经营固定成本 - 折旧 - 所得税 \\ &\quad + 非付现费用(比如折旧) - 新增净营运资本 \\ &= 税后净利 + 折旧 - 新增净营运资本\end{aligned} \quad (4-1)$$

(三) 终点现金流量

终点现金流量是指投资项目完结时所产生的各种现金流量,主要包括:处置设备等的残值收入,回收的营运资本投资,其他现金流量等。

前已论及,资本预算中的现金流量是规划性质的现金流量,并非单纯的预测数据。所谓规划性质的现金流量,是指资本投资项目中所涉及的所有的现金流出和现金流入都处于董事会和管理层的战略计划之中,即使未来内外环境发生重大变化,这些规划性的现金流量也不会轻易地发生改变。

同样的投资项目,在不同的企业中,由于管理层的规划与管控能力的不同,其绩效会出现重大差异。这种基于现金流的绩效差异,体现的是规划能力与执行能力的差异。

规划的现金流量能否转化为实际的现金流量取决于公司的管控能力。具体言之,执行能力越强,实际现金流量按照规划实现的可能性越大,投资项目所期望的绩效水平实现的可能性也就越大,这也是预算管理的宗旨之所在。实际现金流量与规划现金流量的差异越大,表明公司执行能力越差,管理实力薄弱。

资本投资项目的投资规模大,延续时间长,一般都面临较大的风险。投资项目未来的现金流量如果是可知且唯一的,那么该项目为无风险投资项目;未来的现金流量存在多种可能,尤其是伴随着经济环境的改变而改变,则该项目为有风险的投资项目;未来现金流量的波动幅度越大,各种可能的结果越多,表明项目风险程度越大。总之,投资项目的风险源自现金流量的波动。

---

① H KENT BAKER, J CLAY SINGLETON, E THEODORE VEIT. Survey Research in Corporate Finance: Bridging the Gap Between Theory and Practice [M]. Oxford University Press, 2011: 155.

② EUGENE F BRIGHAM, LOUIS C GAPENSKI. Intermediate Financial Management [M]. 5th edition. The Dryden Press, 1996: 255.

在资本预算决策过程中，风险分析是关键环节之一。传统行业一般有着稳定的商品或者服务，供销关系相对稳定，其投资所面临的风险也较小。而新兴的高科技行业则面临着较高的风险，其提供的商品或者服务具有极大的不确定性，市场多变，消费者的倾向难以把握。同样，新型行业中的资本投资在风险分析方面也面临着较大的挑战。

二、资本投资项目绩效评价原则与方法

（一）资本投资与股东财富

资本投资项目的优劣取决于未来所创造的现金流量。一般而论，未来现金流量越多，表明投资项目的价值创造力越强，给股东带来的财富也就越多。按照 MM 理论，资本投资项目是未来现金流量以及企业价值的唯一决定因素。

以什么标准选择资本投资项目是极为重要的，自然也就成为资本预算理论中首先要解决的问题。20 世纪 50 年代资本预算理论趋于成熟，其最为重要的成果就是成功地解决了这个问题，将资本投资项目选择的基准界定为股东财富的增加，奠定了净现值法则的基础。

所谓净现值法则，是指资本投资项目的采纳要以净现值为基本准绳，能够带来净现值的投资项目会被采纳，净现值为负值的投资项目会被否决。换言之，在选择资本投资项目的时候，单纯地以会计指标（如利润率等）作为评价指标极有可能导致决策的失误。

实现投资者的要求报酬率，满足投资者对于未来收益的期望，是资本投资项目绩效的根本。任何与这一投资目标相悖的投资项目都必须予以否决。

在财务实践中，由于董事会和管理层的理念问题或者管理水平所限，在投资项目的选择中，可能会采取另外一些判别的标准，比如企业规模、短期的利润指标甚至某些政治方面的考量。这些指标如果与股东财富的目标不冲突，作为技术方法运用无可非议；但是如果与股东财富的目标存在冲突，则做出的投资决策必然会减损投资者利益，无助于公司的长远发展。

（二）资本投资项目绩效评价方法

人们一般将投资项目绩效评价方法划分为两类：一类是折现现金流量方法（Discounted Cash Flow Methods），一类是非折现现金流量方法（Non-discounted Cash Flow Methods）。前一类方法的特点有：①基于投资项目寿期内所有的现金流量；②基于现金流量的风险程度确定折现率；③与公司估值的基本原理相通。需要说明的是，对投资项目现金流量进行折现，经常被称作考虑货币时间价值（Time Value of Money）[1]。其实，这并不是所谓货币时间价值问题，而是对投资项目的最低报酬率要求

---

[1] 货币时间价值不是一个严谨的学术概念，只是一种习惯性的叫法。即使是无风险报酬率，也必须是在实施了投资行为之后方可获得。在没有科学投资行为的情况下，伴随时间延续的只能是损失。当投资者将货币投入公司之后，这些货币就天然具备了资金的性质，具体言之，就是通过投资获得必要的收益，而这一收益与时间并非正相关关系。

的问题。具体言之，如果不对现金流量进行贴现，说明对该投资项目没有报酬率要求，或者只是对投资项目的远期发展感兴趣；相反，如果对现金流量进行贴现，该贴现率就是对投资项目最低报酬率的要求。通常情况下，会以CAPM-WACC（即以CAPM估算股权资本成本，在此基础上计算加权平均资本成本）作为投资项目的折现率，但更多情况下，人们会在CAPM-WACC的基础上进行调整以确定折现率，也就是所谓的基准利率。非折现现金流量方法则是指那些基于非现金流量因素的方法[如会计报酬率（ARR）法]，或者非折现的方法（如回收期法）。

投资项目绩效评价的目的是要找到有助于实现股东财富最大化目标的投资项目。数十年来，企业界应用最多的方法主要有：净现值法（NPV）、内含报酬率法（IRR）、修正的内含报酬率法（MIRR）、回收期法（Regular Payback）、折现回收期法（Discounted Payback）、盈利指数法（PI）等[1]。其中，净现值法被认为是最为科学的方法，因为按照这一方法选择的投资项目有助于股东财富最大化目标的实现。回收期法简单易懂，在国际企业界也有着广泛的应用，但更多的用于对投资项目的风险程度进行评价。回收期越长，说明投资回收的速度越慢，风险越大。

科学合理的资本投资项目绩效评价方法必须具备如下三个基本条件：①完整纳入投资项目所有的现金流量，包括全部的现金流出和现金流入；②将对投资项目的报酬率要求纳入绩效评价中，也就是与股东财富最大化目标相契合；③将风险及其应对因素与绩效评价有机地结合起来，确保投资项目按规划实施。能够同时满足这三个条件的评价方法是折现现金流量方法，比如净现值法和内含报酬率法。

净现值法是基于投资项目创造现金流量的一种评价方法。在同样的情况下，项目存续期间创造的现金流越充裕，给股东带来的财富也就越多。在现代经济环境下，很多的高科技、高增长公司，尤其是网络类、创新型公司，往往在一个较长的时间之内难以获得经营利润。对这类公司的投资项目，如果只是着眼于盈利的创造，极有可能阻碍技术的进步和创新。以现金流为评价基础的净现值法可以将更多的技术因素、创新因素纳入其中。

净现值计算的重要数据：一是投资有效期内各期的净现金流量；二是用于对现金流量进行贴现的项目资本成本，即折现率。

净现值的计算公式为：

$$净现值(NPV) = \sum_{t=0}^{n} \frac{CF_t}{(1+k)^t} \qquad (4-2)$$

式中，CF_t为预期第t年的净现金流量；k为资本投资项目的资本成本，它取决于项目风险程度的大小；n为投资有效期。

净现值法决策的基本法则为：资本投资项目的净现值大于0或者等于0，予以采纳；投资项目的净现值小于0，予以否决。该种决策原理被人们称为净现值法则。恪守净现值法则，只选择那些能够创造正净现值的投资项目，就可以最大限度地满足股东

---

[1] H KENT BAKER, J CLAY SINGLETON, E THEODORE VEIT. Survey Research in Corporate Finance: Bridging the Gap Between Theory and Practice [M]. Oxford University Press, 2011: 185.

对企业未来现金流量所提出的索偿权(即报酬率要求,亦即资本成本);反之,接纳那些净现值为负值的投资项目,就意味着过度投资,将资金投放到不能带来足够报酬率水平的项目上,减损了股东的价值。

内含报酬率法(IRR)是国际企业界应用最为广泛的方法,在很长一段时间之内,其应用范围都超过净现值方法。可以预见,在以后的资本预算技术中,内含报酬率仍然是非常重要的一个评价方法,其原因大致有以下几个:①内含报酬率是一种报酬率(Rate of Return)的形式,这与金融学领域的研究核心非常契合。关注报酬率研究,关注风险研究,是金融学区别于传统经济学的主要特征。传统经济学更为关注的问题是利息、利润等的性质及其来源。②内含报酬率的计算不需要像净现值方法那样事前确定折现率,这对于众多的中小企业来讲具有很强的可操作性。③对于管理决策来讲,内含报酬率所反映的投资项目绩效的相对水平更具说服力。④还有一个非常重要的原因,在早期关于资本预算技术的研究中,对于内含报酬率的研究相对较为丰富[①]。

净现值为0,表明资本投资项目的报酬率水平与要求报酬率水平(即项目的资本成本)刚好相等,此时的项目报酬率水平即是所谓的内含报酬率(IRR)。换言之,使投资项目净现值等于0的那个报酬率即是该项目的内含报酬率。实际上,内含报酬率实乃资本预算项目的期望报酬率,就是说,按照目前预测的现金流量及其风险状况,投资项目所能够达到的报酬率水平。因此,以内含报酬率作为折现率,可得:

$$\text{现金流入的现值} = \text{资本投资成本的现值} \tag{4-3}$$

$$\sum_{t=0}^{n} \frac{CF_t}{(1+IRR)^t} = 0 \tag{4-4}$$

实际上,内含报酬率与净现值方法的基本精神是完全一致的,它们进行项目取舍评估的结论通常也是相同的。如果投资项目的内含报酬率等于项目的资本成本,那么该项目的净现值为0;如果内含报酬率超过资本成本,则项目的净现值大于0。也就是说,无论是按照净现值法则还是按照内含报酬率法则,有助于企业价值增加的资本投资项目均可以被采纳,减少企业价值的投资项目将被放弃。

但由于内在的假设条件不一样,净现值法与内含报酬率法之间仍然存在一些重大的区别。比如,在互斥投资项目的选择过程中,这两种评估方法所选择的结果可能产生冲突。主要原因有二:①净现值法与内含报酬率法各自所假设的资金再投资报酬率(Reinvestment Assumption)存在重大差异。净现值法假设的再投资报酬率即是其资本成本,也就是计算净现值时所使用的折现率;而内含报酬率法假设的再投资报酬率则是内含报酬率。从财务估价的角度讲,净现值法所隐含的再投资报酬率假设是合理、科学的,因为只要获得高于资本成本的报酬率水平,企业就可以保障企业价值最大化目标顺利实现。内含报酬率法所隐含的再投资报酬率假设显然已经超出了合理、科学决策的范围。具体言之,人们没有足够的理由,要求资本投资项目的再投资报酬率一定要达到内含报酬率的水平。比如,在项目资本成本为10%的情况下,只要资本投资项

---

① J HIRSHLEIFER. On the Theory of Optimal Investment Decision [J]. The Journal of Political Economy, 1958, 66 (4): 329-352.

目的预测报酬率水平等于或高于 10%，项目即可被接纳。至于超过资本成本 10% 而产生的超额利润，并非财务决策所必须考虑的因素。②如果资本投资项目不是通常的投资项目①，即现金流入与现金流出的转换不只一次，则投资项目内含报酬率的计算可能没有结果，即算不出内含报酬率；也可能有多个内含报酬率。这些都说明，与净现值法比，内含报酬率法仍是一个不完美的绩效评价方法。

为了消除再投资报酬率假设的不合理问题，人们开始计算一种经过修正的内含报酬率，即在以资本成本为再投资报酬率的情况下，计算资本投资项目的内含报酬率，并以此判断投资项目的财务绩效②。

所谓修正的内含报酬率，是指使投资成本的现值等于项目最终价值（Terminal Value）现值的那一个折现率，即：

$$\text{投资成本的现值} = \text{最终价值的现值} \tag{4-5}$$

$$\sum_{t=0}^{n} \frac{COF_t}{(1+k)^t} = \frac{\sum_{t=0}^{n} CIF_t (1+k)^{n-1}}{(1+MIRR)^n} \tag{4-6}$$

$$PVcost = \frac{TV}{(1+MIRR)^n} \tag{4-7}$$

式（4-6）中，COF 为现金流出，即投资项目投资额；CIF 为现金流入。公式左边是以资本成本进行贴现的投资支出的现值，公式右边的分子是现金流入的终值，并假设这些现金流入将以资本成本为报酬率进行再投资。这些现金流入的终值被称为最终价值，即 TV。使最终价值现值与投资成本现值相等的那个折现率就是修正的内含报酬率。

除了净现值法和内含报酬率法之外，回收期法在国际企业界的应用也相当普遍，这与该方法自身的理论缺陷形成了强烈的反差。

所谓回收期，是指投资项目实施后取得现金流入的金额等于该项目现金流出即项目成本的金额所需要的年限。无疑，投资项目创造现金流量的实力越强，取得的现金流量越多，同样的长期资产投资额可以在较短的时间内收回。

回收期法决策的基本法则为：投资项目的预计回收期短于企业所要求的投资回收年限，采纳该项目；预计回收期长于企业所要求的投资回收年限，则放弃该项目。

回收期法判断资本投资财务绩效所隐含的折现率运用情况为：在回收期之前，假设折现率为 0，即对回收期之前的现金流量没有报酬率要求；但在回收期之后，则假设折现率为无穷大，使得回收期后的所有现金流量的价值均可以忽略不计。按照回收期法，人们在考察投资项目的财务绩效时，首先考虑的是对投入资本的回收，只有资金回收的顺利，项目获利才有充足的空间。

计算折现回收期（Discounted Payback Period，DPB）不是一件困难的事情，只要

---

① 通常项目的现金流出在前，现金流入在后，同时，从现金流出到现金流入的转变只有一次。换言之，在现金流入之后，不会再有现金流出的发生。

② 有关修正内含报酬率的内容主要参见 EUGENE F BRIGHAM，LOUIS C GAPENSKI. Intermediate Financial Management [M]. Fifth edition. The Dryden Press, 1996：230-232.

以折现率对项目的现金流进行折现,然后以现值的现金流量计算回收期就可以。折现回收期与非折现回收期所体现的时间差异,正是投资项目提供要求的报酬所需要的时间。比如回收期为 2 年,折现回收期为 2.5 年,其含义就是:收回投资本金的时间是 2 年,2 年以后的 0.5 年是创造要求报酬(折现率)的时间。

严格而论,回收期法不是绩效评价方法,只是一种风险分析的直观技术。资金收回的速度越快,时间越短,表明投资项目的流动性越强,风险越小。从绩效评价的角度看,回收期法所提供的信息几乎是没有意义的。因此,回收期法作为资本预算评价的传统方法之一,其适用场景大致为:①小企业的资本投资项目的分析;②较小规模的投资项目;③资金回收时间较短的投资项目。可以预测,在经济危机或者金融危机期间,回收期法的应用会有所增加;越是经济稳定,回收期法的应用也就越少。

利润指数法(Profitability Index,PI)是一种传统的绩效评价方法。

$$PI = \frac{\text{营业现金流入增量的现值}}{\text{投资现金流出的现值}} \quad (4-8)$$

当利润指数大于 1 时,意味着每 1 元的投入可以创造超过 1 元的价值,项目可以采纳;当利润指数小于 1 时,意味着每 1 元的投入创造的价值低于 1 元,项目不予采纳。

利润指数法与净现值法是一致的,两种方法都是先对投资项目所有的现金流入和现金流出进行折现,现金流入现值减去现金流出现值为净现值,现金流入现值除以现金流出现值则为利润指数。

在资本预算实践中,一般会采用多种方法对投资项目的绩效进行评价,而且不同的评价方法所提供的信息也有一定的差异,有助于做出更加理性、合理的投资决策。回收期法用于评价一些"短平快"的项目,这在经济不景气的环境下具有一定的合理性。内含报酬率法和利润指数法可以对不同规模、不同风险项目的绩效水平进行差异化评价,在此基础上对各个项目进行排序,便于选择。净现值法是选择投资项目的基本法则,最终项目的选择一定是基于净现值的。

当前,英美企业的财务管理越来越科学化,财务实践与财务理论也越来越契合。调研发现:①随着时间的推移,公司越来越倾向于使用折现现金流量的方法;②净现值方法的使用在增多,逐步接近内含报酬率的使用情况,这说明资本成本(折现率)问题在业界已经受到了足够的重视;③主要使用 WACC 作为项目评估的折现率,但对 WACC 进行调整以确定基准利率的情况也并不少见;④股权资本成本的估算方法以 CAPM 模型为主,市场风险补偿设定在 3%~6%之间。同时,也有公司采用历史的平均报酬率作为折现率,或者采用多因素 CAPM 估算资本成本。但学者们也发现,在以上这些领域,大型公司与中小型公司之间的差异还是非常显著的。受教育程度对于先进、科学的方法的使用有着重大影响,因为几乎所有的管理理念和技术的进步都与工商管理教育有关。[①]

欧洲企业界的情况与美国比有较大差异,欧洲公司仍然热衷于使用回收期标准,

---

① GRAHAM JOHN R, CAMPBELL R HARVEY. The Theory and Practice of Corporate Finance: Evidence from the Field [J]. Journal of Financial Economics, 2001, 60 (2-3): 187-243.

而不是贴现现金流的净现值（NPV）或者内含报酬率（IRR）。在英国、荷兰、德国和法国，分别有69.2%，64.7%，50%和50.9%的CFO会选择回收期作为他们的绩效评价工具。主要使用IRR的公司，在英国、荷兰、德国和法国，则分别为53.1%，56%，42.2%，和44.1%，依赖于净现值法的只有47%，70%，47.6%和35.1%。[①]

加拿大公司优先使用的绩效评价方法的排序为：净现值法（74.6%）、内含报酬率法（68.4%）、回收期法（67.2%）、会计报酬率法（39.7%）、折现回收期法（24.8%）、调整现值法（17.2%）、利润指数法（11.2%）、修正的内含报酬率法（12.0%）和实物期权法（10.4%）。[②]

第三节　净现值法则与非效率投资

所谓非效率投资，是指不能为股东带来期望报酬的投资。一般地，人们将非效率投资分为过度投资与投资不足两类。

公司将资本投资于净现值为负的投资项目被称为过度投资（Over-investment）。与过度的现金持有一样，过度投资既是一个公司财务问题，也是一个公司治理问题。[③] 代理冲突严重，更易导致投资过度，严重减损股东的财富。

理查德森（Richardson，2006）发现，与代理理论相符，过度投资集中在自由现金流水平最高的公司，而大多治理结构都无法缓解这种现象。他构建了一个基于会计指标的框架来衡量过度投资程度和自由现金流[④]：

$$I_{NEW,t} = \alpha + \beta_1 \frac{V}{P_{t-1}} + \beta_2 Leverage_{t-1} + \beta_3 Cash_{t-1} + \beta_4 Age_{t-1} \\ + \beta_5 Size_{t-1} + \beta_6 StockReturns_{t-1} + \beta_7 I_{NEW,t-1} + \sum YearIndicator + \sum IndustryIndicator \quad (4-9)$$

其中，I =（购建固定资产无形资产和其他长期资产支付的现金-处置固定资产无形资产和其他长期资产收回的现金净额+取得子公司及其他营业单位支付的现金净额-处置子公司及其他营业单位收到的现金净额）/上年资产总计。

对式（4-9）进行GMM估计，得到的残差为投资偏离程度。大于0的残差被视为存在投资过度，小于0的残差被视为存在投资不足。残差取绝对值，视为企业非效率投资的程度。

[①] DIRK BROUNEN, ABE DE JONG, KEES KOEDIJK. Corporate Finance in Europe: Confronting Theory with Practice [J]. Financial Management, 2004, 33 (4): 71-101.

[②] H KENT BAKER, SHANTANU DUTTA, SAMIR SAADI. Corporate Finance Practices in Canada: Where Do We Stand? [J]. Multinational Finance Journal, 2011, 15 (3/4): 157-192.

[③] RICHARDSON, SCOTT. Over-investment of Free Cash Flow [J]. Review of Accounting Studies 2006, 11: 159-189. PARRINO R, WEISBACH M S. Measuring Investment Distortions Arising From Stockholder-Bondholder Conflicts [J]. Journal of Financial Economics, 1999, 53 (1): 3-42.

[④] RICHARDSON S. Over-Investment of Free Cash Flow [J]. Social Science Electronic Publishing, 2006, 11 (2): 159-189.

投资决策理论认为，净现值是按照投资人所要求的必要报酬率对项目各期现金流量折现后的净值，因此，只要净现值为正的项目就有利于增加企业价值。过度投资会导致企业资本投资于低收益的项目上，从而不利于企业价值的创造。相对于投资不足而言，过度投资对于企业发展所带来的损害更大、更持久。

在一个有效的证券市场上，只要企业拥有的资本投资项目报酬率足够高，总可以找到合适的融资方式来满足企业的资金需求。不断出现的金融创新为各种新的投资者不完全了解的投资项目的资金满足创造了更加良好的环境。而如果投资过度，则意味着股东财富的不可逆的损失，同时，证券市场的有效性也将遭受重创。这样，过度投资便不仅仅事关投资行为本身，会直接波及股东的财富和管理当局的利益，与公司治理的水平紧密相关。

詹森和迈克林对过度投资现象进行了分析[1]。股东和债权人将资金投向企业以后，会委托经理人员管理这些资金并进行日常的经营管理，由此形成股东、债权人与经理人员之间的委托代理关系。股东的利益和债权人的利益有时会不一致，有时可能产生冲突。由于经理人员通常由股东聘任，经理人员在管理决策中总是把股东的利益放在首位，然后才考虑债权人的利益。在这种情况下，经理人员往往为了追求股东财富的最大化而损害债权人的利益。如企业在利用贷款筹资时，贷款协议规定这笔资金将投资于一个风险较低的项目，但事实上这些资金最终投资在一个风险较高的项目上。高风险的投资项目所获得的高收益属于股东，债权人只能获得固定的利息收益，但一旦投资失败，债权人要承担相应的风险，这实际上损害了债权人的利益，即发生所谓的资产替代（Asset Substitute）。由于股东和债权人之间的这种利益冲突，经理人员在与股东利益一致的假设下可能产生过度投资。

以上的分析基于股东和经理人员利益一致的假设，但事实上，在股东和经理人员这层委托代理关系中，二者的目标利益也会出现不一致。基于此，Jensen在《自由现金流量的代理成本、公司财务与收购》[2]一文中提出了自由现金流量的概念，并围绕自由现金流量的支配和使用，分析了由于股东和经理人员目标利益不一致而引发的过度投资问题。所谓自由现金流量，按照詹森的解释是指满足所有具有正净现值的投资项目所需资金后多余的那部分现金流量，这部分现金流在公司有效率的前提下，若要使股东价值最大化，应当全额支付给投资者。詹森进一步分析，由于经理人员的业绩和报酬与公司的增长联系紧密，如果把自由现金流量支付给股东，自然会减少经理人员所能控制的资源，经理人员无法通过对公司资源的控制实现公司的增长；另外，假设将自由现金流量支付给股东，未来有资金需要时再负债融资，但由于负债须还本付息，会造成经理人员的负担，甚至有可能使公司走向破产。毫无疑问，这两种结果都不是经理人员所愿意看到的，因此，经理人员便有了过度投资的倾向，他们使用自由现金

---

[1] JENSEN M C, MECKLING W H. Theory of the Firm: Managerial Behavior, Agency Costs, and Ownership Structure [J]. Journal of Financial Economics, 1976, 3 (4): 305-360.

[2] MICHAEL C JENSEN. Agency Costs of Free Cash Flow, Corporate Finance, and Takeovers [J]. The American Economic Review, 1986, 76 (2): 323-329.

流量来进行符合其自身利益最大化的、但净现值为负的投资项目，由此形成了股东和经理人员之间由于自由现金流量的支配和使用而引发的代理冲突，即自由现金流量代理冲突。

与过度投资比，投资不足更像是一个管理问题。当公司没有足够的资金采纳那些净现值大于 0 的投资项目的时候，意味着产生了投资不足现象。在公司财务中，这一现象又被称为资本限额（Capital Rationing）问题。

产生资本限额问题的原因是什么？表面上看，融资约束会造成公司的资金不足，但大量的调研分析显示，产生资本限额的主要原因并非融资约束，而是管理层的管控需要。为了给风险应对留出足够的空间，或者出于纠正现金流预测偏误的意图，或者是为了减少更加昂贵的外部融资，管理层在做出投资项目选择之前，往往会采取两类措施：①设定资本限额，将投资规模人为地限定在一个较小的范围之内；②设定较高的折现率（即基准利率），人为地降低未来现金流入的现值，降低对投资项目报酬率水平的预期。

第四节 资本预算的风险分析与基准利率

一、资本预算风险分析方法

资本预算的风险分析是公司投资行为研究中的主要内容之一。投资项目未来的现金流只要不是唯一的，就意味着存在着风险。现金流的波动性越大，投资项目的风险也就越大。

投资项目的风险可以划分为如下三类：①单一风险或称总风险（Stand-alone Risk）；②公司风险（Within-firm Risk）和③市场风险（Market Risk）[1]。单一风险是指某一投资项目现金流所隐含的风险，是资本预算中关注较多的风险。公司风险是指某投资项目可能对公司整体产生重大影响的风险。这种风险目前并没有特别理想的分析方法。市场风险一般是站在投资者尤其是股东的角度对投资项目风险进行分析。

资本预算风险分析主要包括两大部分：①通过对投资项目现金流波动程度的分析，判断投资项目的风险程度，主要分析方法有灵敏度分析、场景分析以及蒙特卡洛模拟等。通过分析，判断投资项目未来风险因素的波动幅度以及对管理层的接受程度。②通过调整资本预算中的规划现金流量或者项目的资本成本水平将风险因素纳入资本预算决策当中，更准确地讲，是将风险因素纳入投资项目净现值的计算当中。主要调整方法有风险调整折现率（Risk-adjusted Discount Rate）法[2]和确定等值（Certainty-

---

[1] EUGENE F Brigham, PHILLIP R DAVES. Intermediate Financial Management [M]. 11 Edition. South-Western, 2013: 508.

[2] EUGENE F FAMA. Risk-Adjusted Discount Rates And Capital Budgeting Under Uncertainty [J]. Journal of Financial Economics, 1977, 5: 3-24.

equivalent）法①。这一分析是在完全确定情况下资本预算分析的基础上进行的，反映在考虑风险因素之后，投资项目净现值的波动情况。

资本预算中风险分析程序如下：①基于规划的现金流与估算的加权平均资本成本（WACC），计算完全确定情况下（即不考虑风险情况下，现金流与折现率是唯一的）的净现值。②使用灵敏度分析、场景分析或者蒙特卡洛模拟等方法，分析投资项目的单一风险。这里的单一风险是指项目净现值应对各种因素变化下的波动程度。③使用风险调整折现率法或确定等值法确定投资项目在将风险因素纳入后的基准利率和现金流，计算有风险情况下的净现值。④根据有风险情况下的净现值，决定项目的取舍。

调研显示，美国企业使用的资本预算风险分析的方法有：敏感性分析（Sensitivity Analysis）、蒙特卡洛模拟（Simulation Techniques）、现金流的概率分布（Probability of Cash Flow）、项目与企业盈利的协方差（Covariance with Firm Returns）、回收期（Payback Period）、项目规模（Based on Project Size）、相关的历史记录（Track Record of Person Suggesting Project）、主观风险分析（Evaluate Risk Subjectively）、损失的概率（Probability of Loss）等②。

二、基准利率（Hurdle Rates）

一般而论，如何确定投资项目的折现率是项目绩效评价中的核心，甚至直接决定投资决策的质量。①如果投资项目的风险水平与公司当前的风险水平相当，应当以公司当前的资本成本［如加权平均资本成本（WACC）］作为投资项目的折现率；②如果投资项目的风险大于公司当前的风险水平，在当前公司资本成本水平的基础上增加一个风险补偿，以确定项目的折现率；③如果投资项目的风险小于公司当前的风险水平，在当前公司资本成本水平的基础上减去一定的百分比，以确定项目的折现率。

如果投资项目只是在现有机器设备、现有技术水平上进行必要的改造升级，可以视为与公司风险水平相当的投资项目。如果在一个很小范围内进行功能性的投资，投入规模不大，失败风险很小，这样的投资可以视为低风险投资，应该适用较低的折现率。但需要注意的是，要不要采用比资本成本水平更低的折现率是一个值得探讨的问题。在没有对资本成本进行调整的情况下，资本成本水平代表着投资者的基本报酬率水平，同时也是企业进行各类投资所必须达到的报酬率水平。在这样的情况下，即使是低风险的投资项目，也必须达到这一报酬率的基准。

在竞争日趋激烈的当下，企业发展越来越多地依赖技术的进步、产品的创新以及

---

① 按照确定等值法：①把投资项目的现金流量调整为无风险的现金流量。这里的基本原理是，较多的高风险现金流与较少的无风险现金流给投资者所带来的效用是一样的。②以无风险利率为折现率对无风险的现金流进行折现。③计算无风险现金流与无风险折现率情况下的净现值，净现值大于0的项目予以采纳。该种风险分析方法虽然与经济学中的效用理论相契合，但实际操作的难度很大。与风险调整折现率法比较，确定等值法不仅要改变现金流，还要改变折现率，由此所得出的净现值的含义也很难为管理者和投资者所理解和接受。

② H KENT BAKER, J CLAY SINGLETON, E THEODORE VEIT. Survey Research in Corporate Finance: Bridging the Gap Between Theory and Practice [M]. Oxford University Press, 2011: 185.

服务的迭代升级，资本投资的科技含量也越来越高。观察历史，那些成功的甚至伟大的公司，无一不是在技术进步方面做出了卓越的贡献。没有科技的进步，便没有企业的发展。在这样的背景之下，高新技术投资项目逐渐成为企业资本投资的重要内容。与传统的资本投资比较，这类投资项目的风险程度极高，投资本身就意味着冒风险。高折现率的采用便成为人们评估此类高风险投资项目的一个财务应对措施。在高折现率的情况下，投资项目如果不能创造超常的报酬率水平将难以实现必要的净现值。而一旦投资项目减损了股东财富，单纯的发展科技将不能成为项目选择的理由，这是公司董事会必须明晰的一个基本原理。

调研显示，加拿大公司在评估新项目绩效的时候，按照以下方法确定折现率：①按照公司总的资本成本（63.6%）；②基于管理层的经验确定（43.5%）；③按照为项目融资的特定成本（38.2%）；④特定项目的风险契合折现率（36.6%）；⑤按照特定现金流的不同风险特征（14.1%）；⑥分部折现率（11.3%）[1]。

英美企业通常的做法是根据投资项目的风险程度来重新估计项目的折现率，这个重新确定的内含风险因素的折现率一般被称为基准利率。实证研究显示，企业所使用的基准利率被认为是一种管理者利率，即由管理层所确定的用于资本投资项目的折现率，一般会大大超过其按照CAPM等方法所估计的资本成本水平。一项调研发现，基准利率要比CAPM-WACC高得多，前者为13.5%，而后者仅为9.3%，前者比后者超过400个基点属于正常情况[2]。之所以会存在基准利率问题，是因为：①尽管大多数公司使用基于CAPM的加权平均资本成本作为其贴现率的基础，但他们几乎总是在使用加权平均资本成本评估项目之前提高它，主要原因是管理者总会面临一些高水平的特殊风险并努力对其进行处置[3]。②即使公司没有资本约束，运营问题也会阻止他们抓住所有的盈利机会。这里的运营问题包括组织状况、人力资本和管理能力等。在这种情况下，企业会将贴现率提高到正常的资本成本之上。证据表明，运营问题对许多企业来说更为重要。[4]

学者们很早就关注到资本投资项目所使用的折现率与资本成本不相吻合的情况。迈尔斯（Stewart C. Myers）认为，企业之所以采用不切实际的高贴现率，可能反映了人们对资本市场正常回报率的无知。[5] 现在看来，与CAPM-WACC比较，较高的折现率可能反映了公司管理层对于公司特定风险的感知，希望通过折现率的提高降低未来

---

[1] H KENT BAKER, SHANTANU DUTTA, SAMIR SAADI. Corporate Finance Practices in Canada：Where Do We Stand？[J]. Multinational Finance Journal, 2011, 15（3/4）：157-192.

[2] JOHN R GRAHAM, CAMPBELL R HARVEY. The Equity Risk Premium in 2018.

[3] W TODD BROTHERSON, KENNETH M EADES, ROBERT S HARRIS, ROBERT C HIGGINS. Best Practices in Estimating the Cost of Capital-An Update [J]. Journal of Applied Finance, 2013（23）：15-33.

[4] RAVI JAGANNATHAN, DAVID A MATSA, IWAN MEIER, VEFA TARHAN. Why do Firms Use High Discount Rates？[J]. Journal of Financial Economics, 2016, 120（3）：445-463. JOHN R. GRAHAM, CAMPBELL R HARVEY. The Equity Risk Premium in 2018.

[5] STEWART C MYERS. Finance Theory and Financial Strategy [J]. The Institute of Management Sciences, 1984, 14（1）：126-137.

下行风险对投资项目现金流的不利影响。当然，管理层目光短浅或不愿承担长期战略责任也可能导致较高的折现率。

还有一种解释认为基准利率的存在是由于管理层对于所推荐投资项目的过于乐观的估计，这种乐观估计将全面地体现在对未来盈余、现金流的高估，研发投入及各种费用的低估等方面。对冲这些乐观估计的措施之一就是提高折现率，降低未来现金流的现值。这种解释未必有现实依据。乐观估计在管理层中是一种客观存在，对于资本预算决策有着不可忽视的影响。但是，采用较高的基准利率来对冲这种影响，可能无助于消除乐观估计现象。

在投资项目风险较高且存在实物期权的情况下，管理层可能采用基准利率来反映实物期权对项目价值的影响。

基准利率过高、甚至非理性的问题近年来有增强的趋势。如果给管理层以较高的自由裁量权来确定基准利率，而这个基准利率甚至可以高到与CAPM-WACC水平完全无关的程度，这对折现现金流量的理论和模型将是一个重大的冲击。折现率的不理性会直接导致折现现金流量模型的非理性，因此净现值法则必将受到人们的质疑。一个合理的协调办法是：①首先要估算CAPM-WACC，确认该数值的合理性；②基于CAPM-WACC确定基准利率，也就是在CAPM-WACC的基础上加上必要的风险补偿，但要求对这一风险补偿给予清晰说明；③对采用CAPM-WACC的净现值、采用基准利率的净现值进行比较评估，进一步阐明采用较高基准利率的必要性。

资本预算决策隐含一个非常重要的假设，即固定资本成本（Constant Marginal Cost of Capital）假设。换言之，在投资项目的整个寿期之内，其资本成本是保持不变的，这与实际情形不符。非固定边际资本成本（Non-constant Marginal Cost of Capital）是一个普遍的现象，这是因为：①公司融资规模往往与资本成本水平正相关，融资规模越大，资本成本越高；②投资项目的风险程度不同，较高风险的投资项目一般伴随着较高的资本成本；③从内部管理的角度看，投资规模的扩大也会引起投资项目折现率的提高。

在什么情况下需要调整公司的资本成本水平？理论上讲，当出现如下情形时，需要重新确定资本成本的水平：①出现重大的宏观政策变化或者市场变化，比如货币政策改变，市场价值出现较大的波动；②公司有重大的投资项目，且项目风险与现有风险有较大差异；③资本结构或股权结构出现重大变化。即使没有上述重大变化，公司也应该定期地对资本成本进行必要的调整或者核准，比如可每年对资本成本进行调整。

从技术上讲，进行资本投资决策的重要基础是预测确定企业的边际资本成本线（the Marginal Cost Of Capital Schedule，MCC）与投资机会线（the Investment Opportunity Schedule，IOS）。

所谓边际资本成本线，是指由不同资金占用情况、不同水平加权平均资本成本所构成的一条非连续的资本成本线。通常，资本成本与企业资金的占用额、负债水平等因素之间存在一定的正相关关系，比如：企业经营活动占用资金越多，资本成本越高；负债率越高，资本成本越高；股票融资规模越大，资本成本越高；企业投资风险程度越高，资本成本越高。比如，在负债规模为 1 000 万元之内时，利率水平可能是 8%；但一旦突破 1 000 万元，债权人由于企业财务风险的加大，极有可能会提高利率水平，从而提高企业的加权平均资本成本。任何一个影响单一资本成本（如债务资本成本或股权资本成本）的因素都会对企业的加权平均资本成本的升降产生影响。为了科学地进行财务决策，一定要对加权平均资本成本的这一变动特征有深入了解，并熟知边际资本成本线的具体形状。譬如，新增融资在 8 000 万元之内时，加权平均资本成本为 8.5%；在 8 000 万元至 1.25 亿元时，加权平均资本成本为 10%；当超过 1.25 亿元时，加权平均资本成本将上升至 12%。当然，这种加权平均资本成本的提高与企业的资本结构决策、国家的金融政策变动等因素也有着密切的关系。由于各个企业的经营风险与财务风险各不相同，因而各个企业的加权平均资本成本以及由此所决定的边际资本成本线也会存在重大差异（见图 4-1）。

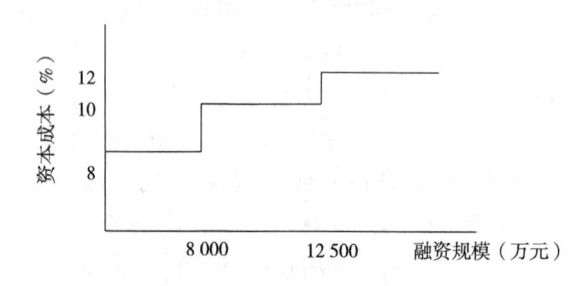

图 4-1　边际资本成本线

投资机会线则是各个备选的资本投资项目的内含报酬率由高到低排列而成的。投资机会线排列的基本出发点是：人们按照内含报酬率或者利润指数的高低顺序来对各个投资项目进行选择。在资金足够充裕的情况下，首先选择内含报酬率较高的投资项目，然后选择内含报酬率居中的投资项目，最后选择内含报酬率最低的投资项目；在资金不足以选择所有净现值大于 0 的投资项目时，则按照内含报酬率由高到低的顺序选择投资项目组合，确定最终的资本预算。

图 4-2 中 R 是投资报酬率（即内含报酬率），当投资报酬率高于边际成本时，投资该项目；否则，放弃该项目。面对同一个边际资本成本线，依次选择投资报酬率高的项目投入资金。

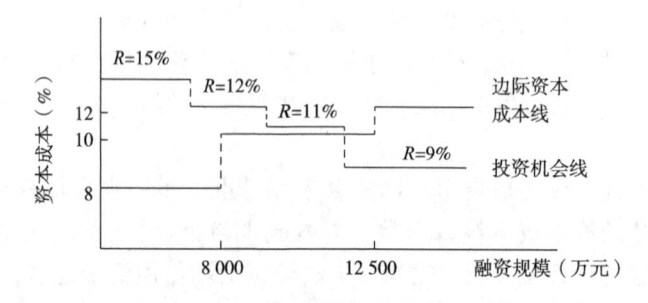

图 4-2　投资机会线和边际成本线

从理论上讲，所有净现值为正值或者内含报酬率大于加权平均资本成本的投资项目均可采纳，因为它们可以为企业带来超额利润，有助于企业价值最大化目标的实现。因此，所有处于边际资本成本线之上的投资项目均可被列入资本预算之中。边际资本成本线与投资机会线相交点的加权平均资本成本即是在目前资本预算决策情形下的企业资本成本水平，又可称为企业总资本成本。

三、实物期权（Real Option）

自20世纪50年代起，传统的净现值法就成为资产估价理论的基石，几乎所有的资本预算理论都是围绕净现值而展开的。然而，越来越多的研究表明，净现值估价法并不能充分解释企业的资本预算实务，这一法则经常会导致企业做出不恰当的决策。实物期权理论就是在对NPV法进行批判的过程中产生的。

人们将考虑了实物期权价值的净现值称作战略净现值（Strategic NPV）：

$$\text{战略 NPV} = \text{传统的、静态的 NPV} + \text{实物期权价值} \tag{4-10}$$

在传统NPV分析的基础上，发现或者创造实物期权［如择时期权（Timing Option）、灵活性期权（Flexibility Option）、增长期权（Growth Option）等］，可以提升投资项目的净现值。可见，将期权分析技术应用于高风险投资项目有助于人们对这些项目的认知和接纳。

金融期权是指投资者按一定价格购买期权合约，进而获得在规定时间内以约定的价格买进或卖出某种金融资产的权利。投资者可以在条件有利时实施该权利，也可以在条件不利时不实施该权利（放弃），即只有权利没有义务。金融期权是一类金融市场上交易的金融资产的衍生工具，实物期权则是一种分析一些具有不确定性结果的非金融资产的投资决策工具。实物期权是相对于金融期权而言的，它与金融期权相似但并不相同，比如，实物期权的标的资产是项目，它不存在交易市场，而金融期权的标的资产是期权、期货、债券等可以上市交易的金融工具。实物期权是项目投资者在投资过程中所用的一系列非金融选择权（推迟/提前、扩大/缩减投资、获取新的信息等）。实物期权除了考虑以内在价值为基础的项目价值外，还充分考虑了管理价值以及减少不确定性的信息带来的价值，从而能够更完整地对投资项目的整体价值进行科学的评价。因此，实物期权也是关于价值评估和战略性决策的重要思想，是战略决策和金融分析相结合的框架模型，是现代金融领域的期权定价理论应用于实物投资决策的方法和技术。自产生以来，实物期权理论已广泛地应用于自然资源投资、企业高新技术项目投资、研发（R&D）投资决策等涉及资本预算的研究领域。

迈尔斯（Stewart Myers）1977年提出实物期权的概念。他指出，一个投资项目产生的现金流所创造的利润，是来自目前所拥有资产的使用，再加上对未来投资机会的选择。企业可以取得一个权利，在未来以一定的价格取得或者出售一项实物资产或者投资项目，而取得此项权利的价格则可以使用期权定价公式计算出来，所以实物资产的投资可以应用类似于评估一般金融期权的处理方式来进行评估。因为其标的物为实物资产，所以他把这种性质的期权称为实物期权。

Han T. J. Smit 和 Lenos Trigeorgis 认为："实物期权理论使用了从金融期权定价中衍生出来的思想和技术,对迄今为止仍然晦涩难懂的战略适应性因素进行定量分析,来决定是抓住那些出乎意料的有利机会(比如向一个新的成长性市场进行扩张)还是退出萧条的市场以减少损失。实物期权着重强调观望的灵活性的价值,并建议管理者等到影响重大的不确定性消失、项目的收益更加明确时再做出决策,从而获得更高的收益(净现值高于0)。在投资推迟的这段时间内,可能会有新的影响项目未来的可行性的信息披露;如果这个项目的前景变差,那么公司可以选择不对这个项目的后续阶段进行投资,这样就拥有了一种防范损失的隐性的保险机制。"①

实物期权与传统的净现值法最大的差别在于实物期权方法可以充分利用管理弹性进行不确定性投资项目的评价以及相关的投资经营决策。在市场上,由于不确定性及竞争的影响,实际现金流量可能会与最初的预期不同。当新的信息逐渐被获取,市场风险降低,管理者可以转换运营战略来把握有利机会并减少损失,这就是所谓的管理弹性(Managerial Flexibility)。比如,管理者可以在项目寿期内推迟、扩张、收缩、放弃或转换至不同阶段等。这些决策行为本身是有价值的,由于考虑了不确定性投资收益的各种复杂特征,因此比简单采用相同固定折现率的 DCF 方法更加科学。

这并不是说传统的 NPV 方法应被彻底抛弃,而是应该将之当作一种拓展的期权框架的输入量。也就是说,新的实物期权评价方法包括两部分内容:一部分为传统静态被动的 NPV 现金流,另一部分为适应运营或战略弹性的期权价值。实物期权方法并非是对 DCF 的彻底否定,而是对折现现金流量理论与方法的重大补充。那么,在什么样的情况下使用实物期权技术来评价投资项目呢?阿姆拉姆和库拉蒂拉卡(Martha Amram & Nalin Kulatilaka)罗列了如下五种情形:"存在或有投资决策时;当不确定性足够大时,使得最明智的做法是等待以获取更多信息,以避免对不可逆投资(Irreversible Investment)产生遗憾;当价值看起来是由未来增长期权的可能性而不是由当前现金流决定时;当不确定性足够大,必须考虑灵活性时;当需要项目修正和中间战略调整时。"②

实物期权的种类很多,事实上,几乎不存在完全相同的两个项目。在投资实务中,管理者可以选择改变原有项目方案或增加某些策略性项目,甚至可以根据实际情况创造出新的实物期权,实现企业价值最大化。

科普兰和韦斯顿(Copeland & Weston)将实物期权划分为如下七种③:扩展期权(Expansion Options)、收缩期权(Contraction Options)、提前终止期权(Abandonment Options)、延伸期权(Extension Options)、延期期权(Deferral Options)、复式期权

---

① HAN T J SMIT, LENOS TRIGEORGIS. 战略投资学——实物期权和博弈论[M]. 狄瑞鹏,译. 北京:高等教育出版社,2006:3.
② 马莎·阿姆拉姆,纳林·库拉蒂拉卡. 实物期权:不确定性环境下的战略投资管理[M]. 张维,等译. 北京:机械工业出版社,2001.
③ THOMAS E COPELAND, J FRED WESTON, KULDEEP SHASTRI. 金融理论与公司政策[M]. 4 版. 柳永明,温婷,田正炜,译. 上海:上海财经大学出版社,2007.

(Compound Options) 与彩虹期权 (Rainbow Options)。①

实物期权概念提出已经有数十年，但调查结果却不容乐观，对于实物期权理念在资本预算分析中的应用，业界并不积极。比如，在加拿大公司中，实物期权技术的应用并不普遍，大致原因包括：①相关知识和经验的缺乏（77.9%）；②期权定价技术的应用过于复杂（38.0%）；③期权技术的应用不足（36.6%）；④各种参数的估计过于困难（31.6%）；⑤需要一些很不现实的假设（28.3%）；⑥不能协助管理者做出更好的决策（27.2%），等等。②

本章小结

公司的投资政策，首先是战略性政策，然后才是财务政策。同时，投资政策又是第一位的财务政策，因为决定企业价值创造实力以及股东财富最大化目标实现的正是公司的投资政策。

投资政策包括资本性投资的方向与规模、资本预算的原则与方法、资本预算风险分析的方法以及管控措施等。鉴于投资政策涉及内容较为宽泛，没有标志性指标可供参照，加上一些企业有意无意地对其投资战略、投资规模等予以保密，人们了解公司的投资政策很困难，进而为投资政策的质量判断造成障碍。

企业内部长期、战略性、资本性投资决定了企业未来的发展态势，是企业价值的决定性因素，也是决定股东财富能否持续增加的核心决策。从根本上讲，投资决策的质量取决于企业家的创新能力，是企业家综合实力的体现。从公司财务的角度研究资本投资，是以现金流的方式，站在股东利益的视角，对资本投资的绩效进行分析和评估。资本预算决策的价值主要体现在两个方面：第一，通过现金流量的规划及投资风险的分析，对企业家建议的投资项目的绩效水平和可行性进行评价，从而为投资决策提供预算依据；第二，资本预算为投资后的事后审计提供管控基准，确保预算内的投资项目按照规划实施。

净现值法则是资本预算决策的基本准则。具体言之，能够给股东带来价值增量的投资项目是好的投资项目，应该予以采纳；不能给股东带来价值增量甚至减损股东财富的投资项目，必须否决。资本投资项目的规模性、长期性决定了一旦决策失误，将给企业的发展造成严重的、不可逆的后果，甚至会导致公司破产倒闭。

高质量的资本预算决策至少应该具备如下特征：①投资项目现金流的规划与公司的发展战略紧密相关，能充分体现管理层建议投资项目的初衷以及对投资项目未来的期望；②主要以净现值方法对投资项目的绩效水平进行评估，选择能够创造更多净现值的项目，为股东财富的持续增加奠定基础；③利用科学、有效的工具对投资项目的

---

① 有关实物期权及其价值计算技术的详细解释请参阅 Johnathan Mun. 实物期权分析 [M]. 邱雅丽, 译, 北京: 中国人民大学出版社, 2006 年.

② H KENT BAKER, SHANTANU DUTTA, SAMIR SAADI. Corporate Finance Practices in Canada: Where Do We Stand? [J]. Multinational Finance Journal, 2011, 15 (3/4): 157-192.

风险进行分析，尤其是对风险可能对项目净现值造成的影响予以评估，提出应对措施，保证投资项目预期目标的实现；④建立一套完整、科学的资本预算事后审计机制，能够及时调整预算实施过程中出现的问题，保证规划现金流的如期实现。

长期性和资本性是资本预算投资的基本特征。莫迪里亚尼和米勒在严格的假设下，论证了投资决策时可能不必考虑融资问题，只要投资项目的报酬率超过其资本成本水平就可以采纳。但是，在实践中，长期投资必关联长期融资，投资政策与融资政策之间的联系是不容忽视的。

重要术语

资本预算、净现值、净现值法则、内含报酬率、回收期、风险、基准利率、实物期权

复习思考题

1. 公司的财务管理实力如何影响其资本预算决策？在投资决策中，哪些财务因素需要特别关注？

2. 公司在难以合理地估算资本成本的情况下，如何评估资本投资项目的绩效水平？分析和评述中国公司的资本预算决策实践。

3. 如何确定投资项目的资本成本（折现率）？管理层，往往会以较高的折现率作为评估调整项目的基准，比如采用比 CAPM-WACC 高出数个百分点的折现率，请分析这样做的原因及其对决策造成的影响。

4. 风险分析一直是投资政策中的难点，数十年来始终困惑着企业界，那么应该如何评估投资项目的风险程度？如何协调风险分析与净现值法则？

5. 资本预算是进行投资决策的基本工具，也是事后进行投资项目控制的依据。高质量的资本预算管理应当包含哪些方面的内容？

6. 在资本预算分析中，实物期权技术的应用依然存在着诸多困难。试分析期权分析技术在资本预算决策中的应用前景。

案例与分析

投资项目的评价方法：历史演变与国际差异

资本预算决策的财务评价方法可以划分为两类，一是绩效评价方法，二是风险分析方法。主要的绩效分析方法包括净现值法、内含报酬率法、回收期法、利润指数法、会计报酬率法等；主要的风险分析方法包括灵敏度分析、场景分析、模拟分析、基准利率法、实物期权法等。

对企业使用的投资项目评价方法进行调研分析是公司财务实地调研（Survey

Research）的主要内容，它对于现代财务理论的发展产生了有益的影响。进入 21 世纪以来，该领域的研究已成为财务理论发展的主流。

根据 Mao 的调研（1969），20 世纪 60 年代，公司对投资项目的绩效水平进行评价，除了内含报酬率之外，运用的主要还是一些传统的基于会计数据的方法，比如会计利润。可能由于资本成本估算的困难，或者是人们对净现值性质理解困难，当时净现值尚未成为主要的绩效评价方法。但格雷厄姆和哈维（Graham & Harvey, 2001）发现，美国公司自 20 世纪 60 年代以后，资本投资项目的评价技术水平一直处于上升的状态，其中最为重要的表现就是以内含报酬率法和净现值法为代表的折现现金流量方法逐渐成为业界评价投资绩效的首选。

Gitman 在 1977 年的调研中发现，业界首选的方法是内含报酬率，其次是会计报酬率，然后才是净现值，只有 11% 的被调查公司运用这个方法。

2000 年前后，使用内含报酬率方法和净现值方法的美国公司均已超过 70%。根据格雷厄姆和哈维的研究，公司运用较多的投资绩效分析方法为内含报酬率、净现值方法，成为主流的分析方法，其次还有基准利率、回收期、灵敏度分析、市盈率分析、折现回收期、实物期权法、账面报酬率、模拟分析法、利润指数法、调整现值法等。

不同的国家和地区存在一些差异。Dirk Brounen 发现（2004），大多数欧洲受访者选择回收期作为他们最常用的资本预算技术。在英国、荷兰、德国和法国，69.2%、64.7%、50% 和 50.9% 的 CFO 将回收期作为他们最喜欢的工具。在美国，格雷厄姆和哈维（2001）所调查的公司中，56.7% 表示他们使用了回收期方法，但它是 IRR 和 NPV 之后的第三个方法。在欧洲，使用 NPV 方法和 IRR 方法的公司要明显地少于美国的公司。在欧洲，回收期的受欢迎程度令人惊讶。

P.K. Jain 等人研究（2013）发现，印度公司采用的绩效评价方法主要有内含报酬率（78.57%）、回收期（64.28%）、净现值（50%）、投资报酬率（39.28%）、利润指数（21.42%）等。

Tor Brunzell 调研（2014）发现，在北欧国家的公司中：①很多企业仍然使用不成熟的资本投资评估方法（如普遍使用经验法则）；②企业往往没有充分考虑项目的具体风险，他们经常对所有的项目使用单一的贴现率，随着时间的推移也很少进行调整。绩效评价最常用的方法是 NPV，其中 64 家（41.29%）表示以 NPV 分析为主，另有 8 家（5.16%）表示采用 NPV 分析与实物期权分析相结合的方法。回收期法被广泛使用，是第二受欢迎的方法（25.16%）。

（资料来源：JAMES C T MAO. Survey of Capital Budgeting: Theory and Practice [J]. The Journal of Finance, 1969, 25 (2): 349-360. GRAHAM, JOHN R, CAMPBELL R HARVEY. The Theory and Practice of Corporate Finance: Evidence from the Field [J]. Journal of Financial Economics, 2001, 60 (2-3): 187-243. DIRK BROUNEN, ABE DE JONG, KEES KOEDIJK. Corporate Finance in Europe: Confronting Theory with Practice. Financial Management, 2004, 33 (4): 71-101. P K JAIN, SHVETA SINGH, SURENDRA SINGH YADAV. Financial Management Practices: An Empirical Study of Indian

Corporates [M]. Springer India, 2013. TOR BRUNZELL, EVA LILJEBLOM, MIKA VAIHEKOSKI. Determinants of capital budgeting methods and hurdle rates in Nordic firms [J]. Accounting & Finance, 2014, 53 (1): 85-110.)

思考的问题：

1. 分析国际上不同国家公司在投资项目绩效评价方法的历史演变，对绩效评价方法选用的原则和惯例予以评述。

2. 为什么说净现值方法的选用意味着绩效评价技术的科学化？

3. 投资项目绩效评价方法的科学化需要公司具备何种文化基础？

4. 投资绩效方法的选用对整个公司的投资政策会产生什么影响？

5. 投资项目绩效评价方法与公司治理之间是什么关系？推进中国公司投资绩效评价的科学化需要做哪些工作？

延伸阅读

[1] EZRA SOLOMON. Measuring a Company's Cost of Capital. The Journal of Business, 1955, 28 (4): 240-252.

[2] J HIRSHLEIFER. On the Theory of Optimal Investment Decision [J]. The Journal of Political Economy, 1958, 66 (4): 329-352.

[3] GORDON M J. The Investment, Financing, and Valuation of the Corporation [M]. RD Irwin, 1962.

[4] EUGENE F FAMA. Risk-Adjusted Discount Rates And Capital Budgeting Under Uncertainty [J]. Journal of Financial Economics 1977, 5: 3-24.

[5] THOMAS E COPELAND, J FRED WESTON. Financial Theory and Corporate Policy THIRD EDITION. [M]. Addison-Wesley Publishing Company, 1988.

[6] RICHARDSON S. Over-Investment of Free Cash Flow [J]. Social Science Electronic Publishing, 2006, 11 (2): 159-189.

[7] H KENT BAKER, SHANTANU DUTTA, SAMIR SAADI. Corporate Finance Practices in Canada: Where Do We Stand? [J]. Multinational Finance Journal, 2011, 15 (3/4): 157-192.

第五章

融资政策

融资政策又被称为资本结构政策，是公司的重大财务政策之一。融资政策是有关长期融资的政策，比如普通股融资、优先股融资、公司债融资以及它们彼此之间关系的处置。一般情况下，不同性质的长期融资方式对应着不同的用途，在风险、资本成本、价值创造等方面有着重大的差异。有关长期融资问题的研究构成了资本结构理论，成为现代公司财务理论的主体内容。融资问题既是重要的公司财务问题，也是重要的公司治理问题。

第一节 资本结构理论与融资政策

一、长期融资的性质分析

从历史上看，融资政策是公司财务领域最早被关注的问题之一，很多人认为解决融资问题是公司财务的核心。融资政策应与资本投资政策相协调，其相关要素包括投资者、投资报酬率、长期融资工具及其组合等。融资政策的实质有二：一是不同投资者利益的权衡；二是满足资本投资的资金需求。融资政策其实是一个复合政策，其中包括公开化（Going-Public）政策、IPO政策、资本结构政策、股权结构政策等。

在企业的发展过程中，融资行为永远基于投资行为，为企业的投资募集所需要的资金。如果没有创造足够高报酬率的资本投资项目，企业必然面临难以融资的窘境；而如果有高报酬率的投资项目，出于对高收益的追逐，投资者向企业投资——输入资金也是必然的。换言之，财务管理活动从根本上讲是投资行为制约融资行为，融资行为是次生的财务决策。

在企业财务管理实务中，需要高度关注的另外一个问题是融资行为在转移企业价值方面的作用。换言之，融资行为不决定企业价值的创造，但却会在股东和债权人之间转移价值。从某种意义上讲，资本结构的改变就是改变企业的价值分割。但在某些状况下，企业价值的转移会伤害投资者的利益。比如，在信息不对称的情况下，管理者将已有既定利率水平的债务资本转移到风险更高的投资项目上，就是向股东不合理的价值转移。

在不同的历史时期，人们对于融资问题研究有着不同的着眼点。金融市场发展水平较低时，往往整个社会资金供给量较少，在这样的情况下，企业即使拥有足够高收益的投资机会，也要谋求新的资金来源，毕竟获取资金的途径狭小。随着金融市场日趋发达，企业融资的途径和方式日益丰富，选择机会也越来越多。在这种情况下，同样的投资机会，可能面临多种融资方式，而不同的融资方式在管制、成本等方面会有一定程度的差别。企业为了更好地满足资金需求，也为了更有效率地融资，越来越需要与外部专家（如投资银行等）就融资的细节进行分析和研究，从而以最佳方式、最低成本募集到所需的资金。金融创新越多，就越复杂，融资问题的研究也越有必要。

为了更高效率地实现企业融资，一些机构便加入到企业融资活动中来，比如美国的投资银行高盛等。投资银行是融资的专门机构，可以为企业融资制定科学、合理的规划，指导企业顺利地募集到所需要的资金。这可以称为企业融资行为的外包化，依靠外部的智力和运作，实现企业的融资目标。金融市场越发达，融资行为的外包也就越普及。这些创新不仅可帮忙公司融资，而且推动了金融市场的发展。

了解公司融资的基本渠道是进行公司融资政策分析的重要前提，融资的基本渠道如图 5-1 所示：

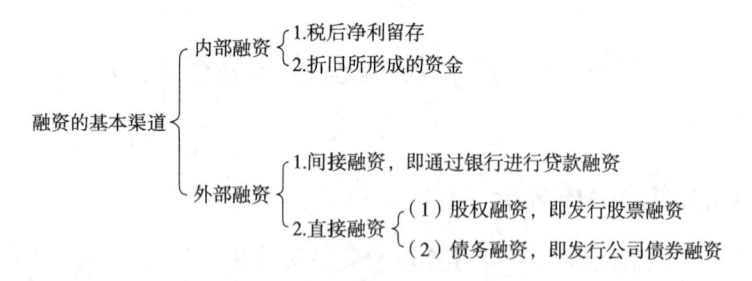

```
                    ┌ 内部融资 ┌ 1.税后净利留存
                    │          └ 2.折旧所形成的资金
融资的基本渠道 ─────┤
                    │          ┌ 1.间接融资，即通过银行进行贷款融资
                    └ 外部融资 ┤          ┌ (1) 股权融资，即发行股票融资
                               └ 2.直接融资┤
                                          └ (2) 债务融资，即发行公司债券融资
```

图 5-1　融资的基本渠道

所谓内部融资是依靠企业内部产生的现金流量来满足企业生产经营、投资活动的新增资金需求。内部融资的两种基本方式就是留存的税后利润和计提折旧所形成的资金。按照优序融资模型的说法，外部融资是对内部融资的一种补充；换言之，内部融资是企业发展的基本融资。

外部融资包括间接融资与直接融资，前者主要是银行贷款，后者则是通过资本市场发行证券融资（如发行股票或者公司债）。在不同的国家或者地区，由于金融市场、银行系统发展程度的差异，公司选择融资渠道时会有一些不同的偏好。美国、英国等国家的资本市场发达，公司会较多地依赖资本市场进行直接融资。日本、德国等国家的银行系统完善，金融资本与产业资本的融合度较高，公司会偏好银行贷款。直接融资与间接融资各有优势，在满足公司不同性质的融资需求方面发挥着不可或缺的作用。比较而言，证券市场更适宜将公司的融资行为与其治理结构、风险控制等结合在一起，运用证券市场强大的流动性、信息的公开化以及外部约束的便利性和低成本，在融资的同时实现对公司的良好监管。银行则适宜于前景较为稳定、单一的项目。[1]

有学者把金融系统分为基于银行（Bank-based Financial System）和基于市场（Market-based Financial System）两种形式。以银行为基础的国家或地区为日本、法国、德国、意大利、新西兰等，以证券市场为基础的有美国、英国、加拿大、中国香港特别行政区等。[2]

能够以较低的资本成本筹措到所需资本的能力，代表着公司的竞争实力。

英美企业的融资政策又被称为资本结构政策（Capital Structure Policy），是公司重大财务政策之一。改变公司的资本结构（如提高或者降低负债率），西方企业及资本市场会认为是重大财务事件，必须如实地向投资者披露改变的原因及后果。资本结构政策的改变与其他的财务政策往往直接关联，比如投资项目、融资行为、股份回购政策等。资本结构政策涉及的因素很多，被认为是一个重要的财务之谜，即资本结构之谜（The Capital Structure Puzzle）[3]。

一个国家或地区的金融环境、货币政策、经济形势以及金融市场的有效程度会对公司的融资政策产生直接的影响，因为这些因素不仅影响融资偏好，还会影响资本成本水平。法律环境也会对融资政策产生重大影响。在投资者利益保护力度不足的法律环境中，各种融资方式的运用都会受到约束。[4] 政府治理效率以及政治清廉程度也是影响公司财务政策的重要因素。

大量的调研结果显示，融资政策具有如下几个共同的特征：①大多数公司有一个或严格、或宽松的目标资本结构，这一目标资本结构的确定往往与管理者的知识背景、公司所在的行业以及宏观经济环境有着紧密关系。②在融资方面，管理层通常会采取较为稳健的政策，也就是保留必要的财务柔性，比如实际的负债率低于目标负债率，通过和银行或其他金融机构沟通留有一定程度的融资余地，等等。③长期资本需求一般通过股权融资满足，短期的、变化较大的资本需求通过债务融资满足。同时，股权融资较多地聚焦于投资者关系的处理，债务融资则要关注投资绩效的分析，比如用于资本投资项目。换言之，在资本的融资渠道与投资去向之间存在一定的契合关系。这就是公司财务中的免疫假设（Immunisation Hypothesis）[5]。④优序融资模型能够更好地解释大多数公司的融资偏好。但是，需要注意的是，如果严格按照优序融资模型进行融资，公司将没有一个目标资本结构，这也就意味着公司的融资政策大部分情况下是一个折中的政策。

---

[1] 有关内容参阅泽维尔·维夫斯. 公司治理：理论与经验研究 [M]. 郑江淮、李鹏飞，等译. 北京：中国人民大学出版社，2006.

[2] 转引自易宪容，黄少军. 现代金融理论前沿 [M]. 北京：中国金融出版社，2005：21.

[3] STEWART C MYERS. The Capital Structure Puzzle [J]. The Journal of Finance, 1984, 39 (3): 575-591.

[4] RAFAEL LA PORTA, FLORENCIO LOPEZ-DE-SILANES, ANDREI SHLEIFER, ROBERT VISHNY. Investor Protrction and Corporate Valuation [J]. Journal of Financial Economics 2000, 58: 3-27.

[5] MYERS. Determinants of Corporate Borrowing [J]. Journal of Financial Economics, 1977, 5: 147-175.

二、资本结构理论

资本结构涉及长期债务融资与股权融资之间的关系，其实质是公司债权人与股东之间的关系。资本结构理论是现代公司财务理论的重要内容，有多个不同的学说，大体包括：①MM 理论（Modigliani and Miller Theory，MM Models）；②静态权衡模型（Static Trade-Off Models）；③优序融资模型或不对称信息模型（Pecking-Order Models, or Asymmetric Information Models）；④信号模型（Signaling Models）；⑤代理成本模型（Agency Cost Models）；⑥中性突变①模型或经验模型（Neutral Mutation Models, or rule-of-thumb）。

（一）MM 理论

MM 资本结构理论的发展分为三个阶段：①MM 无公司税资本结构理论，又称资本结构无关理论。1958 年 6 月，莫迪里亚尼和米勒（Franco Modigliani & Merton H. Miller）在《美国经济评论》杂志上发表了他们著名的学术论文《资本成本、公司融资与投资理论》（The Cost of Capital, Corporation Finance and the Theory of Investment）②，提出了这一理论。在严格的假设前提之下，MM 理论以无套利分析技术论证了资本结构与企业价值之间的不相关关系。这篇文章对资本成本概念做了深入研究，分析了影响资本成本的重要因素。②MM 有公司税资本结构理论。1963 年 6 月，两位学者又在《美国经济评论》杂志上发表了《公司所得税与资本成本》（Corporate Income Taxes and the Cost of Capital）③ 一文，探讨了在有公司所得税的情况下，资本结构如何影响企业价值，理论上支持 100% 负债率的资本结构。③米勒模型。1977 年 5 月，米勒教授在《金融杂志》上发表了论文《债务与税》（Debt and Taxes）④，他认为 MM 有公司税资本结构理论夸大了公司所得税对于企业价值的正向作用。同时，私人所得税的存在会抵消这种影响。尤为重要的是，在米勒均衡状态下，即使存在着各种所得税，资本结构对企业价值也没有影响。米勒模型是 MM 资本结构理论的一般形式，其他两种情形均可由此导出。

本书第一章介绍了 MM 无关理论，下面介绍 MM 有税模型和米勒模型。

MM 有公司税资本结构理论同样包括三个命题：

---

① 公司财务中的所谓中性突变（Neutral Mutation），主要是指一些财务行为（如投融资行为、股利支付行为等）发生的一些变化不会产生明显的、值得关注的后果或者影响。比如负债率从 30% 提高至 40%，这在财务理论中无疑是一个重大的变化，会对资本成本和企业价值产生重大影响。但在财务实践中，这种变化却未必会有显著的后果。如果认为某些财务行为属于这类中性突变，那么，对此进行严格的财务理论分析可能不会产生显著的结果。Miller（1977）和 Myers（1984）均对财务行为或者财务政策的中性突变现象进行过精彩的分析。

② FRANCO MODIGLIANI, MERTON H MILLER. The Cost of Capital, Corporation Finance and the Theory of Investment [J]. American Economic Review, 1958, 48 (3): 261-297.

③ FRANCO MODIGLIANI, MERTON H MILLER. Corporate Income Taxes and the Cost of Capital: A Correction [J]. American Economic Review, 1963, 53 (3): 433-443.

④ MERTON H MILLER. DEBT AND TAXES [J]. The Journal of Finance, 1977, 32 (2): 261-275.

企业价值命题

$$V_L = V_U + TD \tag{5-1}$$

风险补偿命题

$$K_{SL} = K_{SU} + (K_{SU} - K_d)(1 - T)(D/S) \tag{5-2}$$

投资报酬率命题

$$IRR \geq K_{SU}[1 - T(D/V)] \tag{5-3}$$

MM 有公司税模型的中心思想是：由于利息的支付是可以抵税的，因此财务杠杆降低了公司税后的加权平均资本成本，进而提高了企业价值。

MM 有税模型成为实施负债经营的重要理论依据。必须指出的是，在有税模型中，企业价值的现金流来自两个不同的方向，一个是经营活动现金流，另一个是债务融资产生的利息抵税收益。这两种现金流性质上有差异。从估值的角度讲，必须清楚划分企业现金流的不同来源，真正增加企业价值的现金流是经营活动所创造的现金流，其他性质的现金流与价值最大化所追求的现金流有着根本的不同。因此，从价值创造的角度看，应当区分利息的抵税收益。换言之，MM 有税模型混淆了这两种不同性质的现金流，对于价值概念是一种颠覆。

米勒显然也意识到了以上结论的谬误之处，因此进一步发展和完善了 MM 资本结构理论，这就是关于资本结构的米勒模型[①]。

米勒认为，有公司税的资本结构模型夸大了由于利息抵税给企业价值所带来的增值作用。作为企业价值的最终享有者，普通股股东的收益水平不仅仅涉及公司所得税，还有个人所得税的高低。具体言之，较低的公司所得税支付，可能由于税法的原因会带来较多的个人所得税支付，从而抵减公司所得税所带来的优势。而恰恰是个人所得税的存在在很大程度上抵消了公司所得税对于企业价值的正向影响。

假设 T_c 为公司所得税率，T_s 为适用于股票所得（含股利与资本利得）的个人所得税率，T_d 为适用于利息所得的个人所得税率。

考虑到个人所得税因素，无负债企业的价值可表述为：

$$V_U = \frac{EBIT(1 - T_c)(1 - T_s)}{k_{sU}} \tag{5-4}$$

由于个人所得税的加入，事实上减少了可以支付给投资者的收益。

米勒模型同样可以无套利证明的方式来论证。首先将有负债企业的现金流量 CF_L 划分为属于股东所有的现金流量与属于债权人所有的现金流量两部分：

$$\begin{aligned}CF &= 属于股东所有的现金流量 + 属于债权人所有的现金流量\\ &= (EBIT-I)(1-T_c)(1-T_s) + I(1-T_d)\end{aligned} \tag{5-5}$$

式中之 I 为利息。上式可进一步调整为：

$$CF_L = [EBIT(1-T_c)(1-T_s)] - [I(1-T_c)(1-T_s)] + [I(1-T_d)] \tag{5-6}$$

上式中的第一项为无负债企业的税后现金流量，对其进行折现的折现率应当是 k_{sU}。

---

① 关于米勒模型的介绍主要参照 EUGENE F BRIGHAM, LOUIS C GAPENSKI. Intermediate Financial Management [M]. Fifth Edition. The Dryden Press, 1996.

第二项与第三项均为与财务杠杆相关的现金流量,对其进行折现的折现率是负债的成本,即 k_d。将以上三项现金流量的现值相加,可得有负债企业的价值如下:

$$V_L = \frac{EBIT(1-T_c)(1-T_s)}{k_{sU}} - \frac{I(1-T_c)(1-T_s)}{k_d} + \frac{I(1-T_d)}{k_d} \quad (5-7)$$

上式中的第一项即为无负债企业的价值,因此:

$$V_L = V_U + \frac{I(1-T_d)}{k_d}\left[1 - \frac{(1-T_c)(1-T_s)}{(1-T_d)}\right] \quad (5-8)$$

税后、永续的利息除以债权人的要求报酬率即是债务的市场价值(D),即:

$$\frac{I(1-T_d)}{k_d} = D \quad (5-9)$$

所以

$$V_L = V_U + \left[1 - \frac{(1-T_c)(1-T_s)}{(1-T_d)}\right]D \quad (5-10)$$

式(5-10)就是著名的米勒模型(Miller Model)。

对米勒模型可做如下说明:

1. 来自财务杠杆的收益为:

$$\left[1 - \frac{(1-T_c)(1-T_s)}{(1-T_d)}\right]D \quad (5-11)$$

这取代了 MM 无公司税模型中的 TD。

2. 如果舍去各种所得税因素,即 $T_c = T_s = T_d = 0$,则米勒模型将回到最初的 MM 无公司税资本结构模型。

3. 如果舍去个人所得税因素,即 $T_s = T_d = 0$,则中括号内 $[1-(1-T_c)]$ 减少为 T_c。米勒模型将回到有公司税的 MM 资本结构模型。

4. 如果适用于股票收益的所得税率等于适用于债务收益的所得税率,即 $T_s = T_d$,则 $(1-T_s)$ 与 $(1-T_d)$ 可以抵消,同样将回到有公司税的 MM 资本结构模型。

5. 如果 $(1-T_c)(1-T_s) = (1-T_d)$,即债务对企业价值的抵税优势恰好被个人所得税在股票收益上的优势所抵消,则使用财务杠杆给企业价值带来的影响为 0,资本结构与企业价值无关。米勒模型将回到无公司税的 MM 资本结构模型。

6. 由于股票收益适用的所得税率较低且可递延,因此股票收益税率通常要低于债务收益税率。在这种情况下,来自财务杠杆的收益要低于在 MM 无公司税资本结构模型下所计算的水平。假设 $T_c = 40\%$,$T_d = 30\%$,$T_s = 20\%$,则有负债企业的价值要比无负债企业的价值增加所运用负债的市场价值的 31%:

$$\begin{aligned}
\text{来自财务杠杆的收益} &= \left[1 - \frac{(1-T_c)(1-T_s)}{(1-T_d)}\right]D \\
&= \left[1 - \frac{(1-0.40)(1-0.20)}{(1-0.30)}\right]D \\
&= [1-0.69]D \\
&= 0.31D
\end{aligned}$$

按照有公司税的 MM 资本结构模型,来自财务杠杆的收益相当于企业所运用负债的市场价值的 40%，即 $T_cD=0.40D$，大于米勒模型下的 $0.31D$。换言之，早期的 MM 资本结构理论高估了财务杠杆对于企业价值的增值作用。

在米勒模型中，还有一个问题必须说明，即米勒均衡状态。如果 $(1-T_c)(1-T_s)=(1-T_d)$，就意味着实现了米勒均衡。在这种状态下，资本结构的任何变化同样不能作用于企业价值。这可以看成对 MM 无公司税资本结构理论的另一种证明。

(二) 静态权衡模型

按照静态权衡模型，决定最优资本结构的主要因素有二：一个是债务融资的抵税收益，一个是由于使用债务所产生的财务危机成本。如果抵税收益大于财务危机成本，提高负债率；如果财务危机成本大于抵税收益，降低负债率；当抵税收益与财务危机成本相等时，实现最优资本结构。此时的资本结构，资本成本最低，企业价值最大。

财务危机（拮据）成本，又被称为破产成本，是基于企业风险加大而逐渐增加的有关预防或抵挡费用。根据学者的调查和研究，随着负债率的提高，不仅财务风险要加大，而且还会提高企业的经营风险。比如，过高的负债率极可能会加大供应商和顾客的担忧，从而减少与企业的经营往来，影响企业的经营绩效。再如，从理论上讲，公司负债总额一旦等于其资产总额，即股东权益等于 0，该企业已经趋于倒闭。在资本结构决策中，适当地考虑财务危机（拮据）成本是符合现实情形的。

财务危机（拮据）成本可被分为直接拮据成本与间接拮据成本两部分。所谓直接拮据成本，是指与企业破产行为直接相关的成本，包括律师费用、监管费用等。再如，企业所有者和债权人之间的争执常常会延缓资产的清偿，从而导致存货和固定资产在物质上的破损或过时。破产纠纷往往需若干年后才有结果，其间机器可能会生锈，建筑物可能会失修，存货则可能会过期失效。一旦企业破产进入法律程序，与之相关的费用往往是巨大的，对企业价值的侵蚀也是不可避免的。所谓间接拮据成本，是企业为了预防和制止破产所发生的各种费用。比如，管理当局为了预防破产所采取的一些不利于企业可持续发展的策略，由此造成企业价值的损失。比如推迟机器的大修，拍卖有价值的资产来获取现金，降低产品质量以节省成本等，所有这些短期行为均会损害企业的价值。这些间接拮据成本发生在企业财务危机过程中，破产不过是企业连续财务拮据的最终结局而已。

财务危机（拮据）成本与企业的负债率之间存在着正相关关系，即负债率越高，财务危机（拮据）成本也就越多，对企业价值的抵消越严重。与 MM 有税模型联系起来，即可得出资本结构权衡模型的一般结论：当负债率处于最佳点之下的区域时，债务抵税因素超过财务危机（拮据）成本因素，增加负债有利于企业价值的提高；当负债率处于最佳点之上的区域时，财务拮据成本抵消的企业价值超过了债务给企业带来的抵税价值，表明负债率过高，已经影响到企业价值最大化目标的实现。

考虑财务危机（拮据）成本，企业价值可按下式确定：

$$V_L = V_U + TD - PV_{dc} \tag{5-12}$$

式 (5-12) 中，V_L = 有负债企业的价值；V_U = 无负债企业的价值；TD = 运用负债所带来的抵税收益；PV_{dc}＝财务危机（拮据）成本的现值。

权衡理论的最大优势在于它提供了确定最优资本结构的基本思路和重要途径，即最优资本结构的确定应当在抵税收益与财务危机成本之间审慎地权衡和斟酌。通常，风险较高的企业，即资产收益变动较大企业的负债率在其他条件不变的情况下应该较低；使用有形资产较多的企业相比使用无形资产较多的企业，可以运用更多的负债，因为它们抵御风险的能力较强，无形资产比有形资产更加容易贬值；当前以较高税率支付税款并在将来不会改变的企业相比现在或将来以较低税率交税的企业，可运用较多的债务。

（三）优序融资模型

按照迈尔斯（Myers）的分析，优序融资模型（The Pecking Order Theory）的主要内容有：①公司偏好内部融资；②在制定股利政策时，公司会遵循剩余股利理论，即根据内部的资本投资需求来确定公司的股利支付，从而确保内部融资偏好的实现；③在投资需要资本及公司现金流出现波动的情况下，管理层会通过对现金持有量以及短期投资的管控来实现资本的有效使用；④在需要外部融资时，固定收益证券为公司融资方式的首选，然后是混合证券（如优先股），最后才会使用普通股票。①

优序融资模型是一个基于实地观察的资本结构模型，反映了众多公司确定资本结构以及融资计划的原则和思路。这一模型的直接结果就是否定了最佳资本结构的存在。但是，在不同的环境下，面对不同融资需求，公司对于资本结构的考虑可能存在重大差异。比如，埃尔萨斯（Ralf Elsas）等人就发现，虽然总体上内部融资属于主要的融资渠道（基于Compustat数据库，以经营活动现金流为融资来源占比60%），在对重大投资项目进行融资的时候，很多公司好像还是以外部融资（54%+28%）为主，内部融资仅占15%②。

（四）信号模型

不同的融资方式隐含着不同的信息含量。当公司决定以某种方式进行融资时，意味着一方面是指融资行为的实体内容，另一方面是指将以信息传递的方式向投资者传递必要的公司质量内容。实证研究结果显示，普通股融资被投资者视为坏消息，将导致股票价格的下跌；公司债融资被视为好消息，推动股票价格的上涨；同时，银行贷款融资可能被视为比公司债更为优良，等等。考虑财务行为的信息传递功能，对于财务政策的制定来讲至关重要。

对公司高层管理人员而言，同样也存在对高财务风险的厌恶心理。高层管理人员

---

① STEWART C MYERS. The Capital Structure Puzzle [J]. The Journal of Finance, 1984, 30 (5): 575-591. 在公司财务实践中，也有与优序融资模型相悖的证据，参阅 FAMA E F, FRENCH K R. Financing Decisions: Who Issues Stock? [J]. Journal of Financial Economics, 2005, 76 (3): 549-582.
② RALF ELSAS, MARK J FLANNERY, JON A GARFINKEL. Financing Major Investments: Information about Capital Structure Decisions [J]. Review of Finance, 2014, 18: 1341-1386.

为了稳定的工作环境，在激烈的市场竞争中，一般不会盲目地采用高负债率政策，除非有安全、较高的报酬率预期。正因如此，在投资学中，发行债务融资被认为是一个利好信息——在外部的投资者眼里，只有管理当局确知未来的超高收益，企业才会发行债券融资。这与信息的不对称有关。实证研究证实，公司改变负债率会影响到公司的股价。具体言之，提高负债率会使股票的价格上扬，而降低负债率的信息会使股票的价格下跌。根据一些学者的分析，公司重大的负债率变动，其实是给投资者传递一定的信号：提高负债率代表公司未来的高现金流量与高企业价值，降低负债率则代表公司未来的低现金流量与低企业价值。

财务政策与财务行为的信号效应值得董事会和管理层高度关注。董事会在制定财务政策时，不仅要关注财务政策的实质内容，还要对该政策一旦披露所带来的信号效应进行审慎的分析。外部投资者在不了解公司内情的情况下，往往会通过财务政策尤其是财务政策的变化来推测公司未来的发展状况，进而做出投资决策。而这种推测与公司的实际情形未必相符，可能会给公司带来不好的影响。

(五) 代理成本模型

无论是使用债务融资还是使用股权融资，企业都会产生代理成本。所谓资本结构的代理成本模型，是指在考虑最优资本结构时，将代理成本最低作为核心因素。

公司所有者在向管理者让渡其资产的保管权、使用权和管理权的时候，将同时产生代理关系，其中最重要的是普通股东与管理者之间的代理关系、股东与债权人之间的代理关系。应恰当地处理各种代理关系所发生的成本即代理成本。一般而言，如果没有任何限制条件，企业管理者会利用债券投资者的资金为股东谋求利益。获得收益后，股东获得超额利益；但一旦出现亏损，债权人则要承担相当大的损失。因此，为了保护自身的利益，债权人会要求：①债券发行必须有某些保护性条款，这些条款在一定程度上约束着管理者的行为。比如，强制执行有关限制发放现金股利的协议，规定最低现金余额或财务比率等，限制企业新增融资，这些限制条款都可能造成企业经营绩效的下降。②必须对公司进行监督，以保证其遵守这些条款，监督费用也会落在股东身上。效率降低和监督成本（即代理成本）的存在会提高债务融资成本，从而降低负债收益。

根据研究，随着代理成本越来越高，它对公司资本结构的科学确定所产生的影响也越来越大。詹森和迈克林认为，公司的最佳资本结构是均衡各种代理成本的结果：

1. 那些已经发展成熟而没有较多投资机会的企业，应当提高负债率，减少因大量自由现金流量滞留企业给管理者带来的过度投资机会。按照自由现金流量理论，为了防止或减少管理当局对于企业资金的滥用，经营活动所创造的自由现金流量应当全部分派给投资者。

2. 顾客与公司之间也存在着代理成本，特别是那些提供较多的售后服务的公司，比如大型家用电器、汽车等。公司如果因为负债过多而财务危机风险大大增加，顾客会由此减少对公司产品的需求。

3. 公司与雇员之间代理成本的存在，使得那些雇佣具有特别专长人才的公司不宜运用过多的负债融资。因为，较高的负债率往往代表着较高的财务风险，公司倒闭的几率也就更大。

所谓资本结构的代理成本理论，从根本上讲源于与企业有利益交换的各方普遍存在的对高负债率、高财务风险的厌恶心理。

近年来，学界对负债在公司治理方面所发挥的作用进行了大量的研究。通常认为，利用债务尤其是发行公司债券融资，在取得资金的同时，公司也必须接受债权人，甚至整个证券市场的严格监管，这在很大程度上限制了管理层非理性投资的可能，保护债权人利益的同时，也保护了股东的利益。

考虑债务的抵税、破产成本、代理成本等因素，有负债企业的价值可以式（5-13）表示[①]：

$$V_L = V_U + 抵税收益现值 - 破产成本现值 \\ + 外部股权融资代理成本现值 - 外部债务融资代理成本现值 \quad (5-13)$$

（六）中性突变模型或经验模型

从学术研究的角度讲，资本结构的些许变化都可能导致严重的后果。但在管理者看来，在某些特定时期内，资本结构的一些变化可能不会产生重大的影响。很多财务政策及财务行为的变化不过是对应的调整而已，亦即出现所谓的中性突变的现象，虽然可观察，但未必需要做出重大的反应。

调查研究发现，企业一般不会严格地按照某一个特定的学说或者模型来制定资本结构政策，平常会运用一些经验性做法，在综合考量各种因素的基础上确定资本结构，一般称之为财务规划原则（Financial-Planning-Principles, Rule-of-thumb Approach）[②]。这一原则不仅可以应用于资本结构政策，在其他财务政策的制定过程中同样发挥着重要的作用。

调研显示，董事会制定融资政策的主要考量因素大致有：①维持必要的财务灵活性（Financial Flexibility）；②确保长期发展实力；③最大化证券价格；④维持必要的资金来源；⑤保持财务独立性（Financial Independence）；⑥维持较高的债务信用等级；⑦与同行业企业保持必要的可比性；⑧防止被兼并的危险。[③]

[①] WILLIAM L MEGGINSON. Corporate Finance Theory [M]. ADDISON-WESLEY, 1997: 338.
[②] H KENT BAKER, J CLAY SINGLETON, E THEODORE VEIT. Survey Research in Corporate Finance: Bridging the Gap Between Theory and Practice [M]. Oxford University Press, 2011: 185.
[③] KAMATH, RAVINDRA R. Long-Term Financing Decisions: Views and Practices of Financial Managers of NYSE Firms [J]. Financial Review, 1997 (32: 2): 350-356.

第二节 债务融资与股权融资

一、债务资本与股权资本的性质差异

债务融资的主要形式有银行贷款（Bank Debt）、商业票据（Commercial Paper）、公司债（Corporate Bonds），股权融资的主要形式有股东权益融资（Owner's Equity）、风险资本（Venture Capital）、普通股（Common Stock）、认股权证（Warrants）。还有一类融资工具的性质介于债务融资和股权融资之间，被称为混合证券（Hybrid Securities）融资，包括可转换债务（Convertible Debt）、优先股（Preferred Stock）等。混合证券的使用往往与一些特定的行业或者特定的环境有关。

债务资本的主要特征有：①具有法律性质的契约约束，从而保障债权人的基本利益；②以利息的形式固定债权人的索偿权，按照现行法律，利息具有抵税作用；③一旦借款公司出现财务清算的情况，债权人拥有靠前的索偿权；④一般具有提前约定的固定到期时间，保障债权人按期收回本金；⑤在没有法律介入的情况下，债权人一般没有对生产经营的管理权。

股权资本是股东投入的，其主要特征有：①股权资本的所有者即股东是公司剩余收益（Residual Claim）的所有者，这也意味着股东要承担最终的风险；②股东拥有对公司生产经营活动的控制权，是公司重大政策的决策者；③股权资本一般没有提前约定的到期时间，通常属于长期资本；④股权资本成本通常要高于债务资本成本。

股权资本的多少代表着公司资本实力的强弱。在其他因素相同的情况下，股权资本的数量越多，或者在资本总量中所占的比重越大，其资本实力越强。拥有较强的资本实力，可以使公司在投资机会的选择、经营方式的调整等诸多方面具有更强的灵活性，同时抵御风险的能力也会较强。

债务融资能力往往与公司的总体实力相关。具备较强的债务融资能力，有助于公司在投资决策时拥有较强的应变力，对于提升价值创造力有重要作用。与股权融资比较，债务融资的灵活性更强。

对于董事会和管理层来讲，选择股权资本融资还是债务资本融资？回答这个问题并不容易。单纯地从资本结构理论看，债务资本成本较低，应该是较受欢迎的一种融资方式。但是，过度偏好债务融资显然不利于公司的发展，也不利于股东利益。概括而论，在选择股权资本或者债务资本时，可能需要考虑如下几个方面的因素：①股权融资对于公司的声誉以及未来的发展有较多的要求。这就意味着，那些规模较大，声誉较好的公司可能更适合于股权资本融资。事实上，包括股票尚未上市的小型高科技公司，由于没有声誉的担保，获得债务融资的可能性也很小。②在信息不对称情况较严重时，或者当公司不自愿披露某些信息时，债务融资是合适的选择。与股权融资比较，债权人大多聚焦于公司的流动性，只要能够确保利息支付和本金的偿还，债权人

的利益就可以得到满足。但是股权资本投资者要求公司的信息量显然要大得多。③如果公司有大规模的管理层股权激励计划或者员工持股计划，公司可能会倾向于股权融资。对于外部股东来讲，应该高度关注这种环境下的股权融资是否存在利益输送问题。④站在管理层的视角，存在营业风险和财务风险隐患的公司，更喜欢股权资本融资。尤其是在出现了财务危机迹象的情况下，几乎不可能进行债务资本融资。

二、债务融资

内部融资的主要来源是生产经营活动创造的盈利（现金流）。经营利润在向股东分派股利之后，留存到公司内部就成为内部融资。按照优序融资模型，内部融资是企业重要、基本的融资来源，更是公司发展壮大的根源。外部融资是对内部融资的补充，但对于高速增长中的企业而言，外部融资一般为融资的主体。

融资环境以及由此所决定的企业融资约束（Financing Constraints）是一家公司重要的财务特征，也是公司财务政策制定过程中必须高度关注的问题。

随着中国资本市场的不断完善，公司债融资将成为最为重要的一种直接融资方式。尤其是在存在着明确的资本投资机会的情况下，公司一般会采用公司债融资的方式。研究显示，资本市场较为发达的国家（如美国、欧盟）的公司更喜欢运用长期公司债发行而不是股票发行来为固定资产投资筹措资本[1]。公司债的寿期最长可达百年之久，但通常情况下都在30年以内，近年还有进一步缩短的趋势。从金融的角度讲，30年差不多是长期负债及长期利率的一个极限。与英美等国的公司债市场比较，中国的公司债市场有待进一步的发展和完善。公司一旦成为上市公司，最为重要的融资工具应该是公司债，而不是股票。

从西方国家金融市场的发展过程来看，公司债市场的完善要晚于或依赖于股票市场的完善。美国的公司债市场主要是柜台市场，绝大部分的公司债掌握在大型的金融机构手中，比如保险公司、互助基金、退休基金等。尽管公司债市场的流动性也很强，但与普通股的市场交易比较，其交易仍受到一些限制，主要是交易规模的限制。公司债交易一般是大宗的、规模较大。公司债的票面利率一般按其发行时的金融市场利率确定，如果定得过低，投资者会排斥这种债券。

在美国，在柜台市场上进行交易的公司债的市场价值一般不单独公开发布，其中的主要信息可以在纽约股票交易市场信息的有关内容中找到。相对于股票价格的巨大波动而言，公司债由于其契约的强约束性，不会在短期内出现巨大的价格波动。投资者投资于公司债券，通常要对发行公司及其债券本身的信用情况进行分析，从而选择较为稳健的债券进行投资，有望获得较为固定的、时期较长的稳定收入。这通常是债券投资者的基本思路。对于投资者而言，由于来自公司债的现金流量是已知且固定的，在没有利率风险和违约风险的情况下，公司债投资几乎可被视为一种风险很小的投资。

---

[1] GÖKHAN OZER, ILHAN CAM. Financing Decisions of Firms: The Roles of Legal Systems, Shareholder Rights and Creditor Rights [J]. Accounting and Finance, 2020.

从公司债的市场价值来看,能够直接影响其波动的可能主要是金融市场利率的波动,即利率的提高会导致公司债价值下跌,利率降低会导致公司债市场价值上升。公司债的有效期一般为10年或10年以上,由于利率波动而导致公司债市场价值的波动是不可避免的。但无论公司债价格怎样波动,都有一个中心支撑线,即公司债的票面值。

公司债信用等级评定(Credit Rating)体系的建立和完善是公司债能够获得广泛运用的基础。没有信用依托的债务契约可能会对公司的投资者关系造成严重伤害。公司债的信用评级是公司财务政策制定中一个重要的考量因素。研究发现,无论是高信用评级还是低信用评级的公司,他们的负债率都较低,而中等评级的公司则有较高的负债率。[1] Standard & Poor、Moody 和 Fitch 是三家最著名的公司债评级公司。

标准普尔(Standard & Poor's)公司的评级分21级:AAA,AA+,AA,AA-,A+,A,A-,BBB+,BBB,BBB-,BB+,BB,BB-,B+,B,B-,CCC+,CCC,CCC-,CC 和 C。评级越低,预期的违约风险就越高。BBB-及以上被称为投资级债券,BBB-以下被称为非投资级或者垃圾债券。不同等级的公司债具有不同的报酬率水平,这也决定了它们不同的资本成本水平。

可能是评估机构的谨慎或者整个经济形势的变化所致,20世纪80年代以后的公司债评级出现了明显的下滑现象,突出表现就是A级以上的公司债数量大幅减少,B级公司债则大量增加。[2]

没有一套严谨、可信的公司债评级系统,等于丧失了公司债市场发展的基础,公司债融资作为公司重要的融资方式也就无从谈起。

约1/4的英法公司没有长期债务,这些公司的资金几乎完全来自股权融资和短期负债融资。[3]

作为私募融资的重要途径,长期银行贷款越来越受到青睐。在所有的债务融资中,银行贷款是一种最常用的融资方式。在投资者的眼里,银行贷款的正面信号效应甚至超过公司债。

三、股权融资

股权融资的重要特质有二:一是股权融资与股权结构紧密相关,股权融资往往是公司治理在融资方面的体现,换言之,股权融资表面看是融资行为,其内在性质却是公司治理。二是股权融资通常用在所谓的一般用途上,比如补充资本、提高资本安全度、投资者关系处置等。直接以股权融资满足具体、特定的投资需求不是这种融资方式的主要用途。

---

[1] FAIZA SAJJAD, MUHAMMAD ZAKARIA. Credit Rating as a Mechanism for Capital Structure Optimization:Empirical Evidence from Panel Data Analysis [J]. International Journal of Financial Studies, 2018, 25 (1).
[2] RAMIN P BAGHAI, HENRI SERVAES, ANE TAMAYO. Have Rating Agencies Become More Conservative? Implications for Capital Structure and Debt Pricing [J]. The Journal of Finance · VOL. LXIX, NO. 5 · October 2014.
[3] DIRK BROUNEN, ABE DE JONG, KEES KOEDIJK. Corporate Finance in Europe:Confronting Theory with Practice [J]. Financial Management, 2004, 33 (4):71-101.

普通股票（Common Stock）所代表的是投资者对一部分公司权益的所有权，投资者（即股东）通过行使投票权或买卖权来对公司的重大问题进行决策，或者放弃对该公司的投资。从历史上看，众多向外发行股票的上市公司前身都是私人持有公司或者是合伙公司。随着公司规模的不断扩大，资金需求量越来越大，企业所面临的风险也越来越大，为了筹措更多的资金，同时也为了分散公司创办者（即公司最初股东）的风险，通过公开化决策和IPO决策，可以将公司价值予以平分，然后出售给投资者。由于极大地降低了单一股票投资者所负担的风险（以其出资额为限），因而通过公募的形式发行大量的股票，可以募集巨额资金，满足企业的发展。

与普通股相关的几类股东包括：①创始人股东。这类股东是公司创始人，是决定公司发展的核心。②控股股东，又可分为IPO前控股股东、IPO后控股股东。前者一般是公司IPO前接受的风险资本或其他战略性投资，后者往往与资本市场上股份的转移有关。③公众股东。这类股东人数众多，但个人持有的公司股份往往极少，不足以对公司治理产生影响。除非对公司的现金股利有依赖，这类股东往往着眼于获取资本利得。

在国际上，股票分级是一个惯例，主要目的在于保护最初股东对公司的控制权。许多上市公司的前身是私有企业，家族控股是这些上市公司的普遍现象。在IPO过程中，股票发行公司将股票划分为大众持有股票（如A类股票）和家族持有股票（如B类股票）。通常情况下，A股适用于一股一权的基本原则，而B股的投票权要远远大于A股，比如一股十权等。"担心失去控制权是造成欧洲大陆一直盛行股票分类的主要原因。无投票权的股票、削减了投票权的无记名股票、转让受到限制的记名股票——所有这些都是在职的企业家、管理人员维持其对股东大会控制的工具。"[①]

作为股票投资者可以控制公司重大事项决策权力的一种交换，普通股票通常没有固定的股利支付约定。换言之，股票投资者在购买股票时并没有与公司签署获取未来收益及其水平的契约。这是股权资本成本估算的一个重要前提。

从国际上看，优先股（Preferred Stock）在金融、房地产、城市公用事业等行业中有着普遍的应用[②]。这既与这些行业的财务特征有关，也与这些行业的法律环境有关。对于一般性质的公司（如机械制造业）而言，优先股的使用往往与财务危机的处置有着紧密的关联。具体言之，在财务危机期间，可以使用优先股作为处置公司与投资者关系的工具，将法律约束下的对企业现金流的索偿权转化为具有一定灵活性的财务责任，为度过财务窘境创造条件。

19世纪后半叶，优先股在美国公司大量使用。当时，美国一些处于财务困境中的铁路公司债权人出于保护自身利益的考虑，希望将自己的债权转化为一种股权的形式。这种股权对企业现金流的索偿权相对固定，且优先于普通股。这就是后来于20世纪初

---

① 泽维尔·维夫斯. 公司治理：理论与经验研究[M]. 郑江淮、李鹏飞，等译. 北京：中国人民大学出版社，2006.
② JARL KALLBERG, CROCKER H LIU, SRIRAM VILLUPURAM. Preferred stock：Some insights into capital structure [J]. Journal of Corporate Finance, 2013, 21：77-86.

风行的优先股。① 进入 20 世纪以后，随着公司债市场的不断发展，优先股逐渐被公司债所取代，在一般公司中的使用锐减。美国公司中优先股相对于资产的比例，在 20 世纪 20 年代为 10%~15%，到了 60 年代已基本从公司资产负债表中消失②。作为一种融资工具，优先股的使用显然居于公司债和普通股之后。在 20 世纪 90 年代，一些大型公司（如通用汽车公司、福特汽车公司等）都曾发行过优先股。它们发行优先股一般都是在公司现金短缺，或者公司债等级下降的情况下。

优先股股东所承担的风险要低于普通股股东，其对公司的控制权和收益权自然也低于普通股股东。

最为常见的优先股是股利可累计的、可转换为普通股票的优先股。在公司股市低迷，新发行股票融资会伤害现有股东利益且急需新增股权资本的情况下，公司可发行此种优先股票，以筹措股权资本。随着公司股票价格的上扬，优先股持有者可择时将优先股转换为普通股。因此，处于高速增长期、极具发展潜力的公司较适宜发行可转换优先股进行融资。

自 20 世纪 80 年代中期之后，金融公司、银行、储蓄机构、保险公司等逐渐替代电力公司成为优先股主要的发行公司，且优先股也从以固定股利为主变为以可调股利为主。③

认股权证（Warrant）也是股权融资的一种方式。在美国，认股权证一般附加在预发行的公司债之上，借以吸引投资者购买公司债。公司债发行之后，认股权证可以脱离公司债独立进行交易。当持有者行使认股权时，公司即可筹集到股权资本。

通过证券市场直接筹措股权资本，普通股票融资是基本方式，其他任何方式（如优先股票融资、认股权证融资等）均属特例。这种特例产生的原因有二：一是公司本身问题。比如，在公司债市场低迷、利率水平较高的情况下，为了降低预发行公司债的利息水平，尽快将公司债发行出去，公司会在发行的公司债上附以认股权证，给予公司债投资者在未来特定时期内按照某一既定价格购买公司股票的权利。随着公司股票的上涨，投资者会行使他们的认股权。如果公司以新发行股票来履行这一认股权，则公司就会筹集到一笔新的股权资本。二是税法等宏观控制方面的问题。比如，优先股票融资更多地被用于公用事业类公司（如电力公司）。按照有关法律规定，这类公司发放的优先股股利可以计入有关成本之中，通过价格转嫁给消费者，同时，购买优先股的其他公司所获得股利的 70% 可以免税。如果没有这些税法上的优势，优先股的所谓优先可能就很难体现出来。因此，在一般形式的公司中，优先股融资并不是一种主要的融资方式。

---

① ALBERT S KEISTER. Recent Tendencies in Corporation Finance [J]. The Journal of Political Economy, 1922, 30 (2)：257-273。Keister 认为，优先股的发展主要是因为两个力量的推动：第一个力量，公司财务主管必须在整个期间筹集大量且不断增加的资本，如果可能，希望此时不分享控制权、不制造额外费用；第二个力量是联邦政府的超额利润税。

② JOHN R GRAHAM, MARK T LEARY, MICHAEL R ROBERTS. A Century of Capital Structure：The Leveraging of Corporate America [J]. Journal of Financial Economics, 2015, 118：658-683.

③ 弗兰克·J. 法博齐. 金融工具手册 [M]. 俞卓菁，译. 上海：上海人民出版社，2006.

在一个有效的股票市场上，股票价格的波动可以反映企业创造现金流量的实力。股票价格及其波动所反映的是一种长期趋势。在市场有效的情况下，企业未来现金流量越多、越稳定，其股票价格也就越高。在这种情况下，股东财富最大化目标与企业价值最大化目标达到了协调、统一，市场定价与现金流量定价也达到了统一。而如果市场无效，这种统一就有可能被破坏。

所谓股东财富最大化，一定程度上就是要追求股票市场价值的最大化。对投资者而言，用股票价格乘以他所持有的股票股数，即可得出股票的市场价值，进而判断其拥有财富的变化。

从市场波动状况来看，对于边际投资者而言，如果要求报酬率等于股票的期望报酬率（如用证券市场线确定的期望报酬率），或者股票的内在价值等于股票的实际价格，这就意味着股票市场达到了均衡。股票市场不均衡，势必产生股票的高估与低估，进而产生套利行为，即同时购入低估股票，卖出高估股票，在不增加任何风险的情况下，增加投资收益。套利行为不断发生，促使股票价格达到均衡状态。在均衡状态下，投资者不会买卖股票，只会持有股票。而新的经济事项的发生会破坏股票市场原有的均衡，达到一种新的均衡。事实上，股票市场的均衡状态是一个持续不断的过程。

第三节 公开化政策与 IPO 政策

公开化（Going-Public）与 IPO 是企业发展过程中的关键节点，属于重大财务决策。这意味着企业将由独资私有企业发展为股份公司或上市公司。这种变化无论是对公司治理还是公司管理都将产生重大影响。IPO 行为从根本上讲属于公司治理行为，融资行为不过是其外在的表现形式。从大量的 IPO 案例中可以观察到一个重要的现象，IPO 的目的绝非简单地融资，主要目的往往是创始股东重新评估或处置投资、风险资本退出、寻求市场定价（一般市场估值要大大超过其账面价值）、开辟更多的直接融资方式（如公司债融资）。由于要求高质量的信息披露，IPO 可以在很大程度上提升公司治理的质量。

发行股票不能视为简单的融资行为，事实上，股票融资尤其是 IPO，大多不是由于融资的需求。玛丽·奥沙利文认为："新的股权融资通常并不是用来为新的资产形成融资，而是用来改变现有资产的所有权或用来重组公司的资产负债表。IPO 促进了所有权的转移，使股份所有权从原来的所有者——企业主和他们的风险投资伙伴手中转到公众股东那里。因此，高水平的 IPO 并不一定意味着家庭和机构投资者在为创新投资的高潮进行融资。对 IPO 的认购说明证券投资者正在根据已经形成的生产能力的投资，向建立该企业的企业家交换其未来收益的索取权。"[①] 奥沙利文进一步断言，股票市场

[①] 玛丽·奥沙利文. 公司治理百年：美国和德国公司治理演变 [M]. 黄一义，等译. 北京：人民邮电出版社，2007：81-82.

从来不是企业长期资金的主要来源。企业之所以上市主要动机有三个：一是使公司创办人及风险资本家的投资变现；二是获得现金以收购其他公司；三是为管理层和员工建立以股票为基础的薪酬计划。① 风险资本通过 IPO 实现退出的大量案例也证实了这一论点②。

美国企业 IPO 筹集资金的主要用途，一是一般公司用途（General Corporate Purposes），二是回购债务，这两大用途要占到融资用途比重的 88.2%，接近九成。其中所谓的一般公司用途，主要是指尚未明确特定用途的、视企业发展状况而定的资金用途，借以增强企业经营的灵活性。不难看出，将外部股权融资与公司的投资项目一对一地连接起来的做法，与股权融资的性质并不相符。"很少有公司会将股票市场视为一个稳定的资金来源。拉詹和津加莱斯（Rajan & Zingales）指出，实际上，对于美国的上市公司而言，只是在首次公开发行之时或者之后很短的一段时间内，股票市场起到了外部融资的作用，但之后就没有这个作用了。对于成熟的企业而言，股票市场在融资方面反而会带来负面影响。"③

IPO 可以使公司获得较为充足的市场融资，为及时把握投资时机奠定资金基础。比较而言，非上市公司的融资约束一般要大于上市公司。同时，融资规模的扩大也为上市公司的发展战略及财务政策的优化创造了条件。

公司在做出 IPO 决策时，对于股票交易所的选择及上市时机的确定，一定要高度关注资本成本问题。IPO 所带来的较低的资本成本意味着持续的竞争力，对于公司的长远发展极为有利。

由于经济发展程度以及制度、规制等的差异，不同国家或者地区的股票交易所对于上市公司财务政策的指引和约束都有不同。以股利报酬率为例，鉴于不同股票交易所对于上市公司股利支付的指引不同，在不同的交易所，上市公司的股利报酬率往往有着明显的差异。这些差异既来自上市公司的股利政策，也来自股票交易所的治理政策。对于预上市的公司来讲，选择股票交易所必须充分考虑这些政策的差异。

习惯上，人们将世界上的股票交易所划分为成熟股票市场和新兴股票市场。英美等国的股票市场发展历史悠久，属于典型的成熟市场。中国、印度等发展中国家的股票市场发展历史较短，属于新兴股票市场。通常情况下，成熟股票市场的法律约束更加地严格，对公司财务政策的制约较强，同时对投资者利益的保护力度也较大。在这样的股票市场上，上市公司需要遵循的会计准则更加严格，会计信息质量较高。比较

---

① 玛丽·奥沙利文. 公司治理百年——美国和德国公司治理演变 [M]. 黄一义，等译，北京：人民邮电出版社，2007：145.

② 为了筹措到更多的资金，几乎所有的高风险企业在上市融资之前均会寻求风险投资者作为战略合作伙伴，向其投入足够的资金以促进企业的发展。与此同时，企业也会借助这些风险投资者进行上市之前的有效运作，包括投资项目的选择、必要的市场渗透等。当企业上市时机成熟时，便会在合适的股票交易所上市，借以筹集更多的股权资本。一旦上市成功，风险投资者极有可能会撤出最初的投资。在这个过程中，风险投资者所获得的报酬是极为可观的。

③ 泽维尔·维夫斯. 公司治理：理论与经验研究 [M]. 郑江淮，李鹏飞，等译．北京：中国人民大学出版社，2006：106.

而言，新兴股票市场上，投资者利益保护程度较弱，信息质量较差，上市公司治理水平较低，财务政策往往不稳定、不理性。欲上市公司选择成熟市场还是选择新兴市场上市，对于管理层来讲，是一个需要审慎决策的重大问题，将对上市之后的公司发展产生重大影响。

上市公司股权再融资（Seasoned Equity Offering, SEO）的主要方式有配股、公开增发新股和私募发行新股等。在美国，20世纪60年代之前以配股为主，80年代之后以公开发行新股为主，90年代之后则以私募发行新股为主。私募发行新股的投资者主要有内部人士（董事、管理者）、关联投资者、公司职员、现有股东等。

人们发现，无论是IPO还是SEO，股权融资以后公司的绩效以及股票报酬水平会有下降的趋势，这种现象被称为新股发行之谜（The New Issues Puzzle）。[①] 这种现象可能既与公司新股发行前的业绩操纵有关，也与投资者对于公司未来的乐观预期有关。

退市（Going Private），又称私有化，是上市（Going Public）的反动。公司管理层联合起来成立一个投资公司，并购买本公司所有公开发行的股份，即所谓管理层收购。新的股权持有者通过负债完成股份收购，这种收购又被称为杠杆收购（LBOs）。

外部股权融资往往与公司的内部投资行为没有直接的关联，而内部股权融资和公司债融资往往是由投资项目的资本需求所引起。与外部股权融资关系比较密切的是股权结构的调整、兼并收购等行为。[②]

融资方式的选择，既要考虑融入资本的用途，也要考虑当时资本市场上投资者观察公司的信息状况，包括信息的具体含量以及信息不对称的情况。一般情况下，当信息不对称情况严重且信息内容不利于公司的时候，不宜发行股票融资。

与融资方式选择紧密相关的另一个问题是证券的估值，尤其是公司债估值和普通股估值。从公司财务的角度讲，发行在外的证券的估值直接决定了公司的内在价值，既代表了公司未来的发展实力，同时也反映了资本市场及投资者对于公司发展战略的评估。对于那些以人力资本为主要竞争力的高科技公司来讲，普通股的估值甚至已经部分地脱离了对未来现金流的预期，更多的是对公司管理层才能的评估。微软公司、苹果公司的估值充分体现了这一估值原则的变化。

第四节 国家杠杆政策与公司资本结构政策

一、公司负债（杠杆）率

负债率不仅是资本结构政策的重要指标，其隐含的信息量也极为丰富，比如投资者关系、代理冲突、风险控制、财务灵活性等。通过负债率的分析评价，可以了解公

[①] LOUGHRAN T, RITTER J R. The New Issues Puzzle [J]. The Journal of Finance, 1995, 50 (1): 23-51.

[②] EUGENE F FAMA, KENNETH R FRENCH. The Corporate Cost of Capital and the Return on Corporate Investment [J]. The Journal of Finance, 1999 (December).

司在财务政策方面的重要考量，比如是趋于稳健还是趋于激进。

企业有没有一个最优的负债率？理论上，资本成本最低的资本结构（负债率）就是最优的资本结构，在这一负债率下，企业价值也最大。

在财务实践中，最佳资本结构问题存在着很大的困惑，以至于产生所谓的资本结构之谜（Capital Structure Puzzle）。按照静态权衡模型，在债务抵税收益与财务危机成本权衡的基础上，可以产生一个最佳的资本结构。在这个结构下，资本成本最低，企业价值最大。按照优序融资模型，公司的融资行为遵循一个约定俗成的融资偏好，比如先内部融资后外部融资，先公司债融资后股票融资，等等。在这样的融资偏好下，人们关注的是融资的可得性而非资本结构的最优化。

按照代理理论，最佳资本成本结构是指代理成本最低的资本结构[1]。无论是股东还是债权人，作为投资者，他们在向公司投入资本的时候，都会提出必要的诉求来保护自身的利益，这就形成了代理成本。与股权资本融资相关的代理成本因为备受关注，所以是公司治理理论探讨的热点问题，比如对管理层的监管成本、效率降低的机会成本、股权激励成本等。与债务融资相关的代理成本往往受到忽略。人们研究较多的是债务融资给公司带来的缓解代理冲突的优势，比如借助市场力量监督管理层，通过公司债评级提升绩效水平等。债务融资的代理成本与公司财务风险的大小紧密关联，因为公司的财务风险意味着债权人潜在的损失。为了规避这种损失，债权人可能会提出更高的利率水平，限制管理层对债务资本使用的自由裁量权，甚至会对公司治理提出更具体的约束，比如限制股利的发放等。一般认为，负债率提高时，股权资本代理成本会下降，而债务资本代理成本会提高[2]。最佳的资本结构应该在综合考量了股权资本代理成本和债务资本代理成本的基础上，以总代理成本最低为原则加以确定。这种思路并不违背股东至上的宗旨，因为代理成本是股东为了实现财富增加所必须付出的代价，代理成本最低就意味着股东财富的减损程度最小。

在公司财务实践中，如何确定最优的负债率是一个极为复杂的事情。米勒认为，资本结构政策的确定是一个中性突变的过程，不是严格地遵循某种理论的结果。考虑到现实环境的复杂性，实际的决策过程不可避免地具有启发性、批判性、模仿性和摸索性[3]。进行调研的过程中，英美企业管理层一般认为存在着一个最优的负债率。至于企业如何确定这个所谓目标（Target）的负债率，则基本上是语焉不详，难以精确。

管理层主观上都希望维持一个较为稳定的负债率，就像维持一个稳定的股利支付额一样。稳定的财务政策可以提升股东对公司发展的信心，有助于资本成本的下降。但从实证来看，负债率的稳定性要明显的低于股利支付的稳定性。这至少说明管理层在资本结构政策方面没有产生必要的黏性，或者认为负债率的受关注程度不如股利支

---

[1] JENSEN M C, MECKLING W H. Theory of the Firm: Managerial Behavior, Agency Costs, and Ownership Structure [J]. Journal of Financial Economics, 1976, 3 (4): 305-360.
[2] 凯文·基西，等. 公司治理：受托责任、企业与国际比较 [M]. 刘霄仑，朱晓辉，译. 北京：人民邮电出版社，2013：50.
[3] MERTON H MILLER. Debt and Taxes [J]. The Journal of Finance, 1977, 32 (5): 261-275.

付水平。这说明一个事实，尽管理论上可以确定一个非常精准的资本结构（Very Strict Target），但在实践中，所谓的目标资本结构可能只是围绕着严格目标资本结构的一个大致的波动范围（Range）。重要的是不是这个范围有多大，而是管理层应该清晰地了解负债率发生波动的原因以及由此可能导致的结果。

调研结果显示，在美国，公司目标负债率的确定有着显著的差异，从严格到宽松可以划分为许多的层级。比如，约有10%的公司制定了极为严格（Very Strict Target）的目标负债率，34%的公司制定了相对严格（Somewhat Tight Target/Range）的负债率，37%的公司制定了灵活（Flexible Target）的目标负债率，还有19%的公司没有目标负债率（No Target Ratio Or Range）。① 换言之，大约超过八成的美国公司具有目标资本结构，这种管理上的目标约束对于公司的融资行为是一种理性的引导。

根据2022年的调研，美国大型公司关于目标负债率的管控情况与20年前相比变化不大，但越来越多的小型公司放弃了严格的负债率控制而转向较为宽松的债务融资政策，这应该与近年来融资环境的改变有直接的关系。调研还发现，一些公司围绕着目标负债率设定了上限（Upper Limit）和下限（Lower Limit），当实际负债率突破这一上下限时，严格的管控会对负债率进行动态的调整，以使其更加接近负债率的目标水平。②

负债率的动态调整，既是一个资本结构政策问题，也是一个市场择时问题。尤其是当债务资本成本出现较大幅度降低的时候，负债率的提高几乎是一个大概率的事件，这与人们追求低成本的心理是相关的。比较而言，股权资本融资对其资本成本水平的变化没有这么敏感，一方面因为股权资本一般用于长期投资，波动相对较小，另一方面也与股权资本成本不像债务资本成本那样外显有关。

人们发现，虽然维持一个相对稳定的负债率是资本结构政策的基本追求，但是负债率的无规律波动却是不少企业要面对的现实。在欧洲，那些规模较小、盈利水平较低的企业，负债率波动较为激烈，且没有理性的依据。比较而言，大型公司的负债率要稳定的多。③ 当然，出现这种情形还有一种解释，那就是小型公司可能并没有明确的资本结构政策，负债率的变化完全是一种随机的状态。而大型公司在资本结构政策方面有更多的内外部约束，其负债率的变化也必然受到诸多限制。

二、国家宏观杠杆政策与公司资本结构政策

杠杆可以划分为微观杠杆与宏观杠杆。微观杠杆就是企业的负债率，是反映财务风险的主要指标，一般以总负债/总资产计量。宏观杠杆则是指政府部门、企业部门和

---

① JOHN R GRAHAM, CAMPBELL R HARVEY. The Theory and Practice of Corporate Finance: Evidence From the Field [J]. Journal of Financial Economics, 2001, 60 (2-3): 187-243.

② GRAHAM J R. Presidential Address: Corporate Finance and Reality [J]. The Journal of Finance, 2022, 77 (4): 1975-2049.

③ CAMPBELL G, ROGERS M. Capital Structure Volatility in Europe [J]. International Review of Financial Analysis. DOI: 10.1016/j.irfa.2017.11.008.

家庭部门各自的负债总额占国内生产总值（GDP）的比值①。中国宏观的降（稳）杠杆政策是针对宏观杠杆而言的。就企业而言，微观杠杆与宏观杠杆之间是紧密相关的。

从世界范围看，中国的非金融企业部门的杠杆率（企业部门负债占 GDP 的比重）是相对较高的，因而实施降杠杆的政策。世界主要国家非金融企业部门的杠杆率分别为：中国，163%；法国，133%；加拿大，113%；日本，103%；韩国，99%；英国，84%；美国，73%；意大利，72%；德国，54%；俄罗斯，50%；印度，46%；巴西，41%；南非，39%。②需要注意的是，企业杠杆的分析要特别关注其中的结构问题，比如是哪些企业的杠杆率？企业负债的具体构成是什么？再如，数据显示，国有上市公司的资产负债率要远远高于非国有上市公司③。

与其他国家比较，中国的各项杠杆率都居于高位，尤其是总杠杆率和企业杠杆率。2008 年以后，中国企业的杠杆率持续提高，已经成为影响国家经济稳定的不安定因素。对于公司管理者来讲，需要特别注意的是基于宏观层面的杠杆率评价与公司自身的杠杆率水平并无直接的对应关系。公司的资本结构是否合理？负债率是否需要下调？必须按照财务政策的制定原理进行审慎的分析与论证。从宏观调控的角度看，一刀切式规定企业杠杆率的硬性标准未必是科学理性的做法④。

较高的负债率可能会影响到企业持续的绩效水平，进而降低其竞争力，尤其是在经济衰退环境下。⑤

国家杠杆、企业杠杆与居民杠杆尤其是前二者之间的关系是近年来人们较为关注的研究热点。理论上讲，国家杠杆与企业杠杆之间存在着一定的相关关系，对这一关系进行研究，可以拓展对宏观金融政策及公司财务政策的理解。根据格雷厄姆（John R. Graham）等人的研究，国家杠杆与企业杠杆是负相关的关系。政府债务供应量的波动，作为企业债务的替代品，可能会改变企业债务的需求曲线，从而影响均衡数量。比如，经济衰退期间，在企业投资减少的同时，政府为了刺激投资会增加国债的规模⑥。德米尔吉（Irem Demirci）等人的研究也得出了基本相同的结论。他们认为政府债务供应的增加可能会增加政府债券和其他相近替代品的债务证券的预期回报。为了应对固定收益证券较高的资本成本，企业会减少债务融资，导致政府债务挤出公司债

---

① 企业负债率（Debt Ratio）与国家宏观层面的杠杆率（Leverage Ratio）计算方法上的不同导致了很多分析方面的困难。有学者建议统一负债率和杠杆率的计算，比如均按照负债/资产的公式来计算。至于负债率和杠杆率的称谓，可能主要是习惯的原因，在英国以往的文献中，对企业负债率也较多地使用杠杆率的称谓。
② 高善文：中国杠杆表面上是金融问题，本质上是财政问题. 高善文经济观察，2018-04：1.
③ 高善文：中国杠杆表面上是金融问题，本质上是财政问题. 高善文经济观察，2018-04：3.
④ 参见国家发展改革委、人民银行等：2018 年降低企业杠杆率工作要点，2018 年 8 月。
⑤ OPLER T C, TITMAN S. Financial Distress and Corporate Performance [J]. Journal of Finance, 1994, 49 (3)：1015-1040.
⑥ JOHN R GRAHAM, MARK T LEARY, MICHAEL R ROBERTS. A Century of Capital Structure：The Leveraging of Corporate America [J]. Journal of Financial Economics, 2015, 118：658-683.

务。较高的政府债务水平与较低的企业杠杆水平相关①。

研究表明，中国整体杠杆水平高的重要原因是企业杠杆过高。在国家保持宏观杠杆率基本稳定的政策之下，降低企业的杠杆水平成为控制风险的重要举措。2018年9月13日，中共中央办公厅、国务院办公厅印发的《关于加强国有企业资产负债约束的指导意见》要求："加强国有企业资产负债约束是打好防范化解重大风险攻坚战的重要举措。要通过建立和完善国有企业资产负债约束机制，强化监督管理，促使高负债国有企业资产负债率尽快回归合理水平，推动国有企业平均资产负债率到2020年年末比2017年年末降低2个百分点左右，之后国有企业资产负债率基本保持在同行业同规模企业的平均水平……国有企业资产负债约束以资产负债率为基础约束指标，对不同行业、不同类型国有企业实行分类管理并动态调整。原则上以本行业上年度规模以上全部企业平均资产负债率为基准线，基准线加5个百分点为本年度资产负债率预警线，基准线加10个百分点为本年度资产负债率重点监管线。"

如何在宏观降杠杆政策的环境之下，科学地确定企业的负债率水平，是一个非常重要的财务问题：①在综合考虑资本成本、行业水平、管理战略等诸多因素的基础上，合理确定公司的最优负债率水平。②最优负债率可以是一个确定的数值，也可以是一个合理的范围。③在财务管理过程中，实际的负债率水平一般会低于最优的负债率水平，旨在保留一定的财务柔性，确保财务稳定性。

从历史角度及世界各国情况来看，20世纪以来，企业的负债率是不断攀升的。在美国，20世纪初，优先股在公司融资中居于非常重要的地位。20年代以后，优先股逐渐被公司债所取代。②粗略分析负债率提高的主要原因大致有：①法律环境对债权人的保护越来越全面且稳健，降低了债权人的投资风险。一个很重要的现象就是债务融资契约越来越规范化、越来越细致。低水平的投资者利益保护法律环境会迫使金融机构偏好短期贷款以规避风险。同时，有证据显示，法律制度的完善会提升公司对于股权资本融资的偏好，进而降低负债率水平③。这与股权资本成本的下降可能有一定的关系。②资本市场的发展提高了债务作为一种金融工具的流动性。公司债的自由流动为其大量使用奠定了极好的流动性基础。③公司债务的信用分析提升了投资者的信心，这种信心在客观上消解了公司存在的代理冲突，改善了公司治理。

本章小结

公司的融资政策既是财务政策，也是公司治理政策。融资行为决定了资本结构和

---

① IREM DEMIRCI, JENNIFER HUANG, CLEMENS SIALM. Government Debt And Corporate Leverage: International Evidence [J]. Journal of Financial Economics (2019), doi: https://doi.org/10.1016/j.jfineco.2019.03.009.

② JOHN R GRAHAM, MARK T LEARY, MICHAEL R ROBERTS. A Century of Capital Structure: The Leveraging of Corporate America [J]. Journal of Financial Economics, 2015, 118: 658-683.

③ GÖKHAN OZER, ILHAN CAM. Financing Decisions of Firms: The Roles of Legal Systems, Shareholder Rights and Creditor Rights [J]. Accounting and Finance, 2020.

股权结构，决定了公司与投资者之间的关系。在融资政策的制定过程中，投资者关系、资本成本、财务灵活性等因素都发挥着重要作用。

资本结构理论是公司财务理论的主体内容，甚至成为公司财务理论的代名词。人们在解释资本结构时，运用了多方面的学说或者模型，因而出现了很多的资本结构理论。这些理论运用了各种学说对资本结构问题进行解释。资本结构的代理理论就是以代理理论来解释资本结构问题。因此，不难得出如下两个结论：第一，可以用来解释资本结构问题的学说、模型很多，将来可能还会出现一些新的学说或者模型。第二，研究资本结构运用的学说、视角或者研究方法不同，其结论可能会有重大差别。但这种差别并不足以判断所谓理论是否正确。多角度、多方法地研究资本结构，可以拓展对资本结构问题的认识，不能简单地判断正确或者错误。

股权融资与债务融资是性质不同的两类企业融资。股权融资决定了企业的资本实力，是企业稳定生产经营、保持长远发展的资金基础；债务融资的自由度要远大于股权融资，往往在出现重大投资需求的情况下用于融资的安排。股权融资与债务融资所要解决的问题有重大差异。

从世界范围看，直接融资渠道对于企业来说极为重要，企业在发展到一定阶段以后，应该公开发行股票（IPO）。资本市场不仅是公司融资的渠道，更重要的是可为公司创造一个定价机制。无论对于公司还是投资者，这都具有不可替代的作用。上市以后，公司治理及管理活动都处在市场的关注之下，有助于公司整体质量的提升。

宏观层面的国家杠杆政策对于公司资本结构政策会产生较大的影响。根本上讲，资本结构政策属于微观的公司财务政策，其决策权属于公司的董事会。董事会在制定资本结构政策时，必须对国家的杠杆政策有所了解，并确定合适的负债率。从财务政策的角度看，过于稳健或者过于激进的政策对公司的发展都会产生不利的后果。

重要术语

资本结构政策、资本结构理论、融资、融资政策、股权融资、债务融资、普通股、优先股、公司债、银行贷款、自然融资、首次公开募股（IPO）、杠杆政策

复习思考题

1. 在英美等国家，融资政策又被称为资本结构政策。试分析资本结构问题在融资政策中的地位。

2. 最优资本结构可以资本成本或者代理成本的视角确定，试予以解释分析。按照不同视角确定的资本结构会不会不同？如何看待这种差异？

3. 普通股融资与优先股融资的主要区别是什么？分析优先股融资在处置财务危机过程中的作用。

4. 政府部门杠杆与企业杠杆之间是何关系？在当前国家调控杠杆水平的背景之下，公司应如何确定合适的报酬率？

5. 公司有没有最优资本结构（负债率）？如果有，根据哪些因素确定？

案例与分析

浦发银行优先股融资

2013 年 11 月，浦发银行开始进行优先股研究工作，并于 2014 年 3 月拟定其符合要求的优先股方案。浦发银行发行优先股融资的一个原因是政府试点政策提供了有利时机，另一个原因是为满足监管需求，提高资本充足率，应对资产质量下降、业绩增速放缓带来的资金压力，同时在普通股股价低迷的情况下拉升股价。2014 年 4 月底，董事会通过了《公司关于符合非公开发行优先股条件的预案》，2014 年 5 月底召开股东大会，取得了同意发行优先股的决议和授权，随后发布优先股预案公告。11 月收到银监会核准批复，批准浦发银行 24 个月内完成分次发行。截至 2014 年 12 月 5 日，银行向 26 名发行对象募集的资金全部到位，首发成功。2015 年 3 月 16 日公布了第二期优先股预案公告，发行优先股 1.5 亿股，募集人民币 150 亿元。

根据银监会要求，浦发银行优先股发行方式为永久性非累积、非参与、可赎回。票面金额 100 元，数量不超过 3 亿股，分次发行，2014 年发行不可过半。股息率为"基准利率+固定溢价"，存续期内每 5 年调整一次，首次定价票面股息率为 6%，首期基准利率 3.44%，固定溢价 2.56%，在存续期内不调整。股息发放方式为现金，发放时间为优先股缴款截止日每满一年之日发放。为使优先股符合一级资本的标准，浦发银行规定公司有权取消股息支付且不构成违约等不利于投资方的条款，以便充分提示风险并筛选合格投资者。当公司累计三个会计年度或连续两个会计年度未足额支付股息时，优先股股东有权出席股东大会与普通股股东共同表决。

优先股股息率要比公司债券利率高，比普通股风险低，因此可以吸引到很多风险承受能力小，资金流动性要求弱，无须参与或影响公司经营但要求收益稳定的机构投资者。投资者所获优先股股息无须缴纳企业所得税，相当于税前 8% 的股息率。从发行结果来看，浦发银行的发行对象主要有保险公司、基金管理公司、资产管理公司、信托公司、证券公司等金融机构。表 5-1 为浦发银行资本充足率指标。

表 5-1 浦发银行资本充足率指标

项目	发行前	发行后	变动额
核心一级资本净额（亿）	2 216.66	22 216.66	
核心一级资本充足率	8.58%	8.58%	
核心资本净额（亿）	2 268.10	2 568.10	300
核心资本充足率	8.78%	9.94%	1.16%

续表

项目	发行前	发行后	变动额
资本净额（亿）	2 993.99	3 293.99	300
资本充足率	11.59%	12.75%	1.16%
风险加权资产净额（亿）	25 832.52	25 832.52	

在浦发银行首次优先股发行后，浦发银行集团口径的核心资本净额和资本净额增加了 300 亿元，核心资本充足率和资本充足率提高了 1.16%。浦发银行通过发行优先股补充其他一级资本，优化了资本结构，满足了金融监管要求，改变了银行目前完全由普通股和留存收益满足资本充足率的现状，同时避免了普通股增发再融资对普通股老股东权益的摊薄。表 5-2 为浦发银行 2011—2015 年资产负债率变化。

表 5-2　浦发银行 2011—2015 年资产负债率变化

	2011	2012	2013	2014	2015
浦发银行资产负债率	94.430%	94.289%	94.369%	93.725%	93.684%
行业资产负债率平均值	93.706%	93.703%	93.541	93.259	93.110%

浦发银行在 2014 年首期发行优先股之前，资产负债率一直在 94% 以上，高于行业平均值，处于较高水平，经营风险和财务风险较高。在连续两年发行优先股后，资产负债率下降到了 94% 以下，缩小了与行业平均值差距，完善了资本结构，增强了偿债能力。2013 年之前，浦发银行的资产负债率偏高，债务规模庞大，债权结构不合理，各项存款是主要负债来源，给稳健持续经营带来巨大的风险。

优先股对于商业银行来说，是重要的资本补充工具。当前，一些银行股票价格较低，有的甚至跌破每股净资产的价格。如果银行通过增发普通股的方式融资，发行的每股股价会低于每股净资产价格，变相造成资产流失。而发行优先股，价格既远远高于普通股，同时又不会影响普通股股东的权利。发行优先股，对于因信贷规模膨胀，急需补充资本以满足资本充足率规定的银行而言，是最佳的选择。表 5-3 为浦发银行 2011—2015 年财务指标。

表 5-3　浦发银行 2011—2015 年财务指标

		2011	2012	2013	2014	2015
净资产收益率	浦发银行	18.59%	19.26%	20.02%	19.81%	17.42%
	行业均值	18.39%	18.92%	18.19%	16.14%	14.13%
总资产收益率	浦发银行	1.04%	1.10%	1.13%	1.20%	1.10%
	行业均值	1.16%	1.19%	1.17%	1.09%	0.97%

续表

		2011	2012	2013	2014	2015
主营业务利润率	浦发银行	37.25%	38.59%	38.28%	38.58%	34.82%
	行业均值	35.72%	36.89%	36.49%	32.87%	30.14%
总资产周转率	浦发银行	0.027 8	0.028 5	0.029 4	0.031 2	0.031 6
	行业均值	0.032 4	0.032 3	0.032 2	0.033 1	0.032 3
权益乘数	浦发银行	17.953 3	17.510 1	17.790 4	15.936 3	15.832 8
	行业均值	15.888 1	15.880 6	15.482 3	14.834 6	14.513 8

资料来源：浦发银行公开资料。

思考的问题：

1. 优先股融资的主要特征是什么？
2. 银行发行优先股融资的优势是什么？对银行的治理会产生什么样的影响？
3. 与普通股东比较，优先股东的主要权益有什么差别？
4. 优先股股利有什么特征？

延伸阅读

［1］MYERS S C. Determinants of Corporate Borrowing［J］. Journal of Financial Economics，1977，5（2）：147-175.

［2］STEWART C. MYERS. The Capital Structure Puzzle［J］. The Journal of Finance，1984，39（3）：575-591.

［3］TITMAN，S. & R. WESSELE. The determinants of capital structure choice［J］. Journal of Finance 43（1）：1-19.

［4］SAMUEL ANTILL，STEVEN R GRENADIER. Optimal Capital Structure and Bankruptcy Choice：Dynamic Bargaining versus Liquidation［J］. Journal of Financial Economics（2019），Accepted date：31 May 2018.

［5］IREM DEMIRCI，JENNIFER HUANG，CLEMENS SIALM. Government Debtand Corporate Leverage：International Evidence［J］. Journal of Financial Economics（2019），doi：https：//doi.org/10.1016/j.jfineco.2019.03.00.

［6］DIRK BROUNEN，ABE DE JONG，KEES KOEDIJK. Corporate Finance in Europe：Confronting Theory with Practice［J］. Financial Management，2004，33（4）：71-101.

［7］GÖKHAN OZER，ILHAN CAM. Financing Decisions of Firms：The Roles of Legal Systems，Shareholder Rights and Creditor Rights［J］. Accounting and Finance，2020.

第六章

股利政策与股东财富

在所有的财务政策中，股利政策可能是受资本市场和投资者关注度最高的一个政策。股利支付直接决定了股东的股利报酬率，成为实际报酬率的重要组成部分。董事会有责任、有义务制定出稳定、明确的股利政策，这是吸引投资者投资的一个重要举措，也是公司发展成熟的表现。好的股利政策有助于股东财富的持续增加，也有助于企业价值创造力的提升。股利支付的多样化已成为一个新的发展趋势。

第一节 股利支付、公司发展与股东财富

一、公司为什么要支付股利？

所谓股利政策就是决定把税后净利的多大比例用于向股东支付现金股利，多大比例留存企业用于再投资。股利政策要确定的问题大致有：①支付率高还是低？这是股利政策的核心内容；②以什么原则确定股利支付率？③股利支付额（股利报酬率）的确定依据是什么？④如何保障股利政策的稳定性？

税后净利如何向股东进行分派？这是一个传统的公司财务问题，很早就受到人们的关注，并对此进行了大量的分析和论证。比如，20世纪初，杜因（Dewing）就对股利支付问题进行了系统的研究。他认为，股利政策的基本问题是确定盈余支付给股东的比重以及留存的比重；第二个问题就是以什么方式支付股利。在股利确定的过程中，需要考量生产经营中再投资所需要的资金。而留存多少资金，既与公司的经营性质有关，也与公司的融资环境有关，即公司外部融资的难易程度。人们发现，董事会愿意以留存盈利的方式来防范可能出现的意外情况，并认为这样做要比建立某种专项的储备资金更有利。股利政策中还有一个重要的因素，就是必须维持股利支付的稳定性和定期性。这种稳定的股利政策有助于培育忠诚的股东，使得他们着眼于投资而非投机；同时，也有助于公司未来的融资。特定情况下，可能会有额外股利（Extra Dividend）。当时一些矿业公司时常会发放额外股利，将那些由于价格提高而获得的不寻常的现金发放给股东。很多情况下，额外股利会以单独的支票寄出，以免和正常股利混淆。另

外,对公司债股利(Bond Dividend)、期票股利(Scrip Dividend)、股票股利(Stock Dividend)等问题也做了分析。[①]

公司支付股利是实现股东财富最大化的重要途径。股东获取股利意味着实现了一定程度的股利报酬率,构成为其报酬率要求满足的重要组成部分。大量的学术研究证实,大部分的股东对于股利是有着明确预期的;而公司在股利支付方面的任何变动都会引起投资者及股票市场的关注。即使是那些尚未开始支付股利的高科技公司,在处理投资者关系的工作中,也会把股利政策作为一个核心问题向股东进行详尽、负责任的阐述。

对于董事会和管理层来讲,必须分清两种政策的性质差异,一种是零股利支付政策,由董事会根据公司发展战略及行业惯例所制定、能够与股东达成相互理解。一种是无视股东利益、完全不支付股利的股利政策,这是一种不负责任的财务政策,必须予以修正。

研究显示,好的董事会和优秀的公司治理会支付更多的股利。[②]

二、股利支付率与股利报酬率

股利政策的两个核心参数,一个是股利支付率,一个是股利支付额(即每股股利,Dividends Per Share,DPS,是股利报酬率的决定性因素)。两个指标是公司股利政策的核心内容,也是人们评判公司股利政策优劣的主要依据。

$$股利支付率 = 股利支付额/税后净利(属于股东的利润) \quad (6-1)$$
$$股利报酬率 = 年每股股利(DPS)/期初股票价格 \quad (6-2)$$

股利支付率的确定具有较强的时间延续性和行业刚性,在很大程度上要遵从行业惯例。一般情况下,股利支付率具有长期性、战略性的特征。具体讲,股利支付率是一个长期的股利政策指标。计算某一个特定股利支付期(如某个季度或年度)的股利支付率在多数情况下是没有意义的。

股利支付额直接决定股票投资者的股利报酬率(每股股利/股票价格)。确定合理的股利支付额,既要考虑股利支付率,也要考虑股东的要求报酬率,即股权资本成本水平。股利支付额(DPS)以及由此所形成的股利报酬率,一般是指一个特定股利支付期(如某一个年度)的股利政策指标。

在制定股利政策的过程中,必须合理地权衡股利支付率与股利支付额两个指标。如果只是维持股利支付率的稳定,在收益波动的情况下,必然导致现金股利支付的不稳定,向投资者传递出风险较大的信号。如果只是维持股利支付额的稳定,无视收益水平以及投资对资金的需求,将使股利政策陷入僵化状态,难以发挥股利支付对于投资者的激励效应。从股利政策实践来看,股利支付额的稳定好像是企业界更加关注的,这与投资者的风险规避心理有着紧密的关系。

---

① ARTHUR STONE DEWING. The Financial Policy of Corporations [M]. The Ronald Press Company, 1921.
② KEE-HONG BAE, SADOK EI GHOUL, OMRANE GUEDHAMI, XIAOLAN ZHENG. Board Reforms and Dividend Policy: International Evidence [J]. Journal of Financial and Quantitative Analysis, 2020: 1-25.

股利支付率指标反映的主要是公司的投资机会及其对未来盈利的预期。尤为重要的是，该指标不仅与公司的微观特征相关，也与宏观的经济形势、行业特征等相关。因此，在进行宏观层面的研究的时候，人们一般会选择股利支付率作为重要的财务指标。即使是做国家间的比较研究，股利支付率也可以发挥出很好的作用。人们发现，处于不同发展周期的国家间，其公司的股利支付率的平均水平会有显著差异。发展后期国家的公司一般会支付比较高的股利，而处于发展时期的国家的公司其股利支付率通常较低。

在股票价格既定的情况下，股利支付额决定了股东的股利报酬率，成为股东实际报酬率的重要组成部分。在对股东财富进行研究的文献中，股利报酬率的分析价值要大于股利支付率。

从某种意义上讲，公司向股东许诺的股利支付率更多代表的是一种股利支付的意愿，而各个时期所支付的股利金额则是实际的投资报酬。

第二节　股利理论

公司为什么要支付股利？应当如何支付股利？这是现代公司财务领域的核心问题之一。为了解释公司的股利支付现象，人们提出了很多股利学说和模型，重要的有 MM 股利无关论或剩余股利模型（Modigliani-Miller Dividend Irrelevance Theory，or Residual Dividend Model）、"手中之鸟"理论（Bird-in-the-Hand Theory）、信号理论（Signaling Theory）[①]、税差理论（Taxes-Effect Theory）[②]、当事人效应理论或者迎合假说（Clientele-Effect Theory，or the Catering Theory of Dividends）、代理解释（The Agency Explanation）、行为解释（Behavioral Explanations）、企业生命周期解释（The Firm Life-Cycle Theory of Dividends）等。

不同的股利理论，由于观察股利的角度有所不同，往往结论也就不同，甚至会出现完全相反的结论。从企业界的反映看，对这些理论或者模型的态度差异极大。通过股利理论，人们可对下列问题进行研究：股利支付与资本成本、企业价值之间的关系；现金股利支付与股票价格之间的关系；投资者对待现金股利支付的态度；不同的股利方式，比如现金股利、特殊股利、股份回购等的特征与运用；影响现金股利支付的内外因素；最优股利政策的构成要素，等等。由于需要考量的因素极多，如何制定公司

---

① 信号理论的结论往往与财富转移效应（Wealth Transfer Effect）的结论相反。如果从信号效应的角度看，增加股利会提高公司债的市值；但是，如果从财富转移效应的角度看，增加股利会降低公司债的市值。因为支付股利意味着公司现金存量的减少，流动性下降，债权人的利益保障程度也随之下降。两种理论分析都基于强大的逻辑支持。在很多情况下，财务政策的信号效应与财务政策所决定的财富的真实转移是有显著区别的。由财务政策所决定的财富转移属于财务政策的实质内容，在信息不对称的情况下，这种实质内容可能并不被外部投资者所了解或者认可，于是产生了与实质内容相悖的信号效应。

② 一般情况下，股利税高于资本利得税。但按照美国税法，在 2003 年至 2012 年间，资本利得和股利收入是在同一级征税的。税法的变化会对股利政策产生重大的影响。

的股利政策，并没有一个直接的答案。这就是所谓的股利之谜（The Dividend Puzzle）。[①] 严格来讲，无论是股利之谜还是资本结构之谜，实际上说的都是政策制定，而非理论研究。学术上对于股利问题、资本结构问题都有系统、深入的科学分析，结论也都极为明确。如何在财务政策的制定过程中合理地运用这些学说或者模型，则面临很多现实的挑战。

下面对几个重要的股利学说予以简要介绍。

（一）MM 股利无关理论

MM 股利无关论严谨地论证了公司价值与股利支付之间的关系，夯实了公司价值源自投资行为的结论，被认为是现代股利理论的起始性研究。按照 MM 的分析，在股东的眼里，股利和资本利得作为现金流的性质是没有差异的。股东可以自制股利，从而消除股利和资本利得之间的不同。具体言之，当股东需要现金的时候，会出售股票以获取现金，实现自制股利；而不需要现金的时候，则会将股利用于购买股票。换言之，股东不需要公司以股利政策的方式来分派现金。如果公司的投资决策既定，那么董事会、管理层将不可能通过调整股利支付来影响资本成本、企业价值和股票价格，因而，股利支付与企业价值无关，与股东财富的变化无关。

在严格的假设条件（完全资本市场、理性行为等）下，MM 定义股票投资的报酬率 r_e 是股利 d_t 和资本利得 $p_{t+1}-p_t$ 之和除以期初的价格：

$$r_e = \frac{d_t + p_{t+1} - p_t}{p_t} \tag{6-3}$$

解出 p_t：

$$p_t = \frac{d_t + p_{t+1}}{1 + r_e} \tag{6-4}$$

T 期的股票价格等于 t 期股利与 t+1 期股票价格的现值，折现率为投资报酬率。将股票价格替换为公司价值 V_t：

$$V_t = \frac{D_t + n_t p_{t+1}}{1 + r_e} \tag{6-5}$$

在此基础上，MM 又将企业价值定义为 t 期支付的股利总额 D_t 与 t+1 期企业价值 V_{t+1} 扣除新增股权资本的余额的函数，后者是新发股数 m_{t+1} 与 t+1 期价格 p_{t+1} 的乘积：

$$V_t = \frac{D_t + V_{t+1} - m_{t+1}p_{t+1}}{1 + r_e} \tag{6-6}$$

MM 认为，股利的任何增加都会带来新的股权资本的加入，因此，可以用 D_t 来表示 $m_{t+1}p_{t+1}$。定义 I_t 为投资额，X_t 为总净利润。

$$m_{t+1}p_{t+1} = I_t - (X_t - D_t) \tag{6-7}$$

最后，企业价值的估值公式为：

$$V_t = \frac{D_t + V_{t+1} - I_t + X_t - D_t}{1 + r_e} = \frac{V_{t+1} - I_t + X_t}{1 + r_e} \tag{6-8}$$

---

① FISCHER BLACK. The Dividend Puzzle [J]. Journal of Portfolio Management, 1976, 2.

这就是 MM 的股利无关论，即：企业价值取决于投资行为与盈利，与股利支付无关。[①] 基于这一结论，公司在有盈余的情况下，首先应该满足的是内部资本投资对于融资的新需求，如若还有剩余，则向股东发放股利。

和 MM 资本结构无关理论一样，MM 股利无关论同样建立在严格的假设之上，比如无税、无交易成本、投资者预期相同、可以无成本无差别获得信息，等等。学者通过松弛这些假设条件，又进一步发展了股利理论。

（二）手中之鸟理论或称股利相关理论

在 MM 的论文问世以前，股利政策研究以规范研究为主。当时流行的观点是金融学家戈登和林特纳（Myron Gordon & John Lintner）根据对投资者心理状态的分析而提出的。他们认为，由于投资者对风险有天生的反感，并且认为风险将随时间延长而增大，因而通过保留盈余再投资而得来的资本利得的不确定性要高于股利支付的不确定性，从而股利的获得是现实的，风险较小。实际能拿到手的股利同增加留存盈利后再投资得到的未来收益相比，后者的风险要大得多。所以，投资者宁愿现在收到较少的股利，也不愿将来获得不确定较大的股利或获较高的股票出售价格。

投资者对即期报酬的偏好会产生下述结果：公司如果保留利润用于再投资，那么未来的收益必须按正常的市场报酬率和风险溢价之和进行贴现，也就是说，投资者不仅要求获得市场水平的投资回报，而且还要求公司为他们承担的风险支付报酬。否则，在同样价值的现金股利与资本利得之间，投资者将选择前者。也就是说，在股票预期报酬率的公式（$k_s = D_1/p_0 + g$）中，由于预期股利报酬率（D_1/p_0）的风险小于其成长率（g）的风险，所以，在投资者心目中，一元钱现金股利的价值超过了一元钱资本利得的价值，此即所谓的"双鸟在林不如一鸟在手"。这一观点也因此被形象地概括为手中之鸟理论。

按照股票估价模型，股票的价值取决于未来时期所获得的股利额：

$$V = \frac{D_1}{(1+r)^1} + \frac{D_2}{(1+r)^2} \cdots + \frac{D_n}{(1+r)^n} \qquad (6-9)$$

式（6-9）中：V=股票价值或价格；D_n=股票第 n 期的股利；r=股票投资者的要求报酬率。

股票价格越高，股东的报酬率越高。在同样的情况下，股票投资者自然希望获得较高的报酬率水平。在投资者的眼中，越是近期的股利，比如 $D_{1,2,3}$ 等，其风险也就越小，在按照要求报酬率折现的情况下，股票的价格就越高；相反，越是远期的股利，比如 $D_{n, n+1, n+2}$ 等，其隐含的风险就越大，现值也就越小。因此，在大多数情况下，投资者通常按照较近时期的股利支付情况来估计股票的价值，进而判断整个公司的价值。如果一家公司近期、在投资者比较容易感受到的情况下支付较多的股利，按照估价理

---

① 以上论证见 JAMES S ANG, STEPHEN J CICCONE. Dividend Irrelevance Theory [M] //H KENT BAKER. Dividends and Dividend Policy. John Wiley & Sons, Inc, 2009: 101-102.

论，其公司价值无疑会得到提高。在股票市场波动较为剧烈的时期，由于绝大多数股票投资者希望规避较多的风险，往往要求获得更多的股利；而在股票市场较为稳定的时期，股利对于股票价格的影响会有所减弱。

从健全市场、稳定公司的角度来讲，应当激励公司支付较为稳定、充足的股利，以确保股东财富通过股利的形式得到增加。在一个股票市场上，如果大量的上市公司在没有任何解释的情况下，很少支付或者不支付股利，长期获取股利无望会使投资者产生股利无关的错觉，从而使投资者的关注力从公司本身转移到股票价格的波动之上，希望通过股票价格的波动获取他们的要求报酬率水平，投资行为会越来越多被投机行为所取代。这种局面，既不利于上市公司质量的改善，也不利于股票市场价格的合理形成。

（三）税差理论

股东投资股票的收益分为股利和资本收益两部分，两者之间存在此消彼长的关系。资本收益本质上为公司资产的增值，通过买卖股票的差价实现。

一般情况下，股利收益适用的税率要高于资本利得的税率。从 20 世纪 30 年代开始，美国税法规定的股利适用税率先后为 90%、80%、70%、50%、40%、33% 与 39.6%；而几乎同时期的资本利得适用税率却仅为 25%、29.5%、32.5%、35%、28%、20%、28%、33% 与 28%。由此可见，股权资本投资者获得股利收益要比获得资本利得收益支付更多的个人税。

一般而言，当现金股利与资本利得之间的税负存在显著差异时，税负差异效应会成为影响股利形式的重要因素。如果现金股利税高于资本利得税，则这一效应对股利政策的影响就会使公司倾向于支付较低的股利，投资者也会希望公司少支付股利而将较多的盈余保留下来作为再投资。因此，纳税差异理论认为，因为股利比资本利得的税率高，只有采取低股利支付率的政策，才能使公司价值最大化。

很明显，税差理论的解释力取决于税法的规定，税法的变化也将影响到这一学说的价值。

（四）信号假说

公司实行的股利政策包含了关于公司价值的信息。"如果股利包含非预期（意外）部分，那么股利的公告将包含有关公司未来前景的信息。"[①] 在投资者看来，作为内部人的管理人员掌握更多真实的关于公司当前和未来的信息。管理当局的许多行为都会反映出这种对内部信息的掌握。股利政策的信号假说即在不对称信息条件下考察和分析股利政策的重要性——信号揭示功能。"这一思想是由米勒和莫迪格莱尼 1961 年提出的，而其萌芽在林特纳（Lintner）有关股息政策的经典研究中已经出现。林特纳采

---

① 托马斯·E. 科普兰，J. 弗雷德·温斯顿，库尔迪普·萨斯特里. 金融理论与公司政策 [M]. 4 版. 柳永明，温婷，田正炜，译. 上海：上海财经大学出版社，2007：621.

访了有代表性的公司经理们，一个基本发现是多数经理试图维持一个稳定正常的股息。用林特纳的话来说，经理表现出不愿意（普遍存在于一切公司）减少已经被作为成规的股息，从而在改变已为成规的股息上具有保守思想。如果经理只是在厂商的收益潜力发生变化时才变更已为成规的股息，那么，作为成规的股息的变化很可能为市场提供有关企业前景的某种信息。"①

米勒和洛克（Miller & Rock）于1985年发表在《金融学杂志》上的《不对称信息下的股利政策》②一文对此作了系统的论述。在Miller-Rock模型中，公司实行的股利政策被认为包含了关于公司价值的信息。公司的股利政策将公司真实情况反映给市场，股利的信号传递作用来自投资者相信作为内部人的管理者对公司经营状况和前景拥有权威信息。股利的信号传递效应正是源于投资者的这种信念。因此，较高的股利意味着公司有较高的当期净收益，表现在股票市场上，即公司股票价格的上升和股东以股利形式持有的财富的增加。每股较高的股利将被股东解释成好消息，股东认为，这意味着公司相信未来现金流量将足以保持较高的股利水平。国外许多实证研究表明，股利增长给股东带来的信息是公司可能有更好的盈利机会；相反，股利削减被认为预示着不乐观的公司前景。海姆（Charles Ham）等人研究发现，股利变化确实传达了关于未来经济利润的信息，这种信息至少会持续三年，这表明股利增加（减少）的公司会转向新的、更高（更低）的永久利润水平③。

罗斯（Ross）认为④，财务政策尤其是股利政策的信号效应需要具备一些特定的条件。股利的支付作为一种信号，对于企业可能意味着代价。一家收益上升、现金流量充裕的公司可以轻易地向其股东分派较多的股利，并通过未经预告的股利增加把公司未来向好的前景告知股东。但业已提升的股利会给企业带来巨大的压力，试图通过股利的增加来向股东传递向好信息的这一假设，在具体实施上会面临诸多困难。公司董事会和管理层可能更倾向于在收益增加、现金流充裕之后再变更股利的政策，而不是基于对未来的预测。当然，股利的这一特质也在很大程度上限制了质量不好的公司向股东传播虚假信息的可能性。

股利信号假说在现代财务理论中有着较高的地位，信号理论在财务行为分析方面有大量应用。但从公司财务管理的角度讲，作为股东代理人的管理层应当积极、及时地向股东、债权人披露真实而有效的信息，以这些正确的信息来替代对某些信号的分析和关注。信息披露越充分，信息的不对称现象越少，信号效应也就越无用。

股利支付的信号效应之所以引起人们的广泛关注，除了股利支付直接作用于股东

---

① 彼得·纽曼，默里·米尔盖特，约翰·伊特韦尔. 新帕尔格雷夫货币金融大辞典（第1卷）[M]. 北京：经济科学出版社，2000.

② M H MILLER, K ROCK. Dividend Policy Under Asymmetric Information [J]. Journal of Financial Economics, 1978, 6（4）.

③ CHARLES G HAM, ZACHARY R KAPLAN, MARK T LEARY. Do Dividends Convey Information about Future Earnings? [J]. Journal of Financial Economics, 2020, 136（2）.

④ S A ROSS. The Determinationof Financial Structure: The Incentive Signalling Approach [J]. Bell Journal of Economics, 1977（Spring）: 23-40.

利益的变化之外,还有一个外在、但不容忽视的重要原因,那就是股利政策的刚性。在通常情况下,公司股利政策的制定受到行业惯例的严格约束,股利政策一旦既定且为投资者所共知,董事会就不能轻易地改变它,以免引起负面的市场反应。在这种背景之下,股利的高低变化无疑会引起投资者的密切关注,并可能做出某些过度反应。

(五) 当事人效应理论或者迎合假说

这一理论的产生基于投资者对股利的不同偏好。有的投资者进行股票投资是为了获得稳定的现金收入,而有的投资者的目的主要为了获得资本利得,有的投资者则希望二者兼得,即既获得股利收入,又获得资本利得。股东对股利的这种偏好,一是源于其对当期股利的重视程度,二是源于股利收入与资本利得之间在税收上的差异,三是基于其目前及未来的收入情况。正是因为投资者对股利收入及资本利得存在不同喜好,公司只要在一段时间内保持其股利政策的相对稳定,总能吸引一部分投资者购买其股票。

不同的投资人喜欢不同的股利政策,对于公司而言,完全没有必要为了迎合对于股利的不同的偏好而去不断地调整股利政策。公司坚持自身稳定的股利政策,事实上就吸引了一部分投资者。

以上的股利理论,除了 MM 股利无关理论之外,其他的不过是一种解释而已。因为真正的股利理论所探讨的应当是股利政策与企业价值之间的相关性。一切与企业价值无关的财务决策都是不重要的或者说是次生的财务决策,而一切与企业价值有关的财务决策都是根本的、重要的财务决策。现金股利的多少取决于经营活动创造的现金流量。经营活动现金流量越多,可用以股利支付的现金就越充裕;经营活动现金流量越少,现金股利的发放就越困难。但是,股利的发放对经营活动创造现金流量的能力并不会产生直接的影响。按照折现现金流量模型,这也意味着公司股利政策对企业价值没有影响。为了追求企业价值最大化的目标,管理当局要关注资本预算的科学决策,并以既定的资本预算为基础,高效率地安排企业的融资、股利分派活动,有效地控制日常的营运资本运作,使之有助于资本预算的顺利实施,保障企业价值最大化目标的实现。

在股利理论中,学者们对股东对于股利的态度,以及股利对于股东财富的影响进行了系统地分析。[①] 从公司股利政策实践的角度讲,虽然不能以某一特定时期公司股利的多少来判断一家公司的优劣,但获取足以抵偿投资者要求报酬率水平的股利是股票投资者的基本目的,也是公司在发展过程中必须满足的。因此,公司一年不支付股利,甚至十年不支付股利,只要有正当的理由让股东信服,就不会影响公司的价值;但是,管理层必须有一个支付股利的时间表,不管是 10 年、20 年还是 30 年。比如,微软公司在 20 世纪 80 年代上市,直到 2003 年 3 月始终没有向股东支付股利。但微软公司强

---

① 关于各种股利理论及其演变的分析请参阅 R. A. 贾罗, V. 马斯科西莫维, W. T. 津巴. 金融经济学手册[M]. 吴文锋,仲黎明,冯芸,译. 上海:世纪出版集团,上海人民出版社,2007:687-726.

大的科技开发和市场开发能力取得了股东的信任,愿意让税后利润留存在公司进行再投资。近 20 年中,微软公司的股票行情始终引领高科技股票市场。2003 年 3 月,微软公司首次支付股利总额高达 8.706 亿美元;8 个月后,又宣布将股利支付的金额翻倍;2004 年 7 月 20 日,微软公司又宣布在 2004 年 12 月支付 320 亿美元的特别股利,一般股利支付额上涨至 35 亿美元;同时还宣布,在之后的 4 年中回购股票 300 亿美元。[1] 2004 年,微软公司的股利支付率高达 29%。[2]

第三节 股利政策的制定

一、制定股利政策的基本原理

股利之谜(Dividend Puzzle)与资本结构之谜(Capital Structure Puzzle)被称为现代公司财务领域中的两大谜团。Fischer Black 也曾说:"股利问题就像拼图,越拼越迷惑。"[3]

股利政策制定的基本原则包括:①综合考虑资本利得报酬率与股利报酬率,力争实现股东财富最大化目标。②剩余股利原则。企业有了税后净利之后,首先满足企业投资和运营对新增资本的需求,在有剩余的情况下,才向股东支付现金股利。③股利修匀原则。股利支付额(即每股股利 DPS)具有一定的刚性,一般情况下不应予以大幅度调整,即使盈余有较大波动[4]。④经验法则或行为准则,尤其是行业惯例、企业发展周期以及与此相关的现金流状况等。

股利理论主要研究股利支付与资本成本、企业价值之间的关系,股利政策的制定则更加复杂。股利政策是公司重大财务政策之一[5]。公司每年向股东支付的现金股利连同资本利得一起决定了股东作为投资者所获得的实际报酬率水平。与融资政策一样,股利政策也是最早被关注的财务问题之一。公司财务领域中的实地研究(Survey

---

[1] 赫什·舍夫林. 行为公司金融:创造价值的决策 [M]. 郑晓蕾,译,北京:中国人民大学出版社,2007: 183.

[2] 高路易,高伟彦,张春霖. 世界银行研究报告——国有企业分红:分多少?分给谁?,2005 年 10 月 17 日.

[3] FISCHER BLACK. The Dividend Puzzle [J]. Journal of Portfolio Management,1976(2)."The harder we look at the dividend picture, the more it seems like a puzzle, with pieces that just don't fit together."

[4] 研究发现,美国公司普遍不愿意变动现金股利(每股股利 DPS)的支付,但是其他国家或者地区的公司对股利的稳定性好像并没有如此执着。这种现象可能与不同国家的资本市场发展程度、法律保护程度以及投资者的理性程度都有一定的关系。比如日本企业在盈余发生波动的时候会及时地调整股利支付的水平,甚至不惜中断股利支付或减少股利。参阅 DEWENTER K,WARTHER V. Dividends, asymmetric information, and agency conflicts: evidence from a comparison of the dividend policies of Japanese and U. S. firms [J]. Journal of Finance,1998(53):879-904.

[5] 中国上市公司需要向股东披露中长期的股东回报规划,主要内容就是向股东阐明一定时期内的股利政策。从已经披露的很多公司的股东回报规划不难看出,董事会对于该规划并没有给予足够的关注。最重要的一点是没有按照公司的盈余规划与投资规划对未来的股东回报予以详尽、可信的解释与分析。公司披露的任何信息都不应该成为官样文章,而应让投资者看到董事会的责任感和管理层的努力。

Research，主要是基于问卷调查的一种研究方法）被长期应用于股利政策的研究中。

公司管理层必须了解一件事，股东最为关心的往往是股利支付额及由此决定的股利报酬率，而股利支付率则更多地为分析师或者学界所关注。换言之，站在股东的角度进行分析，股利报酬率能够提供更加准确和明确的信息，直接关系股东的实际报酬率。股利支付率在公司发展战略、长期财务政策的考察方面可以提供更多的信息。详见图6-1。

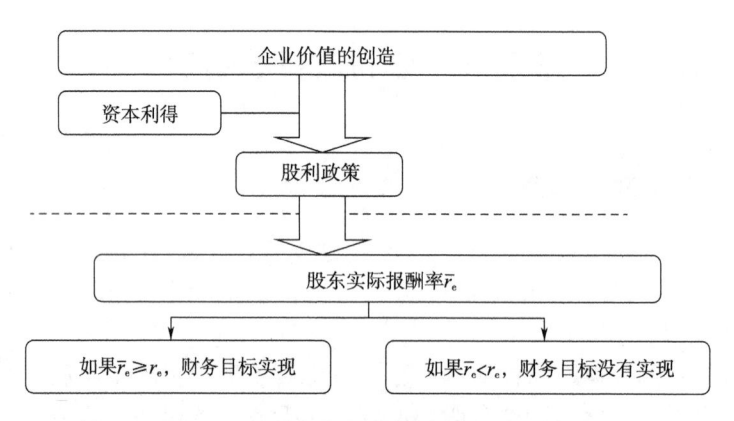

图6-1 股利政策与股东财富最大化目标

公司有没有最优的股利政策？这个问题并不容易回答，因为影响股利政策的因素太多，这就意味着在股利政策的制定过程中，需要考量、斟酌的因素非常多。董事会和管理层，也希望通过股利政策实现多方面的预期。比如，巴菲特认为哈撒韦公司没有必要支付股利，但是投资者却未必认可这种做法。即使是巴菲特，也要对这种质疑做出解释。

从一个较长时期来看，所谓的最优股利政策无疑就是能够满足股东财富最大化的股利政策，同时还要具备稳定、明确等特征。具体言之，董事会要通过合理的股利政策，使得股东所实现的实际报酬率等于或者超过其要求的报酬率——股权资本成本。

$$\text{股东实际报酬率} \geq \text{股东要求报酬率} = \text{股权资本成本} \tag{6-10}$$

$$(\text{股利报酬率} + \text{资本利得报酬率}) \geq \text{股权资本成本} \tag{6-11}$$

$$\left(\frac{D}{P_0} + \frac{P_1 - P_0}{P_0}\right) \geq r_e \tag{6-12}$$

基于股东财富最大化的目标要求，在制定股利政策时要注意以下几点：①关注由股利报酬率和资本利得报酬率所决定的股东实际报酬率水平；②关注股东实际报酬率中股利报酬率与资本利得报酬率各自的比重。在股票市场牛市的状态下，资本利得报酬率较高，公司可以将更多的盈余留存在公司内进行投资；相反，在股票市场熊市或者公司市值被严重低估的状态下，董事会应该提高股利的支付，甚至可以通过特殊股利、回购股份等手段增加对股东的现金回报。站在股票投资者的角度，资本利得报酬率的实现依赖于股票的买卖；股票不卖掉，资本利得就不会转化为实际的收益。公司如若期望吸引投资者的长期投资，也可以通过提高股利支付的方式来延迟投资者的转卖股票行为，培养忠诚的股东。

调研显示，董事会和管理层在做出股利政策时，应考虑较多的因素：①尽量避免降低每股股利（DPS）；②尽量维持各期之间股利支付额的稳定；③关注近期的股利支付水平；④尽量避免股利支付的反转，比如先增加再减少；⑤适当考虑股利支付额的增长率；⑥外部融资成本应小于削减股利的成本；⑦支付股利以吸引那些谨慎的投资者；⑧支付股利以显示公司有实力进行外部融资，即使外部融资的成本较高；⑨支付股利以显示股票的价值，即使投资者要支付较高的股利税也值得持有；⑩支付股利表明公司的实力雄厚。[1]

在制定股利政策时要注意以下几点：①估算股权资本成本，了解股东的要求报酬率水平；②关注股票价格波动，计算资本利得报酬率；③根据股权资本成本和资本利得报酬率，确定股利报酬率；④在确定的股利报酬率基础上，综合考量近期现金股利支付额、公司投资机会、资本市场预期等因素，确定每股股利。

实证研究显示，公司的现金持有水平也是影响股利支付的一个重要因素。依照董事会和管理层的管控原则，当现金持有水平超过某一阈值时就向股东派发现金股利，而决定这一阈值的主要因素是公司经营活动现金流量的特征（如波动性）以及股东所要求的报酬率（亦即股权资本成本）[2]。

二、剩余股利模型与股利支付率的确定

前已论及，股利支付率是一个具有长期特征的股利政策指标。具体言之，股利支付率是指公司在一个较长的时期之内（如5年、10年甚至更长时期），用来支付股利的现金总额占属于股东盈余总额的比重。在很多情况下，某一个年度的股利支付率（年股利支付额/该年属于股东的盈余）及其变化不会反映特别重要的信息，也不是重要的股利政策指标。

在确定股利支付率时，董事会需要综合考虑如下重要因素：①公司未来的盈利水平。未来时期的盈利越多，增长越快，可供支付股利的现金也就越多。②公司未来的投资机会。当公司有净现值为正的投资项目时，会首先考虑内部融资，也就是将税后盈余用于这些投资项目。投资项目越多，需要的资金量越大，用以支付股利的现金就越少。③行业特征。股利政策是极具行业特征的财务政策，长期来看，一家公司的股利政策不宜与行业通行的股利政策有重大差异，尤其是在股利支付率方面。很清楚，从以上影响股利支付率的主要因素来看，股东的意愿在股利支付率的确定中没有直接的影响。但这并非意味着股利支付率的确定与股东财富没有关系。所谓公司未来的投资机会是指那些能够给股东带来超额报酬的投资项目，投资于这样的投资项目可以确保股东财富的持续增加。与直接发放现金股利比较，资本投资更加关注价值增长的长

---

[1] ALON BRAV, JOHN R GRAHAM, CAMPBELL R HARVEY, RONI MICHAELY. Payout Policy in the 21st Century [J]. Journal of Financial Economics, 2005, 77: 483-527.

[2] AKYILDIRIM E, GÜNEY I E, ROCHET J C, et al. Optimal Dividend Policy with Random Interest Rates [J]. Journal of Mathematical Economics, 2014.

期效应。

按照MM的股利无关理论，股利的支付与资本成本和企业价值无关。据此，股利支付不构成一个独立的财务政策，而是依附于投融资政策的一个次生政策。剩余股利模型（Residual Dividend Model）是一个以MM股利无关理论为基础的股利支付率确定工具。

按照剩余股利模型确定股利支付率的基本程序大致为：①决定资本预算；②决定目标资本结构；③按照目标资本结构安排融资，确定新增股权资本需求；④留存利润以满足资本投资对股权资本的需求；⑤利润留存之后如有剩余，用于支付现金股利。

如果某一家公司负债与股权资本的比重为50%：50%，税后盈利为1 000万元，如何确定科学的有助于企业发展的股利支付率，取决于这家公司的资本投资机会。投资机会越多，用以支付现金股利的净利润就越少；投资机会越少，满足投资需求后可用以支付现金股利的资金就越多。

下面分几种情况进行分析：

1. 投资额为2 000万元。为了保持目标资本结构，需要1 000万元以债务的方式融资，1 000万元以股权资本融资。因此，将1 000万元的税后净利完全用于资本投资，当期的股利支付率为0：

股利支付率＝用以股利支付的净利/税后盈利总额＝0/1 000＝0

对于股票投资者而言，将税后盈利留存在公司内部，表明公司具有良好的资本投资机会，能够带来超过投资者自己进行投资所可能带来的报酬率水平。按照资本预算原理，目前的资本预算所预示的正是未来经营活动所创造的现金流量，也就是企业价值增加值。在证券市场有效的前提下，正值净现值投资项目的采纳可以提高公司的估值。换言之，公司的股票价格应该能够反映资本投资项目所带来的企业价值的增加。

2. 投资额为1 000万元。按照目标资本结构，在所需要的全部资金中，一半由债务资金来提供，一半由股权资本来满足。因此，在资本投资所需要的1 000万元当中，500万元可从公司净利筹措，另外500万元由债务融资来满足。按照剩余股利原则，资本投资之后剩余的净利（1 000万元－500万元）可以用来分派现金股利。股利支付率为50%：

股利支付率＝500/1 000＝50%

3. 公司没有理想的资本投资机会，所需新增投资额为0。事实上，许多高度成熟的大型公司都不同程度地面临这种形势。从有关资料可以看出，英国作为老牌发达国家，其相当多的公司资本投资机会有限。因而，英国企业的股利支付率普遍较高。该例中：

股利支付率＝1 000/1 000＝100%

在一些特定的年份，为了维护现金股利支付的稳定，公司可能动用以前年度的留存利润，甚至借债以支付股利，致使股利支付率大于100%。这种现象并不罕见，具有一定的合理性。

按照剩余股利原则，股利支付率的合理确定受制于两个方面，这是方向相反的两股力量：一是股东财富的满足程度，股利支付越多，股东财富的增加值就越大，股东也就越满意；二是满足企业适度投资的要求。所谓适度投资，是指可以满足所有净现值为正值的投资项目的资本需求，没有产生过度投资问题，也没有产生资本限额问题。

剩余股利模型是制定长期股利支付率的基本原理。股利支付率是一个长期的股利政策指标，根据公司长期的盈利预测和投资机会确定，且基本上遵循"投资第一，现金股利第二"的原则，即剩余股利原则——首先保障净现值为正的投资项目的资本需求，剩余现金用来支付现金股利。但在实地调研中，为保持股利政策的稳定性，公司管理层可能会放弃一些净现值为正的投资项目，这与剩余股利原则相悖。56%的公司会通过外部融资来保持股利支付水平，有16%的公司会通过外部融资（如公司债）进行股份回购。[1] 这也证明，股利支付的稳定性才是董事会和股东最为关注的一个特征。

三、部分调整模型与股利支付额（股利报酬率）的确定

股利支付额决定了股利报酬率，是股利政策中的当期指标，也是股东密切关注的指标。

林特纳（Lintner）的研究发现，公司的股利政策与经济周期波动和长期增长趋势有着直接关系。他的研究有以下几点重要发现：①股东一般都更喜欢股利，且企业管理层有义务将实现的盈余以股利的方式支付给股东；②大部分公司都有一个长期、稳定的股利支付率目标[2]，且发展成熟的公司的股利支付率一般较高，处于高速增长期的公司的股利支付率则较低；③公司一般是基于较长时期盈利的变化趋势来调整股利支付，即在一个较长的时期内，通过股利的动态调整（Periodic Partial Adjustments）以达到这一目标；④比较股利的绝对值水平，公司更加关注股利的波动；⑤公司会极力避免股利支付水平的反转变化。[3]

林特纳（Lintner）的部分调整模型（Partial-adjustment Model）为：

$$\Delta Div_{it} = a_i + c_i(Div_{it}^* - Div_{i,t-1}) + u_{it} \tag{6-13}$$

式中：

ΔDiv_{it} = 期间股利的变化

c_i = 调整速率（即对目标股利偏离上一期股利的差异进行调整的速度）

Div_{it}^* = 目标股利（即按照实现的盈利和目标股利支付率计算的股利）

$Div_{i,t-1}^*$ = 上一期股利

a_i 和 u_{it} = 常数和正态分布的随机误差项

---

[1] BRAV A, GRAHAM J R, HARVEY C R, et al. Payout policy in the 21st Century [J]. Journal of Financial Economics, 2005, 77 (3): 483-527.

[2] 长期来看，由于股利支付率的稳定性可能导致股利支付额的无规律波动，这对股利政策而言是极为不利的。调研显示，在很多公司中，所谓的目标股利支付率已经不再是企业股利政策的决定性变量。见 BRAV A, GRAHAM J R, HARVEY C R, et al. Payout policy in the 21st century [J]. Journal of Financial Economics, 2005, 77 (3): 483-527.

[3] LINTNER J. Distribution of Incomes of Corporations Among Dividends, Retained Earnings, and Taxes [J]. the American Economic Review, 1956: 97-118.

林特纳（Lintner）的部分调整模型也叫股利修匀模型（Dividend Smoothing Model）[①]：①在一个较长（如5年）时期内，公司通常要确定一个目标股利支付率。②在各个特定时期内，股利支付额应当保持一定的稳定性。③即使企业的收益、盈余情况出现了重大波动（如增加或者减少），公司的股利支付也要保持稳定，不宜大增大减，而应当逐渐调整各期股利，以兼顾目标股利支付率及实际的盈余状况。

稳定性是人们对于股利支付额（Dividend Per Share，DPS，即每股股利）的主要要求之一。大量的实地调研显示，在股利政策的制定方面，美国企业最忌讳和尽量回避的行为就是毫无规则、毫无预兆地调高或者调低股利支付额，这会为股票投资者留下一个风险较大的印象，认为公司的发展不稳定，前景堪忧。股利的稳定十分重要，美国大约89.2%的公司管理者认为即使是解雇雇员，公司也应当维持股利的稳定；英国的这一比例则为89.3%。[②]

股利支付额是一个即期指标，直接决定了股东的投资报酬率水平。维持股利支付额的稳定是股利政策制定的要义之一。为了维持股利支付额的稳定，甚至可以放弃一些净现值为正的投资项目。股利支付的稳定性体现的是公司董事会对股东财富持续增加的承诺，是董事会对公司持续发展的信心。总之，对于任何公司来讲，每一次重大的股利政策的改变，尤其是初次派发股利（Dividend Initiations）或者突然停止发放股利（Dividend Omissions），都是一个极其重大的决策，需要谨慎处之[③]。

在公司盈利及现金流出现困难的情况下，董事会要不要停止或者减少股利的发放？这种发放对股票价格和股东财富会产生什么影响？在运营困难的情况下继续勉强维持股利发放会导致什么后果？这些问题也引起了学者的关注。长期来看，继续支付盈余和现金流难以支持的股利对于公司发展和股东财富没有益处。[④]

股利政策与资本结构政策是备受资本市场关注的公司财务政策，其波动往往会引发很多的分析和猜测。两大政策之间有着一定的相关性，比如，为了维持股利支付的稳定，管理层会通过提高杠杆的方式筹措资金，越是杠杆水平低于目标水平的公司越有这样操作的动机。[⑤]

人们发现，不同股权性质的公司对于股利稳定性的态度有着明显的差异。有证据显示，不少家族公司并不回避对股利支付进行增减调整，同时也不追求股利支付的过分稳定。[⑥]

---

① 其实也是股利支付的行为模型（Behavioral Model）。
② 泽维尔·维夫斯. 公司治理：理论与经验研究 [M]. 郑江淮，李鹏飞，等译. 北京：中国人民大学出版社，2006：52.
③ HEALY P M, PALEPU K G. Earnings Information Conveyed by Dividend Initiations and Omissions [J]. Journal of Financial Economics, 1987, 21 (2)：149-175.
④ ONEIL HARRIS, THANH NGO, JURICA SUSNJARA. Implications of Unsustainable Dividends [J]. Journal of Financial Research, 2020, 43 (1)：185-225.
⑤ AZIM KHAN S. Leverage Target and Payout Policy [J]. Journal of Financial Research, 2021, 44 (1)：53-79.
⑥ MICHAELY R MR ROBERTS. Corporate Dividend Policies：Lessons from Private Firms [J]. Review of Financial Studies, 2012, 25 (3)：711-746.

董事会必须审慎地确定各个时期的股利支付额：①根据当期税后净利和长期的股利支付率，确定一个调整前的股利支付额；②根据以前股利支付的实际水平，调整上一个股利支付额；③将拟议中的股利支付额所确定的股利报酬率纳入决策过程，加上资本利得报酬率因素，判断股东的实际报酬率水平；④如果该实际报酬率大于股东所要求的报酬率（即股权资本成本），则股东财富最大化目标实现，股利政策合适；⑤在以上过程中，维持股利支付额的适度稳定往往是一个极为重要的考虑因素。

在股利政策的制定过程中，确定股利支付额（DPS）的重要性可能要大于股利支付率，因为投资者对于每股股利的波动更加敏感。[1]

在股利支付额（DPS）的调整过程中，人们发现，同样存在非常明显的同行效应（Peer Effects），亦即随着同行企业甚至是竞争企业调整股利而调整公司自身的股利支付，尤其是在股利支付增加的时候。比如通用电气（General Electric）和西屋电气（Westinghouse）两家公司的股利支付调整。从1970年到1990年，西屋电气十次调增股利，其中70%的增加发生在通用电气宣布增加股利的数月之内，且调增股利的数额都与通用电气相同（如5美分）。为了保持与通用电气股利支付方面的竞争力，西屋电气甚至不得不通过举债来支付增加的股利。从某种程度上讲，投资者是把现金股利的增加看作为公司竞争力的一种体现，尤其是在竞争的环境中。

通常，人们往往仅从数值关系上认识股利支付率与股利支付额之间的关系，这是远远不够的。股利支付率与股利支付额，无论是在影响因素还是确定原则上，都存在着显著的差异。必须了解这种差异，合理、科学地确定这两个数值，才能够确保股利政策的合理性。

实施零股利支付政策的公司大致有两类：第一，高科技、高风险的新兴公司，这类公司在发展初期往往需要极大的资金投入，同时现金流又极不稳定，不具备向股东支付现金股利的条件（如京东公司、小米公司等）。随着公司发展进入成熟期，这类公司也会向股东支付现金股利（如微软公司）。第二，公司创始人或者掌舵者坚持零股利支付的思想（如巴菲特、乔布斯等）。巴菲特一贯认为，高水平的董事会和管理者应该善于将企业全部的盈利用于能够创造更多价值的资本投资项目上，而不是将盈利支付给股东，因为这往往意味着管理层的无能以及公司发展暗淡的前景[2]。

城市公用事业公司的股利支付往往较高，这与此类公司的投融资活动特征紧密相关。2011年数据显示，电信和电力公用事业一直是美国股利支付最高的行业。电信和公用事业的股利支付率分别是56%和118%，股利报酬率分别是5.3%和4.5%，均高于

---

[1] ALON BRAV, JOHN R GRAHAM, CAMPBELL R HARVEY, RONI MICHAELY. Payout Policy in the 21st Century [J]. Journal of Financial Economics 2005, 77: 483-527.

[2] 巴菲特每年会给股东写信："通常，管理良好的工业公司不会将其全部盈利分配给股东。在好年景里，即使不是所有年景，他们也会保留一部分利润，重新投入到业务中去。因此，好的投资存在一个有利的复利因素。经过多年的时间，除了支付给股东的股息外，一家稳健的工业企业资产的实际价值会以复利形式不断增长。在伯克希尔，芒格和我长期以来一直专注于有效地利用留存收益。有时这项工作很容易，有时却很困难，特别是当我们开始与数额巨大且不断增长的资金打交道时。在配置我们留存的资金时，我们首先寻求投资于我们已有的多种不同业务。"（2020年）

其他行业。① 与工业公司比较，银行业的股利支付率更高，比如，银行业的股利支付率普遍在70%以上，而工业公司则大多低于40%，差异巨大②。

强制性股利支付（Mandatory Dividend）是一个需要审慎对待的问题，尤其在中国，国有上市公司的股利政策无疑将受到国家股东的强大影响。证监会以及股票交易所也会对公司的股利政策提出一些指引性的要求。在特定条件下，公司的股利政策可能会受制于这些来自政府以及证券管理机构的约束。③

公司股利政策与其所处的发展阶段（即生命周期）也有着密切的关系。一般而论，在公司进入市场早期，由于销售额规模较小，现金流量以现金流出为主要特征，为了集中更多的资金用于企业的再投资，应当将更多的甚至是全部的盈余留存在公司内部来满足企业的资本投资和营运资本投资需求。此时，股利支付率较低，或者以股票股利的方式向股东支付股利。随着企业规模的不断扩大，尤其是企业进入到发展的成熟期之后，销售额绝对值越来越大，现金流量丰沛且存量日趋增加。管理当局可以通过股利分派的方式将多余的经营过程之外的现金分派给股东。股利支付额趋于增加，股利支付率也将越来越高。而随着公司经营的衰败，现金流量将越来越少，公司逐渐无力承担较高的股利支付率，股利额会日趋减少。从某种意义上讲，决定股利支付水平的基本因素就是企业经营活动所创造的现金流量。现金流量越充沛，在资本投资既定的情况下，股利支付就越多；现金流量越少，股利支付也就越少。如果将以上分析与公司破产预警分析的所谓"Z系数"结合起来，可以看出，持续的由于现金流量不足（不是由于资本投资的需求）而造成的股利支付缺少，预示着公司的财务风险加大，进入了一个足以引起警戒的企业发展时期。④

因此，公司在制定股利政策时，要综合考虑股东及其他各方面的因素，为企业投资及融资活动培育良好环境，实现企业价值最大化目标。同时，宏观环境的变化对于股利支付可能也会产生影响，人们发现，宏观经济政策的不确定性越大，公司支付的股利越多，这可能与试图化解代理冲突有关⑤。

富兰克林·艾伦等人认为："讨论股利政策时，以下五个经验观察非常重要：①一般而言，公司会将大部分的盈余用于派发股利；②从历史角度看，股利是公司向股东分配利润的主要方式，股票回购方式从20世纪80年代中期以后变得比较重要；③高税率等级的个人获得了大额的股利，也为这些股利付出了较多的税；④公司会尽量减少股利水平的剧烈波动；⑤市场对股利增加的公告有正向反应，对股利减少的公告有负

---

① FRANCISCA BREMBERGER, CARLO CAMBINI, KLAUS GUGLER, LAURA RONDI. Dividend Policy in Regulated Firms. June 11, 2013.
② ERIC FLOYD, NAN LI, DOUGLAS J SKINNER. Payout policy through the financial crisis: The growth of repurchases and the resilience of dividends [J]. Journal of Financial Economics, 2015, 118: 299-316.
③ 参见中国证监会制定发布的《上市公司监管指引第3号——上市公司现金分红》（2013年11月30日）。
④ 摘自阿斯瓦斯·达摩达兰. 应用公司理财 [M]. 郑振龙，等译. 北京：机械工业出版社，2000. 参见 ASWATH DAMODARAN. Corporate Finance: Theory and Pratice [M]. John Wiley & Sons, Inc., 1997: 547.
⑤ NAJAH ATTIG, SADOK EL GHOUL, OMRANE GUEDHAMI, XIAOLAN ZHENG. Dividends and Economic Policy Uncertainty: International Evidence [J]. Journal of Corporate Finance, 2020.

向反应。"[1]

第四节　股份回购

在股利政策尽量保持稳定的情况下,特殊股利、股份回购就成为反馈股东现金收益的重要替代方式。在股份回购没有被大量运用之前,董事会可以通过特殊股利将现金支付给股东。但随着股份回购运用越来越普遍,公司支付特殊股利的情况也越来越少。

通常股利政策确定的是一般现金股利(Regular Cash Dividends),其特征是:①金额较小;②各期之间极少变动,既不增加也不下降;③稳定状态持续较长,比如会在几十年之内保持股利支付的稳定。所谓特殊股利(Special Dividends)是指特定状态下支付的现金股利,每股支付的金额较大,且不重复。支付特殊股利的原因大致有二:一是公司有较多的现金存量,这些现金存量可能是源自生产经营活动,也可能源自其他方面,比如法律诉讼的赔偿等。二是股票市场低迷,股东可能面临财富受损的情况。比如,在出现股灾的情况下,公司可能会向股东派发特殊股利,以显示维护股东利益的态度。

20世纪70年代,美国总统尼克松为了挽救处于严重滞涨期的美国经济,制定了很多应对政策,其中之一就是限制上市公司的现金股利发放。股利增长被限定在4%之内。在这种历史条件下,股份回购逐渐成为替代现金股利的一种新的股东财富增长的方式。由于股份回购的大量使用,在20世纪八九十年代甚至出现了所谓的股利消失(Disappearing Dividends)时期[2]。当时,不仅一些新兴的高科技公司不支付现金股利,甚至一些传统行业的公司也削减了现金股利,不少公司大大推迟了初次支付现金股利的时间。股份回购在向股东支付现金的同时,减少了现金股利,同时也减少了公司的内部投资。

上市公司能否回购本公司发行在外的股票?为什么要回购股票?如何回购股票?回购股票对股东财富会产生什么样的影响?这些问题至今依然处于研讨之中。比如,学术界一般认为股份回购是对现金股利的一种替代。在现金股利不宜多发且需要维持现金股利支付的稳定性的情况下,通过股份回购将多余现金支付给股东是一种合理的做法。但是,人们通过实地研究发现,企业界更倾向于将股份回购看作一种投资行为。事实上,股份回购涉及的问题多面且复杂,对于股权结构和资本结构的调整以及公司治理的优化都具有较大的影响。无论从股权结构控制还是资本结构控制的角度看,股份回购都是一个不容忽视的重要工具。

---

[1] 富兰克林·艾伦,罗尼·迈克利. 股利政策[M]//R. A. 贾罗,V. 马斯科西莫维,W. T. 津巴. 金融经济学手册[M]. 吴文锋,仲黎明,冯芸,译. 上海:世纪出版集团、上海人民出版社,2007:687.

[2] EUGENE F FAMA, KENNETH R FRENCH. Disappearing dividends:changing firm characteristics or lower propensity to pay?[J]. Journal of Financial Economics 2001, 60:3-43.

对公司回购股份的理论解释较为重要的有：规制与税法解释（Regulatory and Tax），代理成本与自由现金流量解释（Agency Costs of Free Cash Flows），信号解释（Signaling），股市低估解释（Undervaluation），资本结构解释（Capital Structure），抵抗收购解释（Takeover Deterrence），雇员股票期权解释（Employee Stock Options）等。

实地调研发现，公司在制定股份回购政策时主要的考虑因素有：本公司股票被市场低估，具有较高的投资价值；提高每股盈余（EPS）；提高负债率，优化资本结构；对冲股权激励计划的实施可能导致的股权稀释；提高股票的流动性；股份回购相比较现金股利可以降低投资者的税金负担，等等。[①]

2019年9月18日，微软公司宣布计划回购多达400亿美元股票，并将其股东派息提高11%。由此，公司可以向微软股东支付大量的现金。

一般认为，股份回购的理由大致如下：①改变资本结构，提高负债率。在定向回购中，也意味着对股权结构的调整。②作为分配现金股利的一种替代方案，这样可以降低股东的纳税压力。③可以较快的速度降低现金存量。④回购的股票可以用作股票期权和认股权证的行使以及可转换证券的转换。⑤可以降低被其他公司兼并的风险。⑥向投资者传递公司股票被低估的信息。⑦对回购公司来讲，可以作为一种投资的选择。[②]

股份回购涉及的领域较多，影响因素复杂，是一个值得特别关注的财务政策。虽然在制定回购政策时，董事会未必能充分考量所有可能因素，但是股份回购行为的影响是客观存在的，必须予以分析评价。

决定股份回购性质的是回购资金的来源而非回购股份的用途。当以持有的现金回购股份时，股份回购在很大程度上与现金股利接近，属于对股东派发的现金回报；当持有现金不足，以新增负债回购股份时，公司着眼的可能不是给股东回报，而是调整公司资本结构。从股利政策的角度看，当公司没有足够现金时，便没有向股东派发现金的必要。至于回购的股份是销毁还是用于股权激励计划[③]的实施，这对股份回购的性质几乎没有影响。但是，在将库存股票用于管理层的股权激励计划时，如果激励计划设定的股票价格严重低于回购价格，则可能涉嫌财富转移。这将对公司治理产生重大的负面影响。目前，中国公司回购股份的主要意图就是向管理层实施股权激励计划，其合理性和有效性值得关注。

股份回购无疑会对股东的财富产生影响，只是这种影响的具体情形并不十分清晰。在股份回购开始大量出现的20世纪80年代，人们就已经对股份回购的财富效应进行过

---

① ALON BRAV, JOHN R GRAHAM A, CAMPBELL R HARVEY, RONI MICHAELY. Payout policy in the 21st century [J]. Journal of Financial Economics 2005, 77: 483-527.

② 建议阅读：H KENT BAKER. Dividends and Dividend Policy [M]. The Robert W. Kolb Series in Finance. John Wiley & Sons, Inc., 2009.

③ 股权激励与现金股利的支付可能有直接的关联，但是与股份回购之间的关系却未那么明晰。回购的股份作为库藏股票，最终用于什么用途——销毁还是股权激励——与股份回购计划的设计不一定完全对应。但是，在库存股票的处置过程中，可能会涉及严重的财富转移问题，比如将企业价值从股东转移到管理层。这将导致严重的代理问题。

分析。Dann（1981）、Masulis（1980b）和 Vermaelen（1981）研究了公司股份回购投标对公司价值的影响。他们发现，股票的平均溢价高于股票的预发行市场价格约 23%，而回购公司的非参与股东的平均溢价约为 15%。Vermaelen（1981）发现，当一家公司通过公开市场回购股份时，股票持有者的平均溢价回报率约为 4%。相比之下，Dann 和 DeAngelo（1983）和 Bradley 和 Wakeman（1983）发现，如果通过私下谈判的方式从大股东手中回购股份，非参与股东在这些交易中损失约 4%。[①]

经过数十年的发展，股份回购已经成为一种备受公司管理层青睐的财务管理工具。近年来，中国公司回购股份的规模也越来越大。需要说明的是，从财务政策的角度看，股份回购未必是一个理想的、有助于股东利益的财务政策，主要原因大致有：①股份回购往往需要支付大量的现金，而现金的减少势必会影响公司的投资和运营，其影响程度需要做审慎的评价。②股份回购作为对股东的一种回报，其受众却并非全体股东。在很多情况下，参与股份回购的股东数量占全部股东的比重并不高。这种情形会不会导致股东之间财富的非正常转移？③在很多情况下，股份回购政策有提升股票价格的动机，而这对于股票市场或股东未必是公正的。④管理层如果将股份回购与管理层的股权激励结合起来，其潜在的财富转移问题将更加严重。⑤股份回购可能会导致股东与其他利益相关者之间出现利益冲突，比如降低对债权人利益的保护。鉴于如上原因，董事会在制定股份回购政策时，应当审慎地考虑各种因素，权衡利弊，以保证财务政策的合理性。

本章小结

股利理论与资本结构理论构成了现代公司财务理论的主体，同时，股利之谜和资本结构之谜也是公司财务中的最为知名的两个谜团。形成这种格局的原因：一是无论是股利还是资本结构，都是投资者最为关注的两个财务政策，投资者对这些政策发生改变表现得也最为敏感；二是股利政策和资本结构政策都属于复合性质的政策，其蕴含的信息量都很大，极具标志性。

股利政策的核心是两个重要指标，一个是股利支付率，一个是股利报酬率。股利支付率是一个长期的、战略性的指标，根据公司长期的盈利情况和投资对资金需求加以确定。通过股利支付率，可以分析公司的长远发展态势，对公司所在行业的未来趋势也可以做出初步的判断。股利报酬率取决于特定时期内的股利支付额（DPS），以股利支付额除以当期的股票价格就是股利报酬率。股利支付额是一个特定时期的股利政策的当期指标，按照惯例，需要尽量保持各期之间股利支付额的稳定，即所谓的股利修匀（Dividend Smoothing）。实现股东所要求的报酬率水平是制定股利政策应当遵循的基本原则，但是必须明确的是，在确定股利支付率和股利支付额时，需要考虑的因素

---

① MICHAEL C JENSEN, CLIFFORD W SMITH. The Theory of Corporate Finance: A History Overview [J]. The Modern Theory of Corporate Finance (New York: McGraw-Hill Inc.), 1984: 2-20.

有重大差别。

股利政策是董事会面向股东所制定的最为敏感的财务政策，体现着公司处置投资者关系的基本原则和理念，更反映了公司对于股东财富增加的责任和担当。在经济状况不佳，甚至严重金融危机的情况下，股票价格下跌严重，股东对于公司的发展充满忧虑。在这种情况下，董事会应当通过股利政策向股东传递强烈的信号，一方面以股利报酬率弥补资本利得报酬率的下跌，另一方面以股利支付的方式向股东传递负责任的信号，稳定投资者信心。一家负责任的公司治理优秀的公司会将股东的报酬率诉求放在制定股利政策的首要位置。

通常情况下，一般现金股利是股利政策中最为重要的一个指标。但在公司财务实践中，鉴于投资者对股利的不同态度，以及经济形势的复杂，股利支付的方式也在不断地发生变化。董事会通过不同形式的股利支付向投资者传递不同的信息，满足不同投资者的报酬需求，是制定股利政策时不容忽视的一个问题。比如，在特定情况下，特殊股利的应用、股票股利的应用，等等。

自20世纪80年代以来，股份回购获得了全球企业界的青睐，甚至一度被认为是现金股利的最佳替代。随着对股份回购问题研究的深入，人们发现，股份回购作为一个财务工具，其效用有多个方面的表现，比如调整现金持有政策，调整资本结构，实施管理层的股权激励计划，等等。如果运用得当，股份回购将是一个非常重要的财务工具。

重要术语

股利、股利理论、股利政策、股利支付率、股利支付额、股利报酬率、现金股利、股份回购、特殊股利、剩余股利原则、部分调整模型

复习思考题

1. 股利支付率与股利报酬率是反映公司股利政策特征的两个重要指标，试阐述董事会在确定这两个指标时所依据的原理或者方法。

2. 在股利政策的制定过程中，要不要考虑股利报酬率与资本利得报酬率之间的关系？如何处理这种关系？

3. 阐述剩余股利原则与股利部分调整模型的主要内容，分析二者在股利政策的制定过程中有没有冲突。

4. 公司为什么要回购股份？股份回购是对现金股利的替代吗？股份回购未来的变化趋势如何？

5. 中国上市公司的股利政策有没有显著的行业特征？哪个行业的股利支付较多，哪个行业的股利支付较少甚至不支付股利。公司在制定股利政策时，会考虑这些行业特征吗？

6. 证监会、股票交易所对上市公司的股东回报及股利政策都制定了一些指引性的规定，公司在制定股利政策时应当如何对待这些指引性的规定？

案例与分析

格力电器股份回购计划

  正值上证指数暴跌，投资者竞相抛售，空调行业板块整体不景气之时，格力电器选择实施历史上的首次回购。在 2020 年经历了新冠疫情的洗礼之后，格力电器又开始踏入医疗行业，布局新业态的营销战略，以线上线下联动模式来改善公司的经营业绩。为了巩固股价、拓展业务，格力电器又收购了银隆新能源。自此，该公司进入新能源行业，步入多元化之路，产生了一系列应用于铸造、汽车、手机的业务，在半导体领域的研究也已取得重大进展。为了巩固多元化转型，格力电器于 2020 年 4 月 13 日以自有资金向公开市场发起国内有史以来最大规模的股份回购。

  格力电器在 2020 年 4 月召开了第十一届董事会第十次会议，决议实施股份回购计划，以实现股权激励政策和员工持股计划，同时在 2020 年 10 月 13 日、2021 年 9 月 27 日分别发布了第二期和第三期股份回购预案，其中第三次成交金额更是刷新 A 股史上最大单次回购金额记录。表 6-1 列示了格力电器股份回购的详细进程：

表 6-1 格力电器股份回购进程

指标 日期	累计回购数量 （股数）	累计支付金额 （元）	占总股本比 （%）	最高价 （元/股）	最低价 （元/股）
第一次回购					
2020/04/13	85 714 285	回购预案	1.420 0	53	70
2020/07/16	909 991	51 399 111.77	0.015 1	56.52	56.33
2020/07/31	5 991 565	339 173 247.16	0.100 0	57	56.33
2020/08/31	47 091 081	2 630 381 566.96	0.780 0	57	55.05
2020/09/11	66 962 932	3 715 504 301.61	1.113 1	57	53.88
2020/09/30	94 184 662	5 181 586 503.65	1.570 0	57	53.01
2021/01/31	101 268 209	5 589 603 409.13	1.680 0	60.18	53.01
2021/02/24	108 365 753	5 999 591 034.74	1.800 0	60.18	53.01
第二次回购					
2020/10/13	85 714 285	回购预案	1.420 0	56	62
2021/02/24	7 205 967	412 242 190.49	0.120 0	57.42	57.02
2021/02/28	11 765 309	683 304 244.92	0.200 0	60.26	57.02

续表

2021/03/24	66 483 260	3 927 996 361.89	1.105 2	61.95	56.46
2021/03/31	74 513 908	4 420 644 968.79	1.240 0	61.95	56.46
2021/05/18	101 261 838	5 999 520 920.65	1.680 0	61.95	56.46
		第三次回购			
2021/05/27	214 285 714	回购预案	3.560 0	53	70
2021/05/31	490 700	27 458 779.00	0.008 0	56.11	55.89
2021/06/30	60 005 925	3 175 475 425.10	0.997 5	56.11	49.92
2021/07/14	70 199 889	3 677 150 347.84	1.166 9	56.11	48.82
2021/07/23	121 441 078	6 233 056 719.92	3.162 7	56.11	48.82
2021/07/30	190 260 229	9 514 693 795.47	3.358 4	56.11	46.16
2021/08/23	245 829 868	12 092 870 367.82	4.086 5	56.11	42.90
2021/08/31	254 390 544	12 468 539 180.65	4.228 8	56.11	42.90
2021/09/08	313 236 027	14 894 962 349.39	5.250 0	56.11	40.21
2021/09/08	315 760 027	14 999 985 072.39	5.250 0	56.11	40.21

资料来源：根据深圳证券交易所格力电器（000651，SZ）公告整理。

由表 6-1 可以了解到格力电器的第一期股份回购实施进程。回购预案始于 2020 年 4 月 13 日，自 2020 年 7 月 16 日发布首次回购 909 991 股的回购数量，此后格力电器又陆续回购了 6 轮，至 2021 年 2 月 24 日本期股份回购完成，耗时 10 个月回购将近 60 亿元。

第二期股份回购于 2020 年 10 月 13 日发布回购预案，截止到 2021 年 2 月 24 日完成首次股份回购，回购数量为 7 205 967 股，占比总回购数量的 0.12%，截止到 2 月末和 3 月末累计回购 66 483 260 股与 74 513 908 股，占公司总股份比 1.105 2% 与 1.240 0%，4 月末回购股份，最终于 2021 年 5 月 18 日完成本次股份回购计划。本次回购从回购公告公布日开始到回购完成历时 8 个月，此次格力电器股份回购数量为 101 261 838 股，回购金额将近 60 亿元。

第三期股份回购在 2021 年 5 月迅速展开，至 9 月 8 日结束，仅持续了 4 个月，累计通过回购专用证券账户以集中竞价方式购入公司股份 313 236 027 股，占截至本公告日公司总股本的 5.250 0%，最高成交价为 56.11 元/股，最低成交价为 40.21 元/股，成交总金额为 150 亿元（不含交易费用），创下 A 股最大交易额。

格力电器发布回购预案前一年，即 2019 年 4 月至 2020 年 4 月的月收盘价变动情况，如图 6-2 所示：

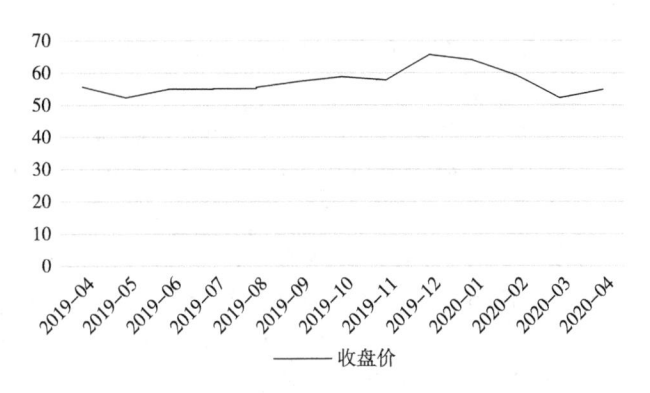

图 6-2 格力电器股份回购前后收盘价

资料来源：东方财富网。

从图 6-2 折线图的走势可以看出，格力电器股票在 2019 年整体股价保持平稳，而从 2019 年 12 月开始经历了大幅的下拉，这主要是由于国内 2019 年第三季度和第四季度的家电行业不景气，导致格力电器的净利润在 2019 年有所降低，加上新冠疫情蔓延全球，格力电器的股价出现低迷的趋势，于 2019 年 12 月的最高点 65.85 元/股下跌至 2020 年 3 月的最低点 52.2 元/股，跌幅达到 20.73%，而实际的日收盘价跌幅也达到 30% 以上。而在 2020 年 4 月，股价呈现了小幅度的上升，这种情况与以往的市场经验有关，股份回购将直接减少市场上流通股的数量，从而提高每股收益，由此存在股价被低估的可能。因此格力电器在 2020 年 4 月 13 日发布了第一期的股份回购预案，通过股份回购的方式向投资者传递信心，同时让股价回归到正常水平。

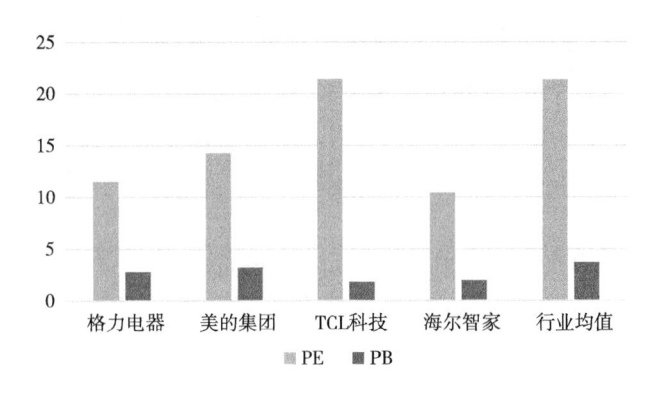

图 6-3 2020 年 3 月 31 日 PE 与 PB 指标同行业对比情况

资料来源：新浪财经—格力电器—估值分析。

选择市盈率（PE）和市净率（PB）作为相关指标，其中市盈率（PE）指标适于分析公司在盈利较充分、较稳定的情况下，公司当前股价与公司实际价值是否匹配；而市净率（PB）指标更适合用于评估公司净资产变动不大且保持正值的情况下，公司的股价是否合理。本部分还进行了横向的比较，通过对格力电器、美的集团、TCL科技以及海尔智家这四个家电行业龙头企业的参照对比，判断格力电器的股价是否存在被低估的可能。

由图6-3可知，受新冠疫情的影响，2020年第一季度我国各个行业均濒临停工停产的困境，而此时随着大盘指数的快速下降，格力电器的股价也出现了从未有过的下跌幅度。在PE方面，格力电器在2020年3月31日的PE仅有11.54，与其他三个企业相比，只是略高于海尔智家的10.43，但远低于美的集团的14.30，同时，该公司与行业均值的差距也很大，表明格力电器的估值在家电行业内较低；在PB方面，格力电器也略低于美的集团，表明格力电器在家电行业并未彰显出核心竞争力。由此看来，格力电器进行股份回购的动因是为了稳定股价，同时向投资者传递出股价被低估的信号。

根据公司自由现金流量的相关理论可知，公司的现金流存在一定的管理成本，一般公司的自由现金流越多，所需要的管理成本就越高。表6-2展示了格力电器回购前后现金流的变化情况：

表6-2　格力电器股份回购前后现金流情况

指标 日期	经营活动现金净额（亿元）	投资活动现金净额（亿元）	筹资活动现金净额（亿元）	期末现金余额（亿元）	货币资金（亿元）
2019/03/31	77	-17	-59	285	1 132
2019/06/30	165	0.005	-74	380	1 211
2019/09/30	327	-27	-137	455	1 362
2019/12/31	279	-113	-192	263	1 254
2020/03/31	-118	29	-0.87	174	1 217
2020/06/30	-45	78	-62	234	1 300
2020/09/30	30	130	-165	257	1 310
2020/12/31	192	0.97	-211	242	1 364
2021/03/31	-43	-6	66	259	1 466
2021/06/30	-61	57	61	300	1 345
2021/09/30	65	224	-278	252	1 195
2021/12/31	65	298	-253	300	1 170

资料来源：根据深圳证券交易所格力电器（000651，SZ）公告整理。

通过表6-2和图6-4可以看出，格力电器2019年的经营活动产生的净现金流维持在77亿~327亿之间，面对2020年的黑天鹅事件给整个家电行业经营带来的严重打击，上半年其经营活动产生的净现金流骤降为-118亿元。随着下半年的复工复产，从第三

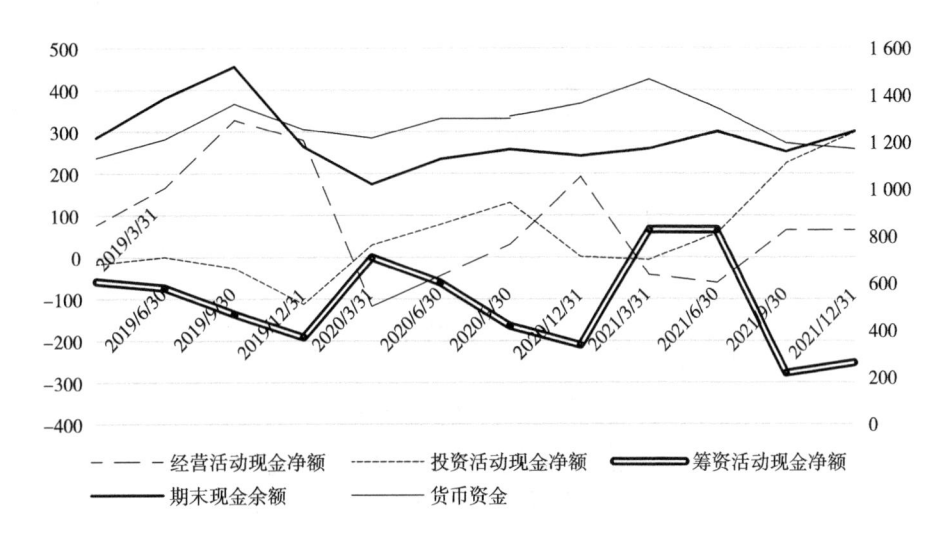

图 6-4　格力电器股份回购前后现金流情况

资料来源：根据深圳证券交易所格力电器（000651，SZ）财务报告整理。

季度开始，格力电器的经营状开始好转，凭借其坚实的主营业务，为企业带来了盈余，并且经营活动产生的净现金流量也抹平了前两季度亏欠的现金流，甚至有 30 亿元的正流量。后又遇疫情的反复，2021 年上半年经营性现金流仍以负为主，直至下半年才转势为正。

由图 6-4 可知，格力电器的期末现金余额及货币资金一直维持在较高水平，其中，期末现金余额在 2019 年第三季度高达 455 亿元，货币资金在 2021 年第一季度 1 466 亿元，说明公司的现金流储备充足。当公司有较多现金流时，企业管理者就可能利用职务之便，利用公司资产为自身谋福利，或者将公司现金流进行过度投资，由此产生股东与管理层之间的代理冲突，降低公司的价值。为缓解这一矛盾，公司会通过股份回购的方式使用多余的自由现金流，即可调整公司的营运资本，又起到减少代理成本的作用。综上所述，减少公司现金存量、降低代理成本是格力电器股份回购的动因之一。

公司利用自有资金或者从外部借入资金进行股份回购，前者会降低所有者权益，后者不仅会降低所有者权益，更会提高企业的负债比率，从而支持了财务杠杆假说。另一方面，自筹资金也可以起到抵税效果，从而增加企业价值。因此，当企业负债比率较低时，可以通过股份回购来增大负债率，达到优化资本结构和增大企业价值的目的。接下来对格力电器与其他三个家电龙头的资产负债率和财务杠杆进行对比，来判断优化资本结构是否为格力电器股份回购的动因。

由图 6-5 可知，格力电器的资产负债率从 2019 年 6 月到 2020 年 9 月处于不断下降的趋势，由 66.81% 下降为 57.57%。从 2020 年 9 月到 2021 年 6 月，资产负债率大幅度提高。格力电器 2020 年一季度的财务杠杆系数为 0.737 6，在发布第一次股份回购公告后，2020 年二季度的财务杠杆系数为 0.846 6，发布股份回购公告后，财务杠杆系数上升，2020 年三季度的财务杠杆系数为 0.904 8，2021 年发布第三次股份回购公告

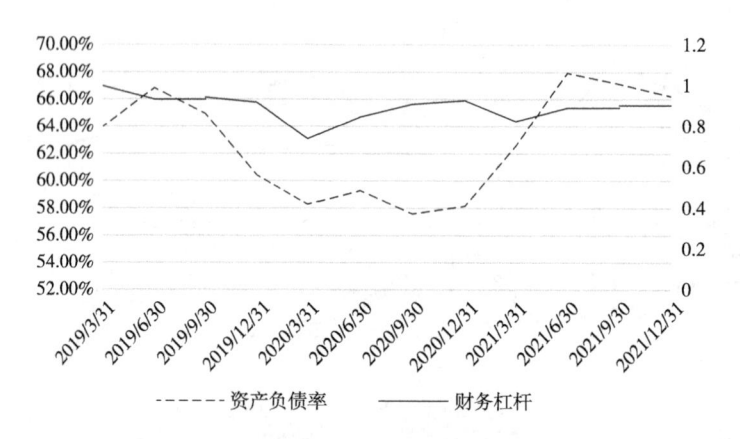

图 6-5　格力电器股份回购前后资产负债率情况

资料来源：根据深圳证券交易所格力电器（000651，SZ）财务报告整理。

后，二季度财务杠杆系数为 0.891 0，较上季度略有上升。综合以上对财务杠杆水平和财务杠杆效应二者的分析结果可以看出，格力电器的资产负债率在前期一直下降，后期有所提高，水平适中，产生正向财务杠杆效应，并且本次回购采用自有资金，无新增借款，无提高杠杆动机，所以优化资本结构并非格力电器本次股份回购的动因。

格力电器作为白色家电行业的龙头企业，自回购以来进行了多次股权激励计划，并在《关于回购部分社会公众股份的报告书》中明确指出回购的股票将全部用于股权激励。因此，可以判断格力电器的三次股份回购都具有用于股权激励的动因。在进行回购时，格力电器董事长董明珠称："一方面是因为公司员工没钱；另一方面是因为格力员工持股计划要求是到退休年龄才可以退出，如果中途离职，股票会被完全收回并注销。"而公司共计三期的回购计划，本来是以员工激励为名，意在提振市场信心，但由于公司股价持续下跌，被迫改变了原计划，而采取注销回购股票总数 70% 的方式，向市场传递信心，旨在通过减少股份总量来达到推高股价的目的。

分析结果显示，格力电器的股价被低估，现金流充足，因此提升公司股价、对职工实施股权激励是格力电器股份回购的动因之一。同时回购为格力改善了营运能力，但没有起到优化资本结构的目的。后期将回购的用途由对公司的股权激励改为注销股份，并没有对员工有更好的回馈，而是首先解决股价下跌问题。

思考的问题：

1. 格力公司为什么要回购股份？公司回购股份的考虑因素是什么？
2. 在格力电器与美的集团的比较中，你认为哪家公司的估值更高？
3. 在将回购的股份用以管理层的股权激励时，需要注意哪些问题？
4. 能否计算出格力电器的加权平均资本成本，以此得出格力电器在股份回购前后的资本成本对比？
5. 格力电器的股份回购计划是否真正提高了公司的股价？格力电器管理层进行股

份回购计划的真正动因是什么?

延伸阅读

[1] LINTNER J. Distribution of Incomes of Corporations Among Dividends, Retained Earnings, and Taxes [J]. the American Economic Review, 1956: 97-118.

[2] WATTS R. The Information Content of Dividends [J]. Journal of Business, 1973, 46 (2): 191-211.

[3] SUDIPTO BHATTACHARGA. Imperfect Information, Dividend Policy, and "The Bird in the Hand" Fallacy [J]. Bell Journal of Economics, 1979, 10 (1): 259-270.

[4] BAKER H KENT, GAIL E FARRELLY, RICHARD B EDELMAN. A Survey of Management Views on Dividend Policy [J]. Financial Management, 1985, 14 (3): 78-84.

[5] SHLOMO BENARTZI, RONIMICHELY, RICHARD THALER. Do Changes in Dividends Signal the Future or the Past [J]. Journal of Finance, 1997, 3: 1007-1034.

[6] EUGENE F FAMA, KENNETH R FRENCH. Disappearing Dividends: Changing Firm Characteristics or Lower Propensity to Pay? [J]. Journal of Financial Economics, 2001, 160: 3-43.

[7] BRAV A, GRAHAM J R, HARVEY C R, et al. Payout policy in the 21st century [J]. Journal of Financial Economics, 2005, 77 (3): 483-527.

第七章

营运资本政策

营运资本政策是公司的短期财务政策，是有关流动资产投资管理和流动负债融资管理的政策。与投资政策、融资政策等长期财务政策相比，营运资本政策将更加关注那些日常的、经常性的财务事务，比如现金持有问题、现金流问题、流动性问题、资金周转问题、短期融资问题等。通过高水平的营运资本管理，可以将公司的盈利水平与流动性风险保持在一个合理的范围之内，维护公司的可持续发展。营运资本管理会直接影响公司现金流的稳定性和持续性，甚至决定公司的运营安全。良好的营运资本管理是实现公司其他重大财务政策的保障。

第一节 流动资产与流动负债

一、流动资产与流动负债

公司投资与融资政策所引导和约束的一般是与长期资本相关的投资行为和融资行为。在公司的发展过程中，除了那些战略性的管理活动之外，还有一些日常的、经常性的管理活动，其中最为重要的就是对流动资产和流动负债的管理。这些管理行为构成了公司的短期财务管理（Short-term Financial Management）。

流动资产是流动性较强的资产，一般指能够在一年之内变现的资产，主要包括：现金、应收账款、存货等。流动资产的财务特征为：①流动性强；②非营利性；③财务灵活性较强。

流动资产具有较强的流动性，但是对于生产经营稳定的企业来讲，流动资产所占用的资金却是相当稳定的。这就意味着在进行长期的、资本性的投资的同时，必须将相当一部分资金投放到流动资产之上。在很多传统行业里，比如汽车行业、电器行业等，流动资产所占用的资金都处于一个较高的水平上。这就引出了一个问题，即流动资产所占用的资金来自何处？由长期来源解决，还是由短期来源解决？营运资本政策必须解决这些问题。

流动资产投资是为资本性投资服务的，比如在固定资产投资的时候，需要配合一定数额的流动资产才可以开展生产经营活动。基于这一点，一般认为单纯的流动资产投资与价值的创造没有关系，流动资产是非营利性的资产。任何与资本性投资无关的流动资产投资都是不能带来任何价值的，是企业资金的无效占用。这是实施零营运资本政策的理论基础。

流动负债是指必须在一年之内偿还的债务，其中主要包括两大部分。一部分是依托于债务契约筹得的资金，比如银行的短期贷款、商业票据等；另一部分是在生产经营过程中随着采购行为、生产过程所发生的自然融资，比如应付账款、应付税金、应付薪资等。流动负债的主要财务特征为：①财务风险高；②资本成本低[①]；③灵活性强。

自然形成的流动负债与投资者无关，是一种企业在生产经营过程当中，由供应商、员工、政府等所提供的资金来源。对于这些资金的提供者来讲，他们并非在投资，只是维持经营活动正常进行的资金融通的结果。既然与投资者无关，流动负债也就不涉及要求报酬率问题，也就没有严格意义上的资本成本问题。换言之，这部分负债在使用的时候，需要关注的是流动性问题而非报酬率问题。

关于营运资本（Working Capital）一般有两种理解：一种认为是运营中的需要进行日常管控的资本，包括流动资产和流动负债两个方面；另一种是更为普遍的观点，即流动资产减除流动负债以后的余额，有时候也被称为净营运资本（Net Working Capital）。如果将营运资本视为流动资产减除流动负债以后的余额，那么，所谓的营运资本则是公司用于日常的、流动的、短期周转使用的长期资本（长期负债和股权资本）。具体言之，企业的短期资产投资包括两个部分：一部分是与流动负债相对应的部分，这部分应当特别关注流动性的管理，降低财务风险，维护公司的财务信誉；另一部分是超过流动负债的部分，这部分应当关注收益性的管理，提高资金的使用效率和绩效水平。因此，流动性与收益性之间的权衡就成为了公司营运资本管理的核心考量因素。在其他因素不变的情况下，净营运资本越少，表明营运资本政策越激进。

营运资本具有高灵活性的特征，是公司财务灵活性（财务柔性）储备的基础。对于外部融资环境紧张，经营风险较大的小型企业来讲，实施科学高效的营运资本管理尤其重要。

在20世纪80年代以前，由于存货、应收账款在资产当中所占的比重较高，再加上当时管理学界对于生产经营过程管理科学性的关注，营运资本政策中最受重视的内容

---

① 严格意义上讲，此处应该是无资本成本。按照资本成本的概念界定，资本成本是指公司资本所具有的一个财务属性。流动负债通常不被视为资本的范畴，比如人们在讲资本结构的时候，一般也不包括流动负债。尤其是自然形成的短期负债（应付账款、应付税金等），更不可能纳入资本的范畴。从公司财务的角度讲，所谓资本，需要具备下面的几个条件：①投资者投入，包括股东投入的（即股权资本），也包括债权人投入的（即债务资本）；②具有报酬率诉求，资本投资要求获得与其承担风险相对应的报酬率；③一般是长期的、战略性的。流动负债显然不具备这些特征。但在公司财务实践中，人们往往也会像估算长期债务的资本成本一样，估算短期的流动负债的资本成本。流动负债的利率为其资本成本的最佳替代。在这个基础上，公司财务管理实务中逐渐形成了资本成本水平的排序：股权资本成本高于长期债务的资本成本，长期债务的资本成本高于短期的流动负债的资本成本。

是存货、应收账款等流动资产项目的管理控制。随着现金持有的不断增加以及现金流重要性的日益提高，人们开始高度关注营运资本管理中与现金有关的问题，比如现金持有问题、现金流的控制问题等。即使是在存货管理与应收账款等项目的管理当中，也开始从现金流的角度展开分析。

短期财务管理或者说营运资本管理的主要目标包括：

首先，满足资本投资项目实施过程中对流动资产的需求，这是财务目标得以实现的关键。为了保证资本预算编制的纯粹性，在资本预算中，应当将有关流动资产、流动负债的部分独立出来，编制特别的营运资本预算，以确保资本投资的需求。通常情况下，固定资产的运行需要一定数量的流动资产，比如存货、应收账款等；固定资产增加，自然也需要增加一定数量的流动资产。了解二者之间的关系，是进行营运资本管理的核心内容之一。

其次，满足企业流动性管理的需要，维护企业的财务信誉。在流动资产管理中，流动性控制是极为重要的一个方面。这里所谓的流动性，既包括企业对于到期债务契约的履行，也包括企业在生产经营过程中对于各种应付义务的履行，比如所得税的上缴、货款的支付、雇员薪金的支付等。所有这些都是企业法定的支付义务，必须履行。在这个过程中，债权人的利息支付和本金偿还事关企业投资者利益的保护，应当作为流动性控制的核心环节。

再次，将营运资本管理与企业风险管理有机地结合起来，从而降低风险对于企业发展的负面影响。流动资产自身代表着足够强的应对能力，在环境多变的情形下，有助于企业调整有关策略，应对各种不利的局面。企业管理层的风险厌恶越强，手中掌握的现金就越多。

最后，提升流动资产运行效率，最大限度地节约占用，增加企业价值。流动资产管理的内容之一就是维持足够的周转速度，因为，流动资产是在周转中实现了资本投资中所规划的现金流量。没有周转，流动资产投资就是纯粹的浪费，就是对企业价值的减损。通过高效率的流动资产管理，争取实现以"流量抵存量"，即以流动中的流动资产来满足企业生产经营活动对于流动资产的需求，从而最大限度地降低流动资产占用。

营运资本管理还有另外一个非常重要的价值，就是通过流动资金管控的方式，对公司的供产销等各个阶段的运作效率提出严格要求，进而实现综合管理水平的提高，增加公司绩效。比如，为了实施零营运资本政策，必须对存货管理、营销管理、商业信用等提出极高的要求，没有这些环节效率的提高，零营运资本政策就不可能得以实施。以资金管理的先进性带动供产销活动的高效率，这是营运资本管理追求的至高境界，也是公司进行价值管理的核心。

二、流动性、偿债能力与盈利能力（收益性）

投资是唯一的创造现金流的财务活动，因此，投资管理的水平将从根本上决定一家公司价值创造的实力。从这个意义上讲，公司的所有资源都应该集中到能够带来未来现金流的投资项目之上。用于资本投资的资金量越大，价值创造越多，说明公司的竞争力越强，发展潜力越大。按照这一思路，当管理层将资源用于流动资产投资时，需要对这项投资的负面影响进行分析和论证。比如，如果将这笔资金用于长期的、资本性的投资可以带来多少现金流？这种潜在的盈利能力及其损失应成为营运资本投资的重要考量因素。

资源的流动与周转是创造价值的基本形态。从某种程度上讲，流动资产实际上是处于停滞状态的资源，换言之，也就是不能创造价值的资源。处于现金状态的资金尚没有进入价值创造状态，因而也被称为非营利性资产。存货包括原材料存货、在产品存货以及产成品存货，都是指在两个特定的生产经营阶段之间呈停滞状态的资产，非但不能创造价值，还会导致资金的损失。存货停滞的时间越长，这种损失就越大。应收账款是指被客户无偿占用的资金，更是资金投放的无奈之举。

那么，公司为什么要将资金用于流动资产投资呢？最基本的考虑就是要维持一定水平的资产流动性，进而保障公司的偿债能力。

流动资产投资政策决定企业的资产结构以及资产的流动性，流动负债融资政策决定企业的偿债能力（Solvency）以及潜在的财务危机程度。资产负债表的资产方是按照资产流动性的强弱排列的，以此体现公司偿还债务的能力。在资本市场上，流动性主要是指证券流转的速度，易手率越高，流动性越强，而这一般取决于证券价格的高低。资产的流动性是决定企业偿债能力的主要因素，偿债能力则是一家公司支付固定索偿权的能力，比如支付利息的能力、偿还本金的能力、支付薪资的能力或者支付税金的能力等。

为了更好地对流动性进行分析，我们可以将流动性划分为两种类型：一种是静态的流动性，一种是动态的流动性。

所谓静态的流动性，是指由流动资产所体现出来的流动性，比如，在所有的流动资产中，现金的流动性最强，应收账款的流动性次之，存货尤其是原材料存货的流动性最差。资产处于哪一种状态，基本上决定了其流动性的强弱。但是，这种流动性也存在一个严重问题，那就是可能会提供虚假的流动性信息，比如，依照惯例，应收账款的流动性是较强的，可是一旦应收账款进入到呆账、坏账的状态，其流动性将基本丧失。在存货积压的状态下，存货的流动性也值得怀疑。对于为数不少的经营不善的企业（如僵尸企业），尽管其资产负债表上显示有大量的流动资产项目，但是流动性问题依旧严重。

所谓动态的流动性，是指在现金流转中体现出来的流动性。在营销顺畅、现金流周转速度较快的情况下，持续不断的现金流入可以完全支撑企业对于流动性的需求，甚至不需要持有现金。这就是所谓的"以流量抵存量"。这是真正意义上的流动性，也是最富有财务价值的流动性。

在营运资本政策的制定过程中，流动性与收益性之间的权衡是核心的考量因素。从理论上讲，营运资本与企业的资本成本无关，与价值创造的实力无关。但是，由于营运资本管理可以直接管控企业的现金流以及资金周转，这必然会影响到企业绩效的变化。事实上，因为营运资本自身的性质，学术界对于营运资本政策与公司绩效之间关系的认识一直存在分歧。但是，从公司实际运营情况观察，营运资本管理的水平对于公司绩效的影响是非常显著的。根据阿克塔斯（Nihat Aktas）等人的研究发现，很多企业都有目标营运资本政策，且高质量的营运资本管理有助于公司绩效的提高。[①]

在公司财务理论领域，有关营运资本政策及管理的文献是较少的，在营运资本管理方面的学术成果也乏善可陈。在实务当中，人们一般也不把营运资本政策当作公司的重大财务政策。这与营运资本管理的性质是紧密相关的。

但营运资本政策一直是公司财务研究重要的领域之一，更是公司实务中的主要工作内容。在 20 世纪初期的公司财务著述中就已经有营运资本管理的内容。20 世纪六七十年代以后出现的零营运资本政策将营运资本管理提升到了一个新的高度。近二三十年以来，营运资本管理领域引发了企业界、学术界的高度关注：一方面，基于零营运资本政策，国际企业界在存货管控与应收账款管控方面取得了很好的成效，提高了资金的周转速度和经营绩效；另一方面，现金持有出现了大幅度的增长。这完全背离了传统的理论分析，成为公司财务实践中的一大异象。如何进行高质量的营运资本管理？营运资本管理与公司绩效是什么关系？营运资本管理会不会影响资本成本与企业价值？这些都有待于做深入的研究。

根据德勤 2015 年全球公司财务主管调查（Global Corporate Treasury Survey），近 70%的财务主管（Treasury）被首席财务官（CFO）授权推动营运资本改善计划，不仅仅是局限于营运资本管理的范围之内，同时也是为了推动股东财富的增加。营运资本管理越来越受到企业界的关注。[②]

第二节 营运资本政策的制定

一、营运资本政策

营运资本政策主要包括流动资产投资政策与流动负债融资政策，其中又以前者为主。

一般地，人们不认为营运资本政策是重大的财务政策，原因有二：其一，营运资本政策不受资本成本的锚定，也就是说，营运资本政策与股东财富之间没有直接的关联，这一点与投资政策、融资政策和股利政策形成了鲜明的对照；其二，营运资本政策所引导和约束的公司短期财务行为属于协调性的生产经营活动，涉及供应、生产和营销等几乎全部的环节。在这个管理过程中，财务调控必须在获得企业供产销诸环节配合情况下方能够达成目标，因而不属于纯粹的财务管理活动。但是，营运资本政策

[①] NIHAT AKTAS, ETTORE CROCI, DIMITRIS PETMEZAS. Is Working Capital Management Value-Enhancing? Evidence from Firm Performance and Investments [J]. Journal of Finance, 2015, 30: 98-113.

[②] DELOITTE. 2015 Global Corporate Treasury Survey. https://www.deloitte.com.

也是非常重要的。因为，短期财务管理活动的质量将直接关系到公司现金流的稳定与增长，同时也可以直接反映企业生产经营活动管控的水平，而且在资本预算中所规划的未来时期的现金流也将通过资金周转的科学管控来实现。尤为关键的一点是，营运资本管理作为一种日常性的、全方位的运营活动，其运营质量，既是公司重大财务政策（如投融资政策）实施的结果，也是这些政策得以实施的基础。

关于营运资本政策有以下问题需要进行深入的研讨：公司有没有最优或者目标营运资本政策？如果有，制定最优营运资本政策或者目标营运资本政策的基本标准是什么？在营运资本管理中，董事会与管理层各自的职责如何进行划分？营运资本管理会不会影响资本成本和企业价值？营运资本管理会不会影响公司绩效？营运资本管理与风险管理是什么关系？

营运资本政策是一个复合型较强的政策，涉及生产经营的方方面面，主要内容包括：①流动资产投资政策（Current Assets Investment Policy）。比如"零营运资本政策"（Zero Working Capital Policy）；②流动负债融资政策（Current Debt Financing Policy）；③流动性政策（Liquidity Policy），比如短期偿债能力的管控政策，流动比率（Current Ratio）、保障比率（Coverage Ratio）等的控制；④现金流控制政策或者称资金链控制政策（Cash Flow Control Policy：Fund Chain）；⑤现金持有政策（Cash Holding Policy）；⑥资产管理效率（Asset Management Policy），比如存货周转率（Inventory Turnover）控制等，其中的流动资产投资政策与流动负债融资政策是最为综合的营运资本政策。

营运资本政策一般划分为稳健或者激进的政策，主要针对公司资产的流动性以及偿债能力而言①。稳健的营运资本政策意味着将储备较为充足的流动性，流动负债较安全，偿债能力无虞。激进的营运资本政策则意味着为了维持较高的资金运转效率，管理层会尽量减少流动资产的投资，流动负债较多，偿债能力可能会存在短缺。但是，从生产经营管控质量以及经营绩效的角度看，公司应该采用较为激进的营运资本政策，减少资产占用，提高资金周转效率，创造更多的价值。

在营运资本政策分析中，人们关注较多的是流动资产投资政策，因为这一政策与企业生产经营的诸多环节紧密相关，是营运资本政策的核心部分。和流动资产投资相比，流动负债融资政策具备更强的灵活性。流动负债在很多情况下代表着一定程度的财务灵活性，对临时的资金需求应对及时，调整速度也较快。

二、流动资产投资政策

观察流动资产投资政策的一些重要指标有：①流动资产/总资产比例；②百万元销售额占用流动资金（流动资金/销售额）；③流动资产的结构，主要指现金、存货与应收账款的比重；④现金持有与现金周转；⑤流动资金周转效率（周转次数和周转天数），比如现金周转天数、存货周转天数等；⑥流动比率和速动比率；⑦零营运资本比

---

① 具体言之，流动资产投资以及由此所决定的固定资产—流动资产比例决定了企业的经营风险，该比例越高，营业风险越大。流动负债融资的多少则在很大程度上决定了企业的财务风险，流动负债越多，流动负债在总负债中所占的比重越高，财务风险越大。

率等。

如果企业预计来年的销售额为100万元，要求财务人员提出明确的流动资产投资政策。根据有关的数据分析和企业短期财务管理实力，财务人员提出了如下三种不同的流动资产投资策略：

第一种，稳健的流动资产投资政策，流动资产投资为30万元。所谓稳健的流动资产投资政策是指尽量满足企业经营活动对流动资产——比如现金、应收账款、存货等的需求。此时的流动资产投资量较大。

第二种，激进的流动资产投资政策，流动资产投资为10万元。所谓激进的流动资产投资政策是指在不影响销售额的实现以及固定资产有效运用的前提下，最大限度地减少流动资产投资。

第三种，适中的流动资产投资政策，流动资产投资为20万元。这种流动资产投资政策介乎于稳健政策与激进政策之间，既不为求稳健而过多地进行流动资产投资，也不因极力减少流动资产的占用而影响企业的偿债能力。

具体言之，企业的流动资金占用绝非一个客观的自然形成的结果，它受到营运资本政策的重大影响。从企业界的情况来看，绝大部分企业在流动资产占用方面依靠经验进行控制，以不影响生产经营活动的正常进行为基准。这是一种极为落后的营运资本管理思路。在科学的营运资本政策的指导下，通过调动企业内外部各个方面的能动性，可以将流动资产占用降到最低，从而实现营运资本管理的目标。

在稳健的流动资产投资政策下，由于流动资产投资充足，无论是现金、应收账款还是存货都有大量的占用，因而有助于保障企业的流动性，降低出现财务危机的风险。同时，在流动资产占用较多的情况下，对企业财务管理素质的要求也不高。但是，过多的流动资产占用无疑会降低资金周转效率，从而降低企业的收益水平。因此在制定流动资产投资政策时，一定要在收益性与流动性之间进行权衡，并充分考虑企业经营的内、外部环境。

采用激进的流动资产政策，无疑对企业财务管理的水平有较高的要求，一旦失控，流动资产的短缺会对企业的经营活动产生重大的影响。

有关数据显示，在英美企业中，自20世纪80年代以来，流动资产占用资金的比重呈现逐步下降的趋势。除了现金持有以外，存货、应收账款等流动资产都出现了很大幅度的下降，比如净营运资本占销售额的比重下降了约有10个百分点，尤其是存货占用资金下降的速度最快[1]。印度公司的数据显示，零营运资本政策在印度公司中得到了很好的实施，表明其营运资本管理已经达到了较高的水平[2]。

高风险、高收益的激进营运资本政策也被称为积极的营运资本政策。在经济形势良好、金融环境宽松的情况下，公司适合采用激进的营运资本政策；相反，如果经济

---

[1] NIHAT AKTAS, ETTORE CROCI, DIMITRIS PETMEZAS. Is Working Capital Management Value-Enhancing? Evidence from Firm Performance and Investments [J]. Journal of Finance, 2015, 30: 98-113.

[2] P K JAIN, SHVETA SINGH, SURENDRA SINGH YADAV. Financial Management Practices: An Empirical Study of Indian Corporates [M]. Springer India, 2013: 221.

形势转差，竞争激烈，经营活动现金流波动较大，应当采用稳健的营运资本政策。

通常情况下，激进的营运资本政策与优秀的管理行为是相关的。可以推测，实施激进营运资本政策，在减少无效或者低效的资金占用的同时，加速资金周转，最大限度地增加现金流，提高公司的绩效。同时，激进的营运资本政策也有助于公司运营的各个环节、各个方面加强信息沟通，紧密协调行动，提升公司的整体运营效率。[1]

债权人关注的是公司资产的流动性及偿债能力，因此更喜欢稳健的流动资产投资政策。股东则偏好激进的投资政策，以此带来更多的收益，增加股东财富。

三、零营运资本政策

零营运资本政策是当今企业界公认的科学、高效的短期财务政策，是企业营运资本管理的追求目标之一。在流动资产与价值创造无关的理念之下，只要不影响企业的偿债能力，维持住企业的财务信誉，流动资产占用资金越少，资金周转速度越快，表明营运资本管理水平越高。

所谓零营运资本政策就是可实现如下结果的流动资产管理政策：

$$营运资本 = 存货 + 应收账款 - 应付账款 \leq 0 \tag{7-1}$$

更为极端的零营运资本为：

$$营运资本 = 存货 + 应收账款 = 0 \tag{7-2}$$

这就意味着不仅实现营运资本不占用企业的资金，而且还要通过严苛、高质量的管控，从实体上将存货和应收账款降低为0，比如建设所谓的无仓库工厂。

也可以通过计算零营运资本比率（Zero Working Capital Ratio）[2]来反映该政策的实施程度：

$$零营运资本比率 = \frac{存货 + 应收账款}{应付账款} \tag{7-3}$$

零营运资本比率越趋于1，越接近零营运资本状态，表明营运资本管理的水平越高。

零营运资本政策的实施基础是公司流动资产的高效管控。存货与应收账款是协助长期资本资产创造经营活动现金流量的重要流动资产，为了最大限度地提高企业的获利能力，这部分资产占用所需要的资金应当由企业的客户通过商业信用的方式来提供。如果应付账款的数额足够大，营运资本的占用甚至可以小于0，即形成所谓的负营运资本（Negative Working Capital）。这时候的现金循环周期也是负值。毫无疑问，达到零营运资本或者负营运资本境界的关键有二：①按照科学、严密甚至是"苛刻"的管理理念和手段来进行营运资本的控制，比如运用适时管理系统（Just-in-time，JIT），严控企业资产流转的速度，尤其是加强存货、应收账款的控制，使其占用维持在一个极低的水平之上。②实施基于需求的管理（Demand-based Management），将生产与销售紧

---

[1] SOENEN L. Cash Conversion Cycle and Corporate Profitability [J]. Journal of Cash Manage, 1993 (13): 53-58.
[2] P K JAIN, SHVETA SINGH, SURENDRA SINGH YADAV. Financial Management Practices: An Empirical Study of Indian Corporates [M]. Springer India, 2013: 222.

密关联，最大限度地缩短资产向现金的转换时间。所谓零营运资本政策，究其实质是以资金运作的角度对供产销全过程实施管控，一方面促成全经营过程的高效率，另一方面实现资金周转的高速度。

所谓 JIT 系统，又称适时管理系统，最初是指在存货控制过程中，在准确的时刻、准确的地点，按照标准的质量和准确的数量，满足各个环节对存货的需求。尤其是在生产的最终阶段即产成品阶段，直接按照订单安排生产。因此，最大限度地减少了产成品库存，实现了所谓的无仓储管理，从而实现流动资产投资的最小化，最大限度地节约资金的占用。JIT 系统的运用以及由此所达成的零营运资本，标志着营运资本管理已经达到了极高的水平。事实证明，企业管理中实现 JIT 管理，要求企业生产、经营、管理的各个环节密切配合，各类人员在其工作岗位上严阵以待，一旦一个环节出现问题，整个企业的经营运作就会陷入瘫痪，将损失巨大。

逐渐地趋近"零营运资本"状态，意味着公司营运资本管理质量的提高；同时，也说明了公司的生产经营运作水平的提高。能够实现这一政策的企业，其竞争力无疑处于一个极高的水平之上。

从西方优秀企业的管理经验来看，流动资产占用的确有越来越小的趋势。人们已经认识到，决定企业价值的财务决策是资本投资决策，固定资产的投资决定了未来营业活动现金流量的多少。在这个过程中，流动资产占用只是辅助固定资产参与企业的生产经营活动，其本身并不具备创造现金流量的功能。因此，最大限度地减少流动资产占用，将更多的资金用于能够创造现金流量的固定资产上，对于提高企业的经营绩效、满足投资者财富最大化的目标有着重大的意义。

四、流动负债融资政策

流动负债是指一年之内必须偿还的债务，对它的控制应当着重于适时性与灵活性。适时性是指流动负债作为满足企业短期资金需求的主要途径，在时间上应当保证企业经营活动对资金的即时需要。灵活性是指企业可以较为方便地取得或者偿还这些债务，从而最大限度地满足资金需求。对于长期负债而言，由于所签订契约的限制，一旦获得长期负债，企业一般不宜随意地短时间内更改契约，提前或延后履行债务，否则会严重影响企业的财务信誉。

在财务管理活动中有一个基本原则，即：短期融资方式对应短期资金占用；长期融资方式对应长期资金占用。如果以短期融资方式满足长期资金需求，当需要偿还债务时，资金很难从经营周转中撤出，势必影响到对短期债务偿还，严重者会由此而造成被动倒闭，这就是所谓的技术性偿债能力不足。根据有关资料，在被迫倒闭的案例中，技术性偿债能力不足的情况大约占到 80% 以上。相反，如果以长期融资方式满足短期资金需求，在资金需求不足的情况下，会造成资金的浪费。这种融资方式应与投资性质相互匹配的现象受到了学者们的关注，比如，哈特和摩尔（Hart and Moore, 1989）观察到，资产往往和债务相匹配。长期贷款往往是为了获得固定资产（财产、机器等），而短期贷款则常常用于资金周转的目的（发薪、存货融资以及季节性平滑的需要)。①

与西方工业发达国家相比，我国企业短期融资的方式较少。比如美国大型公司经常运用的商业票据，是一个非常高效、成本较低、灵活性极高的短期融资方式。与日本情形不同，美国的商业银行规模相对较小，很难完全满足企业对巨额资金的需求。因而，美国企业更多的是通过证券市场直接融资。商业票据的运用，一方面体现了企业界对高水平信用的最大限度利用，同时也反映了美国证券市场上信用交易的活跃。大型公司利用自身广为人知的财务信誉，向证券市场上的投资者出售自己的融资证券，即所谓的商业票据。在公司信誉较高的情况下，这种商业票据的利息水平比较低，有效地降低了企业的融资费用，提高了绩效。

在全部负债中，过高的短期债务比重意味着负债结构政策的高风险。在流动负债较多的情况下，企业为了保证良好的财务信誉，按期支付各种到期付现契约，需要花费巨大的精力去规划短期债务的取得和偿还。由于流动负债有效期较短，企业经常面临偿还债务的情形，事实上加大了企业的财务风险。一旦出现金融市场动荡，或者企业经营活动的波动，按期偿还债务可能会变得非常困难，以至影响到企业正常的资金运作。另外，在负债结构中如果有较多的短期债务，还会产生比较大的利率风险。在不断地取得贷款、偿还贷款的过程中，利率因素始终是一个重大变数，极可能影响到企业的未来发展。根据有关资料可知，由于银行对企业绩效的不信任，银行贷给企业的款项绝大部分是短期债务，以至于形成了我国企业（尤其是国企）的债务结构以短期债务为主的不正常现象。许多企业的高层管理人员将主要的精力用在了频繁而小额的融资活动上，造成了极大的成本浪费和人力资源浪费。

观察流动负债融资政策有几个重要指标：①流动负债/总负债；②流动负债的结构分析，比如短期银行贷款比重、应付账款（自然融资）比重等；③流动负债的使用去向等；④流动负债偿还的保障程度，比如流动比率、速动比率、利息偿还比率等的分析。

流动负债/总负债是一个非常重要的营运资本政策指标。该比率越高，表明财务风险越大，短期融资对公司发展的不利影响也就越显著。一般而论，在总负债中，流动负债应当占有一个合理的比重。在这个比重之下，适当地运用流动负债，可以提高公司的财务灵活性，甚至可能会提高企业的绩效水平；超过这一合理比重，流动负债增加所带来的将是越来越大的财务风险，甚至导致公司破产。

大多数的中国公司流动负债/总负债比率普遍较高，甚至会高达100%，也就是全部负债都是流动负债。之所以出现这种情况，既与中国银行的贷款管理水平有关，也与资本市场完善度有关。银行在向企业提供贷款的时候，为了规避风险，极少向企业提供长期贷款，而是以周转性的短期贷款来满足企业对长期融资的需求。同时，中国的公司债市场尚待进一步完善，公司债融资还没有成为上市公司融资的首选。受到这些因素的制约，企业只能通过流动负债来解决资金需求问题。

---

① 让·梯若尔. 公司金融理论：上册[M]. 王永钦，等译. 北京：中国人民大学出版社，2007：132.

更为严峻的是,管理层将流动负债用于长期的资本性投资项目上,这将导致严重的财务安全隐患。企业的债务期限与资产的有效寿命应该对应,即短期债务一般用于流动资产,长期债务用于资本投资①。这就是融资政策制定过程中一般遵循的期限匹配原则(Maturity-matching Principle)。从财务安全的角度讲,最应该避免的是将短期融资用于长期的资本性投资项目,这既可规避投融资关系混乱,也可极大地降低财务风险。

在流动负债中,自然融资是非常重要的一部分,因为赊销、赊购是极为常见的产品购销模式。在购销双方业务发展顺利、彼此信用稳固的情况下,最大限度地利用自然融资意味着营运资本管理水平的提高,有助于零营运资本政策的实施。

应当结合企业的财务目标以及内外部经营环境的变化,确定适合企业财务状况优化、有助于企业价值最大化的流动资产政策与流动负债政策。简单而论,所谓激进的营运资本政策适合于高速发展中的企业,因为其销货额高速增长,现金流量充沛,抵御风险能力较强,即使出现偶尔的财务困境,现金流的迅速流动也会将损失降低到最小。可见,数量巨大、流动迅速的现金流对于企业维持一个良好而健康的财务状况具有重要的作用。在经营活动不顺畅、现金流量受阻的情况下,一定要掌握好收益与风险的平衡,采用较为稳健的流动资产政策和流动负债政策。

从工业发达国家企业的有关资料可以发现,营运资本政策呈现出越来越激进的态势。流动资产占用越来越少,流动负债的比重却不断提高,原因大致如下:①营运资本管理出现顶级化趋势,比如零营运资本概念的备受重视。这在很大程度上减少了流动资产的占用,节约了大量资金。②商业信用的广泛运用,既可以为企业提供充足的短期资金来源,也可以在不影响流动性的前提下,使企业尽量减少现金、应收账款等速动资产的储备。③信息技术的普及,改变了人们的时空观,最大限度地缩短人们进行经济交易的时间,也使得资金头寸的调度变得更加高效,使资金的投入与退出时间的相互对接成为一件轻而易举的事情。

美国的很多企业(尤其是大型公司)都有明确的营运资本政策,有一些企业会在财务报告中明确指出其采取的营运资本政策。史密斯和塞尔对美国1 000家公司的抽样调查②显示,30%的企业正式实施了营运资本政策,60%的企业中存在一种非正式、但所有管理人员都明白的营运资本政策;而且公司规模越大,实施正式营运资本政策的可能性就越大。从发达国家的有关资料来看,营运资本政策呈现出越来越激进的态势。流动资产的比重越来越少,流动负债的比重不断增加。这些都要归因于营运资本管理的顶级化趋势、商业信用的广泛应用以及信息技术的普及。美国很多企业在年报中均会提及减少营运资本的计划。

---

① NUFAZIL ALTAF, FAROOQ AHMAD. Working capital financing, firm performance and financial constraints: Empirical evidence from India [J]. International Journal of Managerial Finance, July 2018. GÖKHAN OZER, ILHAN CAM. Financing Decisions of Firms: The Roles of Legal Systems, Shareholder Rights and Creditor Rights [J]. Accounting and Finance, 2020.

② EUGENE F BRIGHAM, SCOTT BESLEY. 财务管理精要:英文版 [M]. 12版. 北京:机械工业出版社,2004.

第三节　现金持有与现金流量控制

一、现金持有

在传统的公司财务中，人们往往很强调确定最低标准的现金持有量，比如著名的鲍摩尔模型（The Baumol Model）、米勒-奥尔模型（The Miller-Orr Model）等。作为非营利性资产，按照最低标准进行现金持有的管控，符合一般的管理原则。但从现实情况看，这一管理范式好像并没有在企业中达成共识。

公司为什么要持有现金？凯恩斯（Keynes）很早就给出了结论（1936）[1]。公司应该持有多少现金？鲍摩尔（Baumol）也给出了明确的解答（1952）。按照鲍摩尔的研究，现金持有会产生两个方向相反的效应，一个是流动性风险效应，一个是代理或者投资损失效应。二者的权衡确定了最优的现金持有水平。这形成了后续现金持有研究的基础，具有奠基性意义。[2] 可惜的是，现实情况却呈现出完全不同的一幅图景。

现金存量管理是营运资本管理中的重要内容之一。按照零营运资本的思想，作为不能直接创造价值的资产，现金存量应该保持在一个合理的最低水平上。但是，近三十年来，公司的现金存量有逐渐提升的趋势。1996—2012 年间，非金融业标准普尔500 强公司的现金持有量增加了 5 倍，达到了 13.34 亿美元[3]。在一些大型公司中，现金存量甚至达到了惊人的程度。比如，微软公司、苹果公司、伯克希尔·哈撒韦（Berkshire Hathaway）公司等都是如此。这与营运资本管理的原理是相背离的，其中的原因值得进一步的探究。围绕现金持有高企现象，近年出现了很多的研究文献。有关数据表明中国公司的现金持有也出现了同样的现象。

据 FactSet 估计，截至 2019 年第三季度，微软的现金储备最多，为 1 366 亿美元。伯克希尔·哈撒韦公司、Alphabet 和苹果公司分别以 1 282 亿美元、1 212 亿美元和 1 006 亿美元的现金储备占据了榜单的前列。Facebook、亚马逊（Amazon）、福特（Ford）、甲骨文（Oracle）、思科（Cisco）和百时美施贵宝（Bristol-Myers）也跻身前十。这些数据包括该公司的现金余额及债券等短期投资。

早在 20 世纪四五十年代，美国的福特汽车公司（Ford Motor Co.）与通用汽车公司（General Motors Corp）就将保持较多的现金持有作为一个重要的财务政策。[4]

---

[1] KEYNES J M. The General Theory of Employment, Interest and Money [M]. Harcourt Brace London, 1936.

[2] BAUMOL W J. The Transactions Demand for Cash: An Inventory Theoretic Approach [J]. The Quarterly Journal of Economics, Oxford University Press, 1952, 66 (4): 545-556.

[3] ALETHÉIA FERREIRA DA CRUZ, HERBERT KIMURA, VINICIUS AMORIM SOBREIRO. What Do We Know About Corporate Cash Holdings? A Systematic Analysis [J]. The Journal of Corporate Accounting & Finance 2019 (1): 77-144.

[4] HARRY DEANGELO. Corporate financial policy: What really matters? [J]. Journal of Corporate Finance, 2021, 68: 101925.

公司为什么要超目标储备现金？一般的看法是：①现金储备可以作为应对风险的主要工具，比如高科技公司、房地产公司等可能会储备较多的现金。②较多的现金储备可能与计划中的购并活动有关。③专业化公司的现金储备一般会多于多样化经营的公司。④超目标储备现金的公司一般也会较多地回购股份。⑤拥有较多等待性、灵活性实物期权的公司会储备较多的现金。

研究显示，自20世纪80年代开始的现金持有升高现象，到了21世纪，增长速度更快。之所以出现这种现象，一个重要的原因就是在这段时期，规模更小、风险更大、初始生产力更低，但是增长潜力却更高，且研发密集型的企业成为新兴企业的主流。这类企业对于现金流有着显著的偏好，因而储蓄较多的现金成为一个现象级的财务政策。①

与传统制造业特别关注长期的资本投资不同，高成长、高科技的小型公司往往不会将大量的资本投资到固定资产等长期资产上来规避企业风险。这些公司的规模小，未来发展依靠的主要是技术的进步和产品的创新，因此投资到研发方面的资金量往往较大。在融资受到约束的背景之下，这些公司往往拥有较大的现金持有，以应对研发投资的资金需求。现金持有问题显然与企业的经营特征以及发展区间有着紧密的关系。研发投资规模越大，公司的现金持有往往越多。② 数据显示，1980年，公司平均每发生1美元的研发支出就会持有0.04美元的现金，到了2012年，现金持有已经增加到了0.6美元③。随着市场竞争的加剧及研发投入规模的不断扩大，与研发投资相关的现金持有可能还会保持增加趋势。

从管理层的角度看，管理层的风险厌恶感越强，现金持有越多。很多情况下，管理层的风险厌恶感可能与其从业时间呈正比，时间越长，经验越丰富，风险厌恶感可能越强。对风险的预见能力和管控能力是高水平管理者必备的基本素质。

随着信息技术的发展，有关公司运作的各种信息可以通过各种渠道传递给市场，传递给投资者。信息传递的加快有助于消除信息不对称，但也给公司带来了新的压力。当今的企业面临着越来越多的非经营性责任，比如环境问题、社会问题和治理问题（Environmental, Social, and Governance，ESG），一旦行为失当，会导致很严重的声誉风险（Reputation Risk）。对于声誉风险较大的公司而言，储备较多的现金可能也是备选方案之一。④

现金持有具备两大主要价值，一个是流动性价值，一个是期权性价值。流动性价值可以为公司的偿债能力提供保障，降低财务危机可能给公司和股东造成的危害。需

---

① JULIANE BEGENAU, BERARDINO PALAZZO. Firm Selection and Corporate Cash Holdings [J]. Journal of Financial Economics, 2020, 139 (3): 697-718.

② ZHAOZHAO HE, STEPHEN CICCONE. Too much liquidity? Seemingly Excess Cash for Innovative Firms [J]. Financial eview, 2019, 1-24.

③ ZHAOZHAO HE, M BABAJIDE WINTOKI. The Cost of Innovation: R&D and High Cash Holdings in U. S. Firms [J]. Journal of Corporate Finance 2016, 41: 280-303.

④ MOSTAFA MONZUR HASAN, AHSAN HABIB, RUOYUN ZHAO. Corporate Reputation Risk and Cash Holdings [J]. Accounting and Finance, 2021: 1-41.

要注意的是，持有现金所拥有的这种价值完全可以由优良的外部资本市场所替代，也可以由充足的内部现金流所补充。如果在需要资本的时候，公司可以轻易地在外部筹集到资金，而且没有过高的资本成本和融资费用，公司没必要保留较高的现金持有。换言之，以流动性储备为目的的过多的现金持有在一定程度上反映了金融市场及公司现金周转的低效率。期权性价值则体现为持有现金可以为未来的投资或者运营机会提供必要的资金准备。比如，一些高风险的投资机会要想及时地利用，通常需要一定规模的资金储备。

宏观经济形势的恶化、货币政策的收紧，以及公司竞争实力的减弱，都可能会迫使公司保留相对较多的现金存量[1]。反之，高效率的生产经营运作、高水平的资金运转管控，以及高速流畅的现金流入，甚至较充裕的融资储备，都会降低现金持有。[2]

过度的现金持有不仅会造成资金使用的浪费，而且还会导致严重的代理冲突问题，或者形成过度投资，带来重大损失。研究发现，管理层腐败及一些失败的公司兼并活动都与过度的现金持有存在密切的关联。同时，高成长机会的公司、现金流波动较大的公司和小规模公司持有相对较多的现金；易于通过资本市场融资的大公司和信用等级高的公司持有现金的比率较低。[3]

二、现金流量及其控制

现金流管控的质量不仅影响企业的财务安全，更与企业的绩效水平密切相关。高效的现金流管控有助于公司绩效的提高。从根本上讲，生产经营活动的现金流取决于公司的投资决策。好的投资决策必将在未来带来足够多的现金流量，而坏的投资决策则不会产生预想的现金流量，甚至反而会拖累整个公司现金流量的增长。资本预算中规划的现金流量最终要通过生产经营活动来实现。加速资本预算中规划现金流量向生产经营活动现金流量的转化，正是现金流管控的核心内容之一。

现金流与公司发展周期有着紧密的关系，而发展周期既与公司自身的发展特质相关，也与宏观环境相关。现金周转天数是营运资本管控效率分析中重要的评价指标之一。通常情况下，现金周转天数越短，表明生产经营（供产销）全过程的效率越高，营运资本管理水平也越高。

企业在不同的发展阶段，其现金流将呈现不同的特征。在发展初期，现金流规模小且极不稳定，此时应当特别关注投资活动、运营活动对现金流的影响，力争现金流持续增加。企业进入高速发展期的一个重要特点就是现金流的规模加大，且增加速度加快。在高速发展期，盈利未必有太大的增加，但是现金流的增长却是一个硬指标，

---

[1] 2022年4月30日，美国奥马哈市北部市区女王中心（CHI Health Center）的伯克希尔·哈撒韦公司股东大会上，巴菲特再次强调："有很多事情会变，但有一件事情不变，就是我们总会持有很多现金，不是说商业票据，我们也没有货币市场基金，我们相信应该持有大量现金。"

[2] HORIOKA CHARLES Y, AKIKO TERADA-HAGIWARA. Corporate cash holding in Asia. No. w19688. National Bureau of Economic Research, 2013.

[3] TIM OPLER, LEE PINKOWITZ, RENE STULZ, ROHAN WILIAMSON. The Determinants and Implications of Corporate Cash Holdings [J]. Journal of Financial Economics, 1999 (46): 3-46.

不容忽视。处于平台期的企业，其最大的特点就是市场占有率高，现金流规模较大但增长速度放缓，盈利水平居于一个较高的水平上。平台期企业的财务政策必须更多地关注稳定性和前瞻性，尤其是关注现金流长远、可持续的增加。对于任何企业来讲，现金流的迅速减少都是一个需要特别关注的信号，一方面要关注现金流减少对企业流动性的影响，预防资金链的断裂，另一方面更要关注现金流减少的深层次原因。如果不能扭转这种颓势，企业便可能进入衰退期。

现金流管控政策是营运资本政策的核心内容之一。通过科学高效的现金流管控，可在预防资金链断裂的基础上，高效率地运用现金，最大限度地降低代理冲突隐患。同时，基于流动性风险而过度地持有现金，可能与管理层的"懒惰"或道德风险有直接的关系。从财务政策的角度讲，任何的保守或者稳健，都难免有责任懈怠、管理松弛的影子。有数据显示，私人非上市公司比上市公司拥有更低水平的现金持有[①]。

现金循环是指从支付现金到回收现金所经历的时间，是从现金流的角度对生产经营过程的一种考察。企业生产活动从购入原材料开始加工材料、消耗人工、生产成品，然后进入销售环节。通过销售实现现金的回收，完成整个现金的循环过程。现金循环周期的计算公式为：

$$现金循环周期=存货周转期+应收账款收账期-应付账款付款期 \quad (7-4)$$

现金周转速度越快，循环周期越短。这一方面表明现金管控的水平较高，另一方面也表明企业的供应、生产和销售等各个环节的运用效率较高。

从1997年开始，美国的CFO杂志和REL咨询公司每年都会对上市公司的营运资本管理运行情况进行调查，它们主要考察以下几个指标：

$$应收账款周转天数（DSO：Days\ Sales\ Outstanding）=应收账款/（净销售额/365） \quad (7-5)$$

$$存货周转天数（DIO：Days\ Inventory\ Outstanding）=存货/（净销售额/365） \quad (7-6)$$

$$应付账款周转天数（DPO：Days\ Payable\ Outstanding）=应付账款/（净销售额/365） \quad (7-7)$$

$$营运资本周转天数（DWC：Days\ Working\ Capital）=（应收账款+存货-应付账款）/（净销售额/365） \quad (7-8)$$

计算出这些指标后，通过与上年数据进行比较，而得出该年企业在营运资本政策方面的变化。他们的主要观点是，如果减少营运资本（即应收账款、应付账款和存货）的数量，那么就会增加现金流，从而可以将节约的资本进行再投资，以促进企业的增长。这与零营运资本的理念不谋而合。

运筹现金流量的同步化是现金流量管控的一个重要任务。所谓现金流量的同步化，主要是指现金流入和现金流出在时间上实现协调一致，以经营活动创造的现金流入满足企业现金流出的需求，而无需大量的现金存量和对外融资，节约资金的占用。这种状态意味着在现金流量控制方面实现了"以流量抵存量"，这是一种最佳状态。

如果现金流入的时间早于现金流出，或者在金额上远远地大于现金流出，势必会造成现金存量的不合理增加。即使没有法律上的限制，较多的现金存量也会给公司带

---

① HUASHENG GAO, JARRAD HARFORD, KAI LI. Determinants of corporate cash policy: Insights from private firms [J]. Journal of Financial Economics 2013, 109: 623-639.

来不好的影响，比如代理冲突现象加重等。相反，如果现金流出的时间早于现金流入，或者在金额上远远地大于现金流入，为了适应这种现金流出，企业必须设法在短期内筹集到足够数量的现金，比如贷款、售出有价证券等。现金流量的同步化一旦应对不当，极有可能影响企业的生产经营状况和财务信誉。

现金流量的同步化控制是企业营运资本管理中的重要内容之一，也是提高营运资本运行效率的重要举措之一。在营业风险较大的企业中，通过科学的规划和控制实现现金流量的同步化，既可以节约流动资产的占用，又可以在很大程度上控制营业风险对企业发展可能造成的不利影响。

鉴于流动资产自身的特性，"以流量抵存量"应当成为流动资产管理控制遵循的基本原则。没有高速的资金周转，没有严格的资产占用控制，没有良好的运营方面的配合，便不可能实现"以流量抵存量"的目标。在实现了"以流量抵存量"的流动资产控制目标后，企业可以将原来流动资产方面占用的资金完全或者大部分地投放到资本投资项目上，创造更多的现金流量，最大限度地提高企业的经营绩效，满足股东报酬率要求。

资金链断裂实为现金流的断裂，一般是企业在某个特定时期内没有实现现金流入与现金流出在时间上与数量上的匹配，进而造成偿付能力的丧失。资金链断裂可能与盈利状况有关，也可能与盈利状况无关，但绝对与现金流的控制活动紧密相关。编制现金预算、进行现金周转分析等是合理管控现金流、预防资金链断裂的重要措施。

三、现金流量预算

现金流量预算通常简称为现金预算，是企业财务预算的重要组成部分之一。随着现金流量理论地位的不断提高，现金流量的预测与控制已经成为企业财务管理的核心内容，它直接关系到企业价值最大化目标能否实现。

现金流量预算，就是预先规划企业未来由于生产经营以及投融资活动所引起的现金流入与现金流出，据此加强现金流量的计划控制，并作为编制投融资计划的依据。

现金预算的基本格式如表 7-1。

表 7-1 现金流量预算（现金收支法下）

项目	上旬	中旬	下旬	合计
现金流入	53 145	151 601	66 304	271 050
销货收入	12 500	13 764	12 900	39 104
应收账款回收	37 400	28 300	40 600	106 300
固定资产出售	—	107 000	—	107 000
对外投资收入	—	—	8 900	8 900
其他收入	3 245	2 537	3 904	9 686

续表

项目	上旬	中旬	下旬	合计
现金流出	89 303	55 165	135 458	279 926
购买原材料	45 200	14 000	17 410	76 610
支付工资	34 600	32 940	33 789	101 329
销售费用	2 680	3 801	2 956	9 437
税金	1 400	1 689	76 400	79 489
其他支出	5 423	2 735	4 903	13 060
现金流量净额	−36 158	96 436	969 154	−8 876
累计现金流量净额	−36 158	60 278	−8 876	
预测期初现金存量	42 360	6 202	102 638	—
现金流量净额	−36 158	96 436	−69 154	
预测期末现金存量	6 202	102 638	33 484	
现金最低余额	40 000	40 000	40 000	—
现金需要量	33 798	−626 338	6 513	—

根据表7-1所示的现金流量预算可以看出，6月份各旬的现金流量分布极不均衡，但总的来看，仍可达到自我调节的要求。在上旬，集中进货造成一定程度的现金紧张。管理者应注意该项支出能否减少或者延迟，因为它给6月份的现金调度带来困难。如果可能则另编现金预算。中旬的突出变化是现金流入突然增加，原因是出售固定资产取得了现金收入。下旬出现更大程度的收不抵支现象，原因可能是：一方面，企业的销售状况没有出现转机，销售额没有反弹；另一方面，税金额却大幅度上升。总之，6月份的现金流转状况并不理想，存在着许多问题，应当引起关注，以免出现现金流转危机，影响企业的顺利发展。

编制现金流量预算的重要作用有：①通过编制现金预算，可以揭示未来出现现金过剩或现金短缺的时间，以将暂时过剩的现金转入证券投资或者在短缺到来之前安排融资。②通过编制现金预算，可以预测未来企业对到期债务的直接偿还能力。③通过编制现金预算，可以区分可延期支出与不可延期支出，既不破坏企业的财务信誉，也可保持企业适度的财务适应性。④通过编制现金预算，可以对其他企业计划（如销售额预算）等提出改进建议。

现金预算是企业各种预算的综合。企业的资金运行具体表现为资金的筹集、运用及分派。现金的流入与流出是这些活动的综合表现形式。无论是企业的经营活动，还是企业的投资活动或融资活动，都可以表示为具体数量的现金流入和现金流出。现金预算的执行情况，从根本上取决于各项具体预算的执行情况，尤其是销售额预算的执行情况。企业价值最大化目标首先体现在现金流量预算之中，而该目标的实现又完全取决于现金流量预算的执行状况。

编制现金预算建立在现金流量预测的基础之上。不难理解，预测时间越长，所得结论往往越粗略。现金流量预算编制的目的是为了了解企业未来的现金流量情况，为企业的财务控制提供依据，因而要求有明确的时间性和准确性，否则就起不到应有的作用。现金流量预算编制时期的选择宜短不宜长。就现金流量预算的内容而言，项目越具体越好。对某些现金流入项目和现金流出项目，也应当进行分析，对重要的项目充分关注，对一般和次要的项目汇总反映。

通常情况下，现金预算应当按月来编制。在企业生产和销售状况较稳定、现金较充裕的情况下，现金预算编制的时间可以适当延长，比如按季度、半年甚至一年来编制。生产与营销状况稳定，由此所决定的现金流量一般也较为稳定，容易预测，即使有所变化，一般也可以事前予以有效的调度与控制。将编制时间延长，既能发挥必要的作用，也可以节约预算编制的费用。但在生产、营销状况不稳定、现金紧张且获利能力较差的情况下，现金预算编制的时间应当缩短，以对现金流量准确预测。无论资料多全面，采用的技术多先进，所有的预测不可避免地都会产生或大或小的误差。客观环境越不稳定，预测期间越长，预测的误差可能会越大。从财务管理的角度来讲，通过严格而科学的财务控制，现金流量预算顺利实现，标志着管理活动的水平较高；相反，如果现金流量预算不能实现，这实际上一定程度上反映管理活动水平的低下。从这个意义上讲，没有不准确的财务预测，只有不理想的财务管理。实现所有的现金流量、企业价值预测，以及预先设定的财务目标，才是达到了财务管理工作的理想状态。

现金预算在现金流量的控制方面起着极大的作用，目前已经成为国际上普遍采用的一种财务管理方法。为了更好地发挥现金预算的作用，提高其编制的科学性，在现金预算的编制上应当综合考量两个方面，缺一不可。

第一，资本预算的实施是现金预算编制的基础。资本预算的实施标志着规划中的固定资产投入了使用，该投资项目所创造的现金流量也应当逐步地成为现实。资本预算中所规划的项目有效寿期内，每年的现金流入应当逐步转化为现金预算中的现金流入，最终转化为现金流量表中真实的现金流入。这个过程对于企业价值的创造来讲是至关重要的。

在现金预算编制过程中，一定要与企业的资本预算有机地结合起来。这样现金预算才能够实现其应有的作用。传统的现金预算仅根据营销预算来编制，只是看到了现金预算的表层，没有深入企业价值创造的实质。

第二，营销活动的规划和控制是现金预算编制的前提。资本预算规划了未来时期的现金流量，但这种现金流量转变为现实的现金流量尚有待于企业内生产、营销等方方面面的努力工作，尤其是营销工作。资本预算中的现金流量是战略意义上的现金流量，营销过程中的现金流量则是日常、直观的现金流量，但后者实现的战略基础正是资本预算。没有高效率的生产、营销活动，没有足够强大的市场竞争力，企业便不可能实现规划中的现金流量。从这个意义上来讲，营销预测被视为企业各种预算的基础。

本章小结

营运资本政策是短期的财务管理政策，主要包括流动资产投资政策与流动负债融资政策。在确保企业价值最大化、股东财富持续增加的前提之下，维持最低水平的流动性是制定营运资本政策的基本原则。流动性与收益性是一对矛盾，较高的流动性必然以牺牲收益性为代价。过多地关注流动性而丧失收益性，意味着营运资本政策的失败，同时将导致生产经营全过程的低效率。高质量的营运资本管理就是要以高效、科学、合理的流动资产和流动负债的管控，为企业的发展创造并提供最基本的流动性，保障企业必要的偿债能力，同时维持一定的财务灵活性。

流动资产投资政策与生产经营过程紧密相关，其实质就是以资金周转的视角对供产销的运营效率进行规划。企业资金周转速度越快，供产销诸环节占用的流动资金越少，资金使用效率越高，表明其具有较高的价值创造能力。高水平的营运资本管理有助于企业绩效水平的提高。零营运资本政策是高效、科学的营运资本政策，能够实施这一政策的企业的供产销各个环节的管理水平已经达到了较理想的境界。

流动负债融资政策是对短期融资的规划。与长期的资本融资行为不同，流动负债融资政策的制定与实施应当着眼于临时性的资金需求，以维持企业正常、稳定的资金周转，预防资金链断裂。当流动负债融资规模较大的时候，财务风险也随之加大。

净营运资本是流动资产减去流动负债的余额，是在流动资产上占用的来自投资者的资本。企业净营运资本的增加，在增加了流动性安全的同时，也意味着资本投资效率的低下。无论是长期的债务资本还是股权资本，企业投资都以获得要求报酬率为目标。但是，投资到流动资产上的资本是没有价值创造能力的。减少净营运资本，提高资本使用绩效，是公司财务的一个重要原则。

在流动资产投资中，现金持有是一个极具特色的部分。作为一项资金占用，现金持有的基本作用就是提供流动性，保障企业的偿债能力。现金持有没有盈利能力，过多的占用不仅降低企业的绩效水平，还会导致严重的代理问题。近30年来，随着整个社会风险程度的升高，公司面临更大的外部压力，企业的各种风险不断加大。为了抵御风险，公司大幅地提升财务灵活性，加大了现金持有。从公司的角度看，现金持有有其有利的一面。但是从整个社会的层面上看，企业的现金持有高企意味着经济资源的极大浪费，需要予以高度关注。

重要术语

营运资本、净营运资本、营运资本政策、稳健型政策、激进型政策、现金持有、现金周转、零营运资本、现金预算

复习思考题

1. 营运资本政策又称短期财务管理政策。与长期的投资政策、融资政策比较，营运资本政策所关注的问题有哪些特点？
2. 在营运资本政策的制定过程中，收益性与流动性是需要权衡的两大因素。如何协调和权衡这两个因素？
3. 零营运资本政策被认为是科学、有效的营运资本政策，这么说的理由是什么？
4. 在稳健型营运资本政策与激进型营运资本政策之间，管理者选择的原则是什么？
5. 分析公司拥有较多现金持有的原因。

案例与分析

贵州茅台流动资金投资政策

贵州茅台有限公司是中国最重要的酿酒公司，是国家重点扶持的 520 家大型企业之一，在"2020 中国制造业企业 500 强"排名第 102 位。对于酿酒行业来讲，营运资本的使用效率直接关系公司的最终绩效，是非常重要的财务管理活动。

贵州茅台流动资产的结构，主要是指现金、应收账款与存货占总资产的比重，表 7-2 反映了各项流动资产各项目占总资产的比重。

表 7-2　贵州茅台各年流动资产描述

年份	流动资产	货币资金	应收票据	应收账款	存货
2013	75.61%	45.42%	0.53%	0.00%	21.35%
2014	72.22%	42.07%	2.81%	0.01%	22.74%
2015	75.32%	42.64%	9.94%	0.00%	20.87%
2016	79.85%	59.20%	0.72%	0.00%	18.26%
2017	83.4%	65.3%	0.56%	0.05%	16.4%
2018	86.2%	63.35%	0.55%	0.00%	14.7%
2019	86.9%	62.56%	0.6%	0.20%	13.8%
2020	87%	66.78%	0.63%	0.07%	13.5%

1. 流动资产占总资产比重

从资产结构来看，流动资产占总资产比重非常大，且近十年流动资产占总资产的比重逐年增加，至 2020 年占比达到 87%。

2. 各项流动资产占总资产的比重

在流动资产中，货币资金和存货占比较大，货币资金占比总体呈现上涨趋势，由 45.42% 上升至 66.78%，存货占比总体呈现下降趋势，由 21.35% 下降至 13.5%；而应收票据、应收账款、预付账款等占比较小。总体来看，各项流动资产占总资产的比重近十年较为平稳。

从现金存量管理来看，贵州茅台始终保持着大规模的现金持有量。这与近些年我国大部分企业现金存量大幅上涨的趋势一致，虽然有利于企业保持财务灵活性，但该部分营运资本没有为企业更好地创造价值。

从应收账款管控来看，应收账款体现了企业信用。贵州茅台因为采用先款后货的销售模式，收入获取的大部分货款都是预收账款，相对而言应收账款较少，这也从侧面反映了贵州茅台产品的紧俏程度。另外，应收账款被客户无偿占用，会削弱企业进行价值创造的能力。而贵州茅台应收账款较少，提高了企业运用该部分资本进行价值创造的能力。

从存货管理来看，一般而言，存货是资源的停滞，如果企业存货较多属于粗放型的管理，管理水平较低。但考虑到贵州茅台属于酒业，一部分产品为酱香酒，需要长时间窖藏，这与酒类的生产流程和工艺类型有关；另外，贵州茅台很大部分产品属于极品酒，走奢侈品路线，存储时间越长，价值越大，所以存货周转率低，存货占用的资金多。

贵州茅台货币资金的占比较大，且一直保持大额持有的趋势，这与很多同行业企业存在不同：一方面源于其经营特点和销售政策，另一方面与其投资政策密不可分。这虽然很好地满足了企业经营管理的需要，但是也反映出一个令人担忧的问题，过多的现金占用表明资金利用率较低，往往会丧失良好的投资机会，而且过多的现金闲置在企业，非常容易诱发严重的代理冲突。

贵州茅台属于食品饮料业中的酒业，同行业发展较好的企业还有五粮液、古井贡酒、泸州老窖等。从资产规模、盈利水平及股价看，贵州茅台不仅远超整个行业的平均水平，也远超同行业的优秀企业。

表7-3 流动资产占总资产比重行业对比分析

	2013	2014	2015	2016	2017	2018	2019	2020
贵州茅台	75.61%	72.22%	75.32%	79.85%	83.4%	86.2%	86.9%	87%
五粮液	83.7%	83.0%	84.9%	87.7%	89.2%	90.7%	90.8%	89.9%
泸州老窖	77.35%	74.35%	74.36%	77.25%	72.2%	68.5%	56.4%	56.8%
古井贡酒	63.5%	62.5%	64.3%	53.9%	60.4%	72.2%	75.9%	75.9%

从数据可以看出，贵州茅台的流动资产占总资产比重呈现上升趋势，五粮液和古井贡酒也呈现上升趋势，泸州老窖则呈现下降趋势。到目前为止，贵州茅台流动资产占总资产比重处于较高水平，这表明在同行业中，贵州茅台营运资本的流动性较强，财务风险较小，体现出贵州茅台是稳健的营运资本政策。

[资料来源：贵州茅台有限公司2013—2020年度财务报告；酒业（包括五粮液、泸州老窖、古井贡酒等公司）年度报告等。]

思考的问题：

1. 根据有关资料可知，贵州茅台的产品价格高，市场占有率高，现金流一直比较充裕。在这样的情况下，其现有流动资产投资政策有没有合理性？

2. 自 2013 年以来，贵州茅台公司的现金持有持续增加。如果你是公司的 CFO，你将如何处理这个问题？

3. 你认为优秀的营运资本政策应该具备什么特征？实施这种营运资本政策的基本条件是什么？

延伸阅读

［1］CHRISTOPHER S JONES, SELALE TUZEL. Inventory Investment and the Cost of Capital［J］. Journal of Financial Economics, 2013, 107（3）：557-579.

［2］YUANTO KUSNADI. Cross-listings and Corporate Cash Savings：International Evidence［J］. Journal of Corporate Finance, 2015, 32：91-107.

［3］NIHAT AKTAS, ETTORE CROCI, DIMITRIS PETMEZAS. Is Working Capital Management Value-Enhancing? Evidence from Firm Performance and Investments［J］. Journal of Finance, 2015, 30：98-113.

［4］NUFAZIL ALTAF, FAROOQ AHMAD. Working Capital Financing, Firm Performance and Financial Constraints：Empirical Evidence From India［M］. International Journal of Managerial Finance, 2018（July）.

［5］MUSTAFA CIFTCI, MASAKO DARROUGH. Inventory Policy Choice and Cost of Debt：A PrivateDebtholders' Perspective［J］. Journal of Accounting, Auditing and Finance, 2019（6）：1-30.

［6］ALETHÉIA FERREIRA DA CRUZ, HERBERT KIMURA, VINICIUS AMORIM SOBREIRO. What Do We Know About Corporate Cash Holdings? A Systematic Analysis［J］. The Journal of Corporate Accounting & Finance, 2019（1）：77-144.

第八章

公司的风险管理

概括而论，可以将所有对股东财富最大化目标实现过程中的不利因素都纳入风险管理系统之中。其中，现金流的不可预测波动是构成风险的根本原因。合理地规划现金流，科学地管控现金流，实现现金流的按计划实现，是风险管理中有效的途径和方法。风险管理的关键是在明晰风险性质和特征的基础上，将风险因素有机地纳入财务政策的制定过程中，通过财务政策的实施，化解各类风险的不利影响，确保股东财富最大化目标的实现。

第一节 风险与公司风险

一、风险的性质与股东财富

奈特（Frank. H. Knight）将风险（Risk）界定为可以度量的不确定性（Uncertainty）。[①]。企业利润来自于不确定性（Uncertainty）而非风险（Risk），因为后者可以通过科学的计量与处置有效消除。考量不确定性并进而创造更多的利润，这是企业家才能的价值所在。因而，奈特也被认为是现代厂商理论及企业家理论的奠基者之一。

习惯上，人们将不利后果的不确定性界定为风险。至于可能出现的有利后果则一般不归入风险管理当中。

按照现代金融理论，所谓风险是指期望报酬率实现的或然性，或者说期望报酬率实现的不确定性。理性投资者的一大特征是要根据其承担风险程度的高低，确定其期望的报酬率水平。如果这一期望报酬率可以稳定地按照预期得以实现，投资则为无风险投资，这时候未来的报酬率只与投资时间相关；如果这一期望报酬率在未来存在多种可能结果，投资即为有风险投资，这时的未来报酬率不仅仅与投资时间相关，而且

[①] FRANK HYNEMAN KNIGHT. Risk, Uncertainty and Profit [M]. Boston and New York, Houghton Mifflin Company, 1921.

与未来的环境状态相关。可能的结果越多，结果分布越分散，表明投资的风险程度越高。

在公司财务领域，实现股东财富最大化是制定和实施财务政策的基本目标，因此，财务领域风险的性质也与股东财富紧密相关。所有可能导致股东财富最大化目标实现的因素都构成公司的风险因素，需要加以管控。这是公司财务领域中风险管理的基本内涵。

从技术上讲，无论是股东财富还是企业价值，都基于折现现金流量模型进行度量和分析。未来现金流量的持续增加是股东财富增加和企业价值创造的源泉。从这个意义上讲，现金流的不稳定性是公司财务领域中所有风险的根源。保持现金流的稳定是风险管理的根本措施。

在制定财务政策的过程中，风险因素是极为重要的决策因素，必须予以高度关注。比如，投资政策中，将投资项目的现金流风险与折现率的确定有机地结合起来，风险因素因而成为净现值法则的组成部分。在股利政策中，股利支付的安排也要和现金持有政策、财务灵活性政策及流动性政策结合在一起考虑，合理地协调股东短期财富的变化与长期财富的增加。没有风险意识的财务政策必将是固化、刻板的财务政策，在激烈的市场竞争中毫无胜算。而没有风险意识与一味乐观地追求某单一目标，两者的区别只是用词不同而已。

风险管理的宗旨是化解各种风险可能对股东财富造成的不利影响。

公司所有权的性质可能对其承担风险的能力有所影响。比如，国家控股公司在财务危机期间可能具有较强的抵御环境变动的能力，但是这种关系受到其他很多因素的约束[1]。

从管理的角度讲，首先需要明晰不同部门、不同领域风险的不同的特征，采取更具效率的方法予以分析和管控，提高风险管理的精细化和科学化水平。然后站在公司整体的角度，全面地认识公司风险问题，以整合、协同的原则和技术实施公司风险管理。这种整合式的风险管理系统可以有效地提高信息披露质量，增加现金流量，降低公司风险水平。后者就是近20年以来备受关注的公司风险管理（ERM）。

随着风险管理重要性的提高，英美企业界开始关注风险管理的责任设计。从调研的情况看，CFO依然是负责公司风险管理的主要责任人[2]。甚至有证据表明，管控风险已经成为公司CFO的第一要务，具备较强的风险意识对于CFO来讲是极为重要的。在几乎所有的财务决策中，乐观的估计可能是政策建议者共有的特征。在面对这些建议的时候，在充分理解董事会、管理层战略意图的基础上，CFO应当将风险评估置于首要位置上。在很多情况下，CFO的风险意识可能是阻止非理性决策的最后一道防线。

当被问到需要关注哪些风险时，管理者的回答涵盖了企业经营的各个方面：外汇

---

[1] CHRISTOF BEUSELINCK, LIHONG CAO, MARC DELOOF, XINPING XIA. The Value of Government Ownership During the Global Financial Crisis [J]. Journal of Corporate Finance2017, 42: 481-493.

[2] HENRI SERVAES, ANE TAMAYO, PETER TUFANO. The Theory and Practice of Corporate Risk Management [J]. Journal of Applied Corporate Finance, 2009, 21 (4): 60-78.

风险，战略风险，融资风险，竞争风险，项目失败风险，声誉风险，价格风险，财务风险，经营风险，利率风险，信用风险，政府规制风险，人员流失风险，财产与伤亡风险，诉讼风险，自然灾害风险，恐怖主义风险，政治风险，气候风险等。[①] 调研结果显示了两个方面的事实：一个是人们的风险意识确实在加强，更加关注风险因素对于目标实现的影响；另一个则是人们对于风险问题的认识还较为粗略，分类各异。这也反映出有关风险问题的研究尚待深入。

二、风险的分类

在公司财务中，风险管理事实上涉及几个不同的领域，它们处理风险问题的思路和方法有着重大区别。从根本上讲，公司存续过程中根本性的风险就是现金流风险。因此，不同的风险管理领域的最终聚合点依然是现金流。

根据不同领域风险的具体特征，应重点关注如下几个方面：①公司风险管理（ERM）；②战略风险；③财务风险与经营风险；④流动性和财务灵活性。

财务风险与经营风险是公司财务最为关注的风险形式。理论上讲，只要公司有固定的法律约束下的定期支付义务，就会产生财务风险，其中，以债务融资产生的财务风险最为典型，也最受人们所关注。经营风险考察营销导致的现金流波动对最终盈利水平的影响程度，现金流波动幅度越大，对最终盈利水平的影响越大，经营风险也就越大。

经营风险是由公司的投资决策所决定的。具体到计算指标上，固定资产等导致固定成本比重提高的投资项目将直接推升公司的经营风险水平。财务风险则大多来自债务融资，是在经营风险之上增加的风险。

战略风险是近30年来受到特别关注的一个领域，这与整个经济领域风险程度的不断加大有直接关系。在国际贸易和国内经济中，利率变化、汇率变化及价格变化都是时常发生的，而且变动的幅度和频率都有所提升。这些因素的变化将直接影响公司的现金流。通过什么措施降低这些因素变化对现金流的影响，进而降低对企业价值创造的影响，成为战略风险管理的重要课题。

公司风险管理不是指某一特定范围内的风险，而是站在公司治理的视角，关注公司整体的风险及其管控情况。通过调动各方力量，协同合作，减轻甚至化解各种风险对公司发展的不利影响。

流动性和财务灵活性是两个重要的财务概念，是制定财务政策时应重点考虑的影响因素。必要的流动性和财务灵活性可以提升财务政策应对环境变化的能力，提高财务行为的适应性。尤其是在融资政策和营运资本政策的制定过程中，必须重点考虑流动性和财务灵活性因素。

综上所述，公司风险管理（ERM）站在公司治理的高度，系统、全方位地看待风

---

① HENRI SERVAES, ANE TAMAYO, PETER TUFANO. The Theory and Practice of Corporate Risk Management [J]. Journal of Applied Corporate Finance, 2009, 21 (4): 60-78.

险问题，谋求协调公司的整体力量，全面综合地分析可能面临的各种风险，进而整合资源（包括人力资源和组织资源），采取措施，化解可能的损失，提高企业绩效水平。实施公司风险管理可以从观念和机制两方面入手：从观念上认识风险对公司整体质量的影响，深刻理解治理在风险管理方面的引导作用；机制上则建立健全风险管理的相关机构，配备高水平的风险管理人员，提升风险管理水平。董事会和管理层应当高度关注风险管理，尤其关注财务政策制定过程中的风险因素。通过战略风险管理，配合现金预算等手段，减轻现金流的不规则、不符合预算的波动。稳定、可预见的现金流是化解所有风险的根本因素。通过财务风险和经营风险的管理，关注未来的各项法定支付，以消解可能造成的破产诉讼。流动性和财务灵活性是制定财务政策必须高度关注的因素，在保证财务政策引导性的基础上，提升财务政策的适用性。

三、风险管理的成本与收益

作为一项管理活动，风险管理必然会发生必要的费用，形成风险管理成本。风险管理成本的主要构成包括：①风险管理人员和机构的薪资、奖金与运营费用；②风险管理需要发生的有关费用，比如必要的保险费用等；③风险管理措施形成的有关费用，比如进行衍生品交易发生的费用；④风险管理可能导致的机会成本，比如维持较高的财务灵活性时可能造成的损失等。

随着企业面临的风险越来越多，危害性越来越大，人们的风险意识也不断加强，公司用于风险管理方面的资源必然有所增加。风险管理成本的不断上升，也要求对风险管理的效果进行合理的评估。

风险管理的收益目前尚没有一个明确的界定。风险管理的目标是化解或者减轻未来的不确定性可能给公司造成的不利影响，这是一个清晰的概念。如何度量风险管理的后果却面临着诸多困难。比如，在财务风险管理中，哪些属于风险管理带来的收益？哪些属于正常的经营运作创造的收益？从某种意义上讲，没有导致重大的损失是风险管理所应当达到的一种管理目标。

风险管理最大的价值可能不是体现在具体的收益上，而是对未来可能出现的各种风险做出预警，提醒董事会和管理层关注，同时采取必要的措施应对可能的风险，减少乃至化解可能造成的损失。比如，通过衍生金融工具的使用，将未来高风险的现金流转化为低风险或者无风险的现金流，这对于价值的创造具有重大意义。再如，通过现金预算的编制，对未来特定时期内的现金流入和现金流出进行时间上、金额上的协调与对应，最大限度地消解由于现金流失调导致的资金链断裂，避免酿成严重后果。

在资本预算管理中，除了投资项目现金流的规划、净现值等绩效指标的计算之外，还应当就投资项目的风险形态、风险程度予以科学分析，并提出应对方案，确保实现规划的净现值。没有风险应对方案的资本预算是不完整的。

风险管理所可能导致的机会成本极易被忽视，比如，为了降低营业风险和财务风险，管理层通常会增加流动资产投资，或者将负债率降至目标水平之下。这些措施无疑有助于降低公司的风险程度，但是其中所隐含的机会成本问题往往非常严重。无论是过多的流动资产投资,还是较低的负债率,都是以降低生产经营效率和绩效为代价的。除非抵御风险带来的收益能够超过风险管理所造成的机会成本,否则这种措施对于公司来讲就是非理性的风险管理方式。

四、风险管理与价值创造

企业价值源于经营活动所创造的现金流量,这是一个基本的公司财务原理。从财务学的角度来看,所谓风险,基本上均与企业现金流量的波动相关。具体言之,未来经营活动现金流量保持稳定,数额唯一,表明没有风险;而如果未来现金流量波动剧烈,表明风险较大。这样风险管理与企业的价值创造即紧密连接了起来。

按照传统的风险观念,所有的投资者及企业管理者都是理性人,都是风险厌恶者。作为风险厌恶者,自然希望在财务规划和财务控制过程中,将各种各样的风险控制在最小的限度之内,以创造最大的企业价值。风险越大,投资者的要求报酬率越高,在同样的现金流量下,企业价值也就越小。这种观念对于财务管理产生了深刻的影响,至今仍是风险管理中的主流思想。

20世纪80年代以来,随着美国经济的复苏,众多高风险的高科技企业迅猛崛起,人们对于风险的认识也出现了转变。尤其是期权估价思想在资本投资领域、管理领域中的应用,更为这种风险观念的转变提供了强大的理论支持。按照传统的风险厌恶理论,所有的投资者、企业管理者都是不同程度的风险厌恶者。换言之,如果没有足够的收益做支撑,人们不会承担额外的风险。对于企业价值,未来现金流量越不稳定,表明风险越大,由此所代表的企业价值也就越小。而期权定价理论却认为,风险不是收益的减损因素,相反是价值的创造因素。施以科学的管理和控制,人们完全可以将高风险与高价值创造很好地结合在一起。

按照期权定价理论,风险绝不是一个价值减损因素,而是一个重要的价值创造因素。为了更好地适应未来客观经济环境的变化,企业在编制资本预算的过程中,应当充分地对未来各种或然风险因素予以分析和计量,并在资本预算中保留一定的风险因素,以提升资本投资项目的价值。风险及其控制成为人们实现价值最大化的一种途径,如图8-1所示。阿姆拉姆和库拉蒂拉卡(Martha Amram & Nalin Kulatilaka)从实物期权的角度分析了风险与价值之间的关系,"许多管理者认为,不确定性是一个应该避免的问题。在企业的战略思考中,常常会忽略不确定性。而我们持相反的观点。如果你的公司定位得当,你就能利用不确定性,你的战略投资就可以规避不利影响,同时保持获取潜在机遇的能力。不确定性将创造价值,并使你掌握市场的主导权。"[①]

---

① 马莎·阿姆拉姆,纳林·库拉蒂拉卡. 实物期权:不确定性环境下的战略投资管理 [M]. 张维,等译. 北京:机械工业出版社,2001.

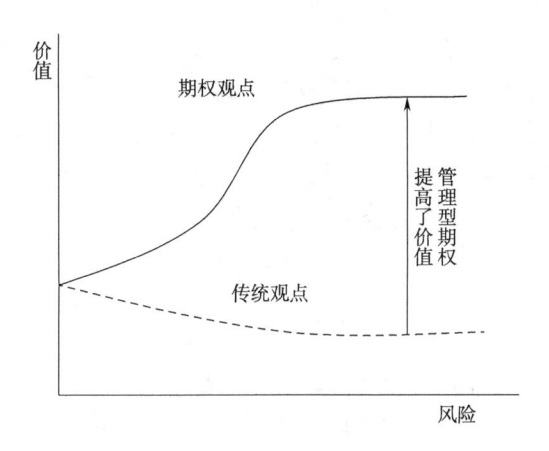

图 8-1 风险与价值创造①

第二节 公司风险管理

风险管理一直是金融类企业（如商业银行、保险公司等）重点管控的领域。随着内外部环境的不断变化，公司发展所面临的风险问题也日益严峻，不得不将风险管理提升到一个新的高度。

公司风险管理（Enterprise Risk Management，ERM）是一种结构化方法，以整体方式管理企业面临的所有风险。ERM 强调标准风险"谷仓效应"之外的风险识别，确定不同种类风险间的相互依存，从公司层面汇总风险，衡量和管理公司范围内的综合风险。ERM 的优势之一是其改进了公司获取总体风险防范方面信息的手段。这一信息可以透露给投资者，进而提高公司未来盈余分配的透明度。

通常认为，传统的公司风险管理属于各自为战，不同部门管控不同的风险。这样的风险管理难以从公司全局的高度来分析风险问题，影响风险管理的功能发挥。公司风险管理的优势在于以公司整体为单位进行风险的分析和管控，综合性、整合性、全面性地实施全流程的风险管控。数据显示，公司风险管理系统可以显著降低公司的风险程度，进而降低资本成本水平，提升企业价值②。

2003 年 7 月，COSO（The Committee of Sponsoring Organizations of the Treadway Commission）发布了《公司风险管理——整合框架（征求意见稿）》。经过一年多的意见反馈、研究和修改，2004 年 9 月发布了最终的文本，即《公司风险管理——整合框

---

① 马莎·阿姆拉姆，纳林·库拉蒂拉卡. 实物期权：不确定性环境下的战略投资管理 [M]. 张维，等译. 北京：机械工业出版社，2001：19.

② THOMAS R BERRY-STÖLZLE, JIANREN XU. Enterprise Risk Management And The Cost Of Capital [J]. The Journal of Risk and Insurance, 2018（85）：159-201.

架》（Enterprise Risk Management-Integrate Framework）。这个研究报告结合《内部控制框架》与《萨班斯-奥克利法案》（Sarbanes-Oxley Act），对于公司风险管理的一些基本理念、基本原则、基本方法，从公司治理的高度进行了分析和阐述，力图为公司董事会和管理层在风险管理方面水平的提高提供一些理论支持。按照该研究报告，公司风险管理实质上是企业内各个阶层共同参与的力促企业目标实现的过程。这个过程需要把各种可能出现的不确定因素控制在适度范围之内。

2016 年，COSO 发布了 Enterprise Risk Management：Aligning Risk with Strategy and Performance 征求意见稿。2017 年 9 月 6 日，COSO 正式发布新的《公司风险管理——公司战略与绩效：基于风险的整合》，即《Enterprise Risk Management：Integrating Risk with Strategy and Performance》[①]，对 2004 年的文本进行了彻底的修订与完善。

COSO 的文本将公司风险管理上升到了文化、战略（Culture, Capabilities, and Practices）的高度，认为风险管理的要义不是规避风险或者单纯化解风险，而是要将风险因素纳入公司战略的制定和实施过程中，从而实现更高效率的价值创造，增加股东财富[②]。

COSO 将公司风险管理划分为五大组成部分，即公司治理与文化、战略与目标、绩效、审查与修正、信息沟通与报告等。其中又细分出 20 个具体的原则，为风险管理构建了一个系统的框架，比如识别风险；评估风险后果；关注风险；分析风险反应；发展组合观念；评估重大改变；评估风险和绩效；追求公司风险管理的进展，等等。通过 20 个原则，明晰了董事会、管理层在公司风险管理中的责任，实施风险管理的技术路线以及优化风险管理信息披露与沟通的机制等。

高质量的风险管理将有助于提高公司的应变能力（Enterprise Resilience），提升竞争优势（Competitive Advantage）。

董事会、管理层高度重视风险管理问题，并建立相应的风险管理机构，配备专门人员，突出风险管理在公司治理中的地位。

很多公司的董事会都成立有风险管理委员会，以加强风险管理工作，协调各个方面在风险管理问题上的合作。风险管理委员会应就公司已经面临和即将面临的各种风险进行分析和论证，并向董事会提交风险分析报告，为公司整体的风险管理工作提供指引。董事会作为公司重大政策的决策者，在决策过程中及关注股东利益的基础上，一定要关注风险问题对于决策的影响，并就可能出现的风险提出完备的应对方案。

基于促成财务目标实现的公司治理与公司风险管理有着紧密的联系：一个不关注风险管理的公司治理结构肯定无法保障公司长远、可持续的发展，而一个不与公司治理相结合的风险管理框架也很难取得理想的风险管理效果。

[①] COSO（Committee of Sponsoring Organizations of the Treadway Commission）. Enterprise Risk Management Integrating with Strategy and Performance：Executive Summary，2017 June.

[②] a purpose of managing risk in creating, preserving, and realizing value.

第三节 战略风险管理

一、战略风险与现金流

在风险管理领域,现金流量至高无上(Cash Flow is King!)的理念更加重要。充裕的现金流几乎可以抵御任何形式的风险。而一旦现金流出现问题,甚至出现资金链断裂,各种风险都会给企业的发展甚至生存造成巨大的威胁。

20世纪90年代以后,战略风险(Strategic Risk)管理引起了西方企业界的高度重视,这种现象的出现,既与公司面临的风险越来越严峻有关,也与金融市场尤其是金融衍生品市场的发展完善有关。利用高效的金融衍生工具可以对未来的现金流进行风险调控,甚至可以固化未来的现金流,稳定公司绩效。

战略风险是指基于公司发展战略、与公司现金流有直接关联的风险,具体包括利率风险、汇率风险以及价格风险。这些风险一旦发生,都会对公司的现金流造成重大影响。在经济金融化、经营国际化的环境之下,战略风险必须引起企业高度的关注。利用金融衍生工具(Derivatives)以对冲(Hedging)方法管控战略风险是国际上较为常用的战略风险控制技术。这种管控技术可以稳定未来的现金流(比如阻止销售额的下降和成本的提升,尤其是稳定营销水平),从而消解和减轻利率、汇率以及价格波动可能给公司所造成的损失。[1]

战略风险管理的主要目标就是稳定现金流[2],而现金流的稳定对于公司整体风险的管理具有重要作用。从某种意义上讲,只要有足够的现金流及其增量,任何形式的风险都可以得到合理的规避;而在有充足现金流的情况下,公司也无须进行衍生品避险。根据实地调研的结果不难看出,企业界对于稳定的现金流在战略风险管理中的重要地位有着清醒的认识。

二、战略风险管理与衍生金融工具

战略风险管理是近年来最受关注的一个风险管理领域,也是公司风险管理的重要内容。这种管理技术将风险管理从公司内部转向公司外部,利用资本市场的力量来消解企业风险,也意味着风险管理手段从消极向积极转变。运用衍生工具[比如远期合约(Forward Contracts),掉期(Swaps),期权(Option)等]管控风险,不仅可以规避风险,而且能够带来新的价值。新的风险管理理念不再是传统意义上的规避风险,而是要通过对可能风险的管控,实现价值的最大化。在很多情况下,风险管理工具既是

---

[1] SMITH, CLIFFORD W, RENÉ M STULZ. The Determinants of Firms' Hedging Policies [J]. Journal of Financial and Quantitative Analysis, 1985, 20 (4): 391-405.

[2] 参阅 EUGENE F BRIGHAM, PHILLIP R DAVES. Intermediate Financial Management (11 Edition) [M]. South-Western, 2013: 908-939.

降低风险、减少损失的工具,也是创造价值的工具①。

战略风险管理的主要技术手段是灵活运用金融衍生工具,利用对冲(Hedging)技术,对未来现金流中隐含的风险予以处置,达到风险管理的目的。比如,公司运用远期合约的方式,将未来原材料成本固定在某一个价位之上,从而减轻甚至消除未来现金流的波动。

对冲是一种金融手段,用于消解未来价格波动可能带来的损失。比如,对于酒类公司来讲,未来时期的高粱、玉米等农产品价格会对其盈利产生重大影响。如果来年的农产品价格上涨,势必导致利润下降甚至亏损。化解这种风险的一个重要举措就是在期货市场上签订一个有关商品的期货合约,从而锁定来年这一商品的进货价格。如果来年该种商品价格上涨,由于有期货合约,公司可以按照合约价格进货,不会影响利润水平。如果该种商品的价格下跌,则公司需要承担这种对冲行为所造成的不利后果。

近年来,中国上市公司利用衍生品进行风险规避的情况越来越多。根据有关报道,"2021 年,国内期货衍生品市场迎来上市公司扎堆套保,参与套期保值的上市公司越来越多。据避险网统计,截至 2021 年 11 月底,发布套期保值或参与衍生品市场相关公告的非金融类行业 A 股上市公司共有 852 家。其中,首次发布相关公告的共 254 家,占比 29.8%;往年曾经发布过相关公告的 598 家,占比 70.2%。"②

外汇汇率波动风险是战略风险管理的主要对象。跨国经营的公司会产生大量的外汇交易。在外汇汇率发生波动的背景之下,未来的现金流不仅会有数量上的增减变化,同时会受到汇率变动的影响。外汇风险(Foreign Exchange Risk)又称汇率风险(Exchange Rate Risk),是指汇率变化对国际企业整体价值的潜在影响。国际企业发生的业务只有同时满足以下三个条件时,才可能产生外汇风险:①业务涉及外币和本币;②业务发生和结算的时间之间存在一定的时间间隔;③在该时间间隔中汇率发生变化。自 1973 年西方国家实行浮动汇率制度以后,汇率波动再无上下限的限制,各主要货币的汇率出现不同程度的频繁波动,而且国际货币市场上经常出现难以预料的变化,从而加大了国际企业的外汇风险。

外汇风险主要有三种类型:交易风险、经济风险和折算风险。

交易风险(Transaction Exposure)是指在确认以外汇进行的交易中,在交易日与价格结算日之间的期间内,汇率发生变动,从而影响国际企业未来收入或支出的现金价值的可能性。跨国的赊买赊卖、远期外汇买卖或者以外币计价的借贷活动均会涉及交易风险。交易风险影响当期的现金流量和账面损益。

经济风险(Economic Exposure)又称经营风险(Operating Exposure),是指由于出现非预期的意料之外的汇率变动,对国际企业的产销数量、价格、成本、费用等产生影响,导致公司国际竞争地位发生变化,进而引起公司未来现金流量的不确定性。经

---

① 参阅 H KENT BAKER, J CLAY SINGLETON, E THEODORE VEIT. Survey Research in Corporate Finance:Bridging the Gap Between Theory and Practice 一书的第八章"Risk Management and Derivatives",第 370-406 页。
② 期货日报:"今年逾 850 家上市公司参与衍生品:新入者占三成,汇率避险强烈",2021 年 12 月 12 日。

济风险既可能给国际企业的净现值带来增益,又可能带来损失。

折算风险(Translation Exposure)又称会计风险(Accounting Exposure),是指国际企业合并会计报表时,在将不同货币计量的财务报表折算成同一货币计价的会计报表的过程中,由于汇率变动所引起的盈亏变动的可能性。折算风险并不影响企业当期的现金流量,但可以给企业带来账表上的损益。

在三类外汇风险中,交易风险和折算风险都是汇率变动对国际企业已经发生的经济业务产生的影响;而经济风险是汇率变动对国际企业未来经济业务可能产生的影响。对于国际企业来说,交易风险和折算风险对企业的影响是短期的、一次性的,管理起来相对容易一些;而经济风险比交易风险和折算风险更为复杂和重要,它对国际企业的影响可以延续到未来几个月,甚至几年,其影响是长远、全面、战略性的,因此管理起来比较困难和复杂。

交易风险是外汇风险管理的重点,越来越多的公司更关注交易风险的管理,交易风险的管理方法也日趋多样和完善。

1. 远期外汇套期保值。远期外汇交易的金额一般比较大,是大型国际企业普遍采用的保值方法。在进行远期外汇交易时,企业与银行签订远期合同,规定买入或卖出货币的金额、名称、远期汇率、交割日期等。利用远期外汇交易锁定了企业收支外币的汇率,企业可以预测将来收到或支付的货币价值,规避了汇率变动的风险。但是,企业能否在远期外汇交易中避免损失,关键在于对汇率变动的预测。

2. 货币市场套期保值。货币市场套期保值是利用货币市场和外汇市场,在两个有关联的市场中进行借贷操作,实际上是在市场上不存在远期外汇合同时的一种替代措施。与远期外汇套期保值类似,货币市场套期保值也涉及合同,只不过是一项借款合同。打算进行货币市场套期保值的企业,可以先按照一种货币借入款项计算,然后再换成另一种货币。具体地讲,当公司未来有一笔外币现金流入时,可先在货币市场上按一定利率借入该种外币,随即换成本国货币存入本国银行按本国利率收取利息,在债权到期后将收回的该笔外汇收入用来偿还外币借款本息,公司收回本国货币存款的本息。反之,当公司未来有一笔外币现金流出时,可先从本国银行借入本国货币,随即换成外币存入外国银行,按外币利率收取利息,使其本息与外币债务相等,在债务到期后,将该笔外币存款本息用来偿还外币债务。

3. 外汇期货套期保值。外汇期货套期保值适用于较小金额的外汇保值。当企业拥有外汇债权时,为了避免外汇贬值造成未来本币现金流入的减少,企业可以选择出售外汇期货;当企业负有外汇债务时,为了避免外汇升值造成未来本币现金流出的增加,企业可以选择购买外汇期货。通过外汇期货的买卖,企业可以固定未来本币的现金流量。

4. 外币期权套期保值。外汇买入期权给予企业在未来用固定价格购入外汇的权利,从而限定了购买外币支付债务所需本币的最高价值。当企业外汇债务货币升值时,企业可以使用买入期权,以较即期汇率低的期权执行价格买入外汇支付债务。外汇卖出期权给予企业在未来用固定价格卖出外汇的权利,从而限定了收回外汇债权的最低本币价值。当企业外汇债权货币发生贬值时，企业可以使用卖出期权，以即期汇率高的期权执行价格卖出收回的外汇债权。

金融衍生工具可以用来规避可能出现的风险，但是作为本身蕴含着大量风险的金融工具，若运用不当或者被滥用，可能给公司带来巨大的损失。在风险管理实务中，有的情况下很难分清是在做风险规避还是在做投机操作。一些企业利用这一漏洞，使用衍生工具进行投机运作，以谋求金融收益。这种行为背离了风险管理的初衷。

第四节 财务风险与经营风险

一、财务风险与经营风险

使用债务融资、优先股融资等将对未来现金流产生法定的索求（如每期利息的支付、到期债务的偿还等），可能导致股东财富的减损。由于这些支付属于法律约束的范畴，公司违约将面临被动破产的危机。从历史上看，即使在运营状况尚可的情况下，如果现金流管控不当造成资金链断裂，也会导致严重的财务危机。

股东的要求报酬率是以下三个报酬率之和：无风险报酬率、营业风险补偿与财务风险补偿，其所对应的风险类型分别为无风险、营业风险和财务风险。

只要企业以负债的方式融资，就会产生财务风险。因为，债务所对应的未来的现金补偿受法律保护。一旦公司不能履约，债权人有权起诉公司强制偿还，直至破产清算。财务风险有隐性和显性两种：在现金流量较为充足的情况下，财务风险一般呈隐性状态，对企业没有明显不利影响，甚至可能创造抵税收益；但如果现金流入不足以抵偿利息支付和本金偿还，亦即出现所谓的资金链断裂现象，财务风险便呈现显性状态。若处置不当，会严重影响企业的平稳发展。财务危机若不能及时解除且无法与债权人达成一致取得谅解，公司就面临破产清算的可能。财务危机必然导致一系列的非理性行为，比如盈余操纵现象加重，信息质量下降，审计师评价降低，公司信用等级下调等。如果董事会和管理层对这些非理性行为还有抑制能力，采取合理措施脱离财务危机的可能性也较大。

如果企业未来的现金流量较为充裕且持续稳定增加，则财务风险一般会呈隐性状态，即使负债率较高也不会对企业产生不利影响。同时，由于债务融资具有成本较低的优势，较多使用债务还会给企业带来抵税收益，提高企业的获利水平。然而，一旦企业的销售出现困难，现金流量减少，营业活动所创造的现金流入不能满足现金流出的需求，现金存量持续下降，财务风险便会由隐性转为显性状态。这种显性状态的财务风险的一个重要表现即企业出现现金支付困难，不能及时支付营业活动中的商业信用债务——应付账款，进而出现拖欠债务的现象。人们通常把这种显性的财务风险称为财务危机（Financial Crisis），或者财务困境（Financial Distress），最严重的财务困境就是企业破产（Bankruptcy）。财务危机如若处置不当，且无法与债权人求得谅解，企业就面临着破产清算的可能。因而，破产清算是企业财务风险的最终表现形式。

在隐性财务风险状态下，企业适度使用负债对于企业的发展可起到促进作用，是负债融资有助于股东财富增加的一面；而在显性财务风险状态下，企业现有负债就成为危及企业生存的因素。在现金流量剧烈波动的情况下，负债所隐含的对于企业现金流量的固定索偿权会给企业的生产经营造成极大的压力：要么积极开拓市场，创造更多的现金流以满足债权人对利息、本金的要求，要么与债权人寻求合作，通过递延还款或者债转股的方式来推迟或者取消对企业特定时期内现金流的要求。当然，也可以开辟新的资金来源，筹措资金来弥补企业流动性的不足。

在财务管理中，人们也将财务危机习惯地分为技术性财务危机与实在性财务危机。如果造成现金流入不足、债务拖欠的原因仅是财务人员临时的、阶段性的资金调度不当，属于技术性的财务危机。解除这种危机的主要方法就是对企业未来的现金流入和现金流出通过现金预算等方式进行科学调度，最大限度地实现不同方向现金流在时间上的相互配合。如果造成财务危机的真正原因是企业营销失败、长期亏损且现金流入严重不足，这种财务危机被称为实在性财务危机。这种危机的解除，只依靠财务管理的手段是远远不够的，需要公司综合实力的提升。事实上，企业最大的风险就是销售下降乃至于现金流枯竭的风险。

营业风险（Operating Risk）与财务风险共同构成了公司的整体风险。营业风险是更为基础的风险，一般是假设在没有债务的情况下，由于经营活动现金流的波动给企业盈利能力造成的影响。具体言之，营业现金流波动给企业盈利造成的影响越大，营业风险越大。在营业风险较大的情况下，应当谨慎使用负债。

经营风险与财务风险的定义及其相互关系可做如下界定[①]：

（1）使用债务通常会提高企业未来预期的股权资本报酬率水平，其基本前提是期望的资产报酬率（一般以"纳税付息前利润/总资产"来度量）要超过债务成本。

（2）如果企业不使用债务，则股权资本的标准差，即 $\delta_{ROE(U)}$，可作为企业经营风险程度的度量；而 δ_{ROE}，可作为在任何债务规模情况下，普通股东所承担风险程度的度量。

当没有负债的情况下，$\delta_{ROE(U)} = \delta_{ROE}$。如果在资本结构中增加了负债，由于股东所承担的风险程度加大了，因此，$\delta_{ROE(U)} < \delta_{ROE}$。

（3）$\delta_{ROE(U)}$ 与 δ_{ROE} 两者之间的差额即由于使用负债而增加的风险：

$$企业风险 = \delta_{ROE}$$
$$经营风险 = \delta_{ROE(U)}$$
$$财务风险 = \delta_{ROE} - \delta_{ROE(U)}$$

（4）无论是经营风险还是财务风险，在提高投资者承担风险水平的情况下，都会提高企业投资者的报酬率，但二者的作用机制完全不同：

营业风险与财务风险均属于管理型风险，即其风险程度的大小取决于公司管理水

---

① EUGENE F BRIGHAM, LOUIS C GAPENSKI. Intermediate Financial Management [M]. Fifth Edition. The Dryden Press, 1996: 355-364.

平的高低，而这种风险的控制与规避同样取决于管理水平的高低。营业风险与财务风险隐含在公司的营业活动管理与财务管理活动的方方面面。

管理型风险的突出特征即具有所谓的双刃剑效应：如果销售额向有利的方向波动，管理型风险会发挥正向作用，有利于企业价值的增加。比如，在销售高速增长期，高负债率会给企业带来巨大的抵税收益；如果销售额向不利的方向波动，管理型风险会发挥负向作用，给企业的发展带来不利甚至毁灭性的影响。比如，在高负债率情况下，如果企业营销出现困难，极有可能导致公司的流动性受损，甚至导致公司倒闭。

财务风险处置不当会导致企业陷入财务危机。财务危机的解除途径与方法包括：财务重组（债转股等）、申请破产保护、购并等。财务危机解除的根本方法是公司经营现金流量的持续增加及经营绩效水平的提高。

二、财务风险的分析

财务风险分析的主要方法和内容包括：①负债率分析；②杠杆（Operating Leverage and Financial Leverage）分析[①]；③破产预警分析。

（一）负债率分析

鉴于分析角度的不同，负债率的计算可以有多种形式。

按照债务融资的内容，负债率的计算可以分为全部负债率计算与长期负债率两种形式。

$$负债率 =（流动负债 + 长期负债）/ 总资产 \qquad (8-1)$$

$$负债率 = 长期负债 / 总资产 \qquad (8-2)$$

还有一种形式的负债率经常被用于资本结构的理论分析中：

$$负债率（资本结构比率）= 长期负债 / 股权资本 \qquad (8-3)$$

按照计价标准，负债率可以分为账面价值负债率和市场价值负债率。

$$负债率（账面价值）= 负债的账面价值 / 总资产的账面价值 \qquad (8-4)$$

$$负债率（市场价值）= 负债的市场价值 / 总资产的市场价值 \qquad (8-5)$$

由于债务的账面价值与市场价值之间往往相差不大，在计算市场价值负债率时，债务资本的市场价值通常以其账面价值替代，即：

$$负债率（市场价值）= 负债的账面价值 / 总资产的市场价值 \qquad (8-6)$$

总资产的市场价值 = 负债的账面价值 + 股权资本的市场价值

无论是在微观分析还是宏观分析中，负债率都是一个重要的财务指标，一个内涵丰富的标志性指标。

负债率是财务风险的一个代理指标，负债率越高，表明财务风险越大。同时，负债率也是公司融资政策中的一个核心指标，是投资者判断公司质量的重要方面。

根据有关负债率的资料分析可以看出，负债率无论是在时间上，还是在不同的行

[①] SUDIPTO SARKAR: The Relationship between Operating Leverage and Financial Leverage. Accounting & Finance, 2018.

业上，都有着重大的差异。换言之，负债率具有明显的时间特征和行业特征[1]。对于公司财务来讲，是否存在一个合理的负债率水平呢？比如，30%[2]的负债率可否作为一个合理的负债率水平？从有关资料来看，一个合理的负债率区间是客观存在的，比如30%~40%（或者50%）之间。布莱尔曾经引用泼金斯的一段话来说明合理负债率的确定："泼金斯（Donald S. Perkins）在宾夕法尼亚大学沃顿商学院的一次公司治理研讨会上说，'我是在商业环境的熏陶下成长起来的，它告诉我任何公司资产中有超过30%的债务，股票就是有风险的……在我的生活经历中所看到的大多数商业领袖今天都感到一家公司的借款能力只能少于实际利用资金的30%'。"[3]

根据格雷厄姆（Graham）的考察，美国企业经常使用的度量负债水平的指标包括：①负债/资产（Liabilities/Assets）；②负债/股权资本（Debt/Equity）；③负债/价值（Debt/Value）；④负债/资产（Debt/Assets）；⑤利息保障倍数（Interest Coverage）；⑥信用评级（Credit Rating）；⑦负债/纳税付息折旧摊销前利润（Debt/EBITDA）。特别值得关注的是，无论大型公司还是小型公司，使用最多的指标是"负债/纳税付息折旧摊销前利润"，这与人们的普遍观念有所冲突。格雷厄姆分析，这个指标之所以备受重视，一个重要的原因可能是该指标是评级公司经常采用的一个核心指标。[4]

（二）杠杆分析

杠杆（Leverage）是个应用甚广的概念。在物理学中，杠杆是一个省力的简单机械。在经济学中，杠杆则更多地表示弹性（Elasticity）。在现代财务理论中，杠杆通常是负债水平、财务风险的同义词。作为预测和分析的工具，所谓杠杆分析通常是指运用产量、收入、息税前利润及每股收益等指标的相关性分析进行企业风险分析。也就是说，当销售额产生一个较小幅度的变动时，企业的获利水平则会产生较大幅度的波动。企业经营风险与财务风险分析最常用的方法便是杠杆分析。以经营杠杆来度量企业的经营风险，以财务杠杆来度量企业的财务风险，以复合杠杆或总杠杆来度量企业的总风险。杠杆分析通过企业各项收益项目之间变动相关性的研究，探讨收益波动的

---

[1] 最典型的行业特征出现在航空公司和高科技企业。由于大量使用融资性租赁筹措资金，航空公司的负债率往往极高。高科技企业由于自身的经营风险很大，很难从外部筹集大量的债务，因而负债率极低，很多这类企业的负债率为0。

[2] 美国等西方国家的有关统计资料将公司按照财务风险的高低分为高杠杆率公司与低杠杆率公司两类。两类公司负债率的分界通常就是30%，即负债率超过30%为高杠杆率公司，财务风险较大；低于30%为低杠杆率公司，财务风险较小。比如，美国Ibbotson Associates（1999年）将某些行业按照"债务占权益和债务的市场价值的百分比"（五年平均期，中位数）分为高财务杠杆与低财务杠杆两类。高财务杠杆行业包括：建筑工程，61.5%；旅馆和住房，55.5%；机场，40.8%；金属矿，36.2%；纸，30.3%。低财务杠杆行业包括：药物和化学制品，3.1%；电子，11.1%；生物制品，2.3%；计算机，9.3%；目录和邮购商店，12.1%。参见斯蒂芬·A. 罗斯等. 公司理财（原书第6版）[M]. 吴世农，沈艺峰，王志强，等译. 北京：机械工业出版社，2005：324.

[3] 玛格丽特·M. 布莱尔. 所有权与控制——面向21世纪的公司治理探索 [M]. 张荣刚，译. 北京：中国社会科学出版社，1999：31.

[4] GRAHAM J R. Presidential Address: Corporate Finance and Reality [J]. The Journal of Finance, 2022, 77 (4): 1975-2049.

风险程度。

杠杆分析是一种非常有效的财务风险分析工具。这种分析工具将"财务风险-现金流量-企业绩效"等因素有机地结合在一起,很好地体现了财务风险作为管理型风险所具有的双刃剑效应,即:现金流量增加,财务风险处于隐性状态,抵税收益等特征会提高企业价值;现金流量减少,财务风险会进入显性状态,甚至出现财务危机。

营业杠杆的大小用营业杠杆度(DOL,又称营业杠杆系数)来加以衡量。其计算方法有两种:

$$DOL = \frac{息税前利润变动率}{销售收入变动率} = \frac{\Delta EBIT/EBIT}{\Delta S/S} \quad (8-7)$$

$$DOL = \frac{销售数量 \times (销售价格 - 变动成本)}{销售数量 \times (销售价格 - 变动成本) - 固定成本总额} \quad (8-8)$$

式中,ΔEPS——普通股每股收益变动额;

EPS——变动前的普通股每股收益;

$\Delta EBIT$——息税前利润变动额;

$EBIT$——变动前的息税前利润。

式(8-7)是杠杆一般原理的直接运用,而在实际计算营业杠杆系数时,往往用式(8-8)。

营业杠杆也可按下式计算[①]:

$$DOL = 1 + 固定成本/利润 \quad (8-9)$$

根据上述公式,我们可以看到,在固定成本不变的情况下,营业杠杆说明了销售额增加(减少)所引起利润增加(减少)的幅度。在固定成本不变的情况下,销售额越大,营业杠杆系数越小,经营风险也就越小;反之,销售额越小,营业杠杆系数越大,经营风险也就越大。在销售额处于盈亏临界点前,营业杠杆度随销售额增加而递增;在销售额处于盈亏临界点后,营业杠杆度随销售额增加而递减;当销售额达到盈亏临界点时,营业杠杆度趋近于无穷大。营业杠杆的高低反映着企业营业风险大小,而营业风险的大小又取决于固定资产投资。换言之,固定资产投资越多,固定成本越多,营业风险就越大。

财务杠杆的具体含义是指,当存在固定债务利息费用或优先股股利时,一旦息税前利润发生波动,由此所带来的每股收益波动将会是息税前利润波动的数倍。所以说,财务杠杆的高低反映了企业财务风险的大小,它直接取决于企业筹资结构中债务资本和优先股的多少。债务资本和优先股越多,固定的债务利息费用或优先股股利就越多,财务杠杆越大,表明企业的财务风险越大,即息税前利润一旦发生不利波动,对企业股东收益的影响也就越大;反之亦然。可以说,财务杠杆是用以度量息税前利润与每股收益之间相互变动关系的一种形式。息税前利润变动引起每股收益变动时,每股收益变动的幅度将会超过息税前利润变动的幅度,这就是所谓的财务杠杆效应。

[①] 兹维·博迪,亚历克斯·凯恩,艾伦 J. 马库斯. 投资学(原书第六版)[M]. 朱宝宪,等译. 北京:机械工业出版社,2006:326.

在营业杠杆分析中，息税前利润作为因变量（因产出量的变动而变动）；在财务杠杆分析中，息税前利润则为自变量，从而考察其变化带来的每股收益变动的幅度。财务杠杆的大小用财务杠杆度（DFL，又称财务杠杆系数）来衡量，其基本计算公式为：

$$DFL = \frac{每股收益变动率}{息税前利润变动率} = \frac{\Delta EPS/EPS}{\Delta EBIT/EBIT} \tag{8-10}$$

式中，ΔEPS——普通股每股收益变动额；

　　　　EPS——变动前的普通股每股收益；

　　　　$\Delta EBIT$——息税前利润变动额；

　　　　$EBIT$——变动前的息税前利润。

式（8-10）是杠杆一般原理的直接运用，而在实际计算财务杠杆系数时，往往会区分两种情况，分别适用以下两个公式。

在无优先股的情况下：

$$DFL = \frac{纳税付息前利润}{纳税付息前利润 - 利息费用} = \frac{EBIT}{EBIT - I} \tag{8-11}$$

在有优先股的情况下：

$$DFL = \frac{息税前利润}{(息税前利润 - 利息费用) - 优先股股利/(1 - 所得税税率)}$$
$$= \frac{EBIT}{(EBIT - I) - D/(1 - T)} \tag{8-12}$$

式（8-11）和式（8-12）中，I 为债务利息；T 为所得税税率；D 为优先股股利。

财务杠杆所代表的基本含义为，当息税前利润变动1%时每股收益的变动幅度，即息税前利润增长所引起的每股收益的增长幅度。企业财务风险的大小主要取决于企业运用负债和优先股的多少，即财务杠杆系数的高低。在资本总额、息税前利润相同的情况下，负债率和优先股比率越高，则利息费用和优先股股利越多，财务杠杆系数越大，权益资本收益率对于息税前利润率的弹性就越大；如果息税前利润率上升，则权益资本收益率会以更快的速度上升；如果息税前利润率下降，那么权益资本利润率会以更快的速度下降，从而财务风险也越大，反之财务风险就越小。财务风险存在的实质是由于负债（含优先股）经营使得负债所承担的那一部分经营风险转嫁给了股权资本。

综合杠杆，也称复合杠杆，其高低可以反映公司综合（总）风险的大小。企业的综合风险是由经营风险与财务风险共同作用形成的，等于经营风险与财务风险的乘积。其具体含义是指，当销售量发生波动之后，它所引起的企业最终获利水平发生波动的倍数。

综合杠杆可以通过财务综合杠杆度（DCL，又称综合杠杆系数）来衡量，它是将营业杠杆、财务杠杆综合考虑、运作所产生的效益，表明销售数量或销售收入对每股收益的影响，计算公式为：

$$DCL = DOL \times DFL = \frac{每股收益变动率}{销售收入变动率} = \frac{\Delta EPS/EPS}{\Delta S/S} \tag{8-13}$$

具体而言，综合杠杆所研究的是企业的产量与经营活动的最终结果，即每股收益之间的相关性。产量发生变动，势必引起每股收益的波动，而由此所引起的每股收益波动的幅度越大，表明企业的总风险越大。

财务风险与经营风险共同作用，会使得企业的综合风险程度更高。在企业固定资产投资较多而又使用较多负债的情况下，即杠杆较高时，一定要高度关注销售量的变化及其趋势，因为这些都会严重地影响企业最终经营目标的实现。一旦收益下降，企业的最终报酬水平将受到严重打击。经营风险或经营杠杆的大小是由企业的资本投资决策决定的，财务风险或财务杠杆是由企业的融资决策决定的，为了将企业的总风险控制在一定限度之内，必须对资本投资决策与融资决策进行很好的协调，尽量以高经营风险应对低财务风险（比如尽量以股权资本满足资本投资的需求，降低负债率），或者以高财务风险应对低经营风险（比如在营销顺利时，通过负债经营来达到快速发展的目的），等等。也就是说，经营杠杆与财务杠杆的搭配不要"高、高"搭配，而应当"高、低"搭配，从而实现风险的最佳控制。[①]

（三）破产预警分析

对公司生产经营过程中隐含的财务风险和破产危机进行预警分析，历来是一个难题。奥尔特曼（Altman）利用传统的财务比率构建了一个指数 Z，用来解决这一问题，取得了很好的效果。经过分析，他认为如下财务比例和指标可以对公司潜在的破产可能进行预警：营运资本/总资产、留存盈利/总资产、息税前利润/总资产、股权资本市场价值/债务资本账面价值、销售额/总资产。据此，奥尔特曼构建了破产预警系数，即 Z 系数[②]：

$$Z = 0.012X_1 + 0.014X_2 + 0.033X_3 + 0.006X_4 + 0.999X_5 \tag{8-14}$$

式中，X_1 为净营运资本/总资产；

X_2 为留存盈利/总资产；

X_3 为系税前盈利/总资产；

X_4 为股权资本市场价值/总债务账面价值；

X_5 为销售额/总资产；

Z 为总系数。

奥尔特曼发现 Z 系数大于 2.99 的公司比较安全，属于财务危机的安全区域；Z 数 1.81 以下的公司都破产了。1.81~2.99 之间的区域被定义为未知区域或灰色区域。最佳临界值落在 2.67~2.68 之间，2.675 作为该区间的中点，也就成为了破产和非破产企业间的 Z 值判别点。这种分析方法一直沿用至今，甚至被拓展至很多其他的

[①] 雀巢公司高级副总裁丹尼尔·雷格拉蒂认为，在经营风险与财务风险之间应当有一个很好的权衡，"我们的基本战略就是我们是一家工业公司。我们在许多国家有许多风险，所以我们不应当再增加财务风险"。艾伦·C. 夏皮罗. 跨国公司财务管理基础 [M]. 5 版. 蒋屏，浦军，译. 北京：中国人民大学出版社，2006：486.

[②] ALTMAN E I. Financial Ratio, Discriminant Analysis and The Prediction of Corporate Bankruptcy [J]. Journal of Finance, 23 (4): 589-609.

领域。

根据 Z 系数不难看出，决定潜在破产可能性的主要因素大致为：负债率、盈利状况以及营运资本的使用情况。尤其是企业的销售情况及盈利水平，更是从根本上决定着企业风险的大小。至于负债率的高低倒不是非常重要的因素（权数最小）。因为在不同的现金流及盈利状态下，同样的负债率会发挥出不同的效用。只有当企业的现金流急剧下降、长期亏损的情况下，较多的负债才会导致财务危机，直至公司的破产清算。

20 世纪 80 年代以后，人们发现相比销货额、利润额等数据，营业活动所创造现金流量的多少对于预警可能的破产倒闭更为准确。"现金流量/总债务"指标可以很好地对企业可能面临的倒闭进行预测。经营活动现金流量可以在企业破产的五年之前发出预警。

出现破产预警的公司如何处置已经出现的危险，这对于董事会和管理层来讲是一个极大的挑战。出现破产预警，说明公司在之前的治理和管理中出现了重大失误，埋下了很多的隐患。从国外的实际情形来看，进入破产预警的公司比较理想的做法是要和利益相关方，尤其是债权人进行良好的沟通，争取获得各方的理解和帮助，以帮助公司度过难关。比如，在普通股票和公司债难以发行的情况下，力争发行优先股。优先股介于普通股与公司债之间，有助于企业在财务困境中解决债务纠纷，为后续的发展留下空间。

从财务的角度讲，应当对公司的现金流进行重新的分析和预测，观察未来现金流的变化趋势。在既有经营活动难以实现理想现金流的情况下，应当采取更加果断的措施来解决现金流问题，比如提出新的投资规划，与其他公司实行购并等。如果现金流只是暂时性地减少，可在运营和财务等方面展开补救工作，尽快实现现金流的增长。

第五节 流动性管理与财务灵活性管理

一、流动性管理

流动性（Liquidity）是一个重要的财务概念。

(1) 流动性是指资产向现金的无重大损失的轻易转换[1]。

(2) 流动性是指依赖速动资产（Liquid Asset）而非通过增加债务和出售固定资产等履行契约的能力[2]。

很明显，流动性概念包含着两个必不可少的基本构成要素：①资产-现金转换。从

---

[1] HERBERT B MAYO. Investment：an Introduction [M]. The Dryden Press，1984：8.
[2] DAVID：The VNR Dictionary of Business and Finance. Van Nostrand Reinhold Company.

企业资产的角度讲，这一转换的效率可通过资产变现力来描述。资产变现力，即资产转换成现金的能力。判断一项资产变现力的强弱有两个重要标志：资产转换成现金的时间，时间越短，变现力越强；资产预期价格与实际售价之间的差额，差额越小，变现力越强。从技术上讲，资产-现金转换为流动性的重要基础。没有资产向现金的高效率转换，流动性将无所依附。②契约（尤其是债务）及其他付现契约的履行。这是流动性概念的实质所在。企业经营以追求企业价值最大化为目标，一切经营活动、管理行为均应以此为基本准则。但企业价值最大化与投资者财富的最大化之间存在着紧密的关系。企业价值首先体现为经营活动现金流量的最大化。这种现金流量的最大化必将最终体现为企业支付给各类投资者的现金流量最大化，比如支付给普通股东或优先股东的股利，支付给债权人的利息等。这些支付无一不表现为企业对各种付现契约的履行，有的支付是依法支付（譬如利息），而有的支付则是企业决策性的支付（譬如股利）。不能满足各种投资者的报酬率要求的企业无法获得持续、长久的发展。同时，企业的经营活动绝非孤立地进行，其产生、存在乃至发展，皆依赖于其他企业的产生、存在及发展，这正是当代企业经营的根本特征。企业之间的这种有机联系是要求各个企业具备流动性的重要原因。推而广之，企业与外界环境之间互为经营条件、互为损益约束的关系构成了流动性优先（至少在某些情况下对财务人员而言如此）的基础。

综上所述，可以得出如下结论：流动性是指企业资产经过正常程序、无重大损失地转换为现金，并以之履行有关契约的过程和能力。流动性是蕴涵于企业经营过程中的动态意义上的偿付能力，也是企业资产运用的固有特征。保持较强的流动性对于抵消企业风险、适应环境变化具有重要作用。

流动性管理一般通过风险管理的形式进行，因为流动性不足是财务风险的重要特征。公司举债融资必然增加财务风险，这种风险反过来又会提高企业的资本成本。进行流动性管理的目标有二：①流动性充足是企业良好信用的基础，可以为企业在金融市场上建立好的财务形象。比如，人们所熟知的5C，即品质（Character）、能力（Capacity）、资本（Capital）、担保品（Collateral）与状况（Conditions），其中的品质、能力即指企业履行债务契约的能力。企业信用低劣，必然导致融资困难、资本成本提高。②保持公众所要求的流动性水平，是为维护一定的收益性而付出的必要代价。

控制流动性是企业财务部门的主要任务。为了更深刻地理解流动性这一概念，可将流动性分为如下四级：

一级流动性，现金与应收账款。这些资产具有直接的支付能力。一级流动性虽然对企业的发展至关重要，但由于其收益性极低甚至没有收益性，保持过于充足的一级流动性势必有碍企业收益水平的提高。因此，企业必须在收益性和流动性之间进行权衡，以维护企业的可持续发展。

二级流动性，企业的存货。根据实际情况可知，存货在制造业企业流动资产中所占的比重是最高的①。存货的周转速度直接影响企业流动性的强弱。提高二级流动性的关键在于促进原材料向在产品与产成品高速转化。这里的运转包括量和质两个方面。各种存货尽量保持最低存量，减少资金占用；同时，过量的存货也很难无损失地转换为现实的偿债能力。存货的转换必须保证质量，否则将造成存货的损失及浪费。

三级流动性，企业销售额。销售顺利且方便，无疑将极大地有助于流动性的维护。按照马克思的说法，从产成品向销售实现的过渡是"惊险的一跳"。完成不了这一跳，经营活动便无法带来现金流量，企业价值也无从最大化。

四级流动性，企业获得循环信贷的能力。必须明确，只有以企业的流动资产偿还到期契约才是真正意义上的偿债能力。循环信贷、拆东墙补西墙、借新债还旧债等做法，对企业而言，只是换了不同的债权人，并没有真正偿还债务。而具有足够的循环信贷的能力，通常也表明企业具备一定的信誉度，流动性也可因而获得一定程度的保障。

二、财务灵活性管理

大量的调研证实，财务灵活性（Financial Flexibility）是公司财务政策制定中的一个重要因素，对融资政策、股利政策、现金持有政策等而言尤为如此。何谓财务灵活性？甘巴和特里安迪斯（Gamba and Triantis, 2008）将财务灵活性定义为"公司以一个较低的成本来运作和调整其融资行为的能力"。同时，甘巴和特里安迪斯（2008）的理论模型还表明，公司的成长机会、盈利能力、库存现金的有效成本、外部融资成本以及资本的可逆性共同决定了财务灵活性的价值②。因为这些因素反映了公司商务模式和外部环境。③

根据皮尼格和威尔布里希特（Pinegar & Wilbricht, 1989）的研究，对于"公司资本结构政策的主要决定因素有哪些"，按照重要性排序结果如下：维持财务灵活性；维持可持续发展能力；维持资金的来源；维持证券价格尤其是股票价格的最大化；维持财务的独立性；维持较高的债务信用等级；与同行业其他企业保持可比性等。④

财务灵活性是一家公司运用其投融资行为及现金流的调控等手段应对财务风险的能力，同时也是一种调控投资时机的能力。一般地，财务灵活性较强可以表现为：①较多的现金存量或者其他变现力较强的资产；②较低的资产专用性；③低于目标资

---

① 近年来，我国企业的流动资产占用中，存货的比重有所下降，甚至下降很多。在多数情况下，这并非由于加强了存货的管理（比如实施了JIT控制系统）而使得存货占用下降，而是因为在流动资产占用中又出现了另外一个大户，即应收账款。由于多年来连环债务的形成，应收账款占用巨大，已经成为我国企业资产占用方面的一大顽疾。

② GAMBA A, TRIANTIS A. The value of financial flexibility [J]. Journal of Financ, 2008, 63: 2263-2296.

③ 建议阅读：MARC STEFFEN RAPP, THOMAS SCHMID, DANIEL URBAN. The Value of Financial Flexibility and Corporate Financial Policy [J]. Journal of Corporate Finance 2014: 29: 288-302. HENRI SERVAES, ANE TAMAYO. The Theory and Practice of Corporate Risk Management [J]. Journal of Applied Corporate Finance. 2009, 21 (4): 60-78.

④ H KENT BAKER, J CLAY SINGLETON, ETHEODORE VEIT. Survey Research in Corporate Finance: Bridging the Gap Between Theory and Practice [M]. Oxford University Press, 2011.

本结构的公司杠杆；④较为充分的融资储备。

公司董事会和管理层如何看待财务灵活性将对其各项政策产生重大影响。概括而言，特别关注财务灵活性可能意味着对远期收益的重视，尤其是未来可能的期权价值。在经济低迷、环境风险较大的状态下，这种情形更为常见。如何度量财务灵活性的大小？在财务政策制定过程中，如何考虑财务灵活性因素？财务灵活性与公司风险（尤其是财务风险）之间的关系如何平衡？这些问题都有待于进一步的研究。

当前环境问题日益严峻，国际上已出现了环境风险管理（Environmental Risk Management）的概念。产品安全、污染排放、低碳投资等越来越受到社会关注，对于公司的可持续发展也将产生重大影响。如何防范可能出现的环境危机，减轻甚至消除环境问题所带来的风险，是公司不容忽视的问题。对于消费品行业、能源行业来讲，环境风险管理可能尤为重要。

本章小结

风险管理是公司财务工作的核心之一。在财务管理过程中，不存在完全确知后果的财务行为。在财务政策的制定过程中，必须充分考虑风险因素，对可能出现的风险做出合理、高效的应对规划，最大限度地降低风险对股东财富最大化目标的损害。

风险管理的要旨是明晰未来不可预见的波动对目标实现的影响程度，同时判断这种影响是否处于可控的范围之内。风险管理并不是要完全消除波动。随着对风险问题研究的深入及各种金融工具的不断开发，人们不仅管控风险，而且开始利用风险意识来创造价值。但这同时也意味着更大的风险。从公司财务的角度看，能够创造价值的只有企业内部的资本性投资，其他的任何收益都与严格的价值概念不符。现金流创造价值，但不是所有性质的现金流都是价值的源泉。

现金流没有预见的不利波动是公司财务风险的源头。保持现金流的稳定，进而按预期实现现金流，是公司风险管理的基本措施。

尽管学界对于风险的基本性质已经达成共识，但在不同的领域，产生风险的具体原因却有很大差异，对风险管控会产生不同影响。本章特别关注如下几个方面的风险问题：①公司风险（ERM）；②战略风险；③财务风险与经营风险；④财务灵活性。

运用远期合约、掉期、期权等金融衍生工具进行战略风险管理，有助于减轻甚至消解现金流中的隐含风险，这已为各国企业界所认同。如何科学、高效率地运用金融衍生工具，如何在运用金融衍生工具同时防止可能出现的异变和损失，这是风险管理必须关注的问题。由于在现金流的稳定和可预见方面的作用，战略风险管理近30年来备受人们关注。

财务风险的管控与公司的融资政策有直接的关联。事实上，财务风险一旦升级为财务危机，主要原因有二：其一，融资政策失误，比如在大量使用负债的同时，没有通过合理的资产结构调整实现实物对冲（Natural Hedges），阻断风险的产生；其二，资金链出现断裂，或者现金流出现了减少。

重要术语

风险、风险管理、公司风险管理、战略风险、财务风险、经营风险、杠杆分析、财务灵活性、流动性

复习思考题

1. 从公司财务的角度看，不能实现企业价值的预期增长是风险的本质含义，这将导致不能实现股东财富最大化目标。如何理解这一问题？
2. 战略风险主要是指哪些风险？利用什么技术进行战略风险管理，可以实现现金流的稳定？
3. 影响财务风险的主要因素是什么？进行财务风险管理的主要措施有哪些？
4. 财务灵活性是制定财务政策过程中必须重点考虑的一个因素。试分析在融资政策中如何维护财务灵活性？
5. 财务风险与未来时期企业的法定支付义务有关，除了债务融资影响财务风险之外，还有什么因素会对财务风险产生较大的影响？

案例与分析

中兴通讯风险管理

作为全球领先的综合通信解决方案提供商，同时也是中国大型通信设备上市公司之一，中兴通讯股份有限公司自20世纪成立以来，一直致力于移动通讯网络的建设以及光网络、芯片、大数据、云计算、数据中心、智慧城市等项目的研发工作，并不断加强与国外企业与研究中心的项目合作。尤其是自2005年起，公司在MTO战略的引导下，开始重点开拓国外运营商市场，国际市场收入额成为公司营收额的重要来源。随着国际化战略不断获得突破，公司在扩大市场份额的同时也面临着各种风险。为此，中兴通讯在风险管理方面制定了较为完善的措施，并形成了有效的风险管理组织结构。

一、有效的风险管理必须以完备的管理机制和规章制度为基础

在组织结构设计方面，中兴通讯设置审计委员会，其不仅负责对公司的内部审计制度、财务信息及其披露情况、重大关联交易等进行审核、监管和监督，还负责审核公司的风险管理制度，并就公司的风险管理制度提出意见与建议。具体而言，中兴通讯风险管理系统的运作机制如下：由董事会授权，审计委员会执行并检讨公司风险管理系统是否有效运行；在每个年度，审计委员会会基于公司制度开会检讨风险管理系统的改进事宜，并向董事会进行汇报；公司的风险管理系统设立了三道防线，第一道防线是由各业务单位和职能部门组成的风险管理主要责任及执行单位，第二道防线是由公司内部控制委员会组成的风险管理的决策、规划、监督、指导和推动单位，第三

道防线是由审计委员会及内部审计机构组成的风险管理监督单位。在规章制度设计方面，中兴通讯制定并执行《中兴通讯风险管理规范》，对公司各级风险管理组织及职责、公司风险评估标准及风险管理过程均作了明确的规范。公司每年都会根据《中兴通讯风险管理规范》来检讨公司风险管理系统运转的有效性、年度风险管理实施计划的执行过程及结果。中兴通讯对公司保值型衍生品的投资，通过与交易银行签订条款准确清晰的合约、严格执行相关制度等以防范法律风险，通过制定《衍生品投资风险控制及信息披露制度》对公司衍生品投资的风险控制、审议程序、后续管理等进行明确规定，以控制衍生品投资风险。对于那些已开展的衍生品业务，中兴通讯进行严格的内部评估，建立相应的监管机制、配备专职的负责人员。中兴通讯每年都会对公司开展的衍生品投资情况进行检查、优化风险评估方法、推进风险分类分层、强化各级风险管理组织职责、规范公司对于风险管控过程的识别、评估及应对措施，深入开展基层风险管控，并在年报中予以披露（见表8-1）。

表8-1 中兴通讯2021年衍生品投资情况

衍生品投资类型	期初投资金额（万元人民币）	报告期内购入金额（万元人民币）	报告期内售出金额（万元人民币）	期末投资金额（万元人民币）	期末投资金额占期末净资产比例（%）
外汇类衍生品	671 521.51	2 658 942.97	2 601 474.45	728 990.03	14.17
利率类衍生品	2 914.29	—	1 457.15	1 457.14	0.03

资料来源：根据中兴通讯2021年年度报告整理。

二、中兴通讯对于不同类型的风险采取了针对性的举措进行管理与控制

第一，本外币的利率波动会使公司所承担的利息支出总额发生变动，进而影响盈利能力，因此中兴通讯运用有息负债总量控制及结构化管理的方式来降低利率风险。公司要求有息负债的总量与集团经营发展的资金需求相匹配，通过提高本集团现金周转效率、增加本集团自由现金流量来实现总量控制。对于有息负债进行结构化管理，结合市场环境变化的趋势，不断拓展全球低成本多样化融资渠道，通过境内外、本外币、长短期、固定或浮动利率的债务结构组合，并使用利率掉期等衍生金融工具进行利率风险的综合控制。

第二，为降低与金融工具（包括股权投资、借款、应付票据及应付账款等）相关的风险，中兴通讯的管理层规划并建立风险管理架构，制定风险管理政策指引，监督风险管理措施的执行情况，定期评估市场环境及公司经营活动的变化并对风险管理政策进行更新。公司通过适当的多样化投资及业务组合来分散金融工具风险，通过制定相应的风险管理政策减少集中于单一行业、特定地区或特定交易对手的风险。同时，公司各个业务部门紧密合作，以识别、评价和规避相关风险。

第三，对于信用风险的管控，中兴通讯采取的措施是仅与经认可的、信誉良好的第三方进行交易，并设置专门的信用控制部门。公司对于是否发生信用减值采用的界

定标准与内部针对相关金融工具的信用风险管理目标保持一致，并考虑定量、定性指标。公司还通过客户资信调查、客户资信评级与授信、客户信用额度管理及风险总量控制、对付款记录不良客户实施信用管控等措施识别和管理客户信用风险，并通过购买信用保险、采用合适的融资工具等方式转移信用风险。

第四，对于经营风险的管控，中兴通讯通过建立完整的合规管理体系来识别并遵从业务所在国的贸易、税务等政策规定，以防范法律风险；对评估风险较高的国家和地区的具体业务，公司通过购买必要的出口保险等来规避可能的损失。

第五，由于海外业务占公司业务1/3左右，公司面临销售、采购及融资方面非人民币结算方式产生的外币敞口及其汇率波动等带来的汇率风险。为此，中兴通讯对外汇风险管理以业务为基础进行全流程式管理，通过商务策略引导、内部结算管理、融资结构设计与外汇衍生品保值等举措，降低汇率风险。其中，外汇类衍生品包括外汇远期、外汇掉期合约，利率类衍生品为利率掉期合约。同时，公司尝试推进海外项目的人民币计价及结算，以期长远地降低汇率风险。为了减少汇率波动对公司资产、负债和盈利水平的影响，公司利用金融产品进行保值型衍生品投资，以增强公司财务稳定性。

从表8-2中可以看出公司进行外汇风险管理的效果。从2018年至2020年中兴通讯的国内市场和国际市场的业务收入以及汇兑损益可以看出，在这三年间，公司的国际市场营业收入一直保持较为稳定的趋势，并始终占公司总营业收入额的1/3左右，与此同时，2018年至2020年分别实现汇兑收益5.02亿元、0.16亿元、0.17亿元人民币。这说明，虽然面临一定程度的外汇风险，但公司的外汇风险管理机制较为完善、有效。

表8-2 中兴通讯国内外市场业务收入及汇兑损失

年份	2018年	2019年	2020年
国内市场营业收入 （亿元人民币）	544.4	582.17	680.51
国际市场营业收入 （亿元人民币）	310.7	325.20	334.00
国际市场收入占比	36.33%	35.84%	32.92%
汇兑损失/（收益） （千元人民币）	(502 130)	(16 736)	(17 461)

资料来源：根据中兴通讯各年年度报告整理。

从中兴通讯风险管理的案例中可以看出，企业可从以下几个方面完善公司的风险管理体系：

首先，公司应该建立有效的风险信息管理系统。在外汇风险管控方面，当前越来越多的公司开拓了海外市场，然而人民币汇率的波动在所难免，因此公司应加强对外汇风险的识别和预警，从事后风险管理向事前风险管理转变。公司可以利用风险信息管理系统对公司的业务信息和资金信息集中进行分析和处理，同时结合国际资金市场的变动情况，及时将有关的信息和分析结果反馈给公司总部及各业务部门，从而实现对外汇风险的及时预警，并结合公司资金状况，合理调动本外币资金，降低外汇风险。在信用风险管控方面，一套完善的风险信息管理系统可以使公司针对不同类型客户建立完备的信用档案；在经营风险管控方面，公司的风险信息管理系统可以借助历史数据和市场变动信息进行分析，并将分析结果及时上报管理层，从而有效地应对公司可能面临的经营风险。

其次，公司应该更多引进风险管理方面的专业人才。随着科技的不断进步，各国对高新技术产业越发重视，对于高新技术企业来说，市场需求的爆发式增长促使其在业务拓展和技术产品研发方面投入大量的人力和财力。然而，面对因公司日益增长的业务带来的外汇风险、利率风险和经营风险等，公司的研发人员和财务人员难以应对。因此，应该加快引进金融人才等从事风险管理工作的专业人员，在必要时赋予他们足够的权限，充分利用他们的能力、知识和经验来完善公司的风险管理机制，提升公司整体的风险管理水平。除了从外部引进人才，公司还可以从内部通过人才培养和晋升的方式来充实人才队伍。公司也可以在员工培训中加入风险管理方面的学习内容，提升员工的风险管理意识和素质，加强员工对风险的识别和鉴别能力，提高业务人员利用金融衍生工具对冲风险的能力，对于满足条件的员工可予以薪资或者职位方面的嘉奖。

最后，公司在利用金融衍生工具进行风险对冲时，应以完善且有效的监督和控制机制为基础，避免管理层出现投机性行为进而削弱金融衍生品的避险功能，并导致公司业绩大幅波动、损害金融市场质量。

（资料来源：中兴通讯股份有限公司2018年至2021年年报中关于内部控制及风险管理、衍生品投资情况的相关内容；中兴通讯股份有限公司2018年至2021年年报中董事会报告关于企业面临风险的相关内容；中兴通讯股份有限公司2018年至2021年年报中关于经营业绩及合并财务报表相关内容。）

思考的问题：

1. 结合中兴公司自身的经营特征，对公司风险管理工作的优劣予以评述。

2. 在战略风险管理中，衍生金融工具的使用极为重要。中兴公司在这方面的工作有什么特色？

3. 作为一家跨国经营的大型公司，中兴公司需要特别关注哪些风险？

延伸阅读

[1] EZRA SOLOMON. Leverage and the Cost of Capital [J]. The Journal of Finance, 1963, 18 (2): 273-279.

[2] SMITH CLIFFORD W, RENÉ M STULZ. The Determinants of Firms' Hedging Policies [J]. Journal of Financial and Quantitative Analysis, 1985, 20: 4, 391-405.

[3] FROOT K A, D S SCHARFSTEIN, J C STEIN. Risk Management: Coordinating Corporate Investment and Financing Policies [J]. Journal of Finance, 1993, 48 (5): 1629-1658.

[4] OPLER T C, TITMAN S. Financial Distress and Corporate Performance [J]. Journal of Finance, 1994, 49 (3): 1015-1040.

[5] HENRI SERVAES, ANE TAMAYO, PETER TUFANO. The Theory and Practice of Corporate Risk Management [J]. Journal of Applied Corporate Finance, 2009, 21 (4): 60-78.

[6] FREDERICK A ADJEI, MAVIS ADJEI. Economic Policy Uncertainty, Market Returns, and Expected Return Predictability [J]. Journal of Financial Economic Policy, 2017, 9.

[7] THOMAS R BERRY-STöLZLE, JIANREN XU. Enterprise Risk Management And The Cost Of Capital [J]. The Journal of Risk and Insurance, 2018 (85): 159-201.

[8] SAMUEL ANTILL, STEVEN R GRENADIER. Optimal Capital Structureand Bankruptcy Choice: Dynamic Bargaining versus Liquidation [J]. Journal of Financial Economics, 2019 (Accepted date: 31 May 2018).

第九章

公司估值、基于价值的管理与绩效评价

公司估值是公司财务管理的基础性工作。无论是评价股东财富的变化，还是评价财务政策实施的效果，都需要科学、准确的公司估值。在折现现金流量模型的框架之下，现金流和折现率是企业价值的决定性因素，二者也是公司财务行为的主要影响因素。基于价值的管理将企业价值创造、股东财富最大化以及生产经营等诸多方面有机地结合在一起，这是企业管理进程的一次重大突破。绩效评价自身也是一个历史演进的过程。好的绩效评价方法有助于了解公司的发展质量。

第一节 公司估值

一、公司估值的方法

估值（Valuation）是对资产内在价值（Intrinsic Value）的一种估计。这里的内在价值是指资产本身固有的价值，取决于未来能够创造的现金流量的多少。在一个有效的资本市场上，证券的价格应该等于其内在价值，与投资者的期望一致。在通常情况下，证券价格与其内在价值之间往往存在一定程度的差异，进而产生套利的机会。无论是证券（如股票）、资产或者公司，高估（Overvalued）或者低估（Undervalued）都会导致严重的后果[1]。

需要估值的资产一般包括：①证券，尤其是国库债券、公司债券和股票；②公司，即对公司持续经营的价值进行估计；③实物资产，比如机器设备、房产等；④无形资产，比如商誉的估值。其中，对公司估值的难度最大。

斯特里舍克（Dev Strischek）对企业购并过程中企业价值的确定进行了分析[2]。他认为，所谓价值就是买者对标的物效用的一种感觉，而且有用性的感觉越强烈，买者对标的物的需求就越大，出价也就越高。有用性经常以人们现在及将来占有某件物品

---

[1] MICHAEL C JENSEN. The Agency Costs of Overvalued Equity and the Current State of Corporate Finance [J]. European Financial Management, 2004, 10 (4): 549-565.

[2] DEV STRISCHEK. How to Determine The Value of A Firm [J]. *Management Accounting*, 1983 (1): 42-49.

所获得的利得（Gain）来度量。一旦买卖双方就价格问题达成一致，企业购并的市场行为就告结束。这种价格的确定可以通过多种方式来达成。使用多种方法进行估价时，可以确定企业价值的一个区间，然后以此为基础，买卖双方通过协商确定一个共同认可的价格。

估价的方法可以划分为两大类，即客观估价法与主观估价法。

所谓客观估价法是以业已确定的资产价值为基础的一类估价方法。普通股票的市场价值和账面价值，资产的原始成本都是较常见的客观依据。这些数据的性质比较清楚，也很容易得到。而主观估价法要求买者首先确定其最低的报酬率水平，这一报酬率水平应将资产对购买者的有用性及购买者的资本成本考虑在内。估价者将对未来的预期纳入财务估价的过程是主观估价法的基本特征。

客观估价法主要指标包括：账面价值、原始成本价值、市场价值、公允市场价值、再生产价值以及清算价值等。比如，在企业购并分析中，账面价值就是企业资产总值扣除负债总值的余额，即通常所谓的净值或净资产。账面价值是财务会计意义上的经营活动的净价值。账面价值在应用时，必须注意会计政策对净值计算的影响。如存货的先进先出法之于后进先出法，固定资产折旧计算的直线法之于加速折旧法。账面价值的长处在于其数据较为客观且容易得到。它有一个完整且规范的簿记系统作为技术支撑。但在财务理论上，账面价值与投资决策是不相关的。因为账面价值所反映的是历史成本，对于决策而言，属于沉没成本的范畴。

主观估价法需要对资产或企业的未来价值进行估计，基本技术工具就是折现现金流量模型（DCFM），即以一定的富于意义的折现率对未来预计的收益流量、股利或现金流量等进行贴现，以确定其资本化价值。以盈利资本化为例，这一方法假设任一企业的现有价值均依赖于其在未来年度里所创造的收益，收益越多，企业价值越大。企业的资产以其获取盈利的能力为基础进行重新估价。在企业购并活动中，购买者必须回答一个问题："为了得到这些未来可能得到的盈利最多应支付多少？"为此，估价者必须对未来盈利及资本化比率进行预测。在实务中，这种预测可通过多种方法、多种途径来达成。

由于企业价值内在的丰富性及复杂性，人们可以通过不同的角度来观察或控制企业价值及其最大化的过程。这对于最大限度地满足各类收益索偿权持有人的权益要求具有重要意义。企业价值等式所反映的正是观察企业价值的不同角度，常见的主要有三种：市场定价、投资定价与现金流量定价。

（一）企业价值等式：市场定价

着眼于市场定价的企业价值等式又被称为价值派模型（Pie Model）。按照这一模型，企业价值是债务资本市场价值与股权资本市场价值之和。为了简化分析，下面以公司债市场价值取代负债市场价值，普通股市场价值取代股权资本市场价值，企业价值为：

$$FV=B+S \tag{9-1}$$

式中，FV 为企业价值；B 为公司债市场价值；S 为股票市场价值。

从 19 世纪末开始，许多人已经开始关注股票价格的波动问题，如今人们对于股票价格波动的认识仍然有限，许多学说还处在假设状态，比如有效市场假说。事实上，对于股票市场价格或者说股票市场价值的研究一定程度上反映了股票市场对于整个国民经济发展的重大作用。按照人们的意愿，股票价格应当能够反映企业管理水平的高低，反映企业价值的大小。但无论是管理水平还是企业价值，均不是可以简单描述的对象，它们的变化影响广泛。股票价格的难以捉摸恰好反映了这一事实。但学者们仍在努力分析和研究，力求揭开股票价格波动的原因。

按照折现现金流量模型，股票的价值取决于其未来的现金流量，而且通常情况下假设这种现金流量是无限期的。事实上，股票价格所反映的正是企业在一个较长时期内所创造的现金流量的多少。

企业价值的价值派模型将人们的视线由企业自身引到了证券市场上。事实上，投资者通过证券市场进行投资，同时也通过证券市场收回投资，并获得必要的报偿，因此这一模型契合了投资者对企业价值的一种期望，即较高的企业价值应当带来较高的证券价格，创造较高的证券收益。企业价值的价值派理论有两个重大贡献：一是将证券市场的价格机制引入了企业价值的生成过程；二是特别突出了债务资本投资者与股权资本投资者在整个企业价值生成过程中的不同作用。现代社会经济金融化日益深化，价值派理论对于投资者而言具有很大的吸引力。但必须指出的是，价值派理论并没有告诉人们企业价值真正的终极源泉。为了保障自己的利益不受到损害，投资者在关注证券市场的同时，也密切关注着企业自身的各种变化。在企业这个价值派中，属于普通股票投资者的那部分价值充满了风险和弹性。

站在投资者的角度看，市场定价是各类投资者财富的真实度量。股票投资者的财富在很大程度上取决于股票的价格及其变化。如果把企业价值视为一块蛋糕，股东和债权人是可以分享这块蛋糕的两类投资者，那么以市场价值为基准确定的资本结构恰恰是两类投资者按比例分享蛋糕的依据。所谓的股东财富最大化，其实质也就是要尽量使股东所分享的这部分的市场价值达到最大化。随着经济金融化程度的不断加深，以市场价值为基准的财富创造及财富分配机制必将成为投资者判断投资绩效的基本依据。

对于上市公司而言，市场定价是一个较为理想的定价方式，尤其是在市场有效的状态下。但如果我们分析的国有企业是一个非上市的完全国家股权的企业，市场定价就难以发挥作用。在现实中，除了那些已经上市的国有企业之外，还有相当数量的国有企业没有改制上市，仍然属于国家股东所独有的企业。对该类国企进行分析，还面临着另外一个更大的困难，那就是极度缺乏信息。长期以来，我国国企对财务信息披露没有严格的约束和规范。这加大了分析和研究的困难。为了准确地估价一个企业，必须对企业以往的价值创造实绩有非常清晰的了解，同时，对这个企业未来的发展态势有一个合理的预期。没有大量的信息支持，这几乎是不可能做到的。在目前企业价值估价的理论与方法架构之内，对未上市国有企业进行估价，较为合理而科学的方法就是相对估值法，即在现有的上市公司中，寻找到一家或者数家与被估价国有企业在质量、数量等方面均较为类似的公司,借用这些上市公司的有关价值估价参数,对非上市企业的价值进行估价。

(二) 企业价值等式:投资定价

按照企业价值的价值派模型,公司债价值与股票价值尤其是后者决定了企业价值的大小;或者通过不同的融资工具,甚至对公司证券进行纯技术上的包装,就可以提高企业价值。随着金融工程等新兴金融学科的不断发展和企业股份制改造及上市浪潮,人们似乎已经认可了这一点。但早在 20 世纪 50 年代,学者就通过 MM 理论彻底推翻了这种观念。企业价值乃至该企业所发行的所有证券的市场价值,完全是由企业的投资决策及其由此所决定的获利能力和经营风险所决定的。换言之,决定企业价值的根本因素是企业的投资决策。这就是投资定价的根本思路。

按照投资定价观点,企业价值等式为:

$$企业价值=现有项目投资价值+新项目投资价值 \tag{9-2}$$

这里的所谓投资主要是指资本投资,即资本预算中所分析评价的长期投资。对于一个拟建中的企业而言,所有的项目都是新项目。只有在所有的投资项目都能够带来足够收益的情况下,企业价值才能获得增加。也只有使所有的投资项目收益实现了最大化,企业价值最大化目标方能实现。

按照资本预算理论,净现值被视为进行投资决策的基本法则。净现值的本质即是超额利润,净现值越大,表明超额利润越多。如果企业完全以负债的方式筹措投资所需资金,利率为 10%,则这个 10% 即该投资项目的最低要求报酬率。以 10% 为折现率对投资项目的逐年现金流量进行分析和计算,如果净现值为 0,表明项目本身的报酬率为 10%。采纳这样的项目,股东的财富不会因此而增加,但企业的规模会扩大,由此会带来一些潜在的投资价值①。如果净现值大于 0,比如 200 万元,说明投资该项目后,在 10% 资本成本的基础上,它所带来的超额利润为 200 万元。这部分超额利润的索偿权将完全归属于企业所有者(即普通股股东)所有。如果净现值小于 0,表明投资项目无法带来 10% 的报酬率。如果非要采纳这样的项目,不仅不能带来新的价值,因进行过度投资,还会侵蚀掉一部分原来的价值以补偿负的净现值。

在一个时点上看,企业价值是由各个已投资项目的价值所构成的;以一个连续的时期看,企业价值则是由不间断的各个投资项目的价值所构成的。这些投资之间或重叠、或平行,但它们的共同特点是提供现金流量,决定企业价值的经营活动所带来的自由现金流量是企业内部各个投资项目共同作用的结果。一个企业,尤其是一个初创的小型企业,事实上就是一个投资项目。这一项目所带来的现金流量就是整个企业的现金流量,这一项目的风险就是整个企业的风险,这个项目的价值就是整个企业的价值。但随着管理水平的不断提高,管理人员若认为有必要扩展企业规模,必然进行新项目的投资。新项目无论与原有项目具有多大的相关性,采纳它的必要条件是能够给

---

① 这种潜在的投资价值很难用传统的折现现金流量方法进行计算。

企业带来足够多的现金流量。随着新上项目越来越多,企业的规模也就越来越大。企业规模的不断扩展是企业价值持续增大的一个重要条件。

从价值管理的角度讲,人们必须明确一个基本的理念,就是只有资本投资项目可以创造现金流量,带来企业价值。按照投资定价的方法来估算企业价值,可以将价值估价技术与企业实际的价值创造结合起来,为价值管理提供一个直接的度量依据。

在一个有效的证券市场上,金融资产(如股票、公司债等)的价格(价值)必然建立在实物资产(如固定资产等)的投资质量以及由此决定的经营活动所创造现金流量的基础之上。没有良好的资本投资机会,没有对经营活动现金流量的科学规划、控制,企业价值就难以顺利实现;没有企业价值的创造,金融资产价值的上升也就失去了基础。公司财务理论客观上是连通公司内部实物资产投资与公司外部金融资产投资的一种理论体系,探讨隐含在其中的某些规律性的东西,最终实现企业投资者财富的最大化。

(三) 企业价值等式:现金流量定价

所谓现金流量定价,就是折现现金流量方法。企业价值是未来期望现金流量按照加权平均资本成本折现之和。企业之所以存在,是由于它对其投资者有价值,而这种价值正好体现在企业能够向其投资者提供足够多的现金流量。现金流量是企业价值的根源,这是一种客观存在;但现金流量(即企业价值)的量,在很多情况下,尤其是在投资者必须做出投资选择时,却是一个充满主观因素的数据。

从性质上看,唯有企业经营活动所创造的现金流量才构成企业价值,这是企业价值概念的实质,也是价值管理中首先要明确的。但在具体实务中,企业价值可能会掺杂其他一些内容。常见的就是由于抵税所带来的企业价值。抵税收益是对企业应当上交所得税义务的一种递减,客观上增加了企业的现金流入,自然可以视为企业价值的增加。但抵税带来的这种价值与经营活动现金流量所创造的价值有着本质上的不同,应当区别对待。再如,企业在经营过程中,尤其是在较为成熟的阶段,会有一部分现金滞留在生产经营活动之外,或用于临时性的金融投资,或直接存放在银行。这部分现金无疑已经在某一特定时期退出了企业价值的创造,属于经营外资产。在企业价值估价中,这部分价值也应当单独地进行处理。

此时,企业价值可以式(9-3)表示:

$$企业价值 = 经营活动现金流量创造价值 + 抵税收益价值 + 经营外资产价值 + 其他 \quad (9-3)$$

无论情况多么复杂,只要在企业价值估价中分辨清楚创造企业价值的经营活动的现金流量及其现值,并对其创造机理有清晰了解,就可以保证价值管理的科学性。

在企业价值评估中,还有一种传统的基于财务会计系统的历史成本估价法。按照这种方法,资产负债表的资产总值所代表的是企业的总价值;历史价值是指最初投入的资金的价值,这一价值通过账簿系统被记录在会计系统之中。通常情况下,历史价值的改变只是通过摊销、转账等方式发生改变,从资产价值转化为各种费用,从而计算会计利润。历史价值是原始投入的价值,属于沉没成本。从投资者索偿权的角度看,资产负债表来源方（右方）所代表的是具有法律意义的所有权。需要注意的是，这种所有权隐含着对财富增加部分的索偿权。资产投资的目的是实现价值的增值，因此，历史价值不能全面地反映投资者对于企业的所有权。这也是不能按照历史成本进行估价的根本原因。

历史成本估价法在实践中依然有着很多的应用，其原因有二：①在经营一般、市场平平的情况下，企业价值的升值潜力有限，在很多情况下，维持历史成本会成为公司特定时期的策略。此时，历史价值就是一个非常重要的绩效变动的基准。②历史成本是一个会计系统中的成本概念，具有客观、真实、有依据等特征。相比市场价值、内在价值等，这是一个明显的优势，即使人们不将历史成本作为一个估价的结果，也会在评价价值创造时，适当地以历史成本作为一个参照，比如市账率等指标的计算。

二、折现现金流量模型与公司价值

以折现现金流量模型估价企业价值，是以价值概念为基础的一种估价方法。这种估价技术可以视为其他各种估价技术的基础。在市场定价方法下，股票市场价值的确定实质上就是基于对未来现金流量的估算。在公司估价实务中，折现现金流量模型也是一种基本的估价工具。

公司估值是制定财务政策、实施财务行为的前提和基础。只有在切实了解公司价值及其产生路径的基础上，才能够做出正确的财务政策。通过公司估值，管理层可以对未来的现金流与资本成本进行合理的评估，从而判断公司创造价值的能力。从某种角度看，公司估值可以对所有财务政策和财务行为的结果进行综合性、整合性的分析。从公司外部来看，公司估值可以为公司市场价值的评估（无论高估还是低估）、购并重组等提供价值依据。同时，市场对公司的估值也会对财务政策产生影响。比如，当存在高估时，管理层倾向于外部股权融资；而当出现低估时，管理层可能会回购股票以影响股市。

公司估值的基本方法就是折现现金流量方法。企业价值决定于未来生产经营活动所创造的现金流量及其风险程度。现金流量越多，风险越小，企业价值越大。在债权人对未来价值索偿权既定的基础上，企业价值越大，股东财富也就越大。换言之，所谓的企业价值最大化是实现股东财富最大化目标的基础。

常用的估值方法有：①折现现金流估值法（Discounted Cash Flow Valuation），将资产的价值与该资产预期未来现金流的现值联系起来。②清算和会计估价法（Liquidation And Accounting Valuation），它建立在对公司现有资产进行估价的基础上，通常以对价值或账面价值的会计估计为起点。③相对估值法（Relative Valuation），公司通过查看可比资产相对于常见变量的定价来估计资产的价值，如收入、现金流、账面价值或销售额。④或然权利估值法（Contingent Claim Valuation），使用期权定价模型来衡量具有期权特征资产的价值。这通常属于实物期权的范畴。

按照现代经济学理论，所谓价值就是指未来现金流量的贴现值。这种观念在现代财务理论中得到了充分认可、应用，无论是证券的估价，还是企业价值的估价，均建立在这种价值观之上。折现现金流量模型将这种价值观体现在具体的操作工具之中。

折现现金流量方法是财务管理工作的重要工具之一。威廉姆斯（John Burr Williams）最早提出了折现现金流量的概念。但真正使这一概念在财务管理中受到重视并广泛运用的则是著名财务学家戈登（Myron J. Gordon），他在资本成本的研究中成功地运用了这一概念。[①] 著名金融学家费雪（Fisher）也在20世纪早期对估价及其技术进行了研究。他认为，"撇开风险不谈，每件东西都有一个市场价值，它仅仅决定于同样的两个因素：①投资人所预期的利益或收获；②这些利益所据以贴现的市场利率。"[②] 费雪更指出，这一思想和技术适用于任何市场中的任何一种资产，如股票、公司债、土地、建筑物、机器设备等。对人力资源的价值进行估价时，这也是一个很重要的方法。

从实质来看，折现现金流量模型所反映的是人们对于企业的一种认识，这就是费雪心中的企业。"欧文·费雪关于企业的观点——现在已经成为金融界的标准，但在当时[③]人们还是刚刚了解——把技术、生产、销售等细节放到一个黑箱里，而把焦点放到净现金流上。费雪的企业就好像一部经过简化的发动机，它在不停地通过发行有价证券获得当前的可消费资源，并将其转化为未来可消费的资源以支付给有价证券的持有者。"[④] 企业就是与投资者之间进行现金流交换的一种机制，通过这种机制，投资者获得了所要求的报酬率。

折现现金流量方法的运用可划分为如下四步[⑤]：

第一步，预测未来现金流量。在证券估价中，有些证券现金流量的预测是较为容易的（如公司债），因为这些证券的现金流量都在信贷契约中提前固定了，除非清算倒闭，企业必须如期偿清这些款项。与之相对，有些证券现金流量的预测则比较困难，比如普通股票的现金流量。当然，预测难度最大的还是对决定企业价值的现金流量的预测。

第二步，分析并取得现金流量中所隐含的风险程度。当未来的现金流量是唯一、确定的值时，该现金流量为无风险的现金流量。比如，人们一般视政府公债所提供的现金流量为无风险现金流量。当未来的现金流量随着未来状态的不同而不同时，该现金流量则为有风险的现金流量。可能状态的情形越多，变化越复杂，现金流量的风险程度也就越大。

第三步，将风险因素纳入折现现金流量分析之中。在财务估价中，将风险因素纳入折现现金流量分析中的方式有两种：一种是确定等值法（Certainty Equivalent

---

[①] J B WILLIAM. The Theory of Investment Value [M]. Cambridge, Mass.：Harvard University Press, 1938. MYRON J GORDON. The Investment, Financing, and Valuation of the Corporation [M]. Homewood, Ill：Irwin, 1962.
[②] 费雪. 利息理论 [M]. 陈彪如，译. 上海：上海人民出版社，1999：13.
[③] 即提出 MM 无税模型的 1958 年。
[④] 默顿·H. 米勒. MM 定理 30 年 [M] // 小唐纳德·H. 丘，思腾思特公司. 新公司金融理论与实践 [M]. 朱荦，等译. 北京：中信出版社，2007：235-246.
[⑤] EUGENE F BRIGHAM, LOUIS C GAPENSK：Intermediate Financial Management [M]. 5th edition. The Dryden Press, 1996：5.

Approach);另一种是风险调整折现率法(Risk-Adjusted Discount Rate Approach)。按照前者,风险因素所调整的是未来的现金流量,即风险越大,现金流量的确定等值越小。比如,高风险的1 000元可等同于无风险的800元。按照后者,风险因素所调整的是对现金流量进行贴现计算的折现率,即风险越大,折现率越高。通常情况下,人们较习惯于使用风险调整折现率法。

第四步,计算企业未来现金流量的现值,即企业价值。

按照折现现金流量方法,价值是期望现金流量的现值。现金及其现金流量是价值的最终源泉。按照经济学的分析,当人们或者企业进行投资时,意味着他们推迟了现在的消费而着眼于未来的消费。现金可以提供给人们在未来消费各种不同商品和劳务的一种交换媒介。一项资产(或者企业)之所以有价值,就是因为它具备提供未来现金流量的能力。该方法的一般模型为:

$$FV = \sum_{t=1}^{t=n} \frac{CF_t}{(1+r)^t} \tag{9-4}$$

式中,FV=企业价值;CF_t=第t期的现金流量;r=能够反映各期现金流量风险的折现率。

如果现金流量具备某些特征,以上估价模型还可以进一步简化。如果现金流量是一笔永续年金,则:

$$FV = \frac{CF}{(1+r)^1} + \frac{CF}{(1+r)^2} + \cdots + \frac{CF}{(1+r)^\infty} \tag{9-5}$$

整理得:

$$FV = CF\left[\frac{1}{(1+r)^1} + \frac{1}{(1+r)^2} + \cdots + \frac{1}{(1+r)^n}\right] \quad (a) \tag{9-6}$$

公式两边同乘以(1+r):

$$FV(1+r) = CF\left[1 + \frac{1}{(1+r)^1} + \frac{1}{(1+r)^2} + \cdots + \frac{1}{(1+r)^{n-1}}\right] \quad (b)$$

将(a)从(b)中减去,可得:

$$FV(1+r-1) = CF\left[1 - \frac{1}{(1+r)^n}\right] \quad (c)$$

当$n \to \infty$时,$1/(1+r)^n \to 0$,则(c)趋于:

$$FV(r) = CF$$

整理可得,

$$FV = \frac{CF}{r} \tag{9-7}$$

当企业未来现金流量呈现永续年金特征(即每年现金流量保持固定不变,即增长率为零,且持续至永远)时,可按该公式计算企业价值。

如果现金流量呈现固定增长特征,且固定增长率为g,则:

$$FV = \frac{CF_0(1+g)^1}{(1+r)^1} + \frac{CF_0(1+g)^2}{(1+r)^2} + \cdots + \frac{CF_0(1+g)^n}{(1+r)^n}$$

$$= CF_0\left[\frac{(1+g)^1}{(1+r)^1} + \frac{(1+g)^2}{(1+r)^2} + \cdots + \frac{(1+g)^n}{(1+r)^n}\right] \tag{9-8}$$

公式两边同乘以 (1+r)/(1+g)，可得：

$$\left[\frac{(1+r)}{(1+g)}\right]FV = CF_0\left[1 + \frac{(1+g)^1}{(1+r)^1} + \frac{(1+g)^2}{(1+r)^2} + \cdots + \frac{(1+g)^{n-1}}{(1+r)^{n-1}}\right] \tag{9-9}$$

将式 (9-8) 从式 (9-9) 中减去，可得：

$$\left[\frac{(1+r)}{(1+g)} - 1\right]FV = CF_0\left[1 - \frac{(1+g)^n}{(1+r)^n}\right]$$

$$\left[\frac{(1+r)-(1+g)}{(1+g)}\right]FV = CF_0\left[1 - \frac{(1+g)^n}{(1+r)^n}\right]$$

假设 $r>g$，当 $n\to\infty$ 时，公式右边括号中数值趋于 1，则：

$$\left[\frac{(1+r)-(1+g)}{(1+g)}\right]FV = CF_0$$

整理可得：

$$(1+r)FV = CF_0(1+g) = CF_1$$

$$FV = \frac{CF_1}{r-g} \tag{9-10}$$

式 (9-10) 即是著名的戈登模型 (Gordon Model)，是财务估价中较常用的一个重要模型。一般地，这里的现金流以股利 (Div) 替代。

在具体运用中，关键是要合理地确定与配比各期的现金流量及其折现率。在对普通股进行估价时，股利构成了相关现金流量，股东要求报酬率是其折现率。估价公司债，各期利息和本金构成了相关现金流量，债权人要求报酬率是其折现率。估价企业价值，相关现金流量是企业现金流量，相关的折现率则是加权平均资本成本。现金流量的性质与折现率的性质必须相互配比。

在没有非经营性资产的情况下，企业价值是来自经营活动的期望现金流量以企业资本成本进行贴现的现值。如果有非经营性资产，则在以上现值的基础上加上非经营性资产的价值即可求得企业价值。

在折现现金流量模型中，自由现金流量 (Free Cost Flows, FCF)[①] 是一个极为重要的数据，是企业为了维持持续经营而进行必需的固定资产与营运资产投资之后可以用于向所有投资者进行分派支付的现金，其估计的精度将对整个估值产生重大影响。自由现金流量有三种形式：企业自由现金流量 (FCFF)、股权自由现金流量 (FCFE) 和债权人自由现金流量 (FCFD)。

企业自由现金流量可依下式计算：

$$\text{企业自由现金流量 (FCFF)} = \text{营业现金流量} - \text{营业用资本总投资}$$
$$= \text{税后净营业利润} - \text{营业用资产新增投资} \tag{9-11}$$

式 (9-11) 中：

---

① MICHAEL C JENSEN. Agency Costs of Free Cash Flow, Corporate Finance, and Takeovers [J]. The American Economic Review, 1986, 76 (2): 323-329.

营业现金流量=税后净营业利润+折旧 (9-12)

自由现金流量越多,表明由管理当局控制的可分派给投资者以增加其财富的现金也较多,同时表明这部分现金如果持续留存在公司内部,将导致现金的无效使用。如果自由现金流量为负值,要么是因为税后净营业利润为负值,要么是由于企业的营业投资规模过大。许多高增长企业,由于营业投资较多,而使自由现金流量在创业开始的一段时间内出现负值,此时需要外部融资以补充资金需求。

股权自由现金流量的计算公式为:

股权自由现金流量(FCFE)=自由现金流量−税后利息费用−偿还本金+新发行债务

=自由现金流量−利息费用+利息抵税+债务的净变动 (9-13)

或:

股权自由现金流量=净收益−营业用资产的新增投资+债务的净变动 (9-14)

属于债权人的自由现金流量一般为:利息费用+偿还本金−新发债务。即:

债权人自由现金流量(FCFD)=利息费用+偿还本金−新发债务 (9-15)

计算现值时,以企业的 WACC 作为企业自由现金流量的折现率,以股权资本成本作为股权自由现金流量的折现率,以债务资本成本作为债务自由现金流量的折现率。

与此同时,DCF 方法的使用面临着很多的问题。调研发现,几乎所有的受访者都使用折现现金流量(DCF)模型(以及一些依赖于可比的相对估值版本)。但这类从业者对 DCF 模型中几乎所有输入(包括贝塔系数、股票市场风险溢价、杠杆率、债务成本和终值)的估计方法差别很大。这可能是一个严重的问题,因为即使输入的微小差异也可能导致估值的巨大变化。这种差异的出现主要是因为理论对如何估计参数提供的指导不足,从业人员只能自己做出假设和判断。估算估值参数的过程与估值模型本身的选择一样重要,需要学术界和从业人员的认真关注。①

从历史上看,早期使用较多的股权价值估值方法是市场比率法(Market Multiples Approach)和股利折现法。

市场比率法运用各种与股票价格相关的比率来对公司股权进行估值。这种方法将市场因素(股票价格)与公司的各种会计指标结合起来,对于实际工作者具有很强的吸引力,在国际企业界有着广泛的应用。较常用的指数有:股利报酬率(股利/股票价格),市账率(股票价格/账面价值),价格盈利比率(股票价格/销售额或者盈利),市盈率(股票价格/每股盈利)等。②

股利折现法的一般形式为:

$$\dot{P}_0 = \frac{D_0(1+g)^1}{(1+r_s)^1} + \frac{D_0(1+g)^2}{(1+r_s)^2} + \cdots + \frac{D_0(1+g)^\infty}{(1+r_s)^\infty}$$
$$= D_0 \sum_{t=1}^{\infty} \frac{(1+g)^t}{(1+r_s)^t} = \frac{D_0(1+g)}{r_s - g} = \frac{D_1}{r_s - g}$$
(9-16)

---

① FRANCK BANCEL, USHA R MITTOO. The Gap between the Theory and Practice of Corporate Valuation: Survey of European Experts [J]. Journal of Applied Corporate Finance, 2014, 26(4):106-117.

② JERALD E PINTO, JOHN D STOWE: Equity Valuation—A Survey of Professional Practice. 2015.

在 CAPM 没有普及之前，股利折现方法一直是英美企业运用的主要估值方法，广泛地用于对股权资本成本的估算。

这种方法主要有如下两方面的不足：第一，股利支付属于公司的股利政策，极易受到董事会、管理层的影响；第二，在股利支付为 0 或者极少的状态下，该方法容易做出有偏的估值。

1995 年，奥尔森（Ohlson）在干净盈余关系（Clean-surplus Relation）的基础上，提出了以会计数据估算企业价值的方法，同时也开启了隐含资本成本估算方法的历程。在干净盈余情况下，t 期账面价值（Y_t）等于 $t-1$ 期账面价值（Y_{t-1}）加上 t 期盈余（X_t）减去 t 期股利（D_t），即 $Y_t = Y_{t-1} + X_t - D_t$。也就是说，企业账面价值的波动只与盈余的波动有关，公司价值的所有波动都要反映在收益表中。

基于干净盈余关系，可以推导出如下的估值公式：

$$P_0 = Y_0 + \sum_t E(\frac{X_t - r^* Y_{t-1}}{r^t}) \tag{9-17}$$

按照这一模型，股票价格与股利无关，只与公式括号中的所谓的超常盈余（Abnormal Earnings）有关。这里的超常盈余是指盈余（X）超过投资者要求报酬的部分，$X_t - r^* Y_{t-1}$，公式中的 r^* 即为资本成本，且 $r^* = r - 1$。

这一模型以会计盈余来估价普通股票的内在价值。在后续的资本成本估算技术研究中，运用"逆向工程"，可以将此模型作为估算股权资本成本的重要工具。[1]

无论是股权资本还是整个公司，估值都应该科学合理，避免出现严重的价值高估或者低估。估值基于未来的现金流，或者可泛泛地称作绩效水平。好的估值可以反映未来的现金流状况，可以代表未来的绩效水平。换言之，估值是以未来的绩效为依托的，一旦出现高估或者低估，必将受到来自未来实际现金流的压力，给公司的正常运作带来严重问题。[2]

第二节 基于价值的管理（VBM）

一、公司价值与基于价值的管理

公司估值的重要作用并非仅用于公司购并等资本运作，在公司的财务管理实践中同样有着重要的应用，这就是基于价值的管理（Value-based Management，VBM）。基于价值的企业管理（VBM），又被称为基于价值的管理控制系统（Value-based Management Control Systems，VBMCS），是以企业价值最大化观念为先导、以折现现金

---

[1] OHLSON J A. Earnings. Book Values, and Dividends in Equity Valuation [J]. Contemporary Accounting Research, 1995, 11 (2): 661-687.
[2] MICHAEL C JENSEN. The Agency Costs of Overvalued Equity and the Current State of Corporate Finance [J]. European Financial Management, 2004, 10 (4): 549-565.

流量模型（DCFM）为技术支持的汇合企业内部各层次、各环节、各种雇员共同参与的一个管理系统。该系统融预期、计量、控制、激励甚至文化等诸要素于一体，是经济金融化环境下企业管理发展的一个必然趋势。[1]

与关注于技术、利润或者营销的企业管理模式比较，基于价值的企业管理（VBM）模式的主要特征有：①重视股东的利益及其保护，所谓的基于价值，其实质就是基于股东财富，这是股东至上理念在管理系统中的体现[2]；②将净现值法则贯彻到生产经营的各个环节，即所有的运营环节都要体现实际报酬率水平超过资本成本水平的基本原则；③关注经营活动创造现金流量的能力，信奉现金流量为王（Cash Flow is King）理念；④关注风险及其管控；⑤关注长远发展，只有长期、可持续的现金流量增加才能够实现价值的最大化。

公司价值与股东财富之间的关系[3]如下：

$$公司价值=营业活动现金流量创造价值+非营业性资产价值 \qquad (9-18)$$
$$公司价值索偿权=债务价值+优先股价值+普通股价值 \qquad (9-19)$$

其中，债务和优先股属于优先索偿权，首先获得公司价值的一部分。属于股东的那部分价值是剩余价值，即公司价值在扣除债务价值和优先股价值之后的价值。

普通股价值可以划分为两部分：

$$普通股价值=股权资本的账面价值+市场附加值（MVA） \qquad (9-20)$$

如果运营不力，公司价值没有达到预期的水平，则属于股东的那部分价值就会大大缩水，不仅可能得不到市场附加值，甚至可能会减损最初的投资。

从历史上看，以财务会计数据为基础、尤其是以企业收益指标（如EPS等）为基础的评价方法是公司绩效评价的主流方法。但这种方法的缺陷极大，不利于促进企业长远的可持续发展。价值管理模式下公司绩效评价的主要方法是托宾Q值法、市账率方法、EVA方法等。这些绩效评价方法的着眼点是反映公司绩效对于股东财富的影响程度。

二、价值最大化、企业绩效与股东财富

20世纪90年代中期以来，以企业价值为基础的企业管理模式逐渐受到西方企业界的认可。事实证明，这一新的企业管理模式对于优化企业管理行为，保障企业的长远可持续发展具有十分重大的意义。采用基于价值的企业管理模式，是企业管理领域影

---

[1] 汪平. 公司估价和基于价值的企业管理[J]. 会计研究, 2005（8）.

[2] OLENA MAVROPULO, MARC STEFFEN RAPP, IULIIA A UDOIEVA. Value-based Management Control Systems and the Dynamics of Working Capital: Empirical Evidence[J]. Management Accounting Research 2021, 52: 100740.

[3] EUGENE F BRIGHAM, PHILLIP R DAVES. Intermediate Financial Management[M]. 11 Edition. South-Western, 2013: 413. 价值创造是股东财富最大化实现的价值基础。在学术上，托宾Q值或者市账率往往被用作发展潜力、投资效率的替代变量。比如，托宾Q值越高，表明公司的发展潜力越大，投资效率越高；相反，过低的托宾Q值可能意味着过度投资，而这往往又意味着过度的现金存量，代理冲突严重。按照La Porta等人的研究，法律对股东保护程度越高，企业的托宾Q值就越高；控股股东的现金流权越大，企业的托宾Q值就越高；投资机会越多的企业，企业的托宾Q值就越高。见RAFAEL LA PORTA, FLORENCIO LOPEZ-DE-SILANES, ANDREI SHLEIFER, ROBERT W VISHNY. Investor Protection and Corporate Valuation[J]. The Journal of Finance, June 2002.

响深刻的一场革命。无论从理念上，还是从技术上讲，这一新的企业管理模式均有着根本性的变革。重视投资者利益（尤其是股东利益）的保护，重视现金流量，重视资本成本，重视预算控制，是基于价值的企业管理模式的几个重要特征。在这一新的企业管理模式中，财务管理行为成为所有企业管理活动的真正核心，并从根本上决定一个企业管理素质的高低。

企业管理是一个历史的概念，其内容、原则、方法无不带有明显的历史烙印。在不同的历史发展时期，企业管理的着眼点也不同，甚至对企业发展的影响力也有所不同。

20世纪80年代以来，随着经济金融化的不断深化，企业管理的价值化倾向也越来越明显，成为新的历史条件下企业管理的一个重大变化。这一变化是革命性的，绝非简单的管理方法、管理程序等方面的革新。前已论及，企业价值理论作为现代财务理论的核心始于1958年MM资本结构无关论的提出。但从1958年到20世纪的70年代末期，企业价值理论以及企业价值管理技术均没有受到国际企业界的重视，直到80年代之后，金融化浪潮对企业的影响越来越大，一方面，企业的发展面临巨大机遇，尤其是融资约束有所松动；另一方面，企业发展面临的风险也越来越大。如果再按照以往着眼于生产或经营的企业管理模式，将无法在管理系统中有效处理这些市场因素，企业生存的质量将受到重大影响。价值管理模式下，企业不再是简单的生产经营载体，而是一个为其投资者创造财富的机制，是投资者、管理者作用于企业现金流的科学系统。

此时，企业绩效已经不是单纯的生产经营产出高低问题，而逐渐呈现出如下复杂的特征：

（一）企业绩效评价市场化

从历史上看，会计信息在企业绩效的评价过程中始终扮演着重要角色。在美国，第二次世界大战以后，收益性会计数据受到了社会各界的重视，利润表取代了资产负债表成为企业财务报表体系中的第一报表。会计信息的基本特征有二：一是历史性，二是会计政策的人为性。根据会计信息进行企业绩效评价很难符合科学决策的要求，因为无论融资决策还是投资决策，决策的着眼点都是未来的现金流量，而非业已发生的现金流量。同时，随着投资者数量的日益增多，信息披露的数量、时间和途径等方面的要求均与以往有重大区别尤为关键的是信息的社会化程度越来越高。

对于股份有限公司而言，绩效评价的市场化使其经营行为、财务行为等的影响在很短的时间内就反映在其股票价格之上，即科学、合理的管理行为可提高公司股市价格，反之则降低公司股市价格。而公司股票的变化又直接引起投资者（既包括股权资本投资者，也包括债务资本投资者）财富的增减。这种机制的形成是经济金融化对整个经济系统带来的最大变化，甚至可以说是20世纪所获得的最大经济进展之一。

一般而论，一个国家的经济发达程度越高，企业绩效评价的市场化程度就越高；进一步说，可以用企业绩效评价的市场化程度来判断一个国家的经济发达程度。以我国为例，在改革开放初期，企业绩效评价在很大程度上仍然延续了以往计划管制的思路与方法，渗透了太多的其他非经营因素。而随着证券市场（尤其是股票市场）的开放与不断完善，人们对企业经营绩效的评价越来越多地转向企业行为的市场表现。在有效市场假说理论中，最有效的市场是能够及时、全面地吸收、反映所有信息的市场，无论这种信息是内部信息还是外部信息。

企业绩效评价的市场化可以使企业的投资者与经营者都将眼光关注于一个较长时期内企业价值的持续稳定增长。这是财务估价的基本功能所在。

（二）在企业绩效评价中，风险成为一个极其关键的要素

经济金融化在提高了整个经济系统流动性的同时，也带来了不容忽视的风险。而对风险的界定、度量及控制，是金融经济学的重大贡献。传统经济学中，人们只关注用边际分析的方法求得最佳生产方案，风险并不在研究视野之内。

一个企业若追求长远发展，必须在风险与收益之间进行科学权衡。严格而论，不考虑风险因素，单纯追求收益是没有意义的。在金融学的背景下，20%的要求报酬率与10%的要求报酬率是无法进行直接比较的。无论进行投资决策还是融资决策，都必须将风险因素考虑进去，并依此为基础，确定合理的报酬率水平。

正是由于风险因素的加入，企业绩效评价的难度大大增加。在新古典经济学中，企业绩效通过利润最大化的方式来描述，这种观点在很长时期内得到了企业界的认可。但利润最大化并不是一个有意义的清晰概念。不少企业在经历了一年或几年的高利润率回报之后，进入长期的低迷状态，甚至破产倒闭，人们怀疑对利润最大化的追求是否破坏了企业持续发展的内部机制。加入经营风险与财务风险因素，使人们注意对未来长远目标的追求，并保持一定的稳定性，同时也加大了企业绩效评价的技术难度。在这种情况下，人们很难再以某一个或某几个指标来概括地反映企业绩效的高低，对企业绩效的评价必须涵盖收益分配的广泛性（社会性）、长期性等诸多因素。正是由于其重要性、复杂性，企业绩效评价成为数十年来国际经济学界、管理学界的研究热点之一。

（三）对企业绩效的评价越来越关注企业的可持续发展

企业的可持续发展是整个国民经济长期健康发展的基础，也是经济资源得以有效运用的前提。没有可持续发展，企业的一切功用将无以发挥。从国际范围来看，可持续发展的能力是判断企业素质的关键。一个经营寿命短暂的企业不可能有效地运用它所掌握的一切资源为社会创造大量的财富。

随着证券市场的不断完善，投资者行为的理性程度也在不断提高。人们越来越清醒地认识到，投资获利水平的高低不取决于企业在以往所获得的收益，而是取决于企业在未来可能获得的收益（现金流量）。正所谓"购买股票就是购买企业的未来"，企业的可持续发展意味着企业在未来可预见的时期以内有望获得足以补偿各项成本的稳定增长的现金流量，从而使企业各类投资者的财富得到预期的增加和最大化。尤为关

键的是，这种可持续发展的能力在投资者那里的信任度越高，预见性越强，企业的价值就越大，效率水平也就越高。

（四）对企业绩效的评价越来越关注投资者（尤其是股东）利益的保护

投资者（尤其是股东）利益的保护是贯穿整个价值管理系统的一个核心因素。所谓的价值管理探讨的就是在企业发展过程中，如何为投资者创造价值，如何确保投资者利益不受损失。脱离股东利益的保护，价值管理将失去其核心。20世纪90年代以来，人们对企业绩效评价提出了各种各样的方法，其中最为引人关注的就是将资本成本因素引入企业绩效评价体系中，比如经济附加值（EVA）的考核与评价。

着眼于股东利益的保护来评价企业绩效，充分体现了人们对于企业本质的深刻理解。探讨企业经营的效率或绩效，归根结底要落实到股东财富的保护与最大化上。

正所谓"企业价值就是指企业未来现金流量的现值"，企业价值最大化是一个具有前瞻性、复合性和实在性的企业目标函数。所谓前瞻性，是指企业价值及其最大化是着眼于未来的财富生成与分配的一个概念，而不是一个历史的概念。这种前瞻性，一方面延续了企业到目前为止所拥有的有助于可持续发展的一切特征，更重要的是，也隐含着管理当局对于企业未来发展的控制实力。这种控制实力越雄厚，企业价值最大化实现的可能性也就越大。所谓复合性，是指企业价值概念涵盖了一些重要概念，比如现金流量、风险、可持续发展等。追求企业价值最大化，必须科学地协调与权衡这些因素。例如，如果不顾及风险程度，单纯地追求现金流量的最大化，势必会带来一些严重问题，不仅无法实现企业价值最大化（折现率过高会降低企业价值），严重者甚至会造成企业的破产倒闭。所谓实在性是指，对于各类投资者而言，企业价值是实实在在的现金流量，而不是观念上的什么东西。而现金流量的变化代表着实际的可控制财富的变化。

企业价值最大化是被广泛提及的一个企业管理目标，许多人认为这一目标的提法与兼顾相关者利益的理念正好相符。这是一个严重的认识上的错误，必须予以纠正[①]。

企业价值最大化这一理念与1958年MM理论中关于企业价值的分析是完全一致的。但在现实的公司财务中，人们仍然着眼于股票市场，根据股东的实际市场所得来评判公司财务管理的效果。随着财务观念的不断进步和升华，人们对资本成本、现金流量、企业价值等概念的了解越来越深入，实际财务管理过程中也与现代财务理论越来越契合。无论是企业价值最大化，还是基于价值的企业管理（Value - based Management，VBM），或者是经济附加值（EVA）、市场附加值（MVA）等，这些观念和方法的提出和运用，都可以看作MM理论在现实中的贯彻。

企业价值最大化与股东财富最大化两种提法，虽然用词不同，但其内涵是完全相同的。公司财务中所谓的馅饼理论把企业看成一个馅饼，这个馅饼的大小就是企业价值。而有权利分享这一馅饼的只有两类人：一类在前，即受到法律保护的债权人投资

---

① 大量的西方文献中通常视企业价值与股东财富或者股东价值为同义词。

者;另一类在后,即企业剩余收益的享有者(即股东)。由于债权人的报酬是既定的,因此馅饼做得越大,企业价值越大,股东的财富也就越大。

无论是股东财富最大化还是企业价值最大化,都基于资本成本的财务目标,两者在性质上是完全相同的。

必须强调的是,企业价值最大化与其说是一种管理目标,不如说是一种企业管理模式。按照这一模式,即所谓基于价值的企业管理,人们关注未来企业经营活动现金流量的创造,关注现金流量的风险控制,以图创造更多的企业价值,确保股东财富最大化目标的顺利实现。

价值管理的实质就是对股东财富的追求。企业实现股东财富最大化财务目标的理念基础是资本成本,技术基础是价值管理。

以价值为基础的管理具有如下特点:

第一,以价值为基础的管理是一种管理方法,或是一个管理控制系统。

第二,以价值为基础的管理的核心是价值创造,其目的就是要更好进行价值创造,实现股东财富的最大化。

第三,以价值为基础的管理中的价值,不是会计上的账面价值,而是一种经济价值,是一种基于未来可持续发展的价值。

从传统企业管理模式过渡到基于价值的企业管理模式,是企业管理的一场革命,是从根本上对现代企业管理的一种革新。"以价值为基础的管理与20世纪60年代的计划制度风格有很大不同。它不是一个驱动工作人员的过程,而是强调在组织的各个层面上做出更好的决策。它承认自上而下的指令加控制式的决策过程效果不佳,在经营多种业务的大公司中尤其明显。因此,一线经理必须学会运用以价值为基础的绩效标准,从而做出更好的决策。它需要在损益表外,还要管理资产负债表,并平衡长期和短期考虑。"[1]

由于历史等方面的原因,我国企业管理始终处在一种较传统的水平上,粗放式管理、经验式管理还在大行其道。改革开放之后,我国企业界不断引进西方先进管理经验,但这种学习和借鉴基本停留在对一些管理技巧、管理经验的学习和运用上,彻底、系统的企业管理改革始终没有完成。而实施VBM,可谓我国企业界提升管理质量的一次机遇。

第三节 公司绩效评价方法的演变

在不同的历史时期,基于人们对于企业绩效认识的不同,绩效评价的原则和方法也有一个历史演进的过程。

---

[1] 汤姆·科普兰,蒂姆·科勒,杰克·默林. 价值评估:公司价值的衡量与管理[M]. 贾辉然,等译. 北京:中国大百科全书出版社,1997:99.

20世纪70年代以前，人们关注的是生产经营过程中所发生的成本，以及在成本基础上产生的利润。此时，甚至资产的规模都可作为判断公司好坏的重要标准。七八十年代，营销活动变得越来越重要，与营销紧密相关的一个指标——销售额开始备受重视，成为评判公司质量最为重要的一个指标。美国经济学家鲍莫尔（William J. Baumol）提出的销售额最大化假说（Sales Maximization Hypothesis）丰富了厂商理论。随着资本市场的不断发展，直接融资成为美国公司的主要融资渠道，公司发行证券（如股票、公司债等）的市场价值也开始受到投资者的高度关注，并逐渐成为对公司绩效、公司管理层进行评价的重要内容，比如股票价格、市场价值、托宾Q值等。股东及其财富变化的重要性凸显，成为21世纪以来公司绩效评价技术发展的一大特色。

站在不同的视角，人们对于公司绩效评价的关注点是不同的。站在管理者的角度，其关注的是公司运营的效率以及盈利水平的高低；站在债权人的角度，他们关注的是公司对于债务的偿还能力；而股东们自然对公司市值的变化更加关心。关注点的差异，将带来评价方法和评价原则的重大差异。

20世纪90年代以来，资本成本与现金流在公司绩效评价中越来越重要，这意味着人们对公司经营实质的认识也越来越深刻。经济附加值（EVA）的计算与考核股东财富的视角对生产经营绩效进行评价，只有正值的经济附加值才意味着实现了股东财富的增加。对于持有少量公司股份但又人数众多的外部的普通股票投资者来讲，EVA指标的重要性显然要大大地超过企业收益、利润等会计指标。[①]

从绩效评价的方法上看，可以将绩效评价划分为如下几个阶段：

一、第一阶段：关注生产规模的阶段

这是绩效评价历史演进中最早的阶段。此时，规模因素是企业在创建初期绩效评价最应关注的方面。19世纪末至20世纪初，正是大型公司的陆续出现才改变了世界的商务版图。规模的扩张是企业家的基因，也是企业发展过程中绕不开的一个历史阶段。企业规模是企业实力的一个重要指标，在市场竞争中发挥着重大作用。企业在创建初期应当采取相对积极的投资政策和融资政策，尽快把规模提升到一个理想的水平。

资产尤其是固定资产投资规模是评价企业规模最为重要的指标。对于新兴的高科技公司而言，研发投资也为企业规模的主要构成。

二、第二阶段：关注市场占有、营销规模的阶段

只有生产，只有产品，而没有很好的营销，企业终将难以为继。为此，基于营销的管理、以销定产等逐渐成为20世纪七八十年代国际企业界的主流管理模式。销售额更成为人们判断公司整体实力的一个重要指标。从历史角度看，营销为王阶段的产生是因为早期工业品的范式基本形成，新的技术、产品又没有诞生，导致市场竞争激烈。

---

① 建议阅读：ASWATH DAMODARAN. Valuation Approaches and Metrics: A Survey of the Theory and Evidence [J]. Social Science Electronic Publishing, 2006, 1 (8): 693-784.

企业生存的唯一途径就是最大限度地占有市场，提高销售额，哪怕出现短期亏损也要确保营销规模的增长。

三、第三阶段：关注市场价值的阶段

随着资本市场的不断完善，人们发现好的公司必然有较好的市场价值。根据市场定价对公司进行绩效评价，可以有效地规避一些历史问题，更多地关注公司的发展战略及未来潜力。有效市场假说的出现为这一评价模式奠定了扎实的理论基础。

在市场价值阶段，托宾 Q 值、市账率、市盈率，甚至股票价格、股权资本的市场价值等都成为重要的评价指标。

需要指出的是，关注市场价值的绩效评价，人们所评价的已经不仅仅是一家公司的生产经营绩效，同时也在考察公司的治理质量和管理水平。

四、第四阶段：关注投资者财富尤其是股东财富的阶段

市场价值是股东财富的重要组成部分，关注市场价值，就关注股东财富及其增长。但是对公司生产经营过程的考察，分析股东财富的变化，这是公司绩效评价中面临的一大课题。没有高质量的经营运作，即使短期内有较高的市场价值也难以确保股东财富的可持续增长。

这一阶段最为重要的评价指标是经济附加值（EVA）。经济附加值的计算建立在生产经营盈利与资本成本的基础之上，较为清晰地反映了生产经营为股东所创造的财富。通过这一指标，股东可以评价公司实现股东财富最大化目标的程度。

五、第五阶段：复合（全方位）绩效评价阶段

进入 21 世纪以来，随着利益相关者理论的不断发展渗透，整个社会对企业的看法出现了较大的变化。人们不再满足于企业只是单纯地生产和销售产品，而是要求企业承担起更多的社会责任。股东财富最大化目标甚至逐渐成为被某些人、某些团体抨击的对象。姑且不论股东与利益相关者之间的关系，可以预测的是，以后的企业运营必将处在一个更加复杂、更加社会化的环境之中。关注公司的不仅是股东、债权人，还会有更多的其他领域的人士和团体。环境、公共安全、雇员福利甚至科技发展问题正日益成为企业界所必须关注的课题，需要向有关各方披露和解释。

本章小结

公司估值是董事会、管理层制定、实施财务政策的基础。只有了解企业价值，了解企业价值产生的整个过程，才能制定出科学、合理的财务政策。价值创造的过程、结果及分配，无论对于内部管理者还是外部的投资者，都是极为重要的。

折现现金流量模型是公司财务领域的一个基本模型，它不仅是一个财务工具，更是一种财务理念。价值源自经营活动所创造的现金流，现金流越充裕，企业价值越大；

企业价值越大，投资者财富增加的也就越多。

价值最大化是股东财富最大化的基础。董事会制定财务政策，引导和约束公司的财务行为，通过科学、高效的投融资活动，以资金运作的视角规划、优化生产经营活动，从而创造更多的现金流量，实现价值的持续增加。没有价值的创造，投资者的财富诉求将无从实现。

对于董事会和管理层来讲，估值理念和估值方法的更大意义在于其在财务政策中的体现。好的财务政策引导好的财务行为，这首先体现在能够帮助价值的创造和增加。了解投融资行为与价值创造之间的关系，对于优化公司财务管理至关重要。

一般情况下，绩效评价可以帮助人们概要地了解公司运营质量。绩效评价技术的发展取决于对绩效问题的认识，这就决定了绩效评价有一个历史演变的过程。随着社会的不断发展，人们对于企业及其运作质量的认识也会出现变化，这些变化都会在绩效评价中予以体现。从关注企业规模、营销规模，到关注公司的市场价值，再到关注投资者财富的变化，这一演变历时近一个世纪。绩效评价的关注点不同，反映的正是社会热点的变化。当今社会更看重人的权利，看重环境和科技问题，这些自然反映在绩效评价当中。可以预见，将来的绩效评价中会出现更多的非会计指标，通过这些指标更加全面地反映企业的综合使命。

重要术语

估值、公司估值、折现现金流量模型、经济附加值（EVA）、市场附加值（MVA）、基于价值的管理模式（VBM）、公司绩效、托宾Q值、市账率

复习思考题

1. 公司估值所估算出来的价值一般被称为内在价值，试阐述内在价值的性质，它与账面价值、市场价值等有什么不同？企业价值最大化中的价值指的是哪一个价值？

2. 说明企业自由现金流量、股权自由现金流量和债务自由现金流量的具体构成，这里所谓的自由（Free）的内涵是指什么？

3. 何谓基于价值的管理模式（VBM）？与一般的管理模式比较，该模式的主要特征是什么？

4. 企业价值最大化与股东财富最大化之间的关系如何？为什么说股东是企业价值剩余部分的所有者？

5. 公司绩效评价方法的演进是一个历史过程，与人们对于企业本质属性的认识紧密相关。如今的上市公司尤其看重与投资者之间的信息沟通，其中财务政策与绩效问题是两个关键。你认为董事会应该与投资者沟通的绩效问题包括哪些方面？

案例与分析

中国国企经营业绩考核

2019年3月,国务院国有资产监督管理委员会颁布了《中央企业负责人经营业绩考核办法》,其中规定了根据国企经营的特征对国企实行分类的绩效考核。

对主业处于充分竞争行业和领域的商业类企业,以增强国有经济活力、放大国有资本功能、实现国有资本保值增值为导向,重点考核企业经济效益、资本回报水平和市场竞争能力,引导企业优化资本布局,提高资本运营效率,提升价值创造能力。

对主业处于关系国家安全、国民经济命脉的重要行业和关键领域、主要承担重大专项任务的商业类企业,以支持企业可持续发展和服务国家战略为导向,在保证合理回报和国有资本保值增值的基础上,加强对服务国家战略、保障国家安全和国民经济运行、发展前瞻性战略性产业情况的考核。适度降低经济效益指标和国有资本保值增值率指标考核权重,合理确定经济增加值指标的资本成本率。承担国家安全、行业共性技术或国家重大专项任务完成情况较差的企业,无特殊客观原因的,在业绩考核中予以扣分或降级处理。

对公益类企业,以支持企业更好地保障民生、服务社会、提供公共产品和服务为导向,坚持经济效益和社会效益相结合,把社会效益放在首位,重点考核产品服务质量、成本控制、营运效率和保障能力。根据不同企业特点,有区别地将经济增加值和国有资本保值增值率指标纳入年度和任期考核,适当降低考核权重和回报要求。对社会效益指标引入第三方评价,评价结果较差的企业,根据具体情况,在业绩考核中予以扣分或降级处理。

简要概括,对于充分竞争类的企业主要考核资本的报酬率水平,对于承担较大政治责任的企业适当降低报酬率要求,对于公用事业类企业需要考虑社会利益因素。

(资料来源:国务院国有资产监督管理委员会:《中央企业负责人经营业绩考核办法》,2019年3月1日。)

思考的问题:

1. 对这三类企业的不同财务特征进行分析。
2. 不同类型的企业实行分类考核,用于考核的主要指标有什么区别?列出不同类型企业进行考核的主要指标。
3. 在公司绩效评价中,报酬率要求、盈利要求、社会责任要求之间的关系如何处理?
4. 在公司绩效考核时,通过哪些指标评价股东财富的变化?

延伸阅读

[1] BANZ R W. The Relationship Between Return and Market Value of Common Stocks

[J]. Journal of Financial Economics, 1981, 9 (1): 3-18.

[2] GARY C BIDDLE, ROBERT M BOWEN, JAMES S WALLACE. Evidence on EVA [J]. Journal of Applied Corporate Finance, 1999, 12 (2): 69-79.

[3] MICHAEL C JENSEN. Value Maximization, Stakeholder Theory, and the Corporate Objective Function [J]. Journal of Applied Coeporate Finance, Fall 2001.

[4] SULEYMAN BASAK, ALEX SHAPIRO. Value-at-Risk Based Risk Management: Optimal Policies and Asset Prices [J]. The Review of Financial Studies, 2001, 14 (2): 371-405.

[5] ASWATH DAMODARAN. Valuation Approaches and Metrics: A Survey of the Theory and Evidence [J]. Social Science Electronic Publishing, 2006, 1 (8): 693-784.

[6] MATIAS GAMA A P, MANUEL MENDES GALVÃO J. Performance, valuation and capital structure: survey of family firms [J]. Corporate Governance: The international journal of business in society, 2012, 12 (2): 199-214.

[7] FRANCK BANCEL, USHA R MITTOO. The Gap between the Theory and Practice of Corporate Valuation: Survey of European Experts [J]. Journal of Applied Corporate Finance, 2014, 26 (4): 106-117.

[8] STEPHEN PENMAN. Valuation: Accounting for Risk and the Expected Return [J]. Abacus, 2016, 52 (1).

[9] . JERALD E PINTO, THOMAS R ROBINSON, JOHN D STOWE. Equity Valuation: A Survey of Professional Practice [J]. Review of Financial Economics, 2019, 37 (2).

附录

附录一：中国上市公司财务管理指引[①]

序 言

自19世纪英美等国铁路、钢铁、石油、汽车等大公司高速发展以来，公司财务领域的演进已经走过了一百余年的历程。其间，融资问题、股利支付问题、资本结构问题、资本成本问题、大股东问题、代理冲突问题等谜题交织如线，纷纷登场，共同演绎了一场精彩与分歧共存的大戏。时至今日，在全球企业界，人们早已认清了一个现实：良好的公司治理有赖于良好的公司财务，而良好的公司发展则依赖于良好的公司治理。

公司治理的宗旨是保护股东资本的安全，维护股东的利益；公司财务的目标是通过资本的高效运用，实现股东财富的最大化；公司管理层的职责则是通过高水平的生产经营管理，最大限度地提高经营绩效，创造更多价值。各居其位，各尽其责，一家公司才能够得以长远发展。

公司财务既要对投资者投入资本进行高效率的运用，也要对公司与投资者的关系给予必要的关注。对投资者投入的资本予以科学、高效的管理，创造更多的价值，这是公司财务必须完成的使命。

股东至上、股东财富至上，这是公司财务必须遵循的基本原则。为此，了解并尊重股东基于投资风险所提出的合理的、理性的报酬率要求是公司进行财务管理的一个技术起点。不了解公司的资本成本，就不可能真正做到维护股东利益，股东财富最大化目标的实现也就无从谈起；不了解公司的资本成本，投融资、股利支付等财务政策

[①] 这是本书作者汪平撰写的用于指引上市公司财务管理行为的模拟稿件。撰写这个指引的初衷是在理论与实践之间搭建一座桥梁。同时，也借以检验现代公司财务理论对于中国公司的适用程度。既然是指引，就是一种理想的引导，希望公司按照这一引导来改善公司财务，更好地实现财务目标。指引形成的主要依据有二：一是截至目前的针对公司财务问题的学术研究成果，即现代公司财务理论；二是财务管理优秀的公司的管理经验、管理惯例等。

的制定也就失去了一个基准,其科学性便无所依附。关注报酬率,是现代经济社会趋于金融化的一大特征;关注资本成本,则是报酬率因素在公司财务领域中的重要体现。对于一家现代化的公司来讲,高水平的财务管理必然是从科学而合理的资本成本估算开始的。

有一套完整、明确、稳定的财务政策是一家公司趋于成熟的重要标志。投资政策、融资政策、股利政策与营运资本政策是公司重要的财务政策。财务政策是公司董事会、管理层意志的体现,是对公司未来财务行为的约束与引导。在公司发展战略的指引之下,综合考量公司的内外部环境,以股东财富最大化和可持续发展为重要两维,科学、合理地制定财务政策,并在此基础上,组织高质量的财务管理活动,是公司财务达成目标的基本途径。

融资政策是财务与治理色彩并重的公司政策;投资政策是财务与战略合一的公司政策;股利政策则是公司发展与股东财富契合的公司政策。投融资政策与股利政策都要受到资本成本水平的约束,换言之,资本成本是制定这些财务政策的基准参数。营运资本政策则是站在公司财务的角度对公司的供产销诸多环节、诸多领域所进行的科学管控,其具体目标就是维护现金流的稳定,提高资金运行效率,实现价值最大化。

好的财务政策有助于实现股东财富最大化的目标,坏的财务政策则有可能减损股东的财富。

高水平的财务管理需要高水平的财务管理人员。公司财务的职业要求财务管理人员首先要忠诚于股东,这是公司财务的基本道德准则;还要有必要的理论储备和学术训练,这是实施高水平财务实践的基础。现代公司的财务管理不再依靠简单的经验积累,而是需要扎实的专业知识、广博的专业视野以及灵活机动的管理策略。

第一章 股东财富及其最大化

股东至上是公司财务的基本信条;股东财富最大化是公司财务的基本追求。股东财富最大化目标实现的基础和前提是所有相关利益者的利益都得到依法或者合理的保护。

第一条 公司应当尊重股东所提出的报酬率要求,并将此作为判断一切财务行为绩效的基准。

第二条 股东财富是指股东进行股权投资所应该拥有的、从公司所获得的当期收益以及通过持有证券的价格上升所获得的收益的总和。对上市公司来讲,股东财富既与公司政策相关,也与市场状况相关。

第三条 股东财富最大化是指公司提供给股东的实际报酬率等于或者超过股东所要求的报酬率即股权资本成本。

第四条 财务政策是对公司财务管理行为的指引和约束。拥有一套完整、明确、稳定的财务政策是公司趋于成熟的标志之一。

第五条 公司重要的财务政策包括投资政策、融资政策、股利政策。重要财务政策的基本特征是会受到资本成本的约束,也就是受到股东财富最大化目标的约束。

第六条 董事会是制定公司财务政策的最终决策机构。

第七条 股东尤其是外部中小股东对公司的财务政策具有知情权。公司应当通过各种有效的渠道向资本市场、向投资者传递有关财务政策及其变化的信息,这些渠道主要包括股东大会、董事长给股东的信、公司官网、会计年报、管理层评论、新闻报道等。

第二章 资本成本

投资者基于承担的风险水平所提出的理性、合理的报酬率形成了公司的资本成本。资本成本为公司确定各类折现率的基础。资本成本不是融资成本,与公司融资行为没有直接的关联,而与投资者的公司治理诉求紧密相关。

第一条 公司资本成本水平从根本上决定于公司风险,同时,优秀的公司治理(比如合理的董事会架构、优良的信息披露质量等)与高质量的管理行为(比如稳定的现金流、较高的绩效水平等)可以有效地降低资本成本。

第二条 公司应当采取合理、科学、可比较的方法估算公司的资本成本。

第三条 债务资本成本应当结合公司历史的利率水平、当前的市场利率水平、公司的债务信用等级变化以及未来可能的趋势加以确定。

第四条 合适的股权资本成本估算方法包括资本资产定价模型(CAPM)、股利增长模型、公司债报酬率加风险补偿、多因素定价模型(比如 Fama-French 三因素模型)等方法。公司应当选用数种方法进行估算,综合考虑多种因素确定股权资本成本水平。

第五条 使用资本资产定价模型(CAPM)估算股权资本成本,应当审慎确定各个参数并保持一定的稳定性:①以中国政府发行的十年期国库债券利率作为无风险利率;②市场风险补偿可以为一个特定常数,比如 3%~5% 或者 4%~6% 之间的某一个常数;③贝塔系数按照历史报酬率计算,比如按照三年期的月度超额报酬率计算贝塔值,必要时进行合理的调整。

第六条 公司应当以市场权数或者以目标权数计算加权平均资本成本。采用目标权数尤其适合于新项目的绩效分析。

第七条 公司应该以集团、子公司、各个投资项目等为对象,分别确定资本成本水平。

第八条 宏观货币政策、经济环境等的改变,内部融资规模、投资风险等的改变都会导致资本成本的高低变化,公司至少每年对资本成本估算方法以及估算结果评估一次,或者在发生重大改变之后进行评估。

第九条 在特定情况下,投资者可以明示其要求报酬率,比如国有资本投资的要求报酬率、风险资本投资的要求报酬率以及政府规制中的规制报酬率。

第十条 国家股东应当以合理的报酬率要求作为对被投资公司的基本诉求,最大限度地减少甚至消除政治干预以及其他的非财务性诉求对国有资本成本的影响。

第十一条 资本成本的高低是决定公司财务竞争力的核心因素。资本成本越低，意味着公司具有较强的财务竞争力。

第三章 投资（资本预算）政策

投资政策是最为重要的财务政策，也就是第一位的财务政策，决定着公司未来的发展方向以及创造价值的实力，是股东财富最大化目标实现的决定性因素。正确的投资政策是公司战略、财务评价以及管理能力完美结合的产物。

第一条 投资政策应该是公司长期发展战略、管理实力、市场需求等诸多因素综合作用的结果。好的投资政策必须具备两个条件，即可以有助于股东财富的持续增加，同时，可以保证公司的可持续发展。

第二条 投资项目选择的基本依据是能否持续性地增加股东财富，这一能力取决于投资项目在未来时期之内创造现金流的实力。这一原则决定了投资决策中各种方法的使用。

第三条 公司应该按照风险等级对投资项目进行分类，并根据不同的风险等级确定投资项目的基准利率（或称取舍率）。

第四条 公司应当使用那些折现现金流量方法对投资项目的财务绩效进行评估，比如净现值法和内含报酬率法。净现值法是最为科学的投资项目绩效评价方法。正值的净现值是股东财富的增加值。其他较常使用的评估方法还有内含报酬率法、回收期法等。

第五条 作为投资项目的折现率，基准利率应当基于资本成本加以确定，同时综合考虑各种相关因素。管理层可以通过基准利率的高低变化实现对投资预期的调整。

第六条 轻资产现象已经成为许多高科技企业、新型商务企业的重要财务特征。在这类公司中，投资政策的主要内容可能转变为契约型业务项目的绩效分析。这种投资项目不以实物性的资产投资为基础，而是以与合约对方的协议为基础。

第七条 投资项目的风险主要体现为未来现金流的波动，波动越大，风险越大。这种风险程度可以通过基准利率的确定或者现金流量的调整予以反映。

第八条 投资项目的风险可能隐含着巨大的获利空间，在科学规避风险的基础上，对投资风险应当有积极的风险承担意识。

第四章 融资政策

融资政策是公司治理政策与公司财务政策的结合体。融资政策决定了公司的股权结构与资本结构，事实上就决定了公司与投资者之间的利益关系。融资管理应当追求同时实现融资行为的优化与投资者关系的科学治理。

第一条 公司任何新的融资行为必须关注对股东财富的影响以及对公司控制权的影响。

第二条 在正常情况下，内部融资和股权资本融资应当是公司融资的主要考虑。外部融资是对内部融资的补充。

第三条 股权结构的优化过程主要考虑的因素有：①公司治理的改善，新的控股股东的加入应当有助于公司治理的改善；②资本成本的降低，或者注入新的资本成本更低的股权资本，或者通过改善治理、优化管理来降低资本成本。

第四条 公司应当做出最优的资本结构政策，在该资本结构下，公司的资本成本水平最低，创造价值的实力最强。

第五条 股权资本融资与公司的长远发展、资本实力、公司治理紧密相关，不仅仅是甚至不主要是单纯的财务行为。股权资本融资往往与具体的投资行为没有直接的关联。

第六条 普通股融资是股权资本融资的主要方式，代表着公司资本实力的强弱。优先股的应用可能与公司的财务困境或者某些行业特征（如被严格规制的行业）相关。

第七条 债务资本融资的财务性质较为明显。长期的债务融资通常与公司的投资行为相关。公司债融资应当成为公司筹措长期债务资本的主要方式。

第八条 财务灵活性（财务柔性）是融资政策制定过程中必须考虑的一个重要因素。

第五章 股利政策

股利政策直接决定了股东的实际报酬率，是资本市场和投资者最为关注的一个财务政策。董事会应当结合股东的报酬率要求、公司发展、股票行情、行业惯例等因素审慎地确定公司的股利政策。

第一条 公司应当有一个明确、稳定、长期的股利政策。股利政策的所有变化应当及时、准确地向投资者说明。

第二条 现金股利是最基本的股利支付方式，是股东最重要的实际报酬形式。其他股利方式是特定环境下的备用方案。

第三条 股利支付率和股利支付额是股利政策两个同等重要的核心指标。

第四条 股利支付率是一个具有长期特征的指标，比如五年、十年或者更长时间。确定股利支付率应当考虑的主要因素有：公司在一个较长时期之内的投资机会或者投资计划、长期盈利和现金流情况、内部融资和外部融资的比较情况、行业惯例等。在有着良好投资机会的情况下，税后净利应当首先满足投资对资金的需求。

第五条 股利支付额是一个即期指标，亦即确定每股股份所获得的现金股利。确定股利支付额应当考虑的主要因素有：以往的现金股利支付水平、对股利报酬率的影响、现金持有水平、资本利得报酬率等。维持现金股利支付的稳定性，是股利政策制定中应当遵循的重要原则之一。

第六条 在保持现金股利支付基本稳定的前提下，公司应当结合投资者的资本利得报酬率确定合理的股利支付额（股利报酬率），从而保障股东获得合理的实际报酬率水平。

第七条 股份回购具有复杂的性质，兼具向股东派发现金或者进行证券投资等多重考量。公司应当选择合适的市场时机，以不损害股东利益为原则回购公司股份。

第八条 公司制定股利政策的时候，应当合理地考虑股利支付的行业特征以及其他相关的股利支付惯例。

第六章 营运资本政策

营运资本政策是一个协调性质的财务政策，旨在从资金运作的层面上对公司的供产销等诸多环节、诸多部门的行为予以高效管控。维持稳定的现金流、保持必要的资产流动性、提高资金运营效率是营运资本管理的重要目标。

第一条 合理的营运资本政策基于对公司资产流动性与资产收益性关系的权衡与处置，同时，也应当促进供产销各个环节的高效运行。

第二条 在总资产、营销规模变化不大的情况下，流动资产投资应当逐渐趋于积极，即将较少的资金投放到流动资产上。提高流动资产运营效率是降低流动资金投放的基础。

第三条 流动负债只应该用于满足短期的生产经营需要，不应当投放于长期占用的项目。

第四条 现金存量有助于财务灵活性的增强和风险应对能力的提高，但也有可能造成资金使用的浪费，公司应当审慎地予以管控。

第五条 应当运用现金预算、账龄分析等管理方式，实现现金流入与现金流出在时间上和数量上的合理配置，预防资金链的断裂。

第六条 营运资本管理应当与企业的生产、销售、仓储等部门保持良好的沟通与协调，从资金调度管控的角度提升企业的生产经营效率。

第七章 风险管理

风险管理既是公司治理的核心内容，也是公司财务管理的重要内容。董事会和管理层应当在科学评价风险水平的基础上，树立必要的风险承担意识。风险管理的目的不是消解风险，而是在承担必要风险的情况下，获取最大的收益，同时，确保公司的可持续发展。

第一条 公司风险的基本诱因是生产经营活动现金流的波动。维持经营活动现金流的充足且持续上涨，是最为基本的风险管控方式。

第二条 公司应当充分地运用衍生金融工具等手段分散现金流风险，最大限度地保障未来现金流量的稳定性和可预见性。

第三条 一切法律约束下的固定支付诉求都构成公司财务风险的组成部分，比如债务本金和利息，员工薪水，税金等。

第四条 公司应当结合自身经营需求、行业特征、金融环境等因素，合理地确定目标负债率水平，并在目标负债率水平之下使用债务资本，保障一定程度的财务灵活性。

第五条 公司应当运用科学的技术方法，对公司潜在的财务危机的可能性进行预判，并拟定应对政策。

第六条 公司应当将风险管理与其他财务政策尤其是投融资政策有机地结合起来，通过各种政策的协调运作达到风险管控的目的。

第八章 公司估值与基于价值的管理

价值最大化是实现股东财富最大化目标的前提。公司估值是科学、合理地制定财务政策的基础。基于价值的公司管理模式体现了两个中心，一个中心是现金流量，一个中心是股东财富。

第一条 在财务管理过程中，公司估值的过程是董事会意志、公司发展战略得以预算化、具体化的过程。公司价值是规划的结果。

第二条 公司应当以创造价值为基准组织财务管理活动和生产经营活动，同时，各项财务政策的实施效果也将在价值变动中体现出来。

第三条 财务政策的做出应当建立在合理的公司估值的基础之上，尤其要注意政策实施对于价值增值的影响。

第四条 折现现金流量理论与模型是公司估值技术的基础，同时也可使用其他方法（比如相对估值法、股利增长模型等）加以辅助，提高估值的准确度。公司估值中各个参数（比如现金流、贝塔系数、股票市场风险补偿、负债率等）的确定不是简单的估计问题，而应当基于董事会意志、公司发展战略以及重要的管理策略等因素综合确定。

第五条 经营活动创造现金流量的能力是决定企业价值的根本性因素。

第六条 公司应当高度关注公司估值与市场价值之间的差异，充分了解造成市场高估或者低估的原因。在必要的情况下，采取合适的举措予以应对。

第七条 必要情况下，应当将公司估值中的参数选择以及估算结果与股东进行沟通。

第九章 公司财务管理的道德

公司财务的本质是为公司的投资者尤其是为普通股东理财，即在保障股东投入资本安全的基础上，最大限度地实现股东财富的最大化。这是公司财务管理的基本道德。

第一条 董事会、财务高管应当尊重股东的报酬率要求，维护股东利益，争取实现股东财富最大化目标。

第二条 董事会必须遵循"一股一权，同股同利"的公司治理法则，这也是公司进行财务管理的重要法则。

第三条 财务政策的制定和财务行为的实施应当以公众股东或者说中小股东的利益不受侵害为基础。

第四条 遵守法律和法规,履行契约是维护和处置公司与利益相关者之间利益关系的主要方式。这不同于公司与股东之间利益关系的维护与处置。

第五条 公司应当在股东利益得以保护且有助于股东财富持续增加的基础上,承担必要的社会责任。

第六条 公司应当在财务总监(CFO)的统一部署下开展基础性的财务管理工作,主要内容一般包括:①公司财务政策的分析与报告;②预算尤其是资本预算的编制与事后审计;③营运资本管理尤其是现金预算的编制、现金流的管控以及供产销各个部门占用资金状况的沟通与协调;④经营风险与财务风险的管控;⑤其他,比如与资本市场相关部门和人员的沟通等。

第七条 用于约束和规范财务管理行为的是董事会制定的财务政策,不是法律和法规。遵守法律和法规,是公司财务管理的前提,但不构成公司财务管理的内容。

附录二：中国上市公司资本成本估算规范指引[①]

目录

一、变量定义与说明 …………………………………………………… 246
二、样本公司筛选过程 ………………………………………………… 248
三、股权资本成本估算方法与步骤 …………………………………… 249
　　（一）资本资产定价模型（CAPM）………………………………… 249
　　（二）FF 三因素模型 ………………………………………………… 253
　　（三）FF 五因素模型 ………………………………………………… 256
　　（四）Gordon 模型 …………………………………………………… 259
　　（五）GLS 模型 ……………………………………………………… 260
　　（六）OJ 模型 ………………………………………………………… 263
　　（七）PEG 模型 ……………………………………………………… 265
　　（八）MPEG 模型 …………………………………………………… 266
　　（九）CT 模型（基于截面回归预测模型数据的估算）………… 268
四、盈余的预测：截面回归预测模型 ………………………………… 271
　　（一）HVZ 模型 ……………………………………………………… 271
　　（二）修正的 RI 模型 ………………………………………………… 275
五、债务资本成本估算方法与步骤 …………………………………… 281
　　（一）非银行业债务资本成本 ……………………………………… 281
　　（二）银行业债务资本成本 ………………………………………… 282
六、加权平均资本成本估算方法与步骤 ……………………………… 284

[①] 《中国上市公司资本成本估算规范指引》是在汪平、邹颖带领下，在认真阅读各种估算方法原始文献的基础上，结合中国数据库提供机构［国泰安（CSMAR）数据库、万得（WIND）数据库和锐思（RESSET）数据库］所提供的现实数据，针对中国上市公司做出的资本成本估算的规范性指引。为了对应估算方法及相关数据库的变化，我们将每年对该规范指引进行修订。参与本指引讨论和撰写的人员有：兰京、张丽敏、慕亚垒、郎亚男、杨秀杰、郝一琳、侯凯、李思、马博文、朱晓斐、张延新、魏田田、王晓娜、张一梅、李燕茹、安文静、刘旭、罗孟旎、周行、陶龙娇、于锦荟、谢恒、李洋、王庆娟、陈芮、崔潇漫、黄其晴、孟姣、杜松桦、赵睿、李俊瑶等。

一、变量定义与说明

表1　变量定义与说明

变量符号	变量说明	数据选取	数据库来源	选取期间	对应的估算模型
r_e	股权资本成本	采用 CAPM、FF 三因素、FF 五因素、Gordon 模型、GLS 模型、OJ 模型、CT 模型、PEG 模型、MPEG 模型计算求得	—	2000—2020 年	—
r_d	债务资本成本	借鉴李琳（2010）①，（费用化利息支出+资本化利息支出）(1-T)/带息负债	—	1999—2020 年	—
WACC	加权资本成本	采用市值权重和账面权重两种方案对股权资本成本和债务资本成本进行加权	—	2000—2020 年	—
r_f	无风险报酬率	借鉴闫甜（2008）②的做法，采用十年期国债的日到期收益率的算术平均值	CSMAR 数据库	2000—2020 年	CAPM 模型、Fama-French 三因素模型、Fama-French 五因素模型
r_m	综合市场报酬率	借鉴 Brigham 和 Ehrhardt（2014）③的做法，运用 $R_m = \dfrac{dps_1}{P_0} + g$（Gordon 模型）测算隐含风险溢价	CSMAR 数据库	1999—2020 年	CAPM 模型、Fama-French 三因素模型
β	风险系数	借鉴陈浪南、屈文洲（2000）④，朱宝宪、何治国（2002）⑤的做法，运用 $r_i - r_f = \alpha + \beta \times (r_m - r_f) + \varepsilon$ 公式进行回归，其中 r_i 为个股收益率，r_m 为综合市场回报率，采用周数据，r_f 为十年国债利率	CSMAR 数据库	2000—2020 年	CAPM 模型
SMB	规模因子	按上年末流通股市值，将上市公司按照规模 50%、50%分为两组，S 和 B	CSMAR 数据库	1999—2020 年	Fama-French 三因素模型

---

① 李琳. 基于我国资本市场的会计稳健性与债务资本成本关系研究［J］. 武汉科技大学学报（社会科学版），2010，12（4）：68-73.

② 闫甜. 上市公司与国有企业资本成本测算及对比分析：基于 CAPM 的资本成本测算［J］. 财会通讯（综合版），2008（4）：86-89.

③ EUGENE F BRIGHAM, MICHAEL C EHRHARDT. Financial Management：Theory and Practice［M］. 14th edition. Cengage Learning, 2014.

④ 陈浪南，屈文洲. 资本资产定价模型的实证研究［J］. 经济研究，2000，4：26-34.

⑤ 朱宝宪，何治国. β 值和账面/市值比与股票收益关系的实证研究［J］. 金融研究，2002（4）：71-79.

续表

变量符号	变量说明	数据选取	数据库来源	选取期间	对应的估算模型
HML	账面市值比因子	按上年末的股权账面价值/市场价值,将公司分为30%、40%、30%,即L、M、H三组	CSMAR数据库	1999—2020年	Fama–French三因素模型
RMW	盈利因子	根据$t-1$年12月末的营业利润率,将上市公司按照营业利润率30%、40%、30%分为三组,R、M和W	CSMAR数据库	1999—2020年	Fama–French五因素模型
CMA	投资因子	根据$t-1$年12月末的总资产同比增长率,将上市公司按照总资产同比增长率30%、40%、30%分为三组,C、M和A	CSMAR数据库	1998—2020年	Fama–French五因素模型
β_i ($i=1,2,3$)	风险因子系数	运用 $r_i - r_f = \alpha + \beta_1 \times (r_m - r_f) + \beta_2 SMB + \beta_3 HML + \varepsilon$ 采用月数据回归得到	CSMAR数据库	1999—2020年	Fama–French三因素模型
β_i ($i=1,2,3,4,5$)	风险因子系数	运用 $r_i - r_f = \alpha + \beta_1 \times (r_m - r_f) + \beta_2 SMB + \beta_3 HML + \beta_4 RMW + \beta_5 CMA + \varepsilon$ 采用月数据回归得到	CSMAR数据库	1999—2020年	Fama–French五因素模型
P_0	年初每股市价	上年末收盘价	RESSET数据库	1999—2020年	CAPM、Gordon、GLS、OJ、PEG、MPEG、CT模型
eps	每股收益	实际数据	CSMAR数据库	1999—2020年	OJ、GLS、PEG、MPEG、CT模型
		借鉴Hou等(2012)① 的方法,用HVZ模型预测得到	RESSET数据库	1999—2020年	
		借鉴Hou等(2012)② 和Mohanram(2014)③ 的做法,用修正的RI模型预测得到			
		分析师预测数据	CSMAR数据库	2004—2020年	

---

① HOU K, VAN DIJK M A, ZHANG Y. The Implied Cost of Capital: A New Approach [J]. Journal of Accounting and Economics, 2012, 53 (3): 504-526.

② HOU K, VAN DIJK M A, ZHANG Y. The Implied Cost of Capital: A New Approach [J]. Journal of Accounting and Economics, 2012, 53 (3): 504-526.

③ LI K K, MOHANRAM P. Evaluating Cross-Sectional Forecasting Models for Implied Cost of Capital [J]. Review of Accounting Studies, 2014, 19 (3): 1152-1185.

续表

变量符号	变量说明	数据选取	数据库来源	选取期间	对应的估算模型
dps	每股股利	实际数据，若为空值，则赋值为0	CSMAR数据库	2000—2020年	Gordon、OJ、GLS、CT模型
		分析师预测数据	WIND数据库	2004-2020年	
g	可持续增长率	年度可持续增长率	CSMAR和WIND数据库	2000—2020年	Gordon模型
		非正常盈余的长期增长率，选取十年期国债到期收益率		2000—2020年	CT模型
roe	权益报酬率	采用公司上市之日起至估算当年的行业中位数，作为第12期的roe	CSMAR数据库	1990—2020年	GLS模型
bps	每股净资产	期末每股净资产	CSMAR数据库	2000—2020年	GLS、CT模型
$\gamma-1$	长期增长率	采用十年期国债到期收益率	CSMAR和WIND数据库	2000—2020年	OJ模型
K_0	上年末实际股利支付率	上年末实际股利分配率，不赋值为0	CSMAR数据库	1999—2020年	GLS、OJ、MPEG、CT模型
T	所得税率	采用报表附注中年末所得税税率	WIND数据库	2000—2020年	r_d

二、样本公司筛选过程

（一）数据选取

网络下载证监会2020年四季度上市公司行业分类结果（见中国证券监督管理委员会-统计数据-上市公司行业分类结果-2020年4季度上市公司行业分类结果）。

（二）筛选原则

（1）删除2020年度新上市公司。

选取CSMAR数据库—股票市场交易—基本数据—公司文件—选"证券代码、证券简称、上市日期"。

(2) 删除 B 股公司数据（即证券代码以 2 或 9 开头的公司）。

注意：

总样本中只删掉了年度新上市和 B 股公司的数据。

删除 2020 年新上市公司的步骤中，在进行匹配时，可能会发现在 CSMAR 数据库中下载的 2020 年新上市公司数据条数与证监会公布的数据不一致。原因可能是该公司上市是在年底，证监会没有统计在内。

三、股权资本成本估算方法与步骤

（一）资本资产定价模型（CAPM）

$$r_e = r_f + \beta \times (r_m - r_f)$$

1. 数据选取

表 2　CAPM 模型所需下载数据与路径

指标	来源	条件筛选
r_f（无风险报酬率）	—	—
r_m（综合周市场报酬率）	CSMAR 数据库—股票市场系列—股票市场交易—综合市场交易数据—综合周市场回报率文件—选"交易周份、考虑现金红利再投资的综合周市场回报率（流通市值加权平均法）"	市场类型 = 综合 A 股市场（5）
r_i（个股周收益率）	CSMAR 数据库—股票市场系列—股票市场交易—个股交易数据—周个股回报率文件—选"证券代码、交易周份、考虑现金红利再投资的周个股回报率"	—
dps_1（当期每股股利）	CSMAR 数据库—公司研究系列—财务指标分析—股利分配—选"股票代码、截止日期、每股税前现金股利"	报表类型编码 = 合并报表 截止日期包含 12 月
P_1	RESSET 数据库—股票综合数据—年股票综合数据—选"股票代码、日期、收盘价"	—
股本结构相关指标	CSMAR 数据库—公司研究系列—治理结构—股东股本—股本结构文件—选"证券代码、统计截止日期、总股数、未流通股份、其中 A 股流通股数"	时间范围：2000 年 1 月 1 日到 2020 年 12 月 31 日

（1）r_f：选用十年期国债的到期收益率作为无风险报酬率。本规范指引根据 CSMAR 数据库中十年期国债的数据情况，从数据库中分段选取数据。具体如下：

2002—2020 年：选取 CSMAR 数据库—数据中心—债券市场系列—债券市场—市场统计—中债国债收益率情况表[①]。得到每年的十年期国债的日到期收益率，然后求算数平均值，作为无风险报酬率。

2001 年：首先，查找 CSMAR 数据库—债券市场系列—中国债券市场研究数据库—基本情况—国债、企业债、公司债，全选，代码选择：国债，找到 2001 年发行的所有十年期国债及其具体代码。2001 年共发行 9 个十年期国债，具体代码为：010010、010110、010112、010203、010210、010215、010303、101912、101918。然后，查找 CSMAR 数据库—债券市场系列—中国债券市场研究数据库—交易数据，全选，代码选择：国债，找到 2001 年这些国债所匹配的到期收益率。经过查找发现，只有三支国债（010110、010112、101912）有匹配的数据，到期收益率分别为：2.952 4%、2.832%、2.897 9%。本规范指引以这三只国债到期收益率的平均数，2.894 1%，作为 2001 年无风险报酬率。

2000 年：基于某些特殊原因，当前所有可以获得的数据库中均未提供 2000 年发行的十年期国债的票面利率与到期收益率，本规范指引采用 1999 年和 2001 年十年期国债到期收益率的平均值作为 2000 年的无风险报酬率。1999 年十年期国债到期收益率的数据来源与 2001 年的一样，经过查找以及匹配得到，1999 年总共发行五个十年期国债，具体代码为：009908、101998、009902、009906、009908。经过查找发现，只有 009908 和 101998 有到期收益率，分别为 3.482 1% 和 3.381 5%，经过平均计算得到 1999 年的到期收益率为：3.431 8%。然后把 1999 年和 2001 年的到期收益率经过平均得到 3.162 95%，以该数值作为 2000 年无风险报酬率。

（2）$r_m - r_f$（Equity Risk Premium，ERP）：市场风险溢价。

如果 r_m 选用综合市场回报率 [考虑现金红利再投资的综合月市场回报率（流通市值加权平均法），CSMAR 数据库—股票市场系列—股票市场交易—综合市场交易数据—综合月市场回报率文件—选"交易月份、考虑现金红利再投资的综合月市场回报率（流通市值加权平均法）"，然后条件筛选：市场类型选择综合 A 股市场]，则 2000—2020 年的共计 252 个月份中，得到的综合市场月回报率为负值的月份有 111 个，进而使得 $(r_m - r_f)$ 为负值的有 166 个月。

采用历史数据估算市场风险溢价是存在问题的，由于股票市场的波动，会造成一些根据历史数据得到的市场风险溢价出现负值的情况（Brigham & Ehrhardt, 2014）[②]。Damodaran（2021）[③] 指出："如果对于美国市场都很难估算出一个可信的历史风险溢价的话，那么对于那些发展时间短、波动性大、处于转型期的市场而言，这一难度则要

[①] CSMAR 数据库中，十年期国债的到期收益率数据起始年份为 2002 年。

[②] EUGENE F BRIGHAM, MICHAEL C EHRHARDT. Financial Management: Theory and Practice [M]. 14th edition. Cengage Learning, 2014.

[③] Damodaran, Aswath, Equity Risk Premiums (ERP): Determinants, Estimation, and Implications - The 2021 Edition (March 23, 2021). Available at SSRN: https://ssrn.com/abstract=3825823 or http://dx.doi.org/10.2139/ssrn.3825823.

加倍了。新兴市场，情况更是如此。这些国家的股票市场往往发展历史较短（比如东欧和中国），或者在近年发生了重大变化（如拉丁美洲、印度）。许多西欧股市也是如此。例如德国、意大利和法国虽然属于成熟经济体，但这几个国家的股市直到最近都不具备相同特征。这几个国家的股市往往由少数大公司主导，许多企业仍然是私营企业，除了少数股票外，交易量很少。"

鉴于上述原因，本规范指引借鉴 Brigham 和 Ehrhardt（2014）的思路，假设在市场均衡的条件下，市场要求的报酬率（r_m）等于市场期望的报酬率，考虑使用稳定增长的股利折现模型（Gordon 模型）估算隐含风险溢价（Implied Equity Risk Premium, IERP）。具体的模型如下：

$$r_m = \frac{dps_1}{P_0} + g$$

其中：dps_1/P_0 为以个股年股利收益率，是按照股票的市值权数进行加权平均得到的综合市场股利收益率。综合市场股利收益率具体估算步骤如下：

● dps_1：当期每股股利。

实际数据：2000—2020 年：选取 CSMAR 数据库—公司研究系列—财务指标分析—股利分配—选"股票代码、截止日期、每股税前现金股利"。对于 dps_1 为空缺值的，表示上市公司当年未发放股利，赋值为 0。

● P_0：

上年末收盘价，基于 P_1 数据，使年份+1 获得。P_1 路径为本年末收盘价：选取 RESSET 数据库—股票综合数据—年股票综合数据—选"股票代码、日期、收盘价"。

● 股票的市值权数：

上证综指于 1991 年 7 月 15 日发布，是上海第一个反映市场整体走势的旗舰型指数，也是中国资本市场影响力最大的指数，包含 A 股、B 股等上交所全部上市股票，以总股本为权数通过加权进行计算①。

深证成指是以从深圳证券交易所挂牌上市的所有股票中抽取具有市场代表性的 500 家上市公司的股票为样本，以流通股本为权数，以加权平均法计算，以 1994 年 7 月 20 日为基日，基日指数定为 1 000 点②。

本规范指引采用按照股本分级靠档的方法，即根据自由流通股本所占 A 股总股本的比例（即自由流通比例），赋予 A 股总股本一定的加权比例，以确保计算指数的股本保持相对稳定，并以股票的市值权数计算综合市场股利收益率。

按照相关政策条例，上市公司发行在外的 A 股总股本中，公告明确的限售股份和下述六类股东及其一致行动人持股超过 5%的股份，都被视为非自由流通股本：①公司创建者、家族、高级管理者等长期持有的股份；②国有股份；③战略投资者持有的股份；④被冻结的股份；⑤受限的员工持有的股份；⑥上市公司交叉持有的股份。理论

---

① 资料来源：上海证券交易所官方网站：http：//www.sse.com.cn/market/sseindex/bluechips/。
② 资料来源：深圳证券交易所官方网站：http：//www.szse.cn/marketServices/message/index/project/ P020190201581531457526. pdf。

上讲，个股自由流通股本应当在总股本的基础上减去上述非自由流通股本后计算得出，然而现实在统计上述六类非自由流通股与限售股份的过程中，存在着类型间交叉重合或者无法细分类型的情况，因此，本规范指引采用 CSMAR 数据库中的非限售流通股本和流通股本占总股本的比例计算 2000—2020 年的流通股比例，即：流通股比例=A 股流通股/（A 股流通股+非流通股）。路径：CSMAR 数据库—公司研究系列—治理结构—股东股本—股本结构文件—选"证券代码、统计截止日期、总股数、未流通股份、其中 A 股流通股数"。代码选择：全体 A 股。时间选择 2000 年 1 月 1 日到 2020 年 12 月 31 日。

表 3　上证系列指数分级靠档表

自由流通比例（%）	加权比例（%）
≤10	自由流通比例
(10，20]	20
(20，30]	30
(30，40]	40
(40，50]	50
(50，60]	60
(60，70]	70
(70，80]	80
>80	100

股票的市值权数：以全部股本×加权比例得到调整后的股本，然后以（个股本年末收盘价×调整后的股本）/总市价（所有个股本年末收盘价×调整后的股本加总起来）作为权重进行计算。

P_1 个股本年末收盘价：RESSET 数据库—股票综合数据—年股票综合数据—选"股票代码、日期、收盘价"。

根据上述方法计算出个股股利收益率（dps_1/P_0），使用股本分级靠档的方法采用股票的市值权数计算出方法的综合市场股利收益率，采用这方法得到综合股利收益率，最终代入模型计算出资本成本。

- g：

为了计算整个市场平均的股利增长率，借鉴 Damodaran（2015），直接选用 r_f。根据上述稳定增长的股利折现模型得到 r_m，然后减去 r_f，即可得到（$r_m - r_f$）。依据上述参数选取方法，市场风险溢价（$r_m - r_f$）实际上就是综合市场股利收益率。Rozeff（1984）[1]、Fama 和 French（1988）[2] 提供了这方面的理论与经验证据。

---

[1] MICHAEL S ROZEFF. Dividend Yields are Equity Risk Premiums [J]. Journal of Portfolio Management, 1984, 11 (1): 68-75.

[2] EUGENE F FAMA, KENNETH R FRENCH. Dividend Yields and Expected Stock Returns [J]. Journal of Financial Economics, 1988, 22 (1): 3-25.

在此补充一种综合市场年股利收益率（dps_1/P_0）的计算方法：根据中国证券期货统计年鉴，可以得到 2008 年以后各年的股息率①，即综合市场年股利收益率。

(3) β：采用周数据进行回归。回归模型如下：

$$r_i - r_f = \alpha + \beta_i \times (r_m - r_f) + \varepsilon$$

其中，r_m 为综合市场报酬率，采用市场收盘指数的周数据计算，CSMAR 数据库：股票市场系列—股票市场交易—综合市场交易数据—综合市场周回报率文件—选"交易周份、考虑现金红利再投资的综合周市场回报率（流通市值加权平均）"，然后条件筛选选择综合 A 股市场。r_i 为个股周收益率，CSMAR 数据库—股票市场系列—股票市场交易—个股交易数据—周个股回报率文件—选"证券代码、交易周份、考虑现金红利再投资的周个股回报率"。采用实际 r_m 和 r_f 回归得到 β。

2. 样本期间与筛除原则

样本期间：根据数据确定 1999—2020 年。

筛除原则：删除空缺的观测值以及 r_m 计算中 P_0 为负的观测值。

（二）FF 三因素模型

$$r_e = r_f + \beta_1 \times (r_m - r_f) + \beta_2 \times SMB + \beta_3 \times HML$$

1. 数据选取

表 4　FF 三因素模型所需下载数据与路径

指标	来源	条件筛选
r_f（无风险报酬率）	同 CAPM	—
r_m（综合月市场报酬率）	CSMAR 数据库—股票市场系列—股票市场交易—综合市场交易数据—综合月市场回报率文件—选"交易月份、考虑现金红利再投资的综合月市场回报率（流通市值加权平均法）"	市场类型 = 综合 A 股市场（5）
r_i（个股月收益率）	CSMAR 数据库—股票市场系列—股票市场交易—个股交易数据—月个股回报率文件—选"证券代码、交易月份、考虑现金红利再投资的月个股回报率"	—
流通股市值（市场价值）	CSMAR 数据库—股票市场系列—股票市场交易—个股交易数据—月个股回报率文件—选"证券代码、交易月份、月个股流通市值"	时间范围：1999 年 12 月 1 日到 2020 年 12 月 31 日

---

① 年鉴中的计算方法是：对一组股票的平均股息率通常用总体法计算，公式为：股息率 =（Σ 统计期内的对应现金分红合计/Σ 样本股票期末市值）×100%。

续表

指标	来源	条件筛选
股权的账面价值	CSMAR 数据库—公司研究系列—财务报表—资产负债表—选"证券代码、会计期间、所有者权益合计"	时间范围：1999 年 12 月 1 日到 2020 年 12 月 31 日 报表类型编码 = 合并报表 截止日期 包含 12 月

(1) r_f：完全同 CAPM，此处略。

(2) $r_m - r_f$：ERP，完全同 CAPM，此处略。

(3) SMB 规模因子的构造：

根据 t-1 年 12 月末的流通股市值，对 t 年 1 月至 12 月期间内的上市公司按照市值规模 50%、50%分为两组，S 和 B。CSMAR 数据库—股票市场系列—股票市场交易—个股交易数据—月个股回报率文件—选"证券代码、交易月份、月个股流通市值"。时间范围从 1999 年 12 月 1 日到 2020 年 12 月 31 日。

关于规模因子的分组，每年仅在当年 12 月末进行一次，应用于次年的 1 月到 12 月。如：依据 1999 年 12 月末上市公司的市值规模进行分组后，在 2000 年 1 月到 2000 年 12 月这一期间内每个月都按照 t-1 年 12 月末，也就是 1999 年 12 月末的市值规模进行分组，然后依据 2000 年 12 月末上市公司的市值规模进行分组后，在第二个期间内也就是 2001 年 1 月到 2001 年 12 月这一期间，每个月都按照 2000 年 12 月末的市值规模进行分组。

(4) HML 账面市值比因子的构造：

根据 t-1 年 12 月末的股权账面价值/市场价值，将上市公司按照账面市值比 30%、40%、30%分为三组，L、M 和 H。

市场价值：CSMAR 数据库—股票市场系列—股票市场交易—个股交易数据—月个股回报率文件—选"证券代码、交易月份、月个股流通市值"。时间范围从 1999 年 12 月 1 日到 2020 年 12 月 31 日。

股权的账面价值：CSMAR 数据库—公司研究系列—财务报表—资产负债表—选"证券代码、会计期间、所有者权益合计"，筛选条件报表类型选择合并报表，条件筛选截止日期包括 12 月。时间范围从 1999 年 12 月 1 日到 2020 年 12 月 31 日。

与规模因子的分组构造类似，账面市值比因子的分组，每年仅在当年 12 月末进行一次，应用于次年的 1 月—12 月。如：依据 1999 年 12 月末上市公司的账面市值比进行分组后，在 2000 年 1 月到 2000 年 12 月这一期间内，每个月都按照 t-1 年 12 月末，也就是 1999 年 12 月末的账面市值比进行分组。然后依据 2000 年 12 月末上市公司的账面市值比进行分组后，在第二个期间内也就是 2001 年 1 月到 2001 年 12 月这一期间，每个月都按照 2000 年 12 月末的账面市值比进行分组。

2. SMB 和 HML 组合构造举例

因为每月个股的收益率也可能为负值，构造成的组合也可能为负值。同时关于

SMB 和 HML 中也涉及组合收益率的相减，也可能会出现负值情况。若出现了负值，就按照负值去计算。以 2000 年 1—12 月为例，构造组合方法如下：

以 1999 年 12 月末的流通市值（流通股股数乘以市价）和账面市值比（其中市场价值也是流通市值），就构成 6 个组合。具体为：按照流通市值分为两部分，为 S 和 B 两组，账面市值比分为 3 组，分为 L、M 和 H 三组，构成 6 个组合。组合分别为：S/L、S/M、S/H、B/L、B/M、B/H。计算规模因子和账面市值比因子方法如下：

$$SMB = (S/L + S/M + S/H)/3 - (B/L + B/M + B/H)/3$$
$$HML = (S/H + B/H)/2 - (S/L + B/L)/2$$

每个组合收益率的计算则是以当月每个个股考虑现金红利再投资的收益率乘以权重得到的，权重则是 1999 年 12 月末每个个股流通市值除以每个组合中总的流通市值。个股收益率：CSMAR 数据库—股票市场系列—股票市场交易—个股交易数据—月个股回报率文件—选"证券代码、交易月份、考虑现金红利再投资的月个股回报率"。类似地，2000 年 2—11 月也均以 1999 年 12 月末的流通市值和账面市值比为基准进行分组，以当月个股收益率乘 1999 年 12 月末个股流通市值权重计算组合收益率。

在完成各月组合收益率的计算后，以每月 6 个组合中 3 个高规模组合的组合收益率均值与 3 个低规模组合的组合收益率均值的差确定为当月的规模因子数值；以每月 6 个组合中 2 个高账面市值比组合的组合收益率均值与 2 个低账面市值比组合的组合收益率均值的差确定为当月的账面市值比因子数值。依据此方法计算得出 2000—2020 年每个月的规模因子和账面市值比因子。

关于规模因子和账面市值比因子，每年均只进行一次分组，并以此分组计算各月的组合收益率，进而计算出各月规模因子和账面市值比因子的数值。如：在 1999 年 12 月末进行一次分组，那么在 2000 年 1 月到 2000 年 12 月这一期间内，每个月都按照 $t-1$ 年 12 月末，也就是 1999 年 12 月末的市值规模和账面市值比进行分组，并计算 2000 年 1 月到 2000 年 12 月的组合收益率，然后，在 2000 年 12 月末进行一次分组，在第二个期间内，也就是 2001 年 1 月到 2001 年 12 月这一期间，每个月按照 2000 年 12 月末的市值规模和账面市值比进行分组，并计算 2000 年 1 月到 2000 年 12 月的组合收益率。

3. 风险因子系数的获得

采用月数据进行回归。回归模型如下：

$$r_i - r_f = \alpha + \beta_1 \times (r_m - r_f) + \beta_2 \times SMB + \beta_3 \times HML + \varepsilon$$

其中，r_m 为综合市场报酬率，采用市场收盘指数的月数据计算，[考虑现金红利再投资的综合月市场回报率（流通市值加权平均法），CSMAR 数据库—股票市场系列—股票市场交易—综合市场交易数据—综合月市场回报率文件—选"交易月份、考虑现金红利再投资的综合月市场回报率（流通市值加权平均法）"，然后条件筛选：市场类型选择综合 A 股市场]。r_i 为个股月收益率，CSMAR 数据库—股票市场系列—股票市场交易—个股交易数据—月个股回报率文件—选"证券代码、交易月份、考虑现金红利再投资的月个股回报率"。回归得到风险因子系数 β_1、β_2、β_3。

在获得风险因子系数后，将系数代入 FF 三因素模型求得 r_e。在计算 r_e 的 FF 三因素模型中，规模因子和账面市值比因子的数值以当年各月的均值计算。如 2000 年的规模因子，以 2000 年 1 月至 2000 年 12 月的均值计算。注意：当某个月份的规模因子（SMB）和（或）账面市值比因子（HML）为负值时，以零代入①。

本规范指引仅列示了 FF 三因素模型按月估算的数据选取与估算方法，数据亦可按周选取数据，进行估算，并对比结果。

4. 样本期间与筛选原则

样本期间：根据数据确定 1999—2020 年。

筛选原则：

删除账面价值为负的观测值；

删除 r_m 计算中 P_0 为负的观测值。

（三）FF 五因素模型

$$r_e = r_f + \beta_1 \times (r_m - r_f) + \beta_2 \times SMB + \beta_3 \times HML + \beta_4 \times RMW + \beta_5 \times CMA$$

1. 数据选取

表 5　FF 五因素模型所需下载数据与路径

指标	来源	条件筛选
r_f（无风险报酬率）	同 CAPM	—
r_m（综合月市场报酬率）	CSMAR 数据库—股票市场系列—股票市场交易—综合市场交易数据—综合月市场回报率文件—选"交易月份、考虑现金红利再投资的综合月市场回报率（流通市值加权平均法）"	市场类型 = 综合 A 股市场（5）
r_i（个股月收益率）	CSMAR 数据库—股票市场系列—股票市场交易—个股交易数据—月个股回报率文件—选"证券代码、交易月份、考虑现金红利再投资的月个股回报率"	—
流通股市值（市场价值）	CSMAR 数据库—股票市场系列—股票市场交易—个股交易数据—月个股回报率文件—选"证券代码、交易月份、月个股流通市值"	时间范围：1999 年 12 月 1 日到 2020 年 12 月 31 日
股权的账面价值	CSMAR 数据库—公司研究系列—财务报表—资产负债表—选"证券代码、会计期间、所有者权益合计"	时间范围：1999 年 12 月 1 日到 2020 年 12 月 31 日 报表类型编码 = 合并报表 截止日期 包含 12 月

---

① 每个月规模因子和账面市值比因子负值数的零值替代仅在最后计算 r_e 所需年度因子的过程中进行。在计算因子系数的回归过程中，不对各月因子的负值数进行零值替代。

续表

指标	来源	条件筛选
营业利润	CSMAR 数据库—公司研究系列—财务指标分析—利润表—选"证券代码、会计期间、营业利润"	时间范围：1999 年 12 月 1 日到 2020 年 12 月 31 日 报表类型编码 = 合并报表 截止日期 包含 12 月
所有者权益合计	CSMAR 数据库—公司研究系列—资产负债表—选"证券代码、会计期间、所有者权益合计"	时间范围：1999 年 12 月 1 日到 2020 年 12 月 31 日 报表类型编码 = 合并报表 截止日期 包含 12 月
资产总计	CSMAR 数据库—公司研究系列—财务报表—资产负债表—选"证券代码、会计期间、资产总计"	时间范围：1998 年 12 月 1 日到 2020 年 12 月 31 日 报表类型 = 合并报表 截止日期 包含 12 月

（1）r_f：完全同 CAPM，此处略。

（2）$r_m - r_f$：ERP，完全同 CAPM，此处略。

（3）SMB 规模因子的构造：完全同 FF 三因素模型，此处略。

（4）HML 账面市值比因子的构造：完全同 FF 三因素模型，此处略。

（5）RMW 盈利因子的构造：

与账面市值比的分组构造类似，根据 $t-1$ 年 12 月末的营业利润率（营业利润/所有者权益），将上市公司按照营业利润率 30%、40%、30% 分为三组，R、M 和 W。

营业利润率：CSMAR 数据库—公司研究系列—财务指标分析—利润表—选"证券代码、会计期间、营业利润"；CSMAR 数据库—公司研究系列—资产负债表—选"证券代码、会计期间、所有者权益合计"；代码导入，筛选条件报表类型选择合并报表，条件筛选截止日期包含 12 月。时间范围从 1999 年 12 月 1 日到 2020 年 12 月 31 日。

（6）CMA 投资因子的构造：

与账面市值比的分组构造类似，根据 $t-1$ 年 12 月末的总资产同比增长率，将上市公司按照总资产同比增长率 30%、40%、30% 分为三组，C、M 和 A。其中 $t-1$ 期总资产同比增长率计算公式为：（$t-1$ 年 12 月末资产总计—$t-2$ 年 12 月末资产总计）/$t-2$ 年 12 月末资产总计[①]。

资产总计：CSMAR 数据库—公司研究系列—财务报表—资产负债表—选"证券代码、会计期间、资产总计"，筛选条件报表类型选择合并报表，条件筛选截止日期包含 12 月。时间范围从 1998 年 12 月 1 日到 2020 年 12 月 31 日。

---

① 总资产增长率不采用数据库里的指标而按照定义式手工计算的原因主要是考虑数据量。样本公司 2000—2020 年的 $t-1$ 年 12 月末总资产同比增长率（39 290 条），而 1998—2019 年 12 月末资产总计（43 039 条），以总资产为基础计算的 2000—2020 年的 $t-1$ 年 12 月末总资产同比增长率（39 291 条）。

2. SMB 和 HML、RMW、CMA 组合构造举例

Fama&French（2015）[①] 和李志冰等（2017）[②] 采用了三种方法构建规模因子、账面市值比因子、盈利因子和投资因子的组合。第一种方法是 2×3 的方法，将规模因子分别和账面市值比因子、盈利因子和投资因子进行交叉分组（分组方式类似于 FF 三因素模型中规模因子与账面市值比因子的交叉分组，此处略），构建 18 个组合；第二种方法是 2×2 的方法，即类似于规模因子的分组，将账面市值比因子、盈利因子和投资因子的 30% 和 70% 分位点替换为 50%；第三种方法是 2×2×2×2 的方法，即在 2×2 方法的基础上，把四个指标同时交叉。本指引采用第一种方法进行组合的构造。

每个月组合收益率和因子的计算参照 FF 三因素模型，计算公式如下：

$$SMB_{B/M} = (S/L + S/M + S/H)/3 - (B/L + B/M + B/H)/3$$

$$SMB_{O/P} = (S/R + S/M + S/W)/3 - (B/R + B/M + B/W)/3$$

$$SMB_{inv} = (S/C + S/M + S/A)/3 - (B/C + B/M + B/A)/3$$

$$SMB = (SMB_{B/M} + SMB_{O/P} + SMB_{inv})/3$$

$$HML = (S/H + B/H)/2 - (S/L + B/L)/2$$

$$RMW = (S/R + B/R)/2 - (S/W + B/W)/2$$

$$CMA = (S/C + B/C)/2 - (S/A + B/A)/2$$

3. 风险因子系数的获得

采用月数据进行回归。回归模型如下：

$$r_i - r_f = \alpha + \beta_1 \times (r_m - r_f) + \beta_2 \times SMB + \beta_3 \times HML + \beta_4 \times RMW + \beta_5 \times CMA + \varepsilon$$

其中，r_m 为综合市场报酬率，采用市场收盘指数的月数据计算，[考虑现金红利再投资的综合月市场回报率（流通市值加权平均法），CSMAR 数据库—股票市场系列—股票市场交易—综合市场交易数据—综合月市场回报率文件—选"交易月份、考虑现金红利再投资的综合月市场回报率（流通市值加权平均法）"，然后条件筛选：市场类型选择综合 A 股市场]。r_i 为个股月收益率，CSMAR 数据库—股票市场系列—股票市场交易—个股交易数据—月个股回报率文件—选"证券代码、交易月份、考虑现金红利再投资的月个股回报率"。回归得到风险因子系数 β_1、β_2、β_3、β_4、β_5。

与 FF 三因素模型类似，在获得风险因子系数后，将系数代入 FF 五因素模型求得 r_e。注意：规模因子（$SMB_{B/M}$、$SMB_{O/P}$ 和 SMB_{inv}）、账面市值比因子（HML）、盈利因子（RMW）和投资因子（CMA）的负值数，以零代入[③]。

本规范指引仅列示了 FF 五因素模型按月估算的数据选取与估算方法，数据亦可按周选取数据，进行估算，并可将结果进行对比。

[①] EUGENE F FAMA, KENNETH R FRENCH. A five-factor asset pricing model [J]. Journal of Financial Economics, 2015, 116 (1)：1—22.

[②] 李志冰，杨光艺，冯永昌，等. Fama-French 五因子模型在中国股票市场的实证检验 [J]. 金融研究，2017 (6)：191—206.

[③] 与 FF 三因素模型类似，每个月规模因子、账面市值比因子、盈利因子和投资因子负值数的零值替代仅在最后计算 r_e 所需年度因子的过程中进行。在计算因子系数的回归过程中，不对各月因子的负值数进行零值替代。

4. 样本期间与筛除原则

样本期间：根据数据确定 1998—2020 年。

筛除原则：

删除账面价值为负的观测值；

删除 r_m 计算中 P_0 为负的观测值。

（四）Gordon 模型

$$r_e = \frac{dps_1}{P_0} + g$$

1. 数据选取

(1) dps_1：当期每股股利。

实际数据：2000—2020 年：选取 CSMAR 数据库—公司研究系列—财务指标分析—股利分配—选"股票代码、截止日期、报表类型编码、每股税前现金股利"；条件筛选：截止日期包含 12 月、报表类型编码=合并报表。对于 dps_1 为空缺值的，表示上市公司当年未发放股利，赋值为 0。

预测数据：采用公式 $dps_1 = eps_1 \times K_0$ 计算。

其中，eps_1：①分析师预测数据：若 RESSET 数据库中有分析师预测数据，采用如下方式下载 RESSET 数据库—RESSET 研究报告—股票预测评级（分析师预测）—选"股票代码、预测日期（t 年）、每股收益（t 年）、每股收益（t+1 年）"；否则，从 CSMAR 数据库中下载，CSMAR 数据库—公司研究系列—分析师预测—分析师预测情况—分析师预测指标文件（所有字段均下载），并采用 Stata 进行数据的整理（注：自 2019 年起，RESSET 数据库不再更新分析师预测数据，因此改用 CSMAR 数据库中分析师预测数据，以后 RESSET 数据库若有更新，可以采用 RESSET 数据库的下载路径。本着谨慎性原则最好核对一下原始数据与往年的差异）。②采用截面回归预测模型预测出来的 eps_t 数据。（注意：使用截面回归预测模型预测出来的 eps_t 数据需要滞后一年。例如：1999 年的 eps_t 是 2000 年的 eps 预测值）。K_0：上年末实际股利支付率，选取 CSMAR 数据库—公司研究系列—财务指标分析—股利分配—"股票代码、截止日期、报表类型编码、股利分配率"；条件筛选：截止日期包含 12 月、报表类型编码=合并报表。

(2) P_0：上年末收盘价：选取 RESSET 数据库—股票综合数据—年股票综合数据—选"股票代码、日期、收盘价"。

(3) g：可持续增长率：选取 CSMAR 数据库—公司研究系列—财务指标分析—发展能力—"股票代码、会计年度、报表类型编码、可持续增长率"；条件筛选：截止日期包含 12 月、报表类型编码=合并报表。

2. 样本期间与筛除原则

样本期间：

实际数据估算期：2000—2020 年；

预测数据估算期：采用分析师预测数据：2004—2020 年；采用截面回归预测数据：

1999—2020 年。

筛除原则：

删除没有 g 以及 g 为负的或大于 1 的观测值。

删除没有 P_0 以及 P_0 为负的观测值。

删除预测数据中 $dps_1(=eps_1 \times K_0)$ 为负的观测值。

删除 K_0 缺失的观测值

（五）GLS 模型

$$P_0 = bps_0 + \sum_{t=1}^{3} \frac{(roe_t - r_e)}{(1+r_e)^t} bps_{t-1} + \sum_{t=4}^{12} \frac{(roe_t - r_e)}{(1+r_e)^t} bps_{t-1} + \frac{(roe_{12} - r_e)}{r_e(1+r_e)^{12}} bps_{11}$$

计算时，将上式转化如下：

$$0 = \frac{roe_1 - r_e}{1+r_e} + \frac{roe_2 - r_e}{(1+r_e)^2}(CG_1) + \frac{roe_3 - r_e}{(1+r_e)^3}(CG_2) + \cdots$$

$$+ \frac{roe_{11} - r_e}{(1+r_e)^{11}}(CG_{10}) + \frac{roe_{12} - r_e}{(1+r_e)^{12}}(CG_{11}) + \frac{\frac{roe_{12} - r_e}{(1+r_e)^{12}}}{r_e}(CG_{11}) - \left(\frac{P_0}{bps_0} - 1\right)$$

$$CG_0 = 1$$
$$CG_1 = [1+roe_1 \times (1-K)]$$
$$CG_2 = [1+roe_1 \times (1-K)] \times [1+roe_2 \times (1-K)]$$
$$CG_{11} = [1+roe_1 \times (1-K)] \times [1+roe_2 \times (1-K)] \times \ldots \times [1+roe_{11} \times (1-K)]$$

1. 数据选取

（1）P_0：

上年末收盘价：选取 RESSET 数据库—股票综合数据—年股票综合数据—选"股票代码、日期、收盘价"。

（2）bps_0：调整后的每股净资产，公式为：$bps_0 = bps_1 - (eps_1 - dps_1)$。计算中，各个数据均采用实际数据。

bps_1 为期末每股净资产，选取 CSMAR 数据库—公司研究系列—财务指标分析—每股指标—选"股票代码、截止日期、报表类型编码、归属于母公司每股净资产"；条件筛选：截止日期包含 12 月、报表类型编码=合并报表。

eps_1 为当期的每股收益，选取 CSMAR 数据库—公司研究系列—财务指标分析—每股指标—选"股票代码、截止日期、报表类型编码、归属于母公司每股收益"；条件筛选：截止日期包含 12 月、报表类型编码=合并报表；

dps_1：2000—2019 年：选取 CSMAR 数据库—公司研究系列—财务指标分析—股利分配—选"股票代码、截止日期、报表类型编码、每股税前现金股利"；条件筛选：截止日期包含 12 月、报表类型编码=合并报表。对于 dps_1 为空缺值的，表示上市公司当年未发放股利，赋值为 0。

（3）roe_t（t=1~3）：公式为：$roe_t = eps_t / bps_{t-1}$

eps_t 为当期的每股收益。

实际数据：基于 eps_1 得到，不用再下载数据。

预测数据：①分析师预测数据：若 RESSET 数据库中有分析师预测数据，采用如下方式下载，RESSET 数据库—RESSET 研究报告—股票预测评级（分析师预测）—选"股票代码、预测日期（t 年）、每股收益（t 年）、每股收益（$t+1$ 年）"；否则，从 CSMAR 数据库中下载，CSMAR 数据库—公司研究系列—分析师预测—分析师预测情况—分析师预测指标文件（所有字段均下载），并采用 Stata 进行数据的整理（注：自 2019 年起，RESSET 数据库不再更新分析师预测数据，因此改用 CSMAR 数据库中分析师预测数据，以后 RESSET 数据库若有更新，可以采用 RESSET 数据库的下载路径。本着谨慎性原则最好核对一下原始数据与往年的差异）。②采用截面回归预测模型预测出来的 eps_t 数据（注意：使用截面回归预测模型预测出来的 eps_t 数据需要滞后一年。例如，Excel 表格中 1999 年的 eps_t 是 2000 年的 eps 预测值）。

bps_{t-1} 采用"干净盈余"关系式：$bps_{t-1} = bps_{t-2} + (eps_{t-1} - dps_{t-1})$

bps_{t-2}：基于 bps_1 得到，不用再下载数据。

eps_{t-1}：上期每股收益，选取：

实际数据，基于 eps_1 得到，不用再下载数据；

预测数据：①分析师预测数据：若 RESSET 数据库中有分析师预测数据，采用如下方式下载，RESSET 数据库—RESSET 研究报告—股票预测评级（分析师预测）—选"股票代码、预测日期（t 年）、每股收益（t 年）、每股收益（$t+1$ 年）"；否则，从 CSMAR 数据库中下载，CSMAR 数据库—公司研究系列—分析师预测—分析师预测情况—分析师预测指标文件（所有字段均下载），并采用 Stata 进行数据的整理（注：自 2019 年起，RESSET 数据库不再更新分析师预测数据，因此改用 CSMAR 数据库中分析师预测数据，以后 RESSET 数据库若有更新，可以采用 RESSET 数据库的下载路径。本着谨慎性原则最好核对一下原始数据与往年的差异）。②采用截面回归预测模型预测出来的 eps_{t-1} 数据；

dps_{t-1}：上期每股股利。

实际数据：基于 dps_1 得到，不用再下载数据。

预测数据：2004—2020 年和 2021 年的 dps_{t-1} 数据采用以下两种方法分别选取：

2004—2020 年：采用公式 $dps_{t-1} = eps_{t-1} \times K_{t-2}$ 计算。其中，eps_{t-1} 采用的预测数据，同②中 eps_{t-1} 选取的预测数据；K_{t-2}：采用上年末实际股利支付率 K_0，选取 CSMAR 数据库—公司研究系列—财务指标分析—股利分配—"股票代码、截止日期、报表类型编码、股利分配率"；条件筛选：截止日期包含 12 月、报表类型编码=合并报表。

2021 年：采用分析师预测数据，选取 WIND 数据库—多维数据—数据浏览器—盈利预测—万得一致预测（指定年度）—预测每股股利（DPS）平均值—选"证券代码、年度、预测每股股利（DPS）平均值"。

（4）roe_t（$t=4\sim11$）：根据公差 $d=\dfrac{roe_3-roe_{12}}{9}$，$roe_4=roe_3-d$，$roe_5=roe_4-d$，依此类推，只需计算，不用再下载数据。

（5）roe_{12}：采用公司上市之日起至估算当年的行业中位数，选取 CSMAR 数据库—公司研究系列—财务指标分析—盈利能力—选"股票代码、截止日期、报表类型编码、归属于母公司净资产收益率 A"，净资产收益率 A=归属于母公司所有者的净利润/归属于母公司所有者权益合计期末余额，下载完数据后再求行业中位数。

（6）K：实际股利支付率，选取 CSMAR 数据库—公司研究系列—财务指标分析—股利分配—选"股票代码、截止日期、报表类型编码、股利分配率"；条件筛选：截止日期包含 12 月、报表类型编码=合并报表。

2. 样本期间与筛选原则

（1）样本期间：

实际数据估算期：2000—2018 年；

预测数据估算期：采用分析师预测数据：2005—2020 年；采用截面回归预测数据：2001—2020 年。

（2）筛选原则：

删除没有 P_0 以及 P_0 为负的观测值。

删除没有 bps 或 $bps<0$ 的观测值。

计算 roe_{12} 时，删除 $roe>100\%$ 或 $roe<0$ 的观测值。

删除预测数据中 dps_{t-1}（$=eps_{t-1}×K_{t-2}$）为负的观测值。并且不赋值缺失值为零。

删除实际股利支付率 K 负值，并且不赋值缺失值为零。

估算 gls 模型的 r_e 时，应用 Excel 的单变量求解方法，涉及的 Excel 具体操作的步骤如下：

第一步，将 Stata 结果导出至 Excel。用 Stata 进行完相关运算和数据处理以后，结果导出至 Excel 中，在 Excel 表中新增一列——目标值 mb，Excel 各列顺序依次是：stkcd, year, roe12, roe1-11, cg1-11, sjq, re, mb

（注意：宏运算之前务必严格按照此顺序将数据进行排列）

第二步，在目标值 mb 处输入如下公式：

= (D2-AA2)/(1+AA2)+(E2-AA2)/(1+AA2)^2* O2+(F2-AA2)/(1+AA2)^3* P2+(G2-AA2)/(1+AA2)^4* Q2+(H2-AA2)/(1+AA2)^5* R2+(I2-AA2)/(1+AA2)^6* S2+(J2-AA2)/(1+AA2)^7* T2+(K2-AA2)/(1+AA2)^8* U2+(L2-AA2)/(1+AA2)^9* V2+(M2-AA2)/(1+AA2)^10* W2+(N2-AA2)/(1+AA2)^11* X2+(C2-AA2)/(1+AA2)^12* Y2+(C2-AA2)/(1+AA2)^12* Y2/AA2-Z2

第三步，运行宏命令：

```
Sub Macro1()
Dim x As Integer
f = [e65536]. End(xlUp).Row
For x = 2 To f
Cells(x, 28).GoalSeek Goal:=0, ChangingCell:=Cells(x, 27)
Next
```

End Sub

第四步，筛选：将所得数据粘贴进 Stata，删除 mb>0.001，以及 mb<-0.001，即可得到 gls 数据全样本（未剔除异常值的全样本）。

（六）OJ 模型

$$r_e = A + \sqrt{A^2 + \frac{eps_1}{P_0} \times (\frac{eps_2 - eps_1}{eps_1} - (\gamma - 1))}$$

$$A = \frac{1}{2}(\gamma - 1 + \frac{dps_1}{P_0})$$

1. 数据选取

（1）$g_1 = g_p = \gamma - 1$，长期增长率，选用十年期国债的到期收益率（r_f）。本规范指引综合了 WIND 数据库和 CSMAR 数据库中十年期国债的数据情况，确定分别从两个数据库中分段选取数据。具体而言：

2002—2020 年：选取 WIND 资讯金融终端—宏观—中国宏观数据—利率汇率—债券收益率—中债国债到期收益率（日）—中债国债到期收益率：10 年[①]。得到每年的十年期国债的日到期收益率，然后求算数平均值，作为无风险报酬率。

2001 年：首先，查找 CSMAR 数据库—债券市场系列—中国债券市场研究数据库—交易数据，全选，代码选择：国债，找到 2001 年发行的所有十年期国债及其具体代码。2001 年共发行 6 种十年期国债，具体代码为：010110、010012、010110、010112、101912、101918。然后，查找 CSMAR 数据库—债券市场系列—中国债券市场研究数据库—基本情况—国债、企业债、公司债，全选，代码选择：国债，找到 2001 年这些国债所匹配的到期收益率。经过查找发现，只有三种国债（010110、010112、101912）有匹配的数据，到期收益率分别为：2.952 4%、2.832%、2.897 9%。本规范指引以这三个国债到期收益率的平均数 2.894 1%，作为 2001 年无风险报酬率。

2000 年：基于某些特殊原因，当前所有可以获得的数据库中均未提供 2000 年发行的十年期国债的票面利率与到期收益率，本规范指引采用 1999 年和 2001 年十年期国债到期收益率的平均值作为 2000 年的无风险报酬率。1999 年十年期国债到期收益率的数据来源与 2001 年的一样，经过查找以及匹配得到，1999 年总共发行五个十年期国债，具体代码为：009908、101998、009902、009906、009908。经过查找发现，只有 009908 和 101998 有到期收益率，分别为 3.482 1%和 3.381 5%，经过平均计算得到 1999 年的到期收益率为：3.431 8%。然后把 1999 年和 2001 年的到期收益率经过平均得到 3.162 95%，以该数值作为 2000 年无风险报酬率。

（2）短期增长率 $g_2 = \frac{eps_2 - eps_1}{eps_1}$，具体步骤：

实际数据：选取 CSMAR 数据库—公司研究系列—财务指标分析—每股指标—选

---

① WIND 数据库中十年期国债的到期收益率数据起始年份为 2002 年。

"股票代码、截止日期、报表类型编码、归属于母公司每股收益"条件筛选：截止日期包含12月、报表类型编码=合并报表。

注意：要进行条件筛选，包括"会计期间"字段和"报表类型"字段。

预测数据：①分析师预测数据：若RESSET数据库中有分析师预测数据，采用如下方式下载，RESSET数据库—RESSET研究报告—股票预测评级（分析师预测）—选"股票代码、预测日期（t年）、每股收益（t年）、每股收益（$t+1$年）"；否则，从CSMAR数据库中下载，CSMAR数据库—公司研究系列—分析师预测—分析师预测情况—分析师预测指标文件（所有字段均下载），并利用Stata进行数据的整理（注：自2019年起，RESSET数据库不再更新分析师预测数据，因此改用CSMAR数据库中分析师预测数据，以后RESSET数据库若有更新，可以采用RESSET数据库的下载路径。本着谨慎性原则，最好核对一下原始数据与往年的差异）。②采用截面回归预测模型预测出来的eps_t数据。注意：截面回归模型预测出来的eps_t数据要滞后一年。

（3）P_0：上年末收盘价：选取RESSET数据库—股票综合数据—年股票综合数据—选"股票代码、日期、收盘价"。

（4）dps_1：当期每股股利。

实际数据：选取CSMAR数据库—公司研究系列—财务指标分析—股利分配—选"股票代码、截止日期、报表类型编码、每股税前现金股利"；条件筛选：截止日期包含12月、报表类型编码=合并报表。

若dps_1实际值为空，则赋值为0

预测数据：采用公式$dps_1 = eps_1 \times K_0$计算。

其中，eps_1：①分析师预测数据：若RESSET数据库中有分析师预测数据，采用如下方式下载RESSET数据库—RESSET研究报告—股票预测评级（分析师预测）—选"股票代码、预测日期（t年）、每股收益（t年）、每股收益（$t+1$年）"；否则，从CSMAR数据库中下载，CSMAR数据库—公司研究系列—分析师预测—分析师预测情况—分析师预测指标文件（所有字段均下载），并采用Stata进行数据的整理（注：自2019年起，RESSET数据库不再更新分析师预测数据，因此改用CSMAR数据库中分析师预测数据，以后RESSET数据库若有更新，可以采用RESSET数据库的下载路径。本着谨慎性原则最好核对一下原始数据与往年的差异）。②采用截面回归预测模型预测出来的eps_t数据。注意：截面回归模型预测出来的eps_t数据要滞后一年。

K_0：上年末实际股利支付率，选取CSMAR数据库—公司研究系列—财务指标分析—股利分配—选"股票代码、截止日期、报表类型编码、股利分配率"；条件筛选：截止日期包含12月、报表类型编码=合并报表。

注意：即使K_0为空，也不赋值为0。

2. 样本期间与筛除原则

（1）样本期间：

实际数据估算期：2000—2019年；

预测数据估算期：采用分析师预测数据：2004—2020年；采用截面回归预测数据

(HVZ 模型和 MRI 模型)：2000—2020 年。

（2）筛选原则：

数据的初步筛选，将具有下列特征的数据予以删除：

删除没有 P_0 以及 P_0 为负的观测值；

删除没有 eps_1 或 $eps_1 \leq 0$ 的观测值；

删除没有 eps_2 或 $eps_2 \leq 0$ 的观测值。

进行数据估算时的注意事项：

短期增长率：$g_2 = \dfrac{eps_2 - eps_1}{eps_1}$，长期增长率：$g_1 = \gamma - 1$。

若 $eps_2 < eps_1$，即 $g_2 < 0$ 时，借鉴 Hope 等（2009）[1]的做法，令 $g_2 = 0$。

若 $g_2 = 0$ 或者 $g_2 > 0$ 但 $g_2 < g_1$，借鉴徐浩萍和吕长江（2007）[2]和 Hope 等（2009）的做法，令 $g_1 = 0$；若 $g_2 > 0$ 且 $g_2 > g_1$，g_1 按照 10 年期国债到期收益率进行估算。

（七）PEG 模型

$$r_e = \sqrt{\dfrac{eps_2 - eps_1}{P_0}}$$

1. 数据选取

（1）方案一：采用 PEG 模型直接估算。

P_0：上年末收盘价：选取 RESSET 数据库—股票综合数据—年股票综合数据—选"股票代码、日期、收盘价"。

eps_1 和 eps_2：

实际数据：CSMAR 数据库—公司研究系列—财务指标分析—每股指标—选"股票代码、截止日期、报表类型编码、归属于母公司每股收益"；条件筛选：截止日期包含 12 月、报表类型编码=合并报表。

预测数据：①分析师预测数据：若 RESSET 数据库中有分析师预测数据，采用如下方式下载，RESSET 数据库—RESSET 研究报告—股票预测评级（分析师预测）—选"股票代码、预测日期（t 年）、每股收益（t 年）、每股收益（$t+1$ 年）"；否则，从 CSMAR 数据库中下载，CSMAR 数据库—公司研究系列—分析师预测—分析师预测情况—分析师预测指标文件（所有字段均下载），并采用 Stata 进行数据的整理（注：自 2019 年起，RESSET 数据库不再更新分析师预测数据，因此改用 CSMAR 数据库中分析师预测数据，以后 RESSET 数据库若有更新，可以采用 RESSET 数据库的下载路径。本着谨慎性原则最好核对一下原始数据与往年的差异）。②采用截面回归预测模型预测出来的 eps_t 数据（注意：使用截面回归预测模型预测出来的 eps_t 数据需要滞后一年。例

---

[1] OLE-KRISTIAN HOPE, TONY KANG, WAYNE B THOMAS, YONG KEUN YOO. Impact of Excess Auditor Remuneration on Cost of Equity Capital around the World [J]. Journal of Accounting, Auditing and Finance, 2009, 24 (2): 177-210.

[2] 徐浩萍，吕长江. 政府角色、所有权性质与权益资本成本 [J]. 会计研究, 2007 (6): 61-67, 96.

如：Excel 表格中 1999 年的 eps_t 是 2000 年的 eps 预测值）。

（2）方案二：作为 OJ 模型特殊形式估算。

PEG 模型的本质就是将 OJ 模型中的 $\gamma - 1 = 0$，即 $\gamma = 1$，且 $dps_1 = 0$。因此，再按照 OJ 模型的估算思路执行一遍资本成本的估算过程。

2. 样本期间与筛选原则

（1）样本期间：

实际数据估算期：2000—2019 年；

预测数据估算期：采用分析师预测数据：2004—2020 年；采用截面回归预测数据：2000—2020 年。

（2）筛选原则：

删除没有 P_0 以及 P_0 为负的观测值；

删除没有 eps_1、eps_2 的观测值；

删除 $eps_2 < eps_1$ 的观测值。

（八）MPEG 模型

$$r_e = \sqrt{\frac{eps_2 + r_e dps_1 - eps_1}{p_0}}$$

1. 数据选取

（1）方案一：采用 MPEG 模型直接估算

P_0：上年末收盘价：选取 RESSET 数据库—股票综合数据—年股票综合数据—选"股票代码、日期、收盘价"。

eps_1 和 eps_2：

实际数据：CSMAR 数据库—公司研究系列—财务指标分析—每股指标—选"股票代码、截止日期、报表类型编码、归属于母公司每股收益"；条件筛选：截止日期包含 12 月、报表类型编码＝合并报表。

预测数据：①分析师预测数据：若 RESSET 数据库中有分析师预测数据，采用如下方式下载，RESSET 数据库—RESSET 研究报告—股票预测评级（分析师预测）—选"股票代码、预测日期（t 年）、每股收益（t 年）、每股收益（$t+1$ 年）"；否则，从 CSMAR 数据库中下载，CSMAR 数据库—公司研究系列——分析师预测—分析师预测情况—分析师预测指标文件（所有字段均下载），并采用 Stata 进行数据的整理（注：自 2019 年起，RESSET 数据库不再更新分析师预测数据，因此改用 CSMAR 数据库中分析师预测数据，以后 RESSET 数据库若有更新，可以采用 RESSET 数据库的下载路径。本着谨慎性原则最好核对一下原始数据与往年的差异）。②采用截面回归预测模型预测出来的 eps_t 数据（注意：使用截面回归预测模型预测出来的 eps_t 数据需要滞后一年。例如：Excel 表格中 1999 年的 eps_t 是 2000 年的 eps 预测值）。

dps_1：当期每股股利。

实际数据：选取 CSMAR 数据库—公司研究系列—财务指标分析—股利分配—选

"股票代码、截止日期、报表类型编码、每股税前现金股利。";条件筛选:截止日期包含 12 月、报表类型编码=合并报表。

注意:在实际 dps 计算的过程中,对于 dps 的缺失值需要赋值为 0。

预测数据:采用公式 $dps_1 = eps_1 \times K_0$ 计算。

其中,eps_1:①分析师预测数据:若 RESSET 数据库中有分析师预测数据,采用如下方式下载,RESSET 数据库—RESSET 研究报告—股票预测评级(分析师预测)—选"股票代码、预测日期(t 年)、每股收益(t 年)、每股收益($t+1$ 年)";否则,从 CSMAR 数据库中下载,CSMAR 数据库—公司研究系列—分析师预测—分析师预测情况—分析师预测指标文件(所有字段均下载),并采用 Stata 进行数据的整理(注:自 2019 年起,RESSET 数据库不再更新分析师预测数据,因此改用 CSMAR 数据库中分析师预测数据,以后 RESSET 数据库若有更新,可以采用 RESSET 数据库的下载路径。本着谨慎性原则,最好核对一下原始数据与往年的差异)。②采用截面回归预测模型预测出来的 eps_t 数据(注意:使用截面回归预测模型预测出来的 eps_t 数据需要滞后一年。例如:Excel 表格中 1999 年的 eps_t 是 2000 年的 eps 预测值)。

K_0:上年末实际股利支付率,选取 CSMAR 数据库—公司研究系列—财务指标分析—股利分配—选"股票代码、截止日期、报表类型编码、股利分配率";条件筛选:截止日期包含 12 月、报表类型编码=合并报表。

注意:K_0 的缺失值删除,不用赋值。

(2)方案二:作为 OJ 模型特殊形式估算。

MPEG 模型的本质就是将 OJ 模型中的 $\gamma - 1 = 0$,即 $\gamma = 1$。因此,再按照 OJ 模型的估算思路执行一遍资本成本的估算过程。

2. 样本期间与筛除原则

(1)样本期间:

实际数据估算期:2000—2019 年;

预测数据估算期:采用分析师预测数据:2004—2020 年;采用截面回归预测数据:2000—2020 年。

(2)筛除原则:

删除没有 P_0 以及 P_0 为负的观测值;

删除没有 K_0 的观测值;

删除没有 eps_1、eps_2、dps_1 的观测值。

估算 MPEG 模型数据时,涉及的 Excel 具体操作的步骤如下:

第一步,摆数据。由于 MPEG 等式两边均有 r_e,所以需要在摆数据的时候,除了设置 r_e 并且令 $r_e = 0.05$(此处设置将资本成本设置为 0.05 是仿照 GLS 的做法)外,需要设置一个目标单元格,这个目标单元格的公式为 $r_e - \sqrt{\dfrac{eps_2 + r_e dps_1 - eps_1}{p_0}}$。

第二步,初步筛选。剔除目标单元格为#num 的。

第三步,单变量求解。Excel 中[数据]——[模拟分析]——[单变量求解],

令目标单元格等于摆数据所用的目标单元格,可变单元格等于 r_e 所在单元格,目标值等于 0,最终即可求得 r_e。

第四步,运行宏程序,对其他上市公司实行相同的数据处理。宏程序如下所示。

```
Sub
Dim x As Integer
For x = 2 To 1200①
Range("K②" & x).GoalSeek Goal:=0, ChangingCell:=Range("J③" & x)
Next x
End Sub
```

第五步,筛选。剔除目标单元格为#num 的及不在 EXCEL 误差范围(-0.001~0.001)内的。

(九) CT 模型(基于截面回归预测模型数据的估算)

$$p_0 = bps_{0\_tz} + \sum_{t=1}^{5} \frac{eps_t - r_e \times bps_{t-1}}{(1+r_e)^t} + \frac{(eps_5 - r_e \times bps_4) \times (1+g)}{\dfrac{r_e - g}{(1+r_e)^5}}$$

其中,g 为 5 年以后的非正常盈余(剩余收益)的长期增长率。

1. 数据选取

(1) P_0:

上年末收盘价:选取 RESSET 数据库—股票综合数据—年股票综合数据—选"股票代码、日期、收盘价"。

(2) bps_{0_tz}:

调整后的每股净资产,公式为:$bps_{0\_tz} = bps_1 - (eps_1 - dps_1)$。计算中,各个数据均采用实际数据,此数据与下面计算干净盈余无关。

bps_1 为期末每股净资产,1999—2020 年,选取 CSMAR 数据库—公司研究系列—财务指标分析—每股指标—选"股票代码、截止日期、报表类型编码、归属于母公司每股净资产";条件筛选:截止日期包含 12 月、报表类型编码=合并报表。

eps_1 为当期的每股收益,1999—2020 年,选取 CSMAR 数据库—公司研究系列—财务指标分析—每股指标—选"股票代码、截止日期、报表类型编码、归属于母公司每股收益";条件筛选:截止日期包含 12 月、报表类型编码=合并报表。

dps_1:1999—2020 年,选取 CSMAR 数据库—公司研究系列—财务指标分析—股利分配—选"股票代码、截止日期、报表类型编码、每股税前现金股利";条件筛选:截止日期包含 12 月、报表类型编码=合并报表。对于 dps_1 为空缺值的,表示上市公司当年未发放股利,赋值为 0。

---

① "1200"在此是假设的虚拟数值,真实数值以每张表格的最后一行为准。
② K:目标单元格,具体字母根据 Excel 排版而定。
③ J:可变单元格,具体字母根据 Excel 排版而定。

（3）eps_t：

采用截面回归预测模型预测出来的 eps_t 数据。（注意：在使用时，要把截面回归模型预测出来的 eps_t 数据滞后一年。例如：截面预测数据中 1999 年的 eps_t 是 2000 年的 eps 预测值。）

（4）bps_{t-1} 采用"干净盈余"关系式：

$bps_{t-1} = bps_{t-2} + (eps_{t-1} - dps_{t-1})$ ［这里需要注意：eps 要与预测的 bps 的年份相对应，例如：$bps_1 = bps_0 + (eps_1 - dps_1)$，其中 $dps_1 = eps_1 \times K_0$］

bps_{t-2}：$t-2$ 期的每股净资产，选取实际数据，CSMAR 数据库—公司研究系列—财务指标分析—每股指标—选"股票代码、截止日期、报表类型编码、归属于母公司每股净资产"；条件筛选：截止日期包含 12 月、报表类型编码=合并报表。

eps_{t-1}：上期每股收益，采用截面回归预测模型预测出来的 eps_{t-1} 数据；（注意：使用截面回归模型预测出来的 eps_t 数据需要滞后一年。例如：截面预测数据中 1999 年的 eps_t 是 2000 年的 eps 预测值）。

dps_{t-1}：上期每股股利。

2000—2020 年：采用公式 $dps_{t-1} = eps_{t-1} \times K_{t-2}$ 计算。其中，eps_{t-1}：采用截面回归预测模型预测出来的 eps_{t-1} 数据。采用截面回归预测模型预测出来的 eps_{t-1} 数据。K_{t-2}：采用实际股利支付率，选取 CSMAR 数据库—公司研究系列—财务指标分析—股利分配—选"股票代码、截止日期、报表类型编码、股利分配率"；条件筛选：截止日期包含 12 月、报表类型编码=合并报表。

注意：即使 K_0 为空，也不赋值为 0。

2021 年：采用分析师预测数据，选取 WIND 数据库—多维数据—数据浏览器—盈利预测—万得一致预测（指定年度）—预测每股股利（DPS）平均值—选"证券代码、年度、预测每股股利（DPS）平均值"。

（5）g：

选用十年期国债的到期收益率（r_f）。本规范指引综合了 WIND 数据库和 CSMAR 数据库中十年期国债的数据情况，确定分别从两个数据库中分段选取数据。具体如下：

2002—2020 年：选取 WIND 资讯金融终端—宏观—中国宏观数据—利率汇率—债券收益率—中债国债到期收益率（日）—中债国债到期收益率：10 年[①]。得到每年的十年期国债的日到期收益率，然后求算数平均值，作为无风险报酬率。

2001 年：首先，查找 CSMAR 数据库—债券市场系列—中国债券市场研究数据库—交易数据，全选，代码选择：国债，找到 2001 年发行的所有十年期国债及其具体代码。2001 年共发行 6 种十年期国债，具体代码为：010110、010012、010110、010112、101912、101918。然后，查找 CSMAR 数据库—债券市场系列—中国债券市场研究数据库—基本情况—国债、企业债、公司债，全选，代码选择：国债，找到 2001 年这些国债所匹配的到期收益率。经过查找发现，只有三个国债（010110、010112、101912）

[①] WIND 数据库中十年期国债的到期收益率数据起始年份为 2002 年。

有匹配的数据，到期收益率分别为：2.952 4%、2.832%、2.897 9%。本规范指引以这三个国债到期收益率的平均数，2.894 1%，作为2001年无风险报酬率。

2000年：基于某些特殊原因，当前所有可以获得的数据库中均未提供2000年发行的十年期国债的票面利率与到期收益率，本规范指引采用1999年和2001年十年期国债到期收益率的平均值作为2000年的无风险报酬率。1999年十年期国债到期收益率的数据来源与2001年的一样，经过查找以及匹配得到，1999年总共发行五个十年期国债，具体代码为：009908、101998、009902、009906、009908。经过查找发现，只有009908和101998有到期收益率，分别为3.482 1%和3.381 5%，经过平均计算得到1999年的到期收益率为：3.431 8%。然后把1999年和2001年的到期收益率经过平均得到3.162 95%，以该数值作为2000年无风险报酬率。

2. 样本期间与筛选原则

（1）样本期间：采用截面回归预测数据：2001—2018年。

（2）筛选原则：

删除没有 bps 或 bps 为负的公司；

删除没有 P_0 以及 P_0 为负的观测值。

估算 CT 模型的 r_e 时，应用 Excel 的单变量求解方法，涉及的 Excel 具体操作的步骤如下：

第一步，导入数据。用 Stata 进行完相关运算和数据处理以后，导入 Excel 中，新增两列——r_e 以及目标值 mb，并赋值 $r_e=0.05$。（此处设置将资本成本设置为 0.05 是仿照 GLS、MPEG 的做法）

Excel 表各列顺序依次是：$stkcd$，$year$，$eps1$，$eps2$，$eps3$，$eps4$，$eps5$，$bps0$，$bps1$，$bps2$，$bps3$，$bps4$，$p0$，bps_0_tz，g，r_e，mb

（注意：宏运算之前务必严格按照此顺序将数据进行排列）

第二步，在目标值 mb 处输入如下公式：

=M2-O2-(C2-P2* H2)/(1+P2)-(D2-P2* I2)/(1+P2)^2-(E2-P2* J2)/(1+P2)^3-(F2-P2* K2)/(1+P2)^4-(G2-P2* L2)/(1+P2)^5-(G2-P2* L2)* (1+N2)/((P2-N2)* ((1+P2)^5))

之后，运行宏命令：

```
Sub 宏1()
Dim x As Integer
f = [e65536]. End(xlUp).Row
For x = 2 To f
Cells(x, 17).GoalSeek Goal:=0, ChangingCell:=Cells(x, 16)
Next
End Sub
```

第三步，筛选：将所得数据导入 Stata，删除 mb>0.001，以及 mb<-0.001，即可得到 CT 数据全样本（未剔除异常值的全样本）。

四、盈余的预测：截面回归预测模型

(一) HVZ 模型

$$E_{i,\,t+\tau} = \alpha_0 + \alpha_1 A_{i,t} + \alpha_2 D_{i,t} + \alpha_3 DD_{i,t} + \alpha_4 E_{i,t} + \alpha_5 NegE_{i,t} + \alpha_6 AC_{i,t} + \varepsilon_{i,\,t+\tau}$$

1. 变量定义及说明

表 6 HVZ 模型的变量定义表

变量名	定义
$E_{i,\,t+\tau}$	公司 i 在第 $t+\tau$ 年的净利润（扣除非经常性损益前的净利润）
$A_{i,t}$	公司 i 在第 t 年的资产总额
$D_{i,t}$	公司 i 在第 t 年支付的股利
$DD_{i,t}$	虚拟变量，如果公司 i 在第 t 年支付股利取值为 1，否则为 0
$E_{i,t}$	公司 i 在第 t 年除非经常性损益前的净利润
$NegE_{i,t}$	虚拟变量，如果公司 i 在第 t 年公司收益为负取值为 1，否则为 0
$AC_{i,t}$	公司 i 在第 t 年应计利润*

注：Collins 和 Hriba (2002)[1] 发现计算应计利润时，现金流量表法优于资产负债表法。纪茂利 (2009)[2] 对中国 1998—2006 年非金融类上市公司的研究，也得出相同的结论。然而，1998 年我国才开始编制现金流量表，所以 1998 年之前（具体样本期间是 1991 年至 1997 年）采用资产负债表法计算应计利润，1998 年及以后年份（具体样本期间是 1998 年至 2020 年）采用现金流量表法计算应计利润。

参照 Sloan (1996)[3] 的定义和 Hou 等 (2012)[4] 年的做法，计算应计利润的资产负债表法如下：应计利润等于非现金流动资产的变化减去流动负债的变化（不包括短期债务和应付税金的变化）减去折旧和摊销费用。具体的计算公式为：应计利润=Δ（流动资产-现金及现金等价物）-Δ（流动负债-短期借款-交易性金融负债-一年内到期的长期借款（包括应付债券和长期借款）-应交税费）-折旧和摊销费用。

现金流量表法：净利润减去经营性现金流。具体的计算公式为：应计利润=净利润-经营活动的现金流。

2. 数据选取

(1) 下列指标的数据均来自 RESSET 数据库：净利润、经营活动的现金流、资产总额、流动资产、流动负债、短期借款、交易性金融负债、一年内到期的长期

---

[1] HRIBAR P, COLLINS D W. Errors in Estimating Accruals: Implications for Empirical Research [J]. Journal of Accounting Research, 2002, 40 (1): 105-134.

[2] 纪茂利. 应计盈余的计量比较及对资产负债表法的质疑 [J]. 审计与经济研究, 2009 (5): 64-69.

[3] SLOAN R. Do Stock Prices Fully Reflect Information in Accruals and Cash Flows about Future Earnings? (Digest Summary) [J]. Accounting review, 1996, 71 (3): 289-315.

[4] HOU K, VAN DIJK M A, ZHANG Y. The Implied Cost of Capital: A New Approach [J]. Journal of Accounting and Economics, 2012, 53 (3): 504-526.

借款①、应交税费、股本。

路径：RESSET 股票-财务指标-财务指标-财务指标。

筛选条件：①代码选择：交易所标识、全部，股票类型：A；②调整标识：最新调整数据；③报表类型：Q4 年报。

字段名：A 股股票代码_A_Stkcd，截止日期_EndDt，资产总计（元）_Totass，净利润（元）_Netprf，经营活动产生的现金流量净额（元）_NCFbyope，流动资产合计（元）_Totcurass，流动负债合计（元）_Totcurlia、短期借款（元）_STloa，交易性金融负债（元）_Trafinlia，一年内到期的非流动负债（元）_NCurLia1Yr，应交税费（元）_Taxpay，总股本（股）_Totshr。

（2）股利指标的数据也来自 RESSET 数据库。

路径：RESSET 股票—财务指标—财务指标—财务比率。

筛选条件：①代码选择：交易所标识：全部，股票类型：A；②报表类型：Q4 年报。

字段名：A 股股票代码_A_Stkcd，截止日期_EndDt，净利润_Netprf（与上文中净利润下载路径不一样，需注意）、股利保障倍数_Divcvr（股利保障倍数=净利润/股利）。

（3）现金：

非金融行业：

路径：RESSET 股票—财务报表—不更新数据—财务报表—非金融行业资产负债表。

筛选条件：①代码选择：交易所标识：全部，股票类型：A，当前状态：全部；②合并标识：合并报表；③报表类型：Q4 年报；④调整标识：最新调整数据。

字段名：A 股股票代码_A_Stkcd，截止日期_EndDt，货币资金（元）_Monefd。

金融行业：

路径：RESSET 股票—财务报表—不更新数据—财务报表—金融行业资产负债表。

筛选条件：①代码选择：交易所标识：全部，股票类型：A；②合并标识：合并报表；③调整标识：最新调整数据；④报表类型：Q4 年报。

字段名：A 股股票代码_A_Stkcd，截止日期_EndDt，现金及存放中央银行款项（元）_CasdepresCB。

（4）折旧和摊销：

非金融行业：

路径：RESSET 股票—财务报表—不更新数据—旧准则财务报表—非金融行业资产

---

① 数据库中无一年内到期的长期借款，只有一年内到期的非流动负债（包括一年内到期的长期借款、长期应付款和应付债券）。从 RESSET 数据库中下载 1991 年 12 月 31 日至 2020 年 12 月 31 日的长期借款、应付债券、长期应付款数据，统计结果显示，长期应付款金额占三者合计金额的 3.57%，平均每年每家公司长期应付款金额占每年每家公司三者合计金额的 10.77%，可见长期应付款占三者的比重较低。所以，本规范指引用一年内到期的非流动负债来替代一年内到期的长期借款。而且毛新述和戴德明（2009）在计算应计利润时，用的也是一年内到期的非流动负债。毛新述，戴德明. 会计制度改革、盈余稳健性与盈余管理［J］. 会计研究，2009（12）：38-46.

负债表。

筛选条件：①代码选择：交易所标识：全部，股票类型：A，当前状态：全部；②合并标识：合并报表；③调整标识：最新调整数据；④报表类型：Q4 年报。

字段名：A 股股票代码_A_Stkcd，截止日期_EndDt，累计折旧（元）_Accumdepr、长期待摊费用（元）_LTdefchr。

金融行业：

路径：RESSET 股票—财务报表—不更新数据—旧准则财务报表—金融行业资产负债表。

筛选条件：①代码选择：交易所标识：全部，股票类型：A；②合并标识：合并报表；③调整标识：最新调整数据；④报表类型：Q4 年报。

字段名：A 股股票代码_A_Stkcd，截止日期_EndDt，累计折旧（元）_Accumdepr、长期待摊费用（元）_LTdefchr。

3. 估算步骤

用 HVZ 模型估算预期未来五年的收益时，借鉴 Hou 等（2012）[①] 的方法，利用向前滚动 10 年的数据。

（1）在第 t 年要预测 $t+1$ 年的收益，等式左边要用第 t 年至 $t-9$ 年所有样本公司的收益数据，而等式右边要用 $t-1$ 至 $t-10$ 年所有样本公司的数据进行混合回归：若等式左边是第 t 年收益，等式右边对应 $t-1$ 的会计数据；若等式左边是第 $t-1$ 年收益，等式右边对应 $t-2$ 的会计数据；若等式左边是第 $t-9$ 年收益，等式右边对应 $t-10$ 的会计数据。即滞后一年进行混合回归。得出所有样本公司在第 t 年要预测 $t+1$ 年的收益所用的系数，下一步求每家公司 $t+1$ 年的预测收益。用每家公司第 t 年的会计数据乘以上一步的系数，即可求出 $E_{i,\,t+1}$。

（2）在第 t 年要预测 $t+2$ 年的收益，等式左边要用第 t 年至 $t-9$ 年所有样本公司的收益数据，而等式右边要用 $t-2$ 至 $t-11$ 年所有样本公司的数据进行混合回归：若等式左边是第 t 年收益，等式右边对应 $t-2$ 的会计数据；若等式左边是第 $t-1$ 年收益，等式右边对应 $t-3$ 的会计数据；若等式左边是第 $t-9$ 年收益，等式右边对应 $t-11$ 的会计数据。即滞后两年进行混合回归。得出所有样本公司在第 t 年要预测 $t+2$ 年的收益所用的系数，下一步求每家公司 $t+2$ 年的预测收益。用每家公司第 t 年的会计数据乘以上一步的系数，即可求出 $E_{i,\,t+2}$。

（3）同理，可求出 $E_{i,\,t+3}$ 和可求出 $E_{i,\,t+4}$。在第 t 年要预测 $t+5$ 年的收益，等式左边要用第 t 年至 $t-9$ 年所有样本公司的收益数据，而等式右边要用 $t-5$ 至 $t-14$ 年所有样本公司的数据进行混合回归：若等式左边是第 t 年收益，等式右边对应 $t-5$ 的会计数据；若等式左边是第 $t-1$ 年收益，等式右边对应 $t-6$ 的会计数据；若等式左边是第 $t-9$ 年收益，等式右边对应 $t-14$ 的会计数据。即滞后五年进行混合回归。得出所

---

① HOU K, VAN DIJK M A, ZHANG Y. The Implied Cost of Capital：A New Approach [J]. Journal of Accounting and Economics, 2012, 53（3）：504-526.

有样本公司在第 t 年要预测 $t+5$ 年的收益所用的系数,下一步求每家公司 $t+5$ 年的预测收益。用每家公司第 t 年的会计数据乘以上一步的系数,即可求出 $E_{i,t+5}$。

但是,由于中国证券市场起步较晚,所以本规范指引使用至少四年的滚动数据。如估算 1999 年未来 5 年的预期收益,向前滚动 4 年,追溯至 1991 年的历史数据;估算 2000 年未来 5 年的预期收益,向前滚动 5 年,追溯至 1991 年的历史数据;估算 2001 年未来 5 年的预期收益,向前滚动 6 年,也追溯至 1991 年的历史数据;2002 年向前滚动 7 年,2003 年向前滚动 8 年,2004 年向前滚动 9 年,2005 年向前滚动 10 年,这些年份的预算都追溯至 1991 年的历史数据。2006 年至 2020 年都向前滚动 10 年。预测 1999—2020 年间每年每家公司未来 5 期盈余的时间设定如下表。

表 7 滚动时间轴

第 t 年	滚动年份 n	预测 $E_{i,t+1}$	预测 $E_{i,t+2}$	预测 $E_{i,t+3}$	预测 $E_{i,t+4}$	预测 $E_{i,t+5}$
公式		$t-1-(n-1)$	$t-2-(n-1)$	$t-3-(n-1)$	$t-4-(n-1)$	$t-5-(n-1)$
1999	4	1995	1994	1993	1992	1991
2000	5	1995	1994	1993	1992	1991
2001	6	1995	1994	1993	1992	1991
2002	7	1995	1994	1993	1992	1991
2003	8	1995	1994	1993	1992	1991
2004	9	1995	1994	1993	1992	1991
2005	10	1995	1994	1993	1992	1991
2006	10	1996	1995	1994	1993	1992
2007	10	1997	1996	1995	1994	1993
2008	10	1998	1997	1996	1995	1994
2009	10	1999	1998	1997	1996	1995
2010	10	2000	1999	1998	1997	1996
2011	10	2001	2000	1999	1998	1997
2012	10	2002	2001	2000	1999	1998
2013	10	2003	2002	2001	2000	1999
2014	10	2004	2003	2002	2001	2000
2015	10	2005	2004	2003	2002	2001
2016	10	2006	2005	2004	2003	2002
2017	10	2007	2006	2005	2004	2003
2018	10	2008	2007	2006	2005	2004
2019	10	2009	2008	2007	2006	2005
2020	10	2010	2009	2008	2007	2006

所以，估算 1999 年至 2020 年的股权资本成本，需要用到的样本数据的时间跨度是 1991 年至 2020 年。

完成上述步骤后，把各家公司第 t 年的盈余的滚动预测数据 $E_{i,t+1}$、$E_{i,t+2}$、$E_{i,t+3}$、$E_{i,t+4}$、$E_{i,t+5}$，分别除以第 t 年末的总股数①，得到每股收益的预测数据，然后带入 Gordon 模型、CT 模型、GLS 模型、OJ 模型、PEG 模型、MPEG 模型中，估算出隐含资本成本（ICC）。

4. 样本期间与筛选原则

（1）样本期间：1991—2020 年。

（2）筛选原则：

为了尽量减少应计利润的缺失值，本规范指引在用资产负债表法计算 1991—1997 年的应计利润时，根据各科目的特征对空值进行赋值，具体做法是：对一家公司 1990—1997 年的短期借款、交易性金融负债、一年内到期的非流动负债的空值用 0 进行赋值。

计算应计利润时，将累计折旧、摊销的合计数作为一项参与运算，且每家公司第 t 年折旧摊销额为缺漏值的，令其等于该变量 $t+1$ 年的值，如果 $t+1$ 年仍为缺漏值令其等于 $t+2$ 年的值，以此类推至 $t+3$②。

截面模型回归前，删除 E、D、A、AC 的缺失值。

（二）修正的 RI 模型

RI 原始模型如下：

$$eps_{i,t+\tau} = \alpha_0 + \alpha_1 NegE_{i,t} + \alpha_2 eps_{i,t} + \alpha_3 NegE_{i,t} * eps_{i,t} + \alpha_4 bps_{i,t} + \alpha_5 tacps_{i,t} + \varepsilon_{i,t+\tau}$$

RI 原始模型的变量定义及说明如下：

表 8　RI 模型的变量定义表

变量名	定义
$eps_{i,t+\tau}$	预期公司 i 在第 $t+\tau$（$\tau = 1、2、3、4、5$）年扣除非经常性损益前的净利润除以股本总数①
$NegE_{i,t}$	虚拟变量，如果公司收益为负取值为 1，否则为 0
$eps_{i,t}$	公司 i 在第 t 年除非经常性损益前的净利润除以股本总数

---

① 通过对样本数据观察发现我国上市公司 1999 年以后各年的股数一般比较稳定，这里假定公司未来 5 年的总股数保持不变。

② 之所以这样处理，主要是因为折旧、摊销的数据缺失严重。如果不按合计数，不进行缺漏值填补，最终资产负债表法计算的 1991—1997 年的应计利润的记录数只有 5 条；将累计折旧、摊销的合计数作为一项参与运算，结果显示 1991—1997 年应计利润的记录数也只有 42 条。补缺至 $t+3$ 期，主要考虑跨期太长赋值会导致数据不准确，跨期太短赋值会导致数据仍然缺失严重，事实上，补缺至 $t+1$ 期，缺失值减少 778 个；补缺至 $t+2$ 期，缺失值减少 1566 个；补缺至 $t+3$ 期，缺失值减少 2 095 个；补缺至 $t+4$ 期，缺失值减少 2 402 个；补缺至 $t+5$ 期，缺失值减少 2 533 个。需要注意的是，作为合计数参与计算当期折旧摊销额的是累计折旧和摊销，而填补缺失值的做法是针对当期折旧摊销额。

续表

变量名	定义
$NegE_{i,t} * E_{i,t}$	$NegE_{i,t}$ 和 $E_{i,t}$ 的交乘项
$bps_{i,t}$	公司 i 在第 t 年所有者权益合计除以股本总数
$tacps_{i,t}$	公司 i 在第 t 年总的应计利润（$TACC_{i,t}$）[②]除以股本总数

注①：Li 和 Mohanram（2014）[①] 用 RI 模型进行回归时，各变量除以的是流通股股数，而本规范指引中 RI 原始模型的各变量除以的是股本总数，主要是因为估算隐含资本成本的各模型，在用分析师预测数据和实际数据进行估算时，所用的每股收益是由净利润除以股本总数算出的，为了便于比较，所以本规范指引中 RI 原始模型的各变量除以的是股本总数。

注②：Richardson 等（2005）[②] 认为除现金账户外，其他所有资产负债类账户都会产生应计。资产负债表分解法是根据商业活动的性质来对应计进行分类的。把经济活动分为广义的三类：流动性经营活动（Current Operating Activities）、非流动性经营活动（Noncurrent Operating Activities）和融资活动（Financing Activities）。于是应计相应的分为三类：非现金营运资本的变化（the Change In Non-Cash Working Capital，以 ΔWC 表示）、非流动经营净资产的变化（the Change in Net Non-Current Operating Assets，以 ΔNCO 表示）和金融资产净额的变化（the Change in Net Financial Assets，以 ΔFIN 表示）。用公式表示为 $TACC = \Delta WC + \Delta NCO + \Delta FIN$：①$\Delta WC = WC_t - WC_{t-1}$，其中 WC=流动性经营资产（COA）-流动性经营负债（COL）；其中 COA=流动资产-现金及短期投资，COL=流动负债-一年内到期的非流动负债。②$\Delta NCO = NCO_t - NCO_{t-1}$，其中，$NCO$=非流动性经营资产（$NCOA$）-非流动性经营负债（$NCOL$）；其中，$NCOA$=资产总额-流动资产-长期投资，$NCOL$=负债总额-流动负债-长期借款-应付债券。③$\Delta FIN = FIN_t - FIN_{t-1}$，其中，$FIN$=金融资产（$FINA$）-金融负债（$FINL$）；其中 $FINA$=短期投资+长期投资，$FINL$=长期借款+应付债券+一年内到期的非流动负债+优先股。

表9 TACC 计算公式表

总的应计 TACC		
公式：$TACC = \Delta WC + \Delta NCO + \Delta FIN$	
非现金营运资本的变化 $\Delta WC = WC_t - WC_{t-1}$ $WC = COA - COL$	流动性经营资产（COA）= 流动资产-现金及短期投资
	流动性经营负债（COL）= 流动负债-一年内到期的非流动负债
非流动经营净资产的变化 $\Delta NCO = NCO_t - NCO_{t-1}$ $NCO = NCOA - NCOL$	非流动性经营资产（NCOA）= 资产总额-流动资产-长期投资
	非流动性经营负债（NCOL）= 负债总额-流动负债-长期借款-应付债券
金融资产净额的变化 $\Delta FIN = FIN_t - FIN_{t-1}$ $FIN = FINA - FINL$	金融资产（FINA）= 短期投资+长期投资
	金融负债（FINL）= 长期借款+应付债券+一年内到期的非流动负债+优先股

---

① LI K K, MOHANRAM P. Evaluating Cross-Sectional Forecasting Models for Implied Cost of Capital [J]. Review of Accounting Studies, 2014, 19 (3): 1152-1185.

② RICHARDSON S A, SLOAN R G, SOLIMAN M T, et al. Accrual Reliability, Earnings Persistence and Stock Prices [J]. Journal of Accounting and Economics, 2005, 39 (3): 437-48

经过上述公式运算，化简得总的应计利润 TACC=Δ资产总额−Δ负债总额−Δ现金=Δ所有者权益−Δ现金[①]，即应计利润+现金利润=Δ（资产总额−负债总额）=Δ净资产=Δ所有者权益。

但是，在使用 RI 原始模型进行回归时，存在如下两个缺陷：

缺陷一：$eps_{t+2}-eps_{t+1}>0$ 的记录数太少，以 1999—2020 年数据（全样本）为基础得出的滚动预测数据 $eps_{i,t+\tau}$ 的记录数结果如下：

表 10　滚动预测数据 $eps_{i,t+\tau}$ 的记录数

预测值	eps_{t+1}	eps_{t+2}	eps_{t+3}	eps_{t+4}	eps_{t+5}	$eps_{t+2}-eps_{t+1}>0$
记录数	55 903	55 352	54 890	54 688	50 417	12 543

可见，用于 PEG 模型的 $eps_{t+2}-eps_{t+1}>0$ 的记录数太少，这样就使得 RI 模型用于本规范指引中 ICC 模型的估算大打折扣。

缺陷二：回归结果显示 R^2 过小。以 2020 年为例，回归的 R^2 如下：

表 11　处理前全样本回归的 R^2

预测期	eps_{t+1}	eps_{t+2}	eps_{t+3}	eps_{t+4}	eps_{t+5}
R^2	0.369 7	0.216 6	0.145 7	0.105 7	0.087 1

可见，全样本未来 5 年的 R^2 都很小。说明利用我国上市公司的数据和 RI 原始模型，对各变量在每股水平上进行回归时，方程的拟合度不好，并不像 Li 和 Mohanram（2014）[②] 的结果那样，预期未来三年的盈余回归结果的 R^2 在 42.5%~68.1%之间。尽管 Li 和 Mohanram（2014）[③] 比较 RI 模型和 HVZ 模型时，提到 HVZ 模型的 R^2 大于 RI 模型的 R^2，主要是由于 HVZ 模型是在美元基础上进行回归的，并且和异方差有关。本规范指引分别对 HVZ 和 RI 模型进行回归，并对异方差进行处理。以 2020 年为例，样本回归的 R^2 如下：

表 12　处理后全样本回归的 R^2

HVZ 模型 R^2	0.974 3	0.949 8	0.922 6	0.894 1	0.870 1
RI 模型 R^2	0.976 9	0.948 8	0.913 6	0.874 9	0.828 8

---

① 计算应计利润时选择 TACC=Δ资产总额−Δ负债总额−Δ现金，还是 TACC=Δ所有者权益−Δ现金，主要考虑的是数据量的多少，结果显示资产总计（69 419 条）、负债合计（69 320 条），以资产总计和负债总计为基础计算的所有者权益（69 320 条），所有者权益合计（69 390 条），所以用 TACC=Δ所有者权益−Δ现金。

② LI K K, MOHANRAM P. Evaluating Cross-Sectional Forecasting Models for Implied Cost of Capital [J]. Review of Accounting Studies, 2014, 19（3）: 1152-1185.

③ LI K K, MOHANRAM P. Evaluating Cross-Sectional Forecasting Models for Implied Cost of Capital [J]. Review of Accounting Studies, 2014, 19（3）: 1152-1185.

为了使 RI 模型的盈余预测数据更好地运用于 ICC 的估算，基于以上两点分析，本规范指引在 RI 原始模型的基础上进行适当拓展，对原始模型的等号左右两侧的连续型变量不再除以股数，于是得到本规范指引中盈余预测的截面回归模型——修正的 RI 模型。模型如下：

$$E_{i,\,t+\tau} = \alpha_0 + \alpha_1 NegE_{i,\,t} + \alpha_2 E_{i,\,t} + \alpha_3 NegE_{i,\,t} * E_{i,\,t} + \alpha_4 B_{i,\,t} + \alpha_5 TACC_{i,\,t} + \varepsilon_{i,\,t+\tau}$$

1. 变量定义及说明

修正的 RI 模型的变量定义及说明如下：

表 13　修正的 RI 模型的变量定义表

变量名	定义
$E_{i,\,t+\tau}$	预期公司 i 在第 $t+\tau$（$\tau=1、2、3、4、5$）年扣除非经常性损益前的净利润
$NegE_{i,\,t}$	虚拟变量，如果公司收益为负取值为 1，否则为 0
$E_{i,\,t}$	公司 i 在第 t 年除非经常性损益前的净利润
$NegE_{i,\,t} * E_{i,\,t}$	$NegE_{i,\,t}$ 和 $eps_{i,\,t}$ 的交乘项
$B_{i,\,t}$	公司 i 在第 t 年所有者权益合计
$TACC_{i,\,t}$	公司 i 在第 t 年总的应计利润（$TACC_{i,\,t}$）*

注：具体定义见表 8 注②和表 9。

2. 数据选取

（1）扣除非经常性损益前的净利润、所有者权益合计、总股本均来自 RESSET 数据库。①

路径：RESSET 股票—财务指标—财务指标—财务指标

筛选条件：①代码选择：交易所标识：全部，股票类型：A；②调整标识：最新调整数据；③报表类型：Q4 年报

字段名：A 股股票代码_A_Stkcd，截止日期_EndDt，净利润（元）_Netprf（因为数据库中"非经常性损益"与"扣除非经常性损益后净利润"相加等于"净利润"，所以这里的字段名"净利润"即为扣除非经常性损益前的净利润）、所有者权益合计（元）_TotSHE、总股本（股）_Totshr。

（2）现金（筛选条件同上述 HVZ 模型）：

非金融行业：

路径：RESSET 股票—财务报表—不更新数据—财务报表—非金融行业资产负债表

---

① eps 和 bps 不采用数据库里的指标，而是按照定义式手工计算的原因主要是出于数据量和方法一致的综合考虑。基本每股收益（62 592 条），而净利润（69 561 条）、总股本（65 896 条），以净利润和总股本为基础计算的基本每股收益（65 880 条）；每股净资产（69 052 条），而所有者权益合计（69 390 条）、总股本（65 896 条），以所有者权益合计和总股本为基础计算的每股净资产（65 878 条）。故一致采用定义式对 eps 和 bps 进行手工计算。

字段名：A 股股票代码_A_Stkcd，截止日期_EndDt，货币资金（元）_Monefd。

金融行业：

路径：RESSET 股票—财务报表—不更新数据—财务报表—金融行业资产负债表

字段名：A 股股票代码_A_Stkcd，截止日期_EndDt，现金及存放中央银行款项（元）_CasdepresCB。

3. 估算步骤

用 RI 模型估算预期 5 年的收益时，借鉴 Hou 等（2012）[①] 和 Li 和 Mohanram（2014）[②] 的方法，利用向前滚动 10 年的数据。

（1）在第 t 年要预测 t+1 年的收益，等式左边要用第 t 年至 t-9 年所有样本公司的收益数据，而等式右边要用 t-1 至 t-10 年所有样本公司的数据进行混合回归：若等式左边是第 t 年收益，等式右边对应 t-1 的会计数据；若等式左边是第 t-1 年收益，等式右边对应 t-2 的会计数据；若等式左边是第 t-9 年收益，等式右边对应 t-10 的会计数据。即滞后一年进行混合回归。得出所有样本公司在第 t 年要预测 t+1 年的收益所用的系数，下一步求每家公司 t+1 年的预测收益。用每家公司第 t 年的会计数据乘以上一步的系数，即可求出 $E_{i,t+1}$。

（2）在第 t 年要预测 t+2 年的收益，等式左边要用第 t 年至 t-9 年所有样本公司的收益数据，而等式右边要用 t-2 至 t-11 年所有样本公司的数据进行混合回归：若等式左边是第 t 年收益，等式右边对应 t-2 的会计数据；若等式左边是第 t-1 年收益，等式右边对应 t-3 的会计数据；若等式左边是第 t-9 年收益，等式右边对应 t-11 的会计数据。即滞后两年进行混合回归。得出所有样本公司在第 t 年要预测 t+2 年的收益所用的系数，下一步求每家公司 t+2 年的预测收益。用每家公司第 t 年的会计数据乘以上一步的系数，即可求出 $E_{i,t+2}$。

（3）同理，可求出 $E_{i,t+3}$ 和可求出 $E_{i,t+4}$。在第 t 年要预测 t+5 年的收益，等式左边要用第 t 年至 t-9 年所有样本公司的收益数据，而等式右边要用 t-5 至 t-14 年所有样本公司的数据进行混合回归：若等式左边是第 t 年收益，等式右边对应 t-5 的会计数据；若等式左边是第 t-1 年收益，等式右边对应 t-6 的会计数据；若等式左边是第 t-9 年收益，等式右边对应 t-14 的会计数据。即滞后 5 年进行混合回归。得出所有样本公司在第 t 年要预测 t+5 年的收益所用的系数，下一步求每家公司 t+5 年的预测收益。用每家公司第 t 年的会计数据乘以上一步的系数，即可求出 $E_{i,t+5}$。

由于中国的证券市场起步较晚，所以，本规范指引使用至少 4 年的滚动数据。如估算 1999 年未来 5 年的预期收益，向前滚动 4 年，追溯至 1991 年的历史数据；估算 2000 年未来 5 年的预期收益，向前滚动 5 年，追溯至 1991 年的历史数据；估算 2001 年未来 5 年的预期收益，向前滚动 6 年，也追溯至 1991 年的历史数据；2002 年向前滚

[①] HOU K, VAN DIJK M A, ZHANG Y. The Implied Cost of Capital: A New Approach [J]. Journal of Accounting and Economics, 2012, 53 (3): 504-526.

[②] LI K K, MOHANRAM P. Evaluating Cross-Sectional Forecasting Models for Implied Cost of Capital [J]. Review of Accounting Studies, 2014, 19 (3): 1152-1185.

动 7 年，2003 年向前滚动 8 年，2004 年向前滚动 9 年，2005 年向前滚动 10 年，这些年份的预算都追溯至 1991 年的历史数据。2006 年至 2020 年都向前滚动 10 年。预测 1999—2020 年间每年每家公司未来 5 期盈余的时间设定如下。

表 14 滚动时间轴

第 t 年	滚动年份 n	滚动的起始时点				
^	^	预测 $E_{i,t+1}$	预测 $E_{i,t+2}$	预测 $E_{i,t+3}$	预测 $E_{i,t+4}$	预测 $E_{i,t+5}$
公式		$t-1-(n-1)$	$t-2-(n-1)$	$t-3-(n-1)$	$t-4-(n-1)$	$t-5-(n-1)$
1999	4	1995	1994	1993	1992	1991
2000	5	1995	1994	1993	1992	1991
2001	6	1995	1994	1993	1992	1991
2002	7	1995	1994	1993	1992	1991
2003	8	1995	1994	1993	1992	1991
2004	9	1995	1994	1993	1992	1991
2005	10	1995	1994	1993	1992	1991
2006	10	1996	1995	1994	1993	1992
2007	10	1997	1996	1995	1994	1993
2008	10	1998	1997	1996	1995	1994
2009	10	1999	1998	1997	1996	1995
2010	10	2000	1999	1998	1997	1996
2011	10	2001	2000	1999	1998	1997
2012	10	2002	2001	2000	1999	1998
2013	10	2003	2002	2001	2000	1999
2014	10	2004	2003	2002	2001	2000
2015	10	2005	2004	2003	2002	2001
2016	10	2006	2005	2004	2003	2002
2017	10	2007	2006	2005	2004	2003
2018	10	2008	2007	2006	2005	2004
2019	10	2009	2008	2007	2006	2005
2020	10	2010	2009	2008	2007	2006

所以，估算 1999 年至 2020 年的股权资本成本，需要用到样本数据的时间跨度是

1991 年至 2020 年。

完成上述步骤后，把各家公司第 t 年的盈余滚动预测数据 $E_{i,\,t+1}$、$E_{i,\,t+2}$、$E_{i,\,t+3}$、$E_{i,\,t+4}$、$E_{i,\,t+5}$，分别除以第 t 年末的总股数①，得到每股收益的预测数据，然后代入 Gordon 模型、GLS 模型、OJ 模型、PEG 模型、MPEG 模型和 CT 模型，估算隐含资本成本（ICC）。

4. 样本期间与筛选原则

样本期间：1991—2020 年。

筛选原则：截面模型回归前，删除 E、B 和 TACC 的缺失值。

五、债务资本成本估算方法与步骤

估算方法：

$$r_{d1} = \frac{费用化利息支出 + 资本化利息支出}{带息负债} \times (1 - T)$$

其中：T 为该企业实行的所得税率。

（一）非银行业债务资本成本

1. 数据选取

以下数据均从 WIND 数据库中沪深股票指标中选取。

表 15　非银行业债务资本成本的数据选取表

公式中的项目	数据来源
费用化利息支出	报表附注—财务费用明细—利息支出②
资本化利息支出	
带息负债	财务分析—衍生报表数据—基于资产负债表—带息债务
所得税税率	报表附注—所得税税率—年末所得税税率

2. 估算步骤

（1）带息负债：删除带息负债为负的数值。先将年初、年末都没有缺失值的数据计算平均值，即年初加年末的平均值作为当年的带息负债，双侧或单侧有缺失值的不计算平均值，直接用单侧数据赋值，然后再删掉上市年份前一年之前的数据，注意有些公司可能变更了公司简称和证券代码，上市年份应该以变更前的年份为准，而不是变更后新的上市年份。由于部分企业前三季度的季报都没披露，导致带息债务数据缺失，所以，最终采用年初加年末的平均值来衡量企业当年的带息债务。

（2）利息支出：删除利息支出为负的数值，再删除上市年份前一年之前的数据，

---

① 通过对样本数据观察发现我国上市公司 1999 年以后各年的股数一般比较稳定，这里假定公司未来 5 年的总股数保持不变。

② WIND 数据库中的利息支出包含资本化利息，因此利息支出两个变量的数据合并选取。

注意有些公司可能变更了公司简称和证券代码，上市年份应该以变更前的年份为准，而不是变更后新的上市年份，并将利息支出为空值或 0 的观测值以表 16 方法赋值，其中，带息负债是年初加年末平均值，每一年单独拿出来补数，然后再合并到一起。

表 16　利息支出补充数据方法

	前一年	缺失年	后一年
利息支出	a	x	c
带息负债	b	e	d
赋值公式	双侧赋值：$x = \dfrac{\frac{a}{b} + \frac{c}{d}}{2} \times e$。如果 a 或 c 数据亦缺失，则单侧赋值，即：如 c 缺失，则 $x = \dfrac{a}{b} \times e$。		

（3）所得税率：个别年份、个别公司所得税率空缺值，以表 17 方法赋值，每一年单独拿出来补数，然后再合并到一起。

表 17　所得税税率补充数据方法

	前一年	缺失年	后一年
所得税税率	a	x	b
赋值公式	双侧赋值：$x = \dfrac{a+b}{2}$。如果 a 或 b 数据亦缺失，则单侧赋值，即：如 b 缺失，则 $x = a$。		

（4）删除上市前数据。

（5）粘贴到一起估算。

3. 样本期间与筛除原则

样本期间：上述公式中的数据，资本化利息的数据期间为 2000—2020 年；所得税税率、利息支出与带息债务的数据期间为 1999—2020 年。

筛除原则：选取截至 2020 年 12 月 31 日上市的 4086 家公司为全部样本。删除利息为负的年份。

（二）银行业债务资本成本

1. 数据选取

以下数据均从 WIND 数据库中沪深股票指标中选取。

表 18　银行业债务资本成本的数据选取表

公式中的项目	与银行业资产负债表科目的对应和数据来源
费用化利息	财务报表—商业银行—利润表—利息支出
资本化利息	年报中没有披露该数据的，默认为 0
带息负债	财务分析—银行专项指标—计息负债
所得税税率	报表附注—所得税税率—年末所得税率

鉴于 WIND 数据库中，个别银行上市后前几年的带息负债数据缺失（2021 年估算时是 1991 年上市的平安银行 2003 年之前的相应数据缺失），本规范指引从 CSMAR 数据库中下载当年的吸收存款及同业存放、拆入资金、向中央银行借款、交易性金融负债、卖出回购金融资产款和应付债券，由六项指标加总代替计息负债。[①] 若 CSMAR 数据库中，当年的这六项指标也缺失，则参考上一年估算时下载的数据，找到该银行当年的相应数据进行补充。在计算计息负债平均值时，对于缺少单侧数值的，不计算平均值，直接单侧数据赋值，比如，由于招商银行缺少 2001 年的计息负债，在计算 2002 年计息负债平均值时直接选用 2002 年末数据进行赋值。

2. 估算步骤

银行业费用化利息的补数方法同一般企业的利息支出的补数方法，其余的估算步骤同一般企业。

3. 样本期间与筛除原则

样本期间：上述公式中的数据，资本化利息的数据期间为 2000—2020 年；所得税税率、费用化利息与带息债务的数据期间为 1999—2020 年。

筛除原则：删除利息为负的数值。

按照证监会行业分类标准，选取 37 家银行作为全部样本。

表 19　银行业样本一览表

股票代码	银行名称	股票代码	银行名称
000001	平安银行	002958	青农商行
002142	宁波银行	002966	苏州银行
002807	江阴银行	600000	浦发银行
002839	张家港行	600015	华夏银行
002936	郑州银行	600016	民生银行
002948	青岛银行	600036	招商银行

---

① 该计算方式与 WIND 数据库中的计息负债计算公式统一。

续表

股票代码	银行名称	股票代码	银行名称
600908	无锡银行	601398	工商银行
600919	江苏银行	601577	长沙银行
600926	杭州银行	601658	邮储银行
600928	西安银行	601818	光大银行
601009	南京银行	601838	成都银行
601077	渝农商行	601860	紫金银行
601187	厦门银行	601916	浙商银行
601128	常熟银行	601939	建设银行
601166	兴业银行	601988	中国银行
601169	北京银行	601997	贵阳银行
601229	上海银行	601998	中信银行
601288	农业银行	603323	苏农银行
601328	交通银行		

六、加权平均资本成本估算方法与步骤

$$WACC = r_e \times W_e + r_d \times W_d$$

(一) 数据选取

股权资本成本 (r_e)、债务资本成本 (r_d) 的估算参见本规范指引。

权数 (W) 的选取：分别使用两种权重——账面权数和市值权数。

1. 账面权数：即股权与债务的账面比例。

W_d 为公司的资产负债率 (DAR)；W_e 为 1 减去资产负债率。

资产负债率 (DAR)：选取 CSMAR 数据库—公司研究系列—财务指标分析—偿债能力—选"股票代码、截止日期、报表类型编码、资产负债率"；条件筛选：截止日期包含 12 月、报表类型编码=合并报表。

2. 市值权数：股权与债务的市值比例。

W_d=债务资本市值/总市值=债务资本市值/总市值；W_e=股权资本市值/总市值。

(1) 债务资本市值：即债务资本的账面价值：CSMAR 数据库—公司研究系列—财务报表—资产负债表—选"证券代码、会计期间、报表类型、负债合计"；条件筛选：截止日期包含 12 月、报表类型编码=合并报表。

(2) 总市值：CSMAR 数据库—公司研究系列—财务指标分析—相对价值指标—选

"股票代码、截止日期、市值 B、托宾 Q 值 A、托宾 Q 值 B、托宾 Q 值 C、托宾 Q 值 D";条件筛选:截止日期包含 12 月。

(3) 股权资本市值:采用"总市值—债务资本市值"计算求得。

(二) 估算方法

本次估算中,WACC(账面权重或市值权重)估算方案采用的是实际(风险报酬)、实际(内含报酬率类)、分析师预测(内含报酬率类)、HVZ(内含报酬率类),MRI(内含报酬率类)这五套方案。第一套:实际(风险报酬)为 CAPM 模型、FF 三模型和 FF 五模型估算的均值作为股权资本成本与债务资本成本的加权平均;第二套:实际(内含报酬率类)为以实际 eps 数据使用 Gordon、GLS、OJ、PEG、MPEG 这五法的均值作为股权资本成本与债务资本成本的加权平均;第三套:分析师预测(内含报酬率类)为以分析师预测的 eps 数据使用 Gordon、GLS、OJ、PEG、MPEG 这五法的均值作为股权资本成本与债务资本成本的加权平均;第四套:HVZ(内含报酬率类)为以 HVZ 截面预测的 eps 数据使用 Gordon、GLS、OJ、PEG、MPEG 和 CT 这六法的均值作为股权资本成本与债务资本成本的加权平均;第五套:MRI(内含报酬率类)为以 MRI 截面预测的 eps 数据使用 Gordon、GLS、OJ、PEG、MPEG 和 CT 这六法的均值作为股权资本成本与债务资本成本的加权平均。

在这五套估算方案下,我们又采取了是否包含 CT 和 FF 五因素进行了分类,分为四种,分别为:第一,含 CT、且含 FF 五因素;第二,含 CT、不含 FF 五因素;第三,不含 CT、但含 FF 五因素;第四,不含 CT、不含 FF 五因素。最终我们采用账面权重和市值权重估算 WACC 时,共四大类、两种权重选取方案、五套方案,共 40 种加权平均资本成本。

在这 40 种加权平均资本成本的估算方案下,我们又进行了剔除 WACC(账面权重或市值权重)的异常值和不剔除 WACC 的异常值两种处理,总计 80 种加权平均资本成本的估算口径。

(三) 样本期间与异常值处理原则

1. 账面值的样本期间
(1) 实际数据估算期:2000—2020 年;
(2) 预测数据估算期:采用分析师预测数据:2004—2020 年;采用截面回归预测数据:2000—2020 年。

2. 实际值的样本区间
(1) 实际数据估算期:2000—2020 年;
(2) 预测数据估算期:采用分析师预测数据:2004—2020 年;采用截面回归预测数据:2000—2020 年。

3. 筛除原则
(1) 为了保证 W_e 与 W_d 均大于 0,采用账面权数估算 WACC 时,剔除资产负债率大于 1 和小于 0 的样本；采用市值权数估算 WACC 时，剔除债务资本账面价值大于总市值的样本。

（2）剔除债务大于 30 的观测值，并使用缺失值代替；

（3）采用账面权数估算和市值估算 WACC 时，剔除 WACC 大于 0.2 和小于 0 的样本。

参考文献[①]

[1] LOUIS BACHELIER. Theory of Speculation. Alison Etheridge. Louis Bachelier's Theory of Speculation: The Origins of Modern Finance [M]. Princeton University Press, 2006.

[2] JOHN BAUER. Bases of Valuation in the Control of Return on Public Utility Investments. The American Economic Review, 1916, 6 (3): 568-588.

[3] Albert S. Keister. Recent Tendencies in Corporation Finance. The Journal of Political Economy, 1922, 30 (2): 257-273.

[4] Max Lorenz, H. B. Dorau, W. F. Gephart, Q. Forrest Walker, Leonard L. Watkins and C. O. Ruggles. Present Day Corporation Problems. The American Economic Review, Vol. 17, No. 1, Supplement, Papers and Proceedings of the Thirty-ninth Annual Meeting of the American Economic Association (Mar., 1927): 25-41.

[5] IRVING FISHER. The Theory of Interest [M]. The Macmillan Company, 1930.

[6] BERLE A, Jr, MEANS G C. The Modern Corporation and Private Property [M]. New York: Harcourt, Brace and World, 1932.

[7] MILTON FRIEDMAN. The Methodology of Positive Economics. Essays in Positive Economics [M]. University of Chicago Press, 1953: 3-43.

[8] E W CLEMENS. Some Aspects of the Rate-of-Return Problem Source [J]. Land Economics, 1954, 30 (1): 32-43.

[9] EZRA SOLOMON. Measuring a Company's Cost of Capital [J]. The Journal of Business, 1955, 28 (4): 240-252.

[10] FRED P MORRISSEY. A Reconsideration of Cost of Capital and a Reasonable Rate of Return [J]. Land Economics, 1955, 31 (3): 229-244.

[11] LINTNER J. Distribution of Incomes of Corporations Among Dividends, Retained Earnings, and Taxes [J]. The American Economic Review, 1956: 97-118.

[12] MYRON J GORDON, ELI SHAPIRO. Capital Equipment Analysis: The Required

---

① 按照时间（年份）顺序排序。

Rate of Profit [J]. Management Science, 1956, 3: 1, 102-110.

[13] JOSEPH R ROSE. "Cost of Capital" in Public Utility Rate Regulation [J]. Virginia Law Review, 1957, 43 (7): 1079-1102.

[14] FRANCO MODIGLIANI, MERTON H MILLER. The Cost of Capital, Corporation Finance and the Theory of Investment [J]. American Economic Review, 1958, 48 (3): 261-297.

[15] J HIRSHLEIFER. On the Theory of Optimal Investment Decision [J]. The Journal of Political Economy, 1958, 66 (4): 329-352.

[16] FRANCIS JOSEPH DEMET, MARGADETTE MOFFATT DEMET. Legal Aspects of Rate Base and Rate of Return in Public Utility Regulation. Marquette Law Review, 1959, 42 (3).

[17] HARVEY AVERCH, LELAND L JOHNSON. Behavior of the Firm Under Regulatory Constraint [J]. The American Economic Review, 1962, 52 (5): 1052-1069.

[18] GORDON M J. The Investment, Financing, and Valuation of the Corporation [M]. RD Irwin, 1962.

[19] FRANCO MODIGLIANI, MERTON H MILLER. Corporate Income Taxes and the Cost of Capital: A Correction [J]. American Economic Review, 1963, 53 (3): 433-443.

[20] JOHN LINTNER. The Cost of Capital and Optimal Financing of Corporate Growth. The Journal of Finance, 1963, 18 (2): 292-310.

[21] EZRA SOLOMON. Leverage and the Cost of Capital [J]. The Journal of Finance, 1963, 18 (2): 273-279.

[22] WILLIAM F SHARPE. Capital Asset Prices: A Theory of Market Equilibrium under Conditions of Risk [J]. Journal of Finance, 1964, 19 (3): 425-442.

[23] MERTON H MILLER, FRANCO MODIGLIANI. Some Estimates of the Cost of Capital to the Electric Utility Industry, 1954-57. The American Economic Review, 1966, 56 (3): 333-391.

[24] ALTMAN E I. Financial ratio, discriminant analysis and the prediction of corporate bankruptcy [J]. Journal of Finance, 1968, 23 (4): 589-609.

[25] EZRA SOLOMON. Alternative rate of return concepts and their implication for utility regulation [J]. The Bell Journal of Economics and Management Science, 1970, 1 (1): 65-81.

[26] ROBERT A Haugen, Charles O KRONCKE. Rate Regulation and the Cost of Capital in the Insurance Industry [J]. Journal of Financial and Quantitative Analysis, 1971, 6 (5): 1283-1305.

[27] STEWART C MYERS. The Application of Finance Theory to Public Utility Rate Cases [J]. Bell Journal of Economics, 1972, 3 (1): 58-97.

[28] JOSEPH E STIGLITZ. Taxation, Corporate Financial Policy, and the Cost of

Capital [J]. Journal of Public Economics 1973, 2: 1-34.

[29] WATTS R. The Information Content of Dividends [J]. Journal of Business, 1973, 46 (2): 191-211.

[30] MYRON J GORDON, PAUL J HALPERN. Cost of Capital for a Division of a Firm [J]. Journal of Financial 1974, 29 (4): 1153-1161.

[31] JENSEN M C, MECKLING W H. Theory of the Firm: Managerial Behavior, Agency Costs, and Ownership Structure [J]. Journal of Financial Economics, 1976, 3 (4): 305-360.

[32] FISCHER BLACK. The Dividend Puzzle [J]. Journal of Portfolio Management, 1976, 2.

[33] MYERS S C. Determinants of Corporate Borrowing [J]. Journal of Financial Economics, 1977, 5 (2): 147-175.

[34] MERTON H MILLER. Debt and Taxes [J]. The Journal of Finance, 1977, 32 (2): 261-275.

[35] LELAND H E, D H PYLE. Information Asymmetries, Financial Structure, and Financial Intermediation [J]. Journal of Finance, 1977, 32 (2): 371-387.

[36] EUGENE F FAMA. Risk-Adjusted Discount Rates And Capital Budgeting Under Uncertainty [J]. Journal of Financial Economics, 1977, 5: 3-24.

[37] JAMES TOBIN, WILLIAM C BRAINARD. Asset Markets and the Cost of Capital [M]. Essays in Honor of William Fellner, North-Holland, 1977.

[38] COPELAND Jr B L. Alternative Cost-of-Capital Concepts in Regulation [J]. Land Economics, 1978, 54 (3).

[39] SUDIPTO BHATTACHARGA. Imperfect Information, dividend policy, and "the bird in the hand" fallacy [J]. Bell Journal of Economics, 1979, 10 (1): 259-270.

[40] BANZ R W. The Relationship Between Return and Market Value of Common Stocks [J]. Journal of Financial Economics, 1981, 9 (1): 3-18.

[41] BASU S. The Relationship Between Earnings' Yield, Market Value and Return for NYSE Common Stocks: Further Evidence [J]. Journal of Financial Economics, 1983, 12 (1): 129-156.

[42] ROLL R W, ROSS S A. Regulation, the Capital-Asset Pricing Model, and the Arbitrage Pricing Theory [J]. Public Utilities Fortnightly, 1983, 111 (11): 22-28.

[43] MO AHN CHANG, HOWARD E THOMPSON. An Analysis of Some Aspects of Regulatory Risk and the Required Rate of Return for Public Utilities [J]. Journal of Regulatory Economics, 1989, 1 (3): 241-257.

[44] MICHAEL C JENSEN, CLIFFORD W SMITH. The Theory of Corporate Finance: A History Overview [J]. The Modern Theory of Corporate Finance (New York: McGraw-Hill Inc.), 1984: 2-20.

[45] STEWART C MYERS. The Capital Structure Puzzle [J]. The Journal of Finance, 1984, 39 (3): 575-591.

[46] SMITH CLIFFORD W, RENÉ M STULZ. The Determinants of Firms' Hedging Policies [J]. Journal of Financial and Quantitative Analysis, 1985, 20: 4, 391-405.

[47] BONDT W F M D, THALER R. Does the Stock Market Overreact? [J]. Journal of Finance, 1985, 40 (3): 793-805.

[48] BAKER H KENT, GAIL E FARRELLY, RICHARD B EDELMAN. A Survey of Management Views on Dividend Policy [J]. Financial Management, 1985, 14: 3, 78-84.

[49] MILLER E M, K ROCK. Dividend policy under asymmetric information [J]. Journal of Finance, 1985, 40 (4): 1031-1051.

[50] MICHAEL C JENSEN. Agency Costs of Free Cash Flow, Corporate Finance, and Takeovers [J]. The American Economic Review, 1986, 76 (2): 323-329.

[51] ANDREI SHLEIFER, ROBERT W VISHNY. Large Shareholders and Corporate Control [J]. The Journal of Political Economy, 1986, 94 (3): 461-488.

[52] HEALY P M, PALEPU K G. Earnings Information Conveyed by Dividend Initiations and Omissions [J]. Journal of Financial Economics, 1987, 21 (2): 149-175.

[53] FAZZARI S M, HUBBARD R G, PETERSEN B C, BLINDER A S, POTERBA J M. Financing Constraints and Corporate Investment [J]. Brookings Papers on Economic Activity, 1988 (1): 141-206.

[54] TITMAN S, R WESSELE. The determinants of capital structure choice [J]. Journal of Finance, 1988, 43 (1): 1-19.

[55] THOMAS E COPELAND, J FRED WESTON. Financial Theory and Corporate Policy [M]. Third Edition. Addison-Wesley Publishing Company, 1988.

[56] OLIVER E WILLIAMSON. Corporate Finance and Corporate Governance [J]. The Journal of Finance, 1988, 43 (3): 567-591.

[57] O'BRIEN P C. Analysts' Forecasts as Earnings Expectations [J]. Journal of Accounting & Economics, 1988, 10 (1): 53-83.

[58] KENNETH A LEWIS. Estimating the Cost of Equity Capital for Electric Utilities, Market-to-Book Recovery, and the Theory of Regulation: 1969-1984 [J]. Land Economics, 1988, 64 (2).

[59] OU J A, PENMAN S H. Financial Statement Analysis and the Prediction of Stock Returns [J]. Journal of Lake Sciences, 1989, 11 (4): 295-329.

[60] BERNARD V L, THOMAS J K. Post-Earnings-Announcement Drift: Delayed Price Response or Risk Premium? [J]. Journal of Accounting research, 1989: 1-36.

[61] SCHARFSTEIN D S, STEIN J C. Herd Behavior and Investment [J]. American Economic Review, 1990, 80 (3): 465-479.

[62] MICHAEL C JENSEN, KEVIN J MURPHY. Performance Pay and Top

Management Incentives [J]. Journal of Political Economy, 1990, 98 (2): 225-264.

[63] FAMA E F. Efficient Capital Markets: II [J]. Journal Of Finance, 1991, 46 (5): 1575-1617.

[64] FAMA E F, FRENCH K R. The Cross-Section of Expected Stock Returns [J]. The Journal of Finance, 1992, 47 (2): 427-465.

[65] CLIFFORD W SMITH JR, ROSS L WATTS. The Investment Opportunity Set and Corporate Financing, Dividend, and Compensation Policies [J]. Journal of financial Economics, 1992, 32 (3): 263-292.

[66] ELLEN M PIN. Price-Cap versus Rate-of-Return Regulation in a Stochastic-Cost Model [J]. RAND Journal of Economics, 1992, 23 (4).

[67] LEV B, THIAGARAJAN S R. Fundamental Information Analysis [J]. Journal Of Accounting Research, 1993. 31 (2), 190-215.

[68] EUGENE F FAMA, KENNETH R FRENCH. Common Risk Factors in Returns on Stocks and Bonds [J]. Journal of Financial Economics, 1993, 33 (1): 3-56.

[69] LANG L H P, STULZ R M. Tobin's Q, Corporate Diversification, and Firm Performance [J]. Nber Working Papers, 1993, 49 (3): 1079-1080.

[70] FROOT K A, D S SCHARFSTEIN, J C STEIN. Risk management: Coordinating corporate investment and financing policies [J]. Journal of Finance, 1993, 48 (5): 1629-1658.

[71] VOGT S C. The Cash Flow – Investment Relationship: Evidence from US Manufacturing Firms [J]. Financial Management, 1994, 23 (2): 3-20.

[72] OPLER T C, TITMAN S. Financial Distress and Corporate Performance [J]. Journal of Finance, 1994, 49 (3): 1015-1040.

[73] FAMA E F, K R FRENCH. Size and Book-to-Market Factors an Earnings and Returns [J]. Journal of Finance, 1995, 50 (1): 131-155.

[74] RAJAN R G, ZINGALES L. What Do We Know About Capital Structure Some Evidence From International Data [J]. Journal of Finance, 1995, 50 (5): 1421-60.

[75] LOUGHRAN T, RITTER J R. The New Issues Puzzle [J]. The Journal of Finance, 1995, 50 (1): 23-51.

[76] LANG L, OFEK E, STULZ R. Leverage, Investment, and Firm Growth [J]. Journal of Financial Economics, 1995, 40 (1): 3-29.

[77] OHLSON J A. Earnings, Book Values, and Dividends in Equity Valuation [J]. Contemporary accounting research, 1995, 11 (2): 661-687.

[78] JEREMY C STEIN. Rational Capital Budgeting In an Irrational World [J]. The Journal of Business, 1996, 69 (4): 429-455.

[79] RAFAEL LA PORTA, FLORENCIO LOPEZ – DE – SILANES, ANDREI SHLEIFER, ROBERT W VISHNY. Law and Finance. NBER Working Paper Series, Paper

5661. National Bureau of Economic Research, July 1996.

[80] LAMONT O. Cash Flow and Investment: Evidence from Internal Capital Markets [J]. The Journal of Finance, 1997, 52 (1): 83-109.

[81] BASU S. The Conservatism Principle and the Asymmetric Timeliness of Earnings [J]. Journal of accounting and economics, 1997, 24 (1): 3-37.

[82] OWEN LMONT. Cash Flow and Investment : Evidence from Internal Capital Markets [J]. Journal of Finance 1997, 1: 83-109.

[83] SHLOMO BENARTZI, RONIMICHELY, RICHARD THALER. Do Changes in Dividends Signal the Future orthe Past [J]. Journal of Finance, 1997, 3: 1007-1034.

[84] STEVEN N KAPLAN. LUIGI ZINGALES. Do Investment-Cash Flow Sensitivites Provide useful Measures of Financing Constraints? [J]. The Quarterly Journal of Economic, 1997, 2: 169-215.

[85] ANTONIOU ANTONIOS, PESCETTO GIOIA M. The Effect of Regulatory Announcements on the Cost of Equity Capital of British Telecom [J]. Journal of Business Finance and Accounting, 1997, 24 (1): 1-26.

[86] RAFAEL LA PORTA, FLORENCIO LOPEZ - DE - SILANES, ANDREI SHLEIFER. Law and Finance [J]. Journal of Political Economy, 1998, 106: 1113-1155.

[87] ANDREI SHLEIFER. State versus Private Ownership [J]. The Journal of Economic Perspectives, 1998, 12 (4): 133-150.

[88] PARRINO R, WEISBACH M S. Measuring Investment Distortions Arising From Stockholder-Bondholder Conflicts [J]. Journal of Financial Economics, 1999, 53 (1): 3-42.

[89] TIM OPLER, LEE PINKOWITZ, RENE STULZ, ROHAN WILIAMSON. The Determinants and Implications of Corporate Cash Holdings [J]. Journal of Financial Economics, 1999, 46: 3-46.

[90] THOMAS J CHEMMANURAND PAOLO FULGHIERI. A Theory of the Going-Public Decision [J]. Journal of Finance Study, 1999, 12: 249-279.

[91] EUGENE F FAMA, KENNETH R FRENCH. The Corporate Cost of Capital and the Return on Corporate Investment [J]. The Journal of Finance, 1999.

[92] LA PORTA R, LOPEZ-DE-SILANES F, SHLEIFER A. Corporate Ownership around the World [J]. Journal of Finance, 1999, 54 (2): 471-517.

[93] FRANKLIN ALLEN, ANTONIO E BERNARDO, IVORYWELCH. A theory of dividends based on tax clienteles [J]. Journal of Finance, 2000, 6: 2499—2536.

[94] JOHN R GRAHAM. How Big Are the Tax Benefits of Debt? [J]. Journal of Finance, 2000, 5 : 1901—1941.

[95] DAVID ABOODY, RON KASZNIK. CEO stock option awards and the timing ofcorporate voluntary disclosures CEO [J]. Journal of Accounting and Economics, 2000,

29, 73-100.

[96] AHARONY J, WONG T J. Financial Packaging of IPO Firms in China [J]. Journal of Accounting Research, 2000, 38: 103-126.

[97] WURGLER J. Financial markets and the allocation of capital [J]. Journal of Financial Economics, 2000, 58: 187-214.

[98] RAFAEL LA PORTA, FLORENCIO LOPEZ - DE - SILANES, ANDREI SHLEIFER, ROBERT VISHNY. Investor Protection and Corporate Governance [J]. Journal of Financial Economics, 2000, 58: 3-27.

[99] S CLAESSENS, S DJANKOV, H P LANG. Separation of Ownership from Control of East Asian Firms [J]. Journal of Financial Economics 2000 (58): 81-112.

[100] JEAN TIROLE. Corporate Governance. Econometrica, 2001, 69 (1): 1-35.

[101] EUGENE F FAMA, KENNETH R FRENCH. Disappearing dividends: changing firm characteristics or lower propensity to pay? [J]. Journal of Financial Economics, 2001, 160: 3-43.

[102] SHEFRIN H. Behavioral Corporate Finance [J]. Journal of Applied Corporate Finance, 2001, 14 (3): 113-126.

[103] GRAHAM JOHN R, CAMPBELL R HARVEY. The Theory and Practice of Corporate Finance: Evidence from the Field [J]. Journal of Financial Economics, 2001, 60 (2-3): 187-243.

[104] W R GEBHARDT, M C LEE, B SWAMINATHAN. Toward an Implied Cost of Capital [J]. Journal of Accounting Research, 2001, 39 (1): 135-176.

[105] ROBERT M BUSHMANA, ABBIE J SMITHB. Financial Accounting Information and Corporate Governance [J]. Journal of Accounting and Economics, 2001, 32 (1): 237-333.

[106] MALCOLM BAKER, JEFFREY WURGLER. Market Timing and Capital Structure [J]. Journal of Finance, 2002, 57: 1-32.

[107] JOSE MANUEL CAMPA, SIMI KEDIA. Explaining the diversification discount [J]. Journal of Finance, 2002, 57: 1731-1762.

[108] DIETHER K B, C J MALLOY, A SCHERBINA. Differences of Opinion and the Cross-Section of Stock Returns [J]. Journal of Finance, 2002, 57: 2113-2141.

[109] ASHIQ ALI, LEE-SEOK HWANG, MARK A TROMBLEY. Arbitrage Risk and the Book-to-Market Anomaly [J]. Journal of Financial Economics, 2003, 69: 355-373.

[110] CORE J E, GUAY W R, VERRECCHIA R E. Price versus Non - Price Performance Measures in Optimal CEO Compensation Contracts [J]. Accounting Review, 2011, 78 (4): 957-982.

[111] ANDERSON R C, MANSI S A, REEB D M. Board characteristics, accounting report integrity, and the cost of debt [J]. Journal of Accounting & Economics, 2003, 37

(3): 315-342.

[112] RICHARD R MENDENHALL. Arbitrage Risk and Post-Earnings-Announcement Drift [J]. Journal of Business, 2004, 77 (4): 875-894.

[113] ALEXANDERDYCK, LUIGI ZINGALES. Private Benefits of Control: An International Comparison [J]. Journal of Finance, 2004, 59: 537-600.

[114] ANDERSON R C, MANSI S A, REEB D M. Board characteristics, accounting report integrity, and the cost of debt [J]. Journal of Accounting and Economics, 2004, 37: 315-342.

[115] MICHAEL C JENSEN. The Agency Costs of Overvalued Equity and the Current State of Corporate Finance [J]. European Financial Management, 2004, 10 (4): 549-565.

[116] BRAV A, GRAHAM J R, HARVEY C R, et al. Payout policy in the 21st century [J]. Journal of Financial Economics, 2005, 77 (3): 483-527.

[117] FAMA E F, FRENCH K R. Financing decisions: who issues stock? [J]. Journal of Financial Economics, 2005, 76 (3): 549-582.

[118] RICHARDSON S. Over-Investment of Free Cash Flow [J]. Social Science Electronic Publishing, 2006, 11 (2): 159-189.

[119] BERGSTRESSER D B, PHILIPPON T. CEO Incentives and Earnings Management: Evidence from the 1990s [J]. Journal of Financial Economics, 2006, 80 (3): 511-529.

[120] MALCOLM B, JEFFREY W. Investor Sentiment and the Cross - Section of Stock Returns [J]. Journal of Finance, 2006, 61 (4): 1645-1680.

[121] RICHARDSON S. Over-investment of Free Cash Flow [J]. Review of Accounting Studies, 2006, 11 (2-3): 159-189.

[122] JEAN TIROLE. The Theory of Corporate Finance [M]. Princeton University Press, 2006.

[123] ALBERTO A GAGGERO. Regulatory Risk in the Utilities Industry: An Empirical Study of the English-Speaking Countries [J]. Utilities Policy, 2007, 15 (3): 191-205.

[124] SIMEON DJANKOV, RAFAEL LA PORTA, FLORENCIO LOPEZ - DE - SILANES. The law and economics of self-dealing [C] // Harvard University Department of Economics, 2008: 430-465.

[125] MALMENDIER U, TATE G. Who makes acquisitions? CEO overconfidence and the market's reaction [J]. Journal of Financial Economics, 2008, 89 (1): 20-43.

[126] BANKER R D, HUANG R, NATARAJAN R. Incentive Contracting and Value Relevance of Earnings and Cash Flows [J]. Journal of Accounting Research, 2009, 47 (3): 647-678.

[127] PETERSEN M A. Estimating Standard Errors in Finance Panel Data Sets [J].

Review of Financial Studies, 2010, 22 (1): 435-480.

[128] BIDDLE G C, HILARY G, VERDI R S. How does Financial Reporting Quality Relate To Investment Efficiency? [J]. Journal of Accounting and Economics, 2009, 48 (2): 112-131.

[129] HENRI SERVAES, ANE TAMAYO, PETER TUFANO. The Theory and Practice of Corporate Risk Management [J]. Journal of Applied Corporate Finance, 2009, Fall: 60-78.

[130] DIETER HELM. Infrastructure investment, the cost of capital, and regulation: an assessment [J]. Oxford Review of Economic Policy, 2009, 25 (3): 307-326.

[131] VICTORIA DICKINSON. Cash Flow Patterns as a Proxy for Firm Life Cycle [J]. The Accounting Review, 2011, 86 (6): 1969-1994.

[132] H KENT BAKER, J CLAY SINGLETON, E Theodore VEIT. Survey Research in Corporate Finance: Bridging the Gap between Theory and Practice [M]. Oxford University Express, 2011.

[133] JOHN H COCHRANE. Presidential Address: Discount Rates [J]. The Journal of Finance, 2011, 66 (4): 1047-1108.

[134] ALEXANDER NEZLOBIN, MADHAV V RAJAN, STEFAN REICHELSTEIN. Dynamics of Rate-of-Return Regulation [J]. MANAGEMENT SCIENCE, 2012, 58 (5): 980-995.

[135] JAVIER TAPIA. The 'duty to finance', the cost of capital and the capital structure of regulated utilities: Lessons from the UK [J]. Utilities Policy, 2012, 22: 8-21.

[136] HOU K, VAN DIJK M A, ZHANG Y. The Implied Cost of Capital: A New Approach [J]. Journal of Accounting and Economics, 2012, 53 (3): 504-526.

[137] W TODD BROTHERSON, KENNETH M EADES, ROBERT S HARRIS, ROBERT C HIGGINS. Best Practices in Estimating the Cost of Capital-An Update [J]. Journal of Applied Finance, 2013 (23): 15-33.

[138] MARK T LEARY, MICHAEL R ROBERTS. Do Peer Firms Affect Corporate Financial Policy? [J]. The Journal of Finance, 2014, 69 (1): 139-178.

[139] KEVIN K LI, PARTHA MOHANRAM. Evaluating Cross-sectional Forecasting Models for Implied Cost of Capital [J]. Review of Accounting Studies, 2014, 19 (3): 1152-1185.

[140] ALVARO CUERVO-CAZURRA1, ANDREW INKPEN, ALDO MUSACCHIO, KANNAN RAMASWAMY. Governments as owners: State-owned multinational companies [J]. Journal of International Business Studies, 2014, 45: 919-942.

[141] MARC STEFFEN RAPP, THOMAS SCHMID, DANIEL URBAN. The value of financial flexibility and corporate financial policy [J]. Journal of Corporate Finance, 2014, 29: 288-302.

[142] NIHAT AKTAS, ETTORE CROCI, DIMITRIS PETMEZASIS. Working capital management value-enhancing Evidence from firm performance and investments [J]. Journal of Corporate Finance, 2015, 30: 98-113.

[143] JOHN R GRAHAM, MARK T LEARY, MICHAEL R ROBERTS. A Century of Capital Structure: The Leveraging of Corporate America [J]. Journal of Financial Economics, 2015, 118: 658-683.

[144] RAVI JAGANNATHAN, DAVID A MATSA, IWAN MEIER, VEFA TARHAN. Why do firms use high discount rates? [J]. Journal of Financial Economics, 2016, 120: 445-463.

[145] EUGENE F FAMA, KENNETH R FRENCH. International tests of a Five-Factor Asset Pricing Medel [J]. Journal of Financial Economics, 2017, 123: 441-463.

[146] GERARD T OLSON, MICHAEL S PAGANO. The Empirical Average Cost of Capital-A New Approach to Estimating the Cost of Corporate Funds [J]. Applied Corporate Finance, 2017, 29 (3): 101-110.

[147] YARON LEVI, IVO WELCH. Best Practice for Cost-of-Capital Estimates. Journal of Financial And Quantitive Analysis, 2017, 52 (2): 427-463.

[148] KARTICK GUPTA, CHANDRASEKHAR KRISHNAMURTI, ALIREZA TOURANI-RAD. Financial development, corporate governance and cost of equity capital [J]. Journal of Contemporary Accounting & Economics, 2018 (14): 65-82.

[149] ABITO J M. Measuring the Welfare Gains from Optimal Incentive Regulation [J]. Review of Economic Studies, 2020, 87 (5): 2019-2048.

[150] CHUNG K H, LEE C, SHEN C H. Passive Blockholders, Informational Efficiency of Prices, and Firm Value [J]. Review of Financial Economics, 2020, 38 (3): 494-512.

[151] MA C. Self-Regulation versus Government Regulation: An Externality View [J]. Journal of Regulatory Economics, 2020, 58 (2-3): 166-183.

[152] DKHIL I B, JEBSI K. Access Regulation and Broadband Deployment: Evidence from a Worldwide Dataset [J]. International Journal of the Economics of Business, 2020, 27 (2): 203-253.

[153] AVDASHEVA S, ORLOVA Y. Effects of Long-term Tariff Regulation on Investments under Low Credibility of Rules: Rate-of-return and Price Cap in Russian Electricity Grids [J]. Energy Policy, 2020, 138.

[154] BISHAL B C, BHAGWAT Y N, DEBRUINE M. Leverage Change, Share Repurchases, and Capital Expenditures [J]. Journal of Accounting & Finance, 2021, 2 (3): 99-114.

[155] BHANDARI A, GOLDEN J, WALKER K, ZHANG J H. The Relationship between Stock Repurchase Completion Rates, Firm Reputation and Financial Reporting

Quality: A Commitment-trust Theory Perspective [J]. Accounting & Finance, 2021, 62 (2): 2687-2724.

[156] LUONG T S, QIU B, WU Y (AVA). Does it Pay to be Socially Connected with Wall Street Brokerages? Evidence from Cost of Equity [J]. Journal of Corporate Finance, 2021, 68.

[157] SAHA A, BOSE S. Do IFRS Disclosure Requirements Reduce the Cost of Capital? Evidence from Australia [J]. Accounting & Finance, 2021, 61 (3): 4669-4701.

[158] SARMIENTO J, SADEGHI M, SANDOVAL J S, CAYON E. The Application of Proxy Methods for Estimating the Cost of Equity for Unlisted Companies: Evidence from Listed Firms [J]. Review of Quantitative Finance & Accounting, 2021, 57 (3): 1009-1031.

[159] ZHENG Z, LIN Y, YU X, LIU X. Product Market Competition and the Cost of Equity Capital [J]. Journal of Business Research, 2021, 132: 1-9.

[160] DEBOSKEY D G, LI Y, LOBO G J, LUO Y. Corporate Political Transparency and the Cost of Debt [J]. Review of Quantitative Finance & Accounting, 2021, 57 (1): 111-145.

[161] KARIMOV J, BALLI F, OZER B H, DE BRUIN A. Firm-level Political Risk and Shari'ah Compliance: Equity Capital Cost and Payouts Policy [J]. Accounting & Finance, 2021, 61 (3): 4639-4667.

[162] RJIBA H, SAADI S, BOUBAKER S, DING X (SARA). Annual Report Readability and the Cost of Equity Capital [J]. Journal of Corporate Finance, 2021, 67.

[163] BALAKRISHNAN K, SHIVAKUMAR L, TAORI P. Analysts' Estimates of the Cost of Equity Capital [J]. Journal of Accounting & Economics, 2021, 71 (2/3).

[164] RAFAEL Z, FERNANDO Z. A Tale of Two Types: Generalists VS. Specialists in Asset Management [J]. Journal of Financial Economics, 2021, 142.

[165] HARRY D. Corporate Financial Policy: What Really Matters? [J]. Journal of Financial Economics, 2021, 68.

[166] PILAR A, ANTONIO D, ANA E, M-DOLORES R. Crossing Boundaries Beyond the Investment Grade: Induced Trading by Rating-Contingent Investment Constraints [J]. Journal of Financial Economics, 2021, 67.

[167] FLORIAN H, SEBASTIAN P. Dynamic Multitasking and Managerial Investment Incentives [J]. Journal of Financial Economics, 2021, 6.

[168] JAMES F. A, BRENT G, OLIVER L. Foreign Investment of US Multinationals: The Effect of Tax Policy and Agency Conflicts [J]. Journal of Financial Economics, 2021, 06.

[169] WEI J, ZHANG X. Online Social Networks and Corporate Investment Similarity [J]. Journal of Financial Economics, 2021, 68.

[170] RUI A, VYACHESLAV F, ENRIQUE S. Value Creation in Shareholder Activism

[J]. Journal of Financial Economics, 2021, 145.

[171] SIMON M. Financing Breakthroughs Under Failure Risk [J]. Journal of Financial Economics, 2021, 144.

[172] DESHMUKH S, HOWE K M, GAMBLE K J. Implications of Short Selling for Corporate Finance [J]. Journal of Applied Corporate Finance, 2021, 33 (1): 85-97.

[173] LEWELLEN J, LEWELLEN K. Institutional Investors and Corporate Governance The Incentive to Be Engaged [J]. The Journal of Finance, 2021, 77 (1): 213-264.

[174] REIFF A, TYKVOVÁ T. IPO Withdrawals—Are Corporate Governance and VC Characteristics the Guiding Light in the Rough Sea of Volatile Markets [J]. Journal of Corporate Finance, 2021, 67.

[175] CHEMMANUR T J, HU G, WU C P, WU S N, YAN Z H. Transforming the Management and Governance of Private Family Firms—The Role of Venture Capital [J]. Journal of Corporate Finance, 2021, 66.

[176] FOROUGHI P, MARCUS A J, NGUYEN V, TEHRANIAN H. Peer Effects in Corporate Governance Practices Evidence from Universal Demand Laws [J]. The Review of Financial Studies, 2021, 35 (1): 132-167.

[177] ILIEV P, KALODIMOS J, LOWRY M. Investors' Attention to Corporate Governance [J]. The Review of Financial Studies, 2021, 34 (12): 5581-5628.

[178] LEHN K. Corporate Governance and Corporate Agility [J]. Journal of Corporate Finance, 2021, 66.

[179] ZHANG S R. Directors' Career Concerns—Evidence from Proxy Contests and Board Interlocks [J]. Journal of Financial Economics, 2021, 140 (3): 894-915.

[180] XU Q H, DENG L, LI S, HUANG W. Do Hometown Connections Affect Corporate Governance—Evidence from Chinese Listed Companies [J]. International Review of Economics and Finance, 2021, 73: 290-302.

[181] LEWELLEN K, LOWRY M. Does Common Ownership Really Increase Firm Coordination? [J]. Journal of Financial Economics, 2021, 141 (1): 322-344.

[182] NGUYEN T, NGUYEN A, NGUYEN M, TRUONG T. Is National Governance Quality A Key Moderator of The Boardroom Gender Diversity-firm Performance Relationship? International Evidence from A Multi-hierarchical Analysis [J]. International Review of Economics and Finance, 2021, 73: 370-390.

[183] FLAVIN T, GOYAL A, O'CONNOR T. Corporate Governance, Life Cycle, and Payout Precommitment: An Emerging Market Study [J]. Journal of Financial Research, 2021, 44 (1): 179-209.

[184] POLEMIS M L, TSELEKOUNIS M. Threshold Effects in the Regulation-innovation Nexus: Evidence from the Telecommunications Industry [J]. Journal of Regulatory Economics, 2021, 60 (1): 74-93.

[185] HICKEY C, O'BRIEN J, CALDECOTT B, MCINERNEY C, GALLACHOIR B O. Can European Electric Utilities Manage Asset Impairments Arising from Net Zero Carbon Targets? [J]. Journal of Corporate Finance, 2021, 70.

[186] KIM I, PANTZALIS C, ZHANG Z. Multinationality and the Value of Green Innovation [J]. Journal of Corporate Finance, 2021, 69.

[187] CLINE B N, WILLIAMSON C R, XIONG H. Culture and the Regulation of Insider Trading across Countries [J]. Journal of Corporate Finance, 2021, 67.

[188] CICALA S. When Does Regulation Distort Costs? Lessons from Fuel Procurement in US Electricity Generation: Reply [J]. American Economic Review, 2021, 111 (4): 1373-1381.

[189] Akamah H, Shu S Q. Large Shareholder Portfolio Diversification and Voluntary Disclosure [J]. Contemporary Accounting Research, 2021, 8 (4): 2918-2950.

[190] ABDELSALAM O, CHANTZIARAS A, BATTEN J A, AYSAN A F. Major Shareholders' Trust and Market Risk: Substituting Weak Institutions with Trust [J]. Journal of Corporate Finance, 2021, 66.

[191] AMIRI-MOGHADAM S, JAVADI S, RASTAD M. The Impact of Stronger Shareholder Control on Bondholders [J]. Journal of Financial and Quantitative Analysis, 2021, 56 (4): 1259-1295.

[192] AHMED A, ALMUKHTAR A. Firm-level Trade Credit Responses to COVID-19-induced Monetary and Fiscal Policies: International Evidence [J]. Research in International Business and Finance, 2022, 60.

[193] MATTHEW F, LUIS G. Hot-Stove Effects: The Impact of CEO Past Corporate Experiences on Dividend Policy [J]. Journal of Financial and Quantitative Analysis, 2022, 57 (5): 1695-1726.

[194] FENG J, LIU Q, TSE Y, WANG Z. Price Disparity Between Chinese A- and H-shares: Dividends, Currency Values, and the Interest Rate Differential [J]. Global Finance Journal, 2022, 53.

[195] LIAO W, LIN Y, LI X, CHIH H. The Effects of Behavioral Foundations and Business Strategy on Corporate Dividend Policy [J]. Frontiers in Psychology, 2022, 13.

[196] VICTOR B, MARIA J, PEDRO S, JOAQUIM M. Does CEO Turnover Influence Dividend Policy? [J]. Finance Research Letters, 2022, 44.

[197] MOATAZ E, BILAL A. Related Party Transactions and Dividend Payouts [J]. Finance Research Letters, 2022, 49.

[198] PAUL B, JAN H, JIRI T, EMRE U. Dividend Smoothing and Firm Valuation [J]. Journal of Financial and Quantitative Analysis, 2022, 57 (4): 1621-1647.

[199] HEBA A. Corporate Dividend Policy in the Time of COVID-19: Evidence from the G-12 Countries [J]. Finance Research Letters, 2022, 46.

[200] JERRY C, WANG H, ZHOU S. Soft Activism and Corporate Dividend Policy: Evidence from Institutional Investors Site Visits [J]. Journal of Corporate Finance, 2022, 75.

[201] FRANCESCA G, CRISTIANA M, ELISABETTA M. Nonlinear Dynamics in Real Economy and Financial markets: The Role of Dividend Policies in Fluctuations [J]. Chaos Solitons and Fractals, 2022, 160.

[202] DONG B, CHEN Y, FAN C. Local Corruption and Dividend Policy: Evidence from China [J]. Finance Research Letters, 2022, 47.

[203] VINCENT M, ANNELEEN M. Dividend Decisions in Family Businesses: A Systematic Review and Research Agenda [J]. Journal of Economic Surveys, 2022, 36 (4): 992-1026.

[204] ATSUSHI C, JOON H. Does Dividend Policy Affect Sales Growth in Product Markets? Evidence from the 2003 Dividend Tax Cut [J]. Financial Management, 2022, 51 (2): 539-571.

[205] Zachary K, GERARDO P. Investment as the Opportunity Cost of Dividend Signaling [J]. The Accounting Review, 2022, 97 (3): 279-308.

[206] LIU H. The Effects of Taxes and Stock Repurchases on Domestic and Multinational Companies' Debt Levels [J]. Journal of Corporate Accounting and Finance, 2022, 33: 154-172.

[207] TSAI P L, HSU Y L, CHIH H H, LIN S K. Theoretical and Empirical Analysis of Options in Open Market Share Repurchases of Taiwan Companies [J]. International Review of Economics & Finance, 2022, 81.

[208] KOJI O, DAVID L, HIRONORI K. Signal Strength Adjustment Behavior Evidence from Share Repurchases [J]. Journal of Banking & Finance, 2022, 143.

[209] SUN Q, XIA J. Cash Holdings, Capital Structure, and Financing Risk [J]. Journal of Financial and Quantitative Analysis, 2022, 57 (2): 790-824.

[210] CHENG Y, HARFORD J, HUTTON I, SHIPE S. Ex Post Bargaining, Corporate Cash Holdings, and Executive Compensation [J]. Journal of Financial and Quantitative Analysis, 2022, 57 (3): 957-987.

[211] CHEN F, HUANG J, JIA J. Cash Holdings along the Supply Chain: The Downstream Evidence [J]. Journal of Economics and Finance, 2022, 46.

[212] CHEN N X, CHIU P C, SHEVLIN T J. The Persistence and Pricing of Changes in Multinational Firms' Foreign Cash Holdings [J]. Review of Accounting Studies, 2022.

[213] CIFTCI M, DARROUGH M. Inventory Policy Choice and Cost of Debt: A Private Debt Holders' Perspective [J]. Journal of Accounting, Auditing & Finance, 2022, 37 (1): 229-258.

[214] OBENPONG KWABI F, OWUSU-MANU S, BOATENG A, EZEANI E-B, DU M. Economic Policy Uncertainty and Cost of Capital: The Mediating Effects of Foreign Equity

Portfolio Flow [J]. Review of Quantitative Finance & Accounting, 2022, 59 (2): 457-481.

[215] UPRETI V, ADAMS M, JIA Y. Risk Management and the Cost of Equity: Evidence from the United Kingdom's non-life Insurance Market [J]. European Journal of Finance, 2022, 28 (6): 551-570.

[216] OWUSU A, KWABI F, EZEANI E, OWUSU-MENSAH R. CEO Tenure and Cost of Debt [J]. Review of Quantitative Finance & Accounting, 2022, 59 (2): 507-544.

[217] RAKESTRAW J R. Investor Protection and the Substitution Effect of Corporate Governance and Product Market Competition on Firm Value [J]. Journal of Accounting, Auditing & Finance, 2022, 37 (3): 678-699.

[218] BANERJEE R, GUPTA K, KRISHNAMURTI C. Does Corrupt Practice Increase the Implied Cost of Equity? [J] Journal of Corporate Finance, 2022, 73.

[219] RUHOLLAH E, MORTEZA Z. Cost of Carry, Financial Constraints, and Dynamics of Corporate Cash Holdings [J]. Journal of Financial Economics, 2022, 74.

[220] LI J. Endogenous Inattention and Risk-specific Price Under Reaction in Corporate Bonds [J]. Journal of Financial Economics, 2022, 145.

[221] XU Q P, TAEHYUN K. Financial Constraints and Corporate Environmental Policies [J]. The Review of Financial Studies, 2022, (35): 575-635.

[222] WILLIAM G, CHARLES H, JAMES L, MORAD Z. Network Effects in Corporate Financial Policies [J]. Journal of Financial Economics, 2022, 144.

[223] SÖHNKE M B, KEWEI H, SEHOON K. Real Effects of Climate Policy: Financial Constraints and Spillovers [J]. Journal of Financial Economics, 2022, 143.

[224] GATCHEV V A, PIRINSKY C A, ZHAO M X. Attitudes towards Business and Corporate Governance [J]. Journal of Corporate Finance, 2022, 75.

[225] GILSON R J. Corporate Governance versus Real Governance [J]. Journal of Applied Corporate Finance, 2022, 34 (2): 8-16.

[226] GRAHAM J R. Presidential Address Corporate Finance and Reality [J]. The Journal of Finance, 2022, 77 (4): 1975-2049.

[227] AMINI S, MOHAMED A, SCHWIENBACHER A, WILSON N. Impact of Venture Capital Holding on Firm Life Cycle—Evidence from IPO Firms [J]. Journal of Corporate Finance, 2022, 74.

[228] BECHER D A, GRIFFIN T P, NINI G. Creditor Control of Corporate Acquisitions [J]. The Review of Financial Studies, 2022, 35 (4): 1897-1932.

[229] SONG X Y, YANG B C. Oil Price Uncertainty, Corporate Governance and Firm Performance [J]. International Review of Economics and Finance, 2022, 80: 469-487.

[230] ZHANG T, GU L, WANG J J. State-owned Capital and Corporate Social Responsibility of Private-holding Companies: Evidence from China [J]. Accounting &

Finance, 2022.

［231］TUT DANIEL. Policy Uncertainty and Cash Dynamics ［J］. Journal of Financial Research, 2022, 45 (2): 422-444

［232］LARTEY T, DANSO A. CEO Overconfidence and Debt Covenant Violations ［J］. Journal of Financial Research, 2022, 45 (1): 162-199.

［233］HSU Y L, YANG Y C. Corporate Governance and Financial Reporting Quality During The COVID-19 Pandemic ［J］. Finance Research Letters, 2022: 102778.

［234］RJIBA H, THAVAHARAN T. Female Representation on Boards and Carbon Emissions: International Evidence ［J］. Finance Research Letters, 2022, 49: 103079.

［235］AGGARWAL D, ELDAR O, HOCHBERG Y V, LITOV L P. The Rise of Dual-class Stock IPOs ［J］. Journal of Financial Economics, 2022, 144 (1): 122-153.

［236］CICALA S. Imperfect Markets versus Imperfect Regulation in US Electricity Generation ［J］. American Economic Review, 2022, 112 (2): 409-441.

［237］DI GIULI A, LAUX P A. The Effect of Media-Linked Directors on Financing and External Governance ［J］. Journal of Financial Economics, 2022, 145 (2): 103-131.

后记

我的《财务理论》第一版发表于2003年,当时正值非典疫情在北京暴发;《财务理论》第二版发表于2008年,北京夏季奥运会前夕完成了撰写。后来,我时不时地就会冒出修订这本书的念头,发表第三版的《财务理论》。但是,这种念头终究抵不过现实的考验,拖延至今也没有实现。时过境迁,我的想法也发生了很大的改变。比如,以前我认为公司财务理论应该有一个科学的框架;各种结论纷纭的学说或者模型总应该有一个正误的评判;公司财务实践必须和财务理论相吻合才能算是高质量,等等。现在,这些想法几乎都已变得面目全非。我越来越深刻地体会到,学术研究可能不过是描绘出一张地图,标明其间的路径和距离;至于路怎么走,甚至达成什么目标,应该和作图者无关,纯属实践者的选择。实践可以也应该得到学术(理论)的启发或者指引,但是可能难以对学术(理论)进行裁决。学者满怀对"实践"的改造之心对于学术的发展未必有利。远看云起云飞,更方便蓦然回首,发现学术的真谛。

2020年春节,在山东陪着父母度过了大年三十。这些年的春节过得越来越寡淡,除了家人聚会吃饭,其他的民间活动几近消失。想起20年前的春节,每到大年三十的晚上,我甚至都有点厌烦外面此起彼伏的鞭炮声,以及几乎压住了央视的春节晚会的喧闹声。如今,外面的鞭炮声没有了,春晚也懒得看了。饭后,一家人坐在沙发上,商议着初四小侄女的订婚宴的事情。第二天,大年初一,风云突变,新冠疫情好像瞬间就来到了身边。我们顾不上参加侄女的订婚宴,于初二就开车回了北京。路途中经历了三次身份的查验,岗哨人员戴着口罩手套,一副如临大敌的阵势。还在过年的头三天,北京也开始紧张起来。开学了,但是学生不能返京回校,于是开始了我的一个学期的视频授课。

疫情紧张期间,半年几乎没有出门。除了短暂的授课时间,其他时间都在看书,整理着各种资料,其中最重要的就是《财务理论》的修订。最后的成果就是这本《公司财务理论与政策研究》的初稿。

大约在2010年前后,我开始系统地收集和整理一些重要的、具有学术史价值的公司财务理论领域中的著述。如今忽视学术史的研究和教学,是因为"工兵式"的研究方式大行其道。这种研究方式往往拘泥于细节,对一个问题进行深入的探究。有了好的选题(有个好的导师很重要),掌握了先进的研究手段(能够运用高深的数学、统计学方法很重要），即使不了解整个学科的演进，也可以做出不错的文章。如果文章解决了某一个核心的学术问题，同样可以获得一定的学术史价值。"问题观"和"技术论"是支撑这种研究模式的两大基础，但是"学科观"的阙如可能是这类研究行为的致命伤①。美国学界数十年以来采取的大多就是这种研究方式，对于学术的进步做出了很大的贡献。如今各个高校的年轻教师、博士生延续的就是这种研究方式。但是，我一直坚持一个想法，那就是：不了解学术史，不可能对一门学科有真正的了解。有了学术史背景，研究者可以对自己的研究有一个科学的定位，不至于陶醉于玩技术，固守偏见。手里握着锤子，看什么都像钉子，技术崇拜是最容易产生的。经过数年的零打碎敲，按照我的标准，收集的重要文章（即所谓的具有学术演进节点价值的文章）早已超过了百篇，撰写的《公司财务学术史》（A History of the Theory of Corporate Finance）也已超过 20 万字。

重新修改完善疫情期间起步的那份博士生的课程内容说明，完成这个"公司财务理论与政策研究"，就是将我对财务理论的思考与公司财务学术史的资料合二为一的结果。我要努力画出一张地图，标出路径，写明地标，哪怕小路越来越多，地标越来越庞杂，每条路都有其存在的价值，尤为重要的是，都可能成为某一个或者某一类行路者最为正确、合理的选择。对于行路者来讲，可能会有错误的选择，产生所谓的"歧路"。但是在地图上，所有的路只是路，没有什么"正路""歧路"之分。这是学术演进的现实，也正是学术的价值所在。

回到开头说到的一个问题，公司财务理论有没有一个完整的科学架构？应该不应该有这么一个架构？无论中外，学者们在学术研究方面都有一个情结，那就是起梁架屋，自成系统。有了一个科学的框架，无论是概念，还是技术，都可以各居其位，好像对于学术的发展较为有利。但是，考察公司财务一个多世纪以来的演进发展，不难发现，这种情结几乎就是一个梦。因为即使研究的对象是明确的，然而研究的思路和研究的方法往往千差万别，这种差别将直接决定研究结论的千差万别。具体言之，就是针对同一个问题或者同一个现象，会产生很多的学说或者模型。也正是这些结论迥异的学说和模型构成了现代公司财务理论，提升了财务理论对财务行为和财务政策的解释能力和预测能力。这就是学术研究的价值，是学者们皓首穷经的最好的结局。

财务政策以及本应由财务政策指引和约束的财务行为是财务理论研究的对象。1958 年，Modigliani 和 Miller 阐明了如下几点，为后来的公司财务研究奠定了基础：资本成本、资本结构、企业价值是几个最为核心的财务概念；公司的目标是追求价值的增加，是为了股东财富的最大化；好的财务政策以及好的财务行为可以降低资本成本、

---

① "问题观"与"技术论"的完美结合可以创造出很好的结果。但是，没有正确"问题观"的技术崇拜犹如瞎了眼的猎手，工具再先进也难以逮到猎物。由此想到一个老故事：一家美国公司的机器出现了故障，在所有人都已经无计可施的情况下，请来了一位专家。经过仔细的观察之后，专家在机器的一个部位画了一个圈，说问题就在这里。很快故障解除，专家提出了报酬要求，10 000 美元。众人诧异，画一个圈就值 10 000 美元？专家说，画一个圈 1 美元足矣，但知道在哪里画值 9 999 美元。如今很多的研究在技术方面呈现出很高的水平，可惜的是，画了一个又一个的圈，却往往偏差得厉害。没有了"学科观"支撑的学术研究等于丧失了研究的纵深，对于学术进步的贡献将大打折扣。

增加企业价值的财务政策和财务行为。这一工作为公司财务理论研究确立了基本的规范，明晰了公司财务学科的边界。有了 MM 理论，无论后续的学说多么庞杂，基本的价值观是始终如一的。而价值观的统一和被遵守，要比建立所谓的自以为唯一正确的理论架构重要得多。

撰写本书遵循的基本逻辑有二：

第一，公司财务政策是财务理论研究的对象，财务理论是对财务政策（行为）的解释与预测。投资政策、融资政策、股利政策与营运资本政策是公司重大财务政策，其目的在于引导和约束公司的财务行为，实现股东财富最大化的目标。

第二，折现现金流量模型是公司财务的基本工具，其理论依据是"价值"或者"企业价值"。企业价值是未来经营活动现金流量的折现值，其索偿权属于公司的股东和债权人，资本结构是全部索偿权分割的财务标准。价值创造有赖于两个方面：一是现金流；二是折现率（资本成本）。

严格而论，现代意义上的公司财务始于大型公司通过证券市场进行的融资，比如股票融资、公司债融资等。因为有了这种外部融资，人们开始关注围绕公司融资所产生的各种责权利问题。比如，哪种证券更适合用于融资？投资于证券的投资者与公司之间是一种什么关系？与融资相关联的投资者收益权如何确定？等等。而这一切正是19世纪末20世纪初公司财务所关注的问题。到了20世纪四五十年代，公司内部的投资问题以一种理性的姿态正式跨入公司财务的门槛。至此，公司财务家族的主要成员基本到齐。

公司财务理论是对公司财务政策、公司财务行为进行研究而形成的学科。财务实践——包括财务政策和财务行为——存在的价值在于对投入企业内部的资本进行管理，在确保资本安全的基础上，实现资本的增值。财务管理的本质是公司资本的管理，这里涉及以下几个方面：①资本的筹措与投放，即所谓的融资行为和投资行为；②资本的循环与增值；③投资者关系的管理——包括债权人和股东——投资的报酬率要求以及报酬率的满足。

公司财务实践的多样性和复杂性决定了财务理论的纷繁复杂，了解财务实践是进行财务理论研究的基础和前提。为了深入地研究财务实践，学者们运用甚至发明了很多的研究工具（如学说或者模型），这首先意味着学术的进步，同时也给财务实践的进步优化提供了支持。换言之，财务理论研究不会拘泥于财务实践，在必要的情况下，学者们会跳出现有实践的禁锢，给未来的发展插上理想的翅膀。但是，无论理论研究如何先进，如何超凡脱俗，其最终目的依然是解释财务实践并做出科学的预见。

与直观、主观、没有系统方法论的政策研究比较，理论研究的优势体现在以科学概念为基础展开分析，思路明晰，解剖深入，且具备必要的客观性。"资本成本""资本结构""企业价值"等是公司财务领域中最为基本的科学概念，为财务理论研究奠定了扎实的学理基础。作为一门学科，公司财务理论研究还有一个天然的优势，那就是基础概念以及由此引出的研究行为一般都有大量的资本市场数据和财务会计数据作为技术分析的支撑。并非所有学科研究都能具备如此优异的数量研究基础。实证研究成为财务理论研究领域的主要研究方法与这一基础有着极其紧密的关系。

财务实践——财务政策与财务行为勾画出了财务理论的骨架，财务理论的价值是对财务实践的科学性进行分析和判断，进而为财务实践的优化提供理论支持。财务概念既是进行理论推演最为基础的思维单位，也是进行理论研究最为基本的工具。创新概念是财务理论研究进步的重要体现。

回到财务实践，回到财务政策，这是财务理论发展的必然选择。可能有一天，财务政策以及由此引导的财务行为将达到至高至善的境界，财务理论与财务实践浑然一体，再没有实践的粗陋与失误，也没有理论探索的无力和迷茫。

汪平

2022 年 10 月 31 日